国际投融资理论与实务

（第二版）

邓向荣　王凤荣 ◎ 编著

首都经济贸易大学出版社
Capital University of Economics and Business Press
·北 京·

图书在版编目（CIP）数据

国际投融资理论与实务/邓向荣，王凤荣编著．--2版．--北京：首都经济贸易大学出版社，2020.1

ISBN 978-7-5638-2930-9

Ⅰ.①国…　Ⅱ.①邓…②王…　Ⅲ.①国际投资—研究②国际金融—融资—研究
Ⅳ.①F831.6

中国版本图书馆CIP数据核字（2019）第060190号

国际投融资理论与实务（第二版）
邓向荣　王凤荣　编著

责任编辑　彭　芳
封面设计　砚祥志远·激光照排　TEL: 010-65976003
出版发行　首都经济贸易大学出版社
地　　址　北京市朝阳区红庙（邮编100026）
电　　话　（010）65976483　65065761　65071505（传真）
网　　址　http://www.sjmcb.com
E-mail　publish@cueb.edu.cn
经　　销　全国新华书店
照　　排　北京砚祥志远激光照排技术有限公司
印　　刷　北京九州迅驰传媒文化有限公司
成品尺寸　185毫米×260毫米　1/16
字　　数　531千字
印　　张　20.75
版　　次　2010年5月第1版　**2020年1月第2版**　2024年8月总第7次印刷
书　　号　ISBN 978-7-5638-2930-9
定　　价　39.00元

前　言

《国际投融资理论与实务》第一版出版至今已近十年，其间，中国乃至世界均发生了重大而深刻的变化。金融全球化的进程加快，使各国经济的发展与金融有了更广泛的联系，也使全球资本流动更频繁。新科技革命下金融创新的速度加快，以互联网金融为代表的新的金融组织与模式正以前所未有的力量冲击着多年来的金融定式，并从根本上改变着原有的对金融的认识。2008 年之后，以中国为代表的新兴工业化国家开始了经济跨越式发展。金砖国家金融合作推进了区域金融组织机构的成立。在中国倡导的“一带一路”合作共享机制下，各种国际性基金成立并发展成为支持“一带一路”沿线国家产业与贸易提升的最重要的投融资主体。与此相联系，离岸金融、跨境交易、国际并购等投融资活动也在更大范围内、更深层次上展开，人民币国际化稳步推进。所有这些都极大地拓展了理论与实践的空间，也都必然影响着国际投融资理论的发展以及该领域实践的创新。面对新的形势与变化，由首都经济贸易大学出版社联合南开大学、山东大学共同对原书进行修订。

本次修订版秉承了第一版的风格，不仅贯彻理论联系实际的理念，而且力求反映国际惯例和中国实践，既遵循系统、客观、历史的视角，也尽可能地贴近现实。特别需要指出的是，本次修订是基于中国近十年来金融创新在国际投融资领域的实践，将最新的理论与实务呈现给读者。这其中既有对实践的介绍，也有对改革创新结果的认识与思考。因此，全书内容做了非常大的调整，具体如下：

第一，在完善第一版国际投融资理论的基础上，适当压缩了对传统理论的介绍，加大篇幅介绍与评述新的理论，包括：①对全书中重要的概念进行集中及详细介绍，并将其放在每章开头，以方便读者在学习与阅读时更快地掌握关键概念，为领会后面的专业知识奠定基础；②对近年来出现的新理论做概述性的介绍，主要内容详见第二章第四节；③对 2008 年之后国际新的共识与管理趋势做了解读，主要反映在国际合作监管方面的制度性建设与倡导的理念上。

第二，对全书内容做了较大的调整，增加了有关最新国际投融资组织与机构、市场以及与实务相关的工具等的介绍。近年来我国在金融领域大力推进改革创新，特别是人民币国际化、资产证券化、利率与外汇形成机制、金融监管体制改革等方面均发生了实质性变化，因此我们在相应的章节中增加了新的内容，以反映这些变化所引起的投融资工具与监管制度的创新。

第三，对全书的体例进行改进。一是在每章开头增加了“引导案例”，通过提供与国际投融资相关的最新的数据资料，分析近年来重大的历史事件和有影响的新闻报道，以及借助重要研究机构的研究报告成果，提示读者理解各章的核心要义，更好地运用与此相关的知识，以建立学习的逻辑路径。二是对书中出现的学者与机构的名称添加了英文标注，对所引用的文献添加了较为详尽的脚注，在追求严谨的学风与尊重他人知识产权的同时，也方便读者进行扩展性学习和思考。三是对全书的结构做了适当的调整，使全书形成包括国际投融资理论、工具与实务、风险管理与监管三个部分的逻辑架构，方便读者学习和使用。

第四，基于对现实问题的关注，此次修订更新了所有的数据资料。其涉及三个部分：一是所有图表中的数据尽可能更新至 2016 年，个别数据更新至 2017 年；二是全书所涉及的案例与法规文件力求采用最新版本，包括引导案例的选用；三是与全书修改的内容相吻合，大量增加了 2010—2018 年公开发表的国内外相关文献的内容，不仅反映了本书修改内容与观点的前沿性，也为读者提供了最新的思想与学术资料。

本教材共分 11 章，基本上按照理论、实务、政策的顺序构建全书的体系。其内容如下：

第一章从基本概念入手，以国际投融资发展为脉络，着重阐述当今世界金融全球化对国际投融资发展的影响。本章内容与上一版相比最大的不同是从企业国际投融资视角转向宏观的国际与国家视角，以反映当前国际形势的变化对各国对外投融资产生的重大影响。为此，在对一般的投融资概念与现状进行描述的基础上，特别加入了国际投融资新趋势和国际金融发展新格局以及中国对国际投融资发展的贡献等方面的内容。

第二章主要介绍国际投融资相关理论。尽管国际投融资理论随着经济全球化与国际资本流动的快速推进有了极大的发展，但并没有形成一个独立的理论体系。现有的国际投融资理论多建立在国际贸易理论、国际金融理论、跨国公司理论三大理论体系基础上，因此，第二章所介绍的理论基本上以三大理论为核心，建立由国际贸易理论、国际资本流动理论、国际投融资理论三个部分组成的理论体系，力求使理论相互关联，体系完整且逻辑一致。在介绍与阐述相关理论的基本观点时，秉持概述早期的传统理论、阐明新理论的观点，厘清理论发展脉络，关注前沿发展，确定本教材理论阐述的具体内容，并对理论进行系统评述。

第三章与第四章分别介绍了国际投融资组织与机构、市场与工具。这部分在延续上一版内容的基础上增加了一些内容。第三章增加了有关新型国际投融资机构的介绍，主要包括离岸金融机构与网络金融机构的组织形式与运作方式、多边贸易框架协议下具有代表性的投融资组织等内容。第四章增加了有关外汇市场的介绍。

第五章到第九章集中介绍了有关国际投融资的实务操作的知识。其中，第五章增添了国际票据融资的内容，对数据进行了更新，特别提供了近年来中国香港市场的股票融资情况与中国公司在美国上市的情况。第六章第一节对国际投资发展的阶段性特征进行了修改，第三节增加了国际黄金市场重心向“一带一路”转移的相关内容，同时对金融期货交易与伦敦黄金市场的交易制度等内容进行了适当补充。第七章主要介绍风险投资的相关概念与实务操作情况，细化了有关资金募集的内容，对一些提法进行了相应调整。第八章介绍国际并购方面的概念及国际投融资工具的相关内容，不仅加入了作者长期以来研究的最新观点，也相应提供了最新数据支持。第九章进行了结构性调整，特别增加了有关绿色发展指数的内容，以适应全球对环境绿色发展趋势的要求。

第十章与第十一章是密切关联的两章，分别阐述了国际投融资的风险评估、风险管理与国际组织对国际资本流动的监管等。2008 年金融危机后，国际组织对金融风险的管理不断加强，一方面体现为对各国金融风险审慎监管原则的影响作用的加强，力促各国从微观审慎监管向宏观审慎监管转换，另一方面则反映在协同监管行动的细化以及国际监管制度指导意见的具体化上。这些方面的变化必然会使国际投融资风险控制制度发生新的变化。为此，对这一部分也做了较大的调整。第十章细化了有关利率风险管理的具体方式，特别阐述了中国在风险防范上的做法。第十一章梳理了 2008 年金融危机后金融监管的重大变化，着重阐述了中国改革开放过程中国际投融资面临的新环境、新问题，以及我国在国际投融资中的风险管理。针对《巴塞尔协议Ⅲ》中资本和流动性的新标准，阐述了我国宏观审慎监管的政策及措施，并相应地增添了有关存款准备金率与外汇储备的数据。

以上方面的修订，加强了本教材的实时性，也反映了全体作者长期以来追踪该领域前沿的积累，力图使读者更好地在学习过程中把握最新的理论与知识，以更好地指导实践活动。当然，限于认识的局限性，基于教材本身体例的要求，有些问题无法做到专业化，仅仅提供了有关方面的专业引导，但是对于读者之后学习的拓展与进一步专业化提升仍然起到了奠基作用。因此，本书适合作为高校学生的专业储备性知识学习资料，也有助于在职人员进行业务提升学习。

在本书即将付梓之际，特别感谢所有参与两版写作的作者，其中，何燕、苗萌萌、郄圆圆、陶婷婷、刘丽、王倩、杨展、任萌、张富森、石冬莲、刘璇、杨彩丽、赵培、耿仁波、张维、种强、李春玲、高静、陈欣玮、曹轶群作为第一版的作者为本书贡献了极大的智慧，奠定了非常坚实的基础。第二版的工作主要由南开大学与山东大学的师生参与完成，其中，本教材的第一至四章以及第十章、第十一章由南开大学的邓向荣教授，李宝伟、蒋雅文、王昭风等副教授，曹红、张嘉明、范振锐、冯学良博士，杨志芳、闫中爽、郭晓宇硕士等共同编写；第五至九章由山东大学王凤荣教授以及郑志全、陈琪、李安然、李亚飞、胡晨鸣、姜琪峰、马俊、杜家合等共同编写。邓向荣教授与王凤荣教授承担了本教材的组织规划、框架设计、修订内容的选择以及总纂与校对工作。范振锐博士、冯学良博士与郑志全博士在组织编写与校对方面做了大量工作。本书的课件第一至五章由冯学良博士制作，第六至十一章由范振锐博士制作。正是整个团队的创造性工作，使第二版能在第一版基础上高质量完成并呈现给读者。感谢首都经济贸易大学出版社的薛晓红编辑、彭芳编辑以及出版社的领导为本书的第一版及第二版的推出所做的大量辛苦、细致的工作，特别感谢薛晓红编辑为本书第一版的编写提供了许多中肯的建议！当然，本书的不足之处与不当表述还会存在，恳请读者批评指正！

当今世界发展突飞猛进，新科技革命与经济全球化正深刻地影响着全球经济的各个方面，大变革时代对每个国家而言都是机遇与挑战并存。面对变化，中国需要加快发展，以更大的开放格局与更高的质量融入国际经济发展中，以中国的发展为世界做出贡献。在这一伟大的“筑路工程”中，希望这本书能起到一颗小小的“铺路石”的作用，这就是全体作者的心愿。

邓向荣　王凤荣

目 录

第一章　导　论

【学习目标】

◎ 熟悉国际投融资的相关概念

◎ 掌握国际投融资的形成与演进历程

◎ 理解金融全球化的内涵、动因与影响

◎ 了解当期国际金融发展的新格局

◎ 了解中国对国际投融资发展的贡献

【引导案例】

中国正成为推动国际投融资发展的重要力量

据国家统计局综合司提供的数据，2013—2016 年，按照当年汇率计算，中国国内生产总值（GDP）占世界经济总量的比重由 12. 5%提升至 14. 8%，提高了 2. 3 个百分点，对世界经济的平均贡献率超过 30%。据世界银行估测，2017 年世界经济增速为 3%左右，按此增速计算，2017 年中国经济占世界经济的比重提高到了 15. 3%左右，对世界经济增长的贡献率为 34%左右。在海外投资方面，2012 年以来，中国连续 5 年成为全球跨国直接投资排在前三位的国家，也是对外投资最多的发展中国家，对全球对外直接投资（FDI）流量的贡献率达 20%左右。2012—2016 年，中国对外投资流量由 878 亿美元增长到 1 961. 5 亿美元；对外投资流量累计达 6 600 多亿美元，年均增长 22. 3%；对外投资流量排名由世界第三位上升到第二位，实现连续 14 年快速增长，全球占比达 13. 5%。截至 2016 年年底，中国对外投资存量由 5 319. 4 亿美元增长到 13 573. 9 亿美元，排名由世界第十三位上升到第六位，占全球存量的份额由 2. 3%上升到 5. 2%。

截至 2016 年年底，中国共有 2. 44 万家境内投资者在境外设立企业 3. 72 万家，分别相当于 2012 年存量的 1. 5 倍和 1. 7 倍，分布的国家和地区由 179 个增加到 190 个，全球覆盖率达 81. 2%。长期以来，中国对外投资以发展中国家为主，但 2014 年以来对发达国家投资比重大幅度上升，2016 年中国流向发达经济体的投资总额达 368. 4 亿美元，同比增长 94%。其中，2016 年中国对美国投资 169. 81 亿美元，同比增长 111. 5%，占对外投资总额的比重为 8. 7%。中国企业对美国实施并购项目 164 起，实际交易金额为 354 亿美元，中国是开展对美跨国并购活动最多的国家。2016 年中国对欧盟投资 99. 94 亿美元，同比增长 82. 4%。

中国企业“走出去”开展海外投融资活动不断深化，为促进东道国经济发展做出了积极贡献。2012—2016 年，中国企业累计在境外缴税 1 372.5 亿美元，提供就业岗位年均超过 100 万个，多数境外企业为东道国培训技术人才、开展公益服务，促进了当地社会、文化、医疗、教育事业发展，成为当地的标杆企业。

不难发现，随着中国经济总量的不断提升，中国在国际投融资中的地位与作用逐渐凸显，国际投融资新格局正随着新兴经济体的崛起而发生历史性的改变。

资料来源：作者对国家统计局综合司数据进行的整理，以及参考：王晓红．推动形成对外直接投资发展新局面［N］．光明日报，2018-01-30．（有删改）

第一节　国际投融资概述

一、国际投融资的相关概念与分类

（一）资本与资产

1. 资本的含义

按照马克思主义政治经济学的定义，资本是一种可以带来剩余价值的价值，是资本主义生产关系中一个特定的政治经济范畴，体现的是资本家对工人的剥削。因此，资本并不完全是一个存量概念。资本的含义包含三个方面：①资本是可以表现为各种形式的价值。它可以是有形的实物、货币，也可以是无形的，但必须有价值。②资本是能够带来价值增值的价值。资本具有增值的能力是资本最根本的特征。③这里的价值必须是在运行中不断增值的价值。

从宏观经济存量核算的视角看，“资本”泛指一切投入再生产过程的有形资本、无形资本、金融资本和人力资本。它是企业购置从事生产经营活动所需资产的资金来源，是投资者对企业的投入，分为债务资本与权益资本，分别归债权人和企业所有者（股东）所有，企业对其资本不拥有所有权。从投资活动的角度看，资本与流量核算密切相关，而作为投资活动的累积结果，资本又与存量相联系。按照资本的属性，可以将资本分为三类：①制度或社会生产关系资本，它的提升或增值由社会政治思想等变革来实现；②人力资本；③物质资本，包括自然赋予的和人类创造的。

2. 资产的含义

资产与资本是两个完全不同的概念，具有完全不同的内涵。资产是指企业过去的交易或者事项形成的由企业拥有或控制的、预期会给企业带来经济利益的资源，是企业、自然人、国家拥有或者控制的能以货币计量收支的经济资源。

资产是企业从事经营活动的物质基础，具有以下特征：

（1）资产是一项由过去的交易或者事项形成的资源，它必须是现实的资产，而不能是预期的资产。

（2）资产必须由企业拥有或控制。企业应享有某项资产的所有权，或者虽然不享有某项资产的所有权，但该资源能被企业所控制。

（3）资产预期会给企业带来经济利益。这里指的是直接或间接导致现金和现金等价物流入企业的潜力。

（二）投资与融资

1. 投资的含义

投资是人类组织社会生产和再生产的主要行为之一，是特定经济主体为了在未来获得可预期的收益，在一定时期内向一定领域投放足够数额的资金或实物的货币等价物，用于经济活动的行为过程。按照投资标的不同，可以分为实物投资、资本投资和证券投资。投资的特点主要表现在以下四个方面：

（1）投资是经济主体进行的一种有意识的经济活动。投资主体既可以是自然人，也可以是法人，既可以是企业，也可以是政府。投资既可以是私人投资，也可以是公共投资。

（2）投资的本质在于其经济行为的获利性。也就是说，投资者的目的是投入一定量的货币或其他资产以获得更高的经济回报，即能够使其“资本增值”或得到更高的“经济效益”。

（3）投资是把一定量的资金或实物的货币等价物转换为资产的增值过程。资产既可以指有形资产，如机器设备、原材料、厂房等实物资产和现金及其他货币形式的金融资产等；也可以指专利、商标、技术诀窍等无形资产。

（4）投资是一个伴随风险的过程。投资者的预期收益是在未来获得的，而在收益得到之前，可能会出现各种难以预料的风险因素，也可能由此造成损失。因此，投资同时具备收益性和风险性，二者呈正相关关系，预期收益越大，风险越高。

2. 融资的含义

从狭义上讲，融资即企业资金筹集的行为与过程，是指企业根据自身的生产经营状况、资金拥有的状况，以及企业未来经营发展的需要，采用一定的方式和渠道向投资者和债权人筹集资金，寻求资金的供应，以保证企业正常生产、开展经营管理活动的行为过程。它仅包括资金的融入过程。

从广义上讲，融资是指货币资金的融通，即当事人通过各种方式从金融市场上筹措或放贷资金的行为。它是资金双向互动的过程，包括资金的融入（资金的来源）和融出（资金的运用）。《新帕尔格雷夫经济学大辞典》对融资的解释为：融资是指为支付超过现金的购货款而采取的货币交易手段，或为取得资产而集资所采取的货币手段。

融资的常见方式包括：

（1）银行贷款。它是企业最主要的融资渠道，按资金性质，可分为流动资金贷款、固定资产贷款和专项贷款三类。

（2）股票融资。股票具有永久性，无到期日，不需归还，没有还本付息的压力，因而筹资风险较小。

（3）债券融资。企业债券，也称公司债券，是企业依照法定程序发行、约定在一定期限内还本付息的有价证券，代表发债企业和投资人之间存在债权债务关系。

（4）融资租赁。它是出租方根据承租方对供货商、租赁物的选择标的，向供货商购买租赁物，提供给承租方使用，承租方在契约或者合同规定的期限内分期支付租金的融资方式。

（5）海外融资。它是企业获取海外资金的一种融资方式，包括国际商业银行贷款、国际金融机构贷款，以及企业在海外各主要资本市场上的债券、股票融资业务。

（6）典当融资。它是指以实物为抵押，以实物所有权转移的形式取得临时性贷款的一种融资方式。

此外，融资的方式及渠道还包括银行承兑、基金组织、银行信用证、委托贷款、贷款担保、互联网小微金融融资平台等。

（三）国际投资及其分类

从投资学的角度讲，投资本身并没有国际、国内之分，但国家的存在，各国经济制度、经济政策以及各国对国外资本流入或本国资本流出的管制的不同，使投资收益和风险受到非经济本身的国家因素干预，进而导致投资分为国内和国际两个概念。

国际投资较国内投资要复杂得多，国际投资的内涵较国内投资也丰富得多，即各类具有独立投资决策权并对投资结果承担责任的投资主体，包括跨国公司、跨国金融机构、官方与半官方机构和居民个人等，将其拥有的货币、实物及其他形式的资产或生产要素，经跨国界流动与配置形成实物资产、无形资产或金融资产，并通过跨国运营以实现价值增值的经济行为。

按照不同的视角与标准，国际投资包括以下几个方面的内容：

（1）按照投资对象的不同，可以分为实物投资、金融投资和无形资产投资。

（2）按照投资主体的不同，可以分为私人投资与公共投资。

（3）按照投资性质不同，可以分为直接投资与间接投资，直接投资又可分为绿地投资、跨国经营合资企业和跨国并购。

（4）按照期限不同，可以分为短期投资和长期投资。

（四）国际融资及其分类

对融资，最直接的理解就是资金在持有者之间进行融通，以调剂余缺。当融资行为超越国境时，国内融资就变成了国际融资。国际融资更加强调，资金需求方在国际金融市场上，通过各种相应的金融机构或金融中介机构，筹集政府或企业发展所需的流动资金、中长期资金的经济行为。

国际融资的主要方式包括国际债券融资、国际股票融资、海外投资基金融资、外国政府贷款、国际金融组织贷款等。此外，随着国际金融市场全球化、证券化和自由化的程度进一步加深，金融领域的创新业务日新月异，国际融资的方式和工具发生了新变化，出现了一些新型融资工具，如国际股权融资中的存托凭证，债券融资中的可转换债券、中期债券、“龙债券”、欧洲票据以及风险基金等。随着国际资本流动速度的加快，对资金需求的增加，国际融资越来越成为一国融资的重要手段之一。

依据不同的视角与标准，国际融资主要包括以下几个方面：

（1）按照是否有金融媒介参与，可以分为直接融资与间接融资。

（2）按照融资目的，可以分为国际贸易融资、国际项目融资和一般融资。其中，国际项目融资又包括 BOT 方式和国际融资租赁。

（3）按照融资期限不同，可以分为短期融资、中期融资和长期融资。

二、国际投融资的研究对象与研究范围

（一）国际投融资的主体与客体

1. 国际投融资的主体

投融资主体是具有独立投融资决策权，并对投资结果负有责任的经济法人或自然人。国际投融资的主体可以分为以下四类：

（1）跨国公司。跨国公司是国际直接投融资的主体。有关跨国公司的具体内容将在后面章节中详细介绍。

（2）国际金融机构。国际金融机构包括跨国银行及非银行金融机构，它是指由会员国认购股份组成的专门从事某些特殊国际金融业务的金融机构。根据会员国的组成及其从事业务范围的不同，国际金融机构可以分为全球性国际金融机构和区域性国际金融机构两大类。它们是参与国际证券投融资和金融服务业直接投融资的主体，主要从事某些较为特殊的国际信贷业务。

（3）官方与半官方机构。这类投融资主体包括各国政府部门及各类国际性组织，它们主要承担某些带有国际经济援助性质的基础性、公益性的国际投融资，如对东道国政府发放的政府贷款（或称政府优惠贷款）、出口信贷、世界银行贷款等。其中，政府贷款通常以两国外交关系良好、有合作诚意为前提条件，放贷国政府也会给政府贷款附加一些条件。

（4）个人。个人（或称自然人）作为国际投融资主体，主要以参与国际间接投融资为主，参与国际直接投融资相对较少。个人参与国际间接投资的方式一般是在国际证券市场上进行证券投资，而适合个人买卖或持有的国际证券投资品种或工具主要有国际投资基金、外国债券和存托凭证等，对这些投资品进行交易并不需要作为投资主体的个人离开自己的母国。而个人参与国际直接投融资的方式一般是在东道国设立合伙制企业或公司制企业，投融资主体需离开母国进行境外投资。

2. 国际投融资的客体

国际投融资的客体是相对投融资主体而言的，它是投资主体开展一定经营运作以实现投资目标的作用对象。随着商品经济的高度发展，尤其是科学技术在社会各方面的渗透，开展国际投融资的标的物可以包括多种形式的资产。因此，国际投融资的客体也已呈现出多元化趋势，其资产形式简单分为以下两类：

（1）货币性资产（monetary assets）。货币性资产是指持有的现金及将以固定或可确定金额的货币收取的资产，包括现金、应收账款和应收票据以及准备持有至到期的债券投资等。这里的现金包括库存现金、银行存款和其他形式的货币资金。

（2）非货币性资产（non-monetary assets）。非货币性资产是指货币性资产以外的资产，包括存货、固定资产、无形资产、股权投资以及不准备持有至到期的债券投资等。非货币性资产有别于货币性资产的最基本特征是，其在将来为企业带来的经济利益，即所取得的货币金额是不固定的或不可确定的。

由于国际投融资的主体既可能采用一种客体投资形式，又可能同时采用多种客体投资

形式，所以国际投资具备多样化和复杂性等各种特征。

（二）国际投融资的组织机构

国际投融资的组织机构包括区域性的经济组织、跨国公司以及国际金融机构，如表 1-1 所示（详细内容参见本书第三章）。

表 1-1 国际投融资的组织机构

<table>
<tr><td rowspan="6">非金融性国际投融资的组织机构</td><td rowspan="5">国际区域经济组织</td><td>欧洲区域经济组织</td><td>欧洲联盟</td></tr>
<tr><td>亚洲区域经济组织</td><td>东南亚国家联盟、中国东盟自由贸易区、印度—东盟自由贸易区、韩国—东盟自由贸易区</td></tr>
<tr><td>中美洲、南美洲国家的区域经济组织</td><td>中美洲国家组织、安第斯一体化体系等</td></tr>
<tr><td colspan="2">北美自由贸易区</td></tr>
<tr><td colspan="2">亚太经济合作组织</td></tr>
<tr><td>跨国公司</td><td colspan="2">合资公司、独资公司</td></tr>
<tr><td rowspan="6">金融性国际投融资的组织机构</td><td rowspan="3">全球性国际金融机构</td><td colspan="2">国际货币基金组织</td></tr>
<tr><td>世界银行集团</td><td>世界银行、国际开发协会、国际金融公司、多边投资担保机构</td></tr>
<tr><td colspan="2">国际清算银行</td></tr>
<tr><td>区域性国际金融机构</td><td colspan="2">亚洲开发银行、泛美开发银行、欧洲投资银行、非洲开发银行、金砖国家新开发银行等</td></tr>
<tr><td rowspan="2">新型金融机构</td><td>离岸金融机构</td><td>欧洲货币市场、新加坡美元市场、香港美元市场、东京金融市场</td></tr>
<tr><td colspan="2">网络金融机构</td></tr>
</table>

（三）国际投融资的方式与范围

国际投融资可以分为国际投资与国际融资，二者的方式与范围存在一定差异。

1. 国际投资的方式与范围

（1）国际直接投资。国际直接投资又称对外直接投资，是指一国投资者为实现持久利益而对本国之外的企业进行投资，并对该国外企业的经营与管理实施有效影响和控制的经济活动。它既包括投资方与被投资方两个经济实体之间的初次交易，也包括它们之间以及所有附属企业之间的后续交易。国际直接投资的主要形式有三种：①绿地投资。绿地投资又称新建投资，是指跨国公司等投资主体在东道国境内依据相关法律设置部分或全部资产所有权归外国投资者所有的企业的行为。②跨国合资经营企业。跨国合资经营企业是指两国或两国以上的国家或地区的投资者，在选定的国家或地区进行投资，并按照该投资国和地区的有关法律组织建立起来，以营利为目的的企业。③跨国并购。跨国并购是跨国兼并和跨国收购的总称，是指一国企业（并购企业）为了达到某种目标，通过一定的渠道和支付手段，将另一国企业（被并购企业）的所有资产或足以行使运营活动的股份收买下来，从而对另一国企业的经营管理实施实际或完全控制的行为。

（2）国际间接投资。国际间接投资又称国际证券投资，是指在国际证券市场上通过购买外国企业发行的股票和外国企业或政府发行的债券等有价证券，来获取利息或股金红利的投资行为。国际间接投资以取得一定的收益为目的，一般不存在对企业经营管理权控制的问题，即使是在对股权证券进行投资的情况下，也不构成对企业经营管理的有效控制。

国际间接投资与国际直接投资的根本区别在于对筹资者的经营活动有无控制权，二者的比较如表 1–2 所示。

表 1–2　国际直接投资与国际间接投资的比较

国际投资方式	国际直接投资	国际间接投资
对经营活动的控制权	有控制权	无控制权
流动性与风险性	流动性小，风险性大	流动性大，风险性小
投资渠道	双方谈判成功即可签订协议	必须通过证券交易所
频率	较不频繁	频繁
收益获取	利润	利息和股息

2. 国际融资的方式与范围

国际融资的方式多种多样：按照是否有金融媒介参与，可以分为国际直接融资和国际间接融资；按照融资目的不同，可以分为国际贸易融资、国际项目融资和一般融资；按照融资期限不同，可以分为短期融资、中期融资和长期融资。

（四）国际投融资的风险与监管

国际投融资在跨国投资过程中面临各种不确定因素，如何减少和避免风险带来的损失是跨国投融资企业需要考虑的问题，也是各国政府及监管部门重点关注与防范的地方。国际投融资中的风险包括外汇风险、利率风险、政治风险及其他不可抗拒的风险。国际金融市场上的风险管理与创新一直是国际金融市场发展的核心主题，加强国际资本流动的监管，开展国际投融资的全球协调与合作，是国际投融资发展中需要研究的重要问题。

第二节　国际投融资的形成与演进

国际投融资可以追溯到 19 世纪上半叶。资本主义国家在完成工业革命后，国家内部出现资本过剩，国内市场趋于饱和。一方面，英国在完成工业革命后，积累了大量的资本，形成向其他落后国家提供资金的资本市场；另一方面，在经济发展过程中，其他落后国家资本积累难以支撑商品贸易的快速扩张，形成对外部资金的巨大需求。借助国际资本解决本国发展中要素积累不足的问题，成为商品贸易初期的重要形式。此外，英国的工业资本家为获取工业革命所需的原材料和生活资料而大举进行海外投资，甚至进行殖民掠夺，如成立从事鸦片贸易的东印度公司。随后，其他资本主义国家也纷纷加入拓展海外市场、进行海外投融资的队伍中。这就形成了早期的国际投融资活动，它是商品经济发展到一定阶段的产物，是随着国际资本流动与海外需求扩大而逐渐发展起来的。其发展大概经历了以下几个阶段。

一、第一次世界大战以前的国际投融资

19 世纪末到 20 世纪初，英国、美国、日本等国家纷纷建立股份制公司制度，并以法律的形式加以规范和指导。这些早期股份制公司通过公开发行股票，大规模募集社会闲散资金，形成股权与权益融资模式的基础。随着产业革命的爆发和商品贸易的发展，早期资本主义国家对资金的需求与本国资本积累之间存在较大缺口，寻求国际资本以实现本国经济发展，成为国际资本流动的重要推动力。商品贸易的扩大进一步加剧了国际资本流动。一方面，英国凭借“世界工厂”的地位与优势，通过对外贸易和殖民掠夺，积累了丰富的国外资本，为进一步扩大海外贸易与资金的国际流通提供了物质基础。另一方面，为了获得工业发展所需要的原材料，寻求新的海外市场，扩大资金的使用范围，获取更大的垄断利润，新兴贸易国家的资金拥有者大举开展对外投资活动。这一时期私人投资非常活跃，截至 1914 年，各个资本主义工业国的对外投资总额超过了 410 亿美元，此时的对外投资以私人投资为主。英国、法国、德国成为世界上最大的国际投资债权国。从投资形式看，这一时期间接投资中的借贷资本和证券投资形式占 90%左右，直接投资占比还很小。从投资流向看，英国的投资从 1870 年以后由欧洲大陆转向美国、澳大利亚、加拿大、阿根廷等农矿产品原料产地。直到 19 世纪末，法国、德国才开始对外投资，投资领域主要是欧洲地区。这个时期正处于资本主义从自由竞争向垄断过渡阶段，世界经济活动的重要特征是资本输出，借贷资本和证券投资占主要地位，资本主要是从先进的工业国流向落后国家。

这一阶段国际投融资的主要特征为：

（1）从事投融资的国家较少，以英国、德国、法国、荷兰和美国等少数早期资本主义工业化国家为主，其中，英国对外投融资业务一直占据主导地位。

（2）国际投融资资本主要流向北美洲、拉丁美洲、大洋洲的自然资源丰富的国家以及亚洲、非洲的一些殖民地半殖民地国家，以获取工业革命所需的原材料等。

（3）国际直接投资所占比重较小，以借贷资本和证券投资为主要形式的国际间接投资为主。

（4）东道国或处于自由竞争的资本主义阶段，或为殖民地半殖民地，国家对私人投资的干预和管制十分宽松，这一时期国际私人投资活动相当活跃。

二、两次世界大战期间的国际投融资

由于受前后两次世界大战以及 20 世纪 30 年代经济危机的影响，国际投融资在曲折动

荡中发展。在世界大战中，各国忙于应付战争，国际投融资活动陷于停滞状态，甚至出现倒退。第一次世界大战使国际投融资格局发生重大变化，英国、法国由于要支付大量战争借款而削减了对外投资，德国由于战败而沦为净债务国，只有美国从净债务国变成了最大的债权国。第一次世界大战后，国际长期资本的来源地由英国转移到美国。美国对外投融资的主要流向有两个：一是对过去的债权国发放巨额贷款以帮助欧洲国家进行战后救济和经济复兴；二是对亚洲、拉丁美洲等地的国家进行经济扩张而发放政治性贷款。此时，政府贷款成为对外投融资的主要形式。直至 20 世纪 20 年代，私人对外投资才有所发展，但受 20 世纪 30 年代世界经济危机影响，国际投融资中止，并出现国际性债务危机。第二次世界大战的爆发，使各国经济活动的重心转移到战争储备上。

这一阶段国际投融资的主要特征为：

（1）国际投融资总额大幅下降。两次世界大战以及在此期间持续 4 年之久的经济危机，使国际投融资活动受到重大冲击，投融资额增长缓慢，甚至出现下降，国际投融资活动陷于停滞。

（2）世界投融资格局发生深刻变革。曾经的欧洲老牌资本主义国家在世界大战期间的借款额大大增加，对外投资活动受到抑制，其国际投资大国的地位被严重削弱。美国借战争机遇，源源不断地向其他国家提供贷款，成为国际投资大国。

（3）这一时期的国际投融资活动仍以国际间接投资为主。例如，美国 1920 年的私人投资中有 60% 为证券投资。但需要指出的是，国际直接投资规模迅速扩大，而国际间接投资受到一定程度的影响。

（4）国际投资主体发生了变化。第一次世界大战以前的对外投融资主要以私人海外投资为主，而此后虽然私人投资仍占较大比重，但政府的海外投资规模迅速扩大。

三、第二次世界大战后至 20 世纪 70 年代初的国际投融资

除美国外，第二次世界大战其他参战国的经济惨遭破坏。美国趁机向外扩张，取得了经济、军事、政治上的世界霸主地位。1946—1965 年，美国对外贷款与赠予（军事援助除外）总额达 840 亿美元；到 1956 年，美国私人对外投资额超过以往任何一个时期，而且直接投资迅速发展，比重占到 82%，与此同时，美国政府对外投资额也逐年增长。直到 20 世纪 60 年代末和 70 年代初，由于美国国内收支持续表现为逆差和受国际石油危机的冲击，美国的世界债权国地位发生了动摇，日本和德国迅速恢复和发展，在对外投资中开始名列前茅。许多发展中国家和地区在积极吸引外资取得发展的基础上，也在开展对外投资。据世界银行估计，平均大约有 3/4 的外国直接投资（FDI）流向了工业国，对发展中国家或地区的投资则仅限几个“新兴工业化”国家或地区。苏联和东欧国家在经济互惠国家成员和一些发展中国家之间进行相互投融资，其内容主要是苏联提供的经济援助和多种形式的经济合作。总之，第二次世界大战后受冷战的影响，世界各国对外投融资出现了两个不同的流向，并逐步形成联盟国内对流发展的错综复杂的局面。但这一时期的科学技术的进步，在很大程度上降低了国际投融资的成本，加速了国际投融资在一定区域内的发展。

这一阶段的国际投融资活动的主要特征为：

（1）国际投资与国际融资规模均迅速扩大，改变了以往国际投资占主导的局面。这一时期，政治局势相对稳定，发达资本主义国家扩大海外投资规模，新兴国家也积极在国际金融市场获取资金，以满足本国经济发展的需要。

（2）国际投资方式由以国际间接投资为主转变为以国际直接投资为主。第三次科技革命的到来和科技产品的相继问世，以及交通运输、通信技术和企业组织与管理方式的创新，为跨国经营带来了极大的便利，国际资本、技术与管理的联系更加密切。

四、20 世纪 70 年代初至 80 年代的国际投融资

20 世纪 70 年代以后国际直接投资得到迅速发展，这主要是跨国公司这一新型国际垄断资本集团急剧发展的结果。同时，主要资本主义国家政府和国际金融组织也日益成为重要的国际投融资主体。所以，国际投融资达到了空前的规模。截至 1982 年，仅私人海外投资额一项就高达 5 000 亿美元以上，欧洲货币市场的国际流动资本额约为 1 万亿美元。

20 世纪 80 年代以来，资本主义经济进入低速增长时期，但主要资本主义国家国民生产总值占世界经济的比重仍居主要地位。美、日、欧（尤其是德国）已成三足鼎立之势，美国直接海外投资在 1973—1983 年占世界直接投资的比重从 49%下降至 43. 19%。到 20 世纪 80 年代末，日本年度对外直接投资规模已超过美国，位居世界第一。日、美、欧（法、英、德）的对外直接投资在 1980—1985 年占世界对外投资的比重为 69%，1986—1990 年为 72%，美国在 1982 年吸引外资首次超过对外投资而成为世界最大的投资对象国。这样，就形成了所谓的“大三角”等国家投融资的集聚化趋势。

这一时期国际投融资的主要特征为：

（1）国际投融资规模迅速扩大，参与国际投融资活动的资本形式更加多样化。资本形式既包括以实物资本形式表现的资本，如机器设备、商品等，也包括以无形资产形式表现的资本，如商标、专利、情报信息、生产技术等，还包括以金融资产形式表现的资本，如资金、债券、股票，以及期货合约、期权合约等金融衍生产品。

（2）国际投融资格局发生重大变化。在很长一段时间内，美国作为国际资本的主要来源地和世界债权国，对外进行大规模的投资活动。但受石油危机冲击，美国的债权国地位发生了变化。日本、英国、法国及德国快速发展，在国际资本市场的作用进一步凸显。

（3）融资方式和融资规模出现新的形式。随着全球经济自由化浪潮的掀起，金融监管放松，使各国政府或企业可以通过更多的渠道参与国际金融市场的融资活动。

（4）国际投融资的方式更加灵活。第二次世界大战前的国际投融资方式以股权参与为主，但随着全球经济的发展，与东道国兴办合营企业等方式也得到广泛运用。

五、20 世纪 90 年代至 21 世纪初的国际投融资

随着苏联解体、东欧剧变和冷战的结束，世界经济在 20 世纪 90 年代以后进一步朝着多元化方向发展，加上金融监管的逐步放松，金融创新产品的层出不穷，国际投融资手段变得越来

越复杂和多样化，不再局限于以往的单一投融资形式。在经济全球化浪潮的推动下，投融资不再仅限于部分国家或地区小范围内的运作，而是发展为全球范围内的广泛博弈。国际投融资活动表现出许多值得注意的新趋向和特点，也为各国经济发展带来新的机遇和挑战。

（1）产业资本转移逐渐在国际投融资活动中凸显。海外产业投资在20世纪90年代成为国际投融资的重要形式。发达国家在经历了黄金发展阶段后经济总量迅速提升，国内产业格局发生变化，以劳动密集型为主导的产业布局已经不适应其发展要求，它们迫切需要向海外转移落后的低端产业，进行海外投资。

（2）国际投融资的全球化特征进一步明显，国际资本的投机性显著增强。私人游资以及衍生金融工具等短期资本的发展，带有极大的投机性和冒险性。在金融全球化的驱使下，相差较大的各国金融体系暴露于逐利性的国际资本面前时，极易引发大范围的金融危机。1997年国际资本大鳄击溃泰国货币体系引发亚洲金融危机，使各国对国际投融资行为产生恐慌。

（3）跨国投资规模不断扩大，倾斜性日益明显。主要发达经济体在经历了高速发展阶段后，资本积累大幅增加，对外投资的集聚化进一步加强，发展中国家吸引的跨国投资额增长很快。但国际资本投向的倾斜性更加明显，发达国家将对发展中国家提供援助变为对发展中国家投资，加剧了国际资本地域流向上的不平衡性。

（4）跨国公司迅猛增加，国际企业并购持续升温，为争夺科技制高点，各国企业纷纷采取合并或兼并以及战略联盟等形式，以加强竞争实力和巩固垄断地位。

（5）经济区域化、集团化合作增强，在经贸、投资全球化进程加速的同时，国家集团化竞争进一步加剧。金砖国家在新的发展阶段中谋求多层次、全方位的合作，使国际投融资格局朝着多极化与多元化方向发展。

（6）以中国为代表的新兴市场国家在国际投融资中的地位逐渐凸显。国际投融资是建立在国家间经济基本面支撑上的，随着中国经济总量的扩大，中国政府与企业寻求海外投融资活动、推动国际金融市场发展的作用越来越明显。

第三节 金融全球化与国际投融资新趋势

随着国际分工、科技进步、商品和服务贸易的进一步深化，经济全球化越来越突出地表现为金融全球化，改变了国际资本流动与配置的格局，使欧美等国的金融中心得以蓬勃发展，同时也使新兴市场国家金融体系融入国际金融市场。跨国金融业务、金融政策和金融活动使国际市场上金融交易超越时空的限制而趋于一体。

一、金融全球化的内涵、动因与影响

（一）金融全球化的内涵

金融全球化是指世界各国和地区在金融业务、金融政策等方面相互交往和协调、相互渗透和扩张、相互竞争和制约已发展到相当水平，进而使全球形成一个联系密切、不可分割的整体。金融全球化不仅包括金融业的跨国发展，还包括金融活动按全球同一规则运

行，同质的金融资产价格趋于等同，巨额金融资本通过金融中心在金融范围内迅速运转。

金融全球化是不同国家和地区的金融主体所从事的金融活动在全球范围内不断扩展和深化的过程，也是各国在金融业务、金融市场、金融政策与法律等方面跨越国界而相互依赖、相互影响和相互融合的过程。金融全球化是经济全球化发展到高级阶段的产物，是经济全球化最主要的表现形式和最本质的内容。金融全球化与经济全球化融合推进，促进了全球产业、贸易与投资的快速发展。金融全球化的不断深化影响，也使金融风险的发生机制呈现国际化趋势。

（二）金融全球化的动因

1. 贸易和直接投资的全球化是推动金融全球化的实体经济因素

第二次世界大战后，跨国公司的迅速崛起改变了世界经济的版图。根据联合国的《2001 年世界投资报告》，目前全世界 6.3 万个跨国公司和 80 万个分支机构控制了世界工业生产总值的 40%~50%，国际贸易的 60%~70%，对外直接投资的 90%和全球技术转让的 90%。由跨国公司迅速发展而引致的贸易、生产全球化，客观上要求资本在国际进行大规模流动，以便于进行国际贸易结算；同时，贸易全球化要求金融业务和金融机构跨境发展，而对外直接投资的急剧增加，也要求国际金融市场快速发展，以保证跨国经济活动的顺利进行。总之，经济活动的全球化发展，要求在全球范围内对包括资金在内的资源进行配置，要求资本在全球范围内流动，后者成为金融全球化发展的重要推动力。

2. 金融创新为金融全球化提供了现实载体

20 世纪 70 年代以来，为了避开金融管制，规避利率、汇率风险，大规模的国际金融创新开始出现。许多新的金融产品的引入、各种类型金融市场与组织创新以及计算机和通信技术的大规模广泛应用，共同引发了金融业务领域的一场革命。

一方面，新型金融市场的崛起是金融创新的重要标志，如欧洲货币市场、金融衍生工具市场、离岸金融中心等已成为国际金融市场上最活跃的部分。特别值得关注的是，20 世纪 90 年代以来离岸金融中心在国际融资中占据了重要地位。低监管标准、低税率等特征确保了离岸金融中心能继续扩大其市场份额。与此同时，离岸金融中心通过选择专业化的金融服务领域进一步增强其与在岸金融中心的竞争力。

另一方面，金融产品创新为金融全球化提供了联系全球市场的金融工具。20 世纪 80 年代以来，金融产品创新层出不穷，使人眼花缭乱，目前国际金融市场上已知的金融创新产品多达 2 000 余种，包括远期合约、期货合约、期权合约、互换合约四大类金融衍生产品。这些金融创新工具联结了资本市场和货币市场，促进了金融市场全球化。

此外，新的金融投资机构快速崛起，正成为金融创新和推动金融全球化的生力军。例如，对冲基金发展迅速，对冲基金往往大规模使用衍生工具，在全球范围内构建投资组合，在促进金融资源全球化配置的同时，也对全球金融稳定构成了巨大威胁。

3. 金融自由化浪潮为金融全球化创造了制度环境

20 世纪 70 年代末 80 年代初，美国、日本、澳大利亚、加拿大和欧洲的一些国家纷纷宣布实行“金融自由化”的金融改革。其主要内容是放松金融管制，放松利率和外汇控制，允许银行、保险和证券业从分业经营走向混业经营，允许银行在离岸市场开展外币业务等。进入 20 世纪 90 年代，一些发展中国家也通过“金融深化”的方式加入金融自由化的队伍，东南亚各国先后实行宽松的金融管制。世界各国金融活动逐步自由化，阻碍资金跨国流动的“藩篱”被不断拆除，使得本来各自独立运行的各国国内金融日益融合在全球金融的大潮之中，为金融全球化提供了制度保障。

4. 现代信息技术发展为金融全球化提供了技术条件

金融手段的网络化和电子化为金融全球化奠定了物质基础，为各国金融机构和各个国际金融中心进行全球操作、传递输送信息提供了极大便利，同时也使分布在全球各地的金融市场和金融机构紧密地联系在一起，形成了全天候的全球金融市场。正是现代科学技术的发展，特别是通信技术和信息技术的发展，为金融全球化提供了物质基础和技术条件。

（三）金融全球化对国际投融资的影响

金融全球化是一把“双刃剑”，在加速国际资本流动、提高交易效率的同时，也将金融风险扩散到国际资本市场，加剧了国际金融市场的不稳定性。

1. 金融全球化对国际投融资的积极影响

在信息科技革命与金融创新的影响下，金融电子化和网络化引发了全球范围内资本流动性的提高，对国际资本市场提出不同于以往技术条件下的更高要求，从而对国际投融资产生积极的促进作用。其主要表现在两个方面：

第一，金融全球化促进了国际金融市场上的竞争，增强了市场上参与主体之间的信息甄别能力，提高了金融交易效率，从而降低了国际金融市场上投融资活动的交易成本。一方面。在现代信息技术条件下，金融电子化、网络化与金融全球化相结合，大大降低了国际金融市场的准入门槛，由此引发全球金融业更加激烈的市场竞争，从而促使国际金融体系中各类金融机构不断改进服务质量、降低成本、改善风险管理，进一步促使国际资本持有者跨国寻求投资机会。另一方面，信息科技革命极大提高了金融市场参与者之间的信息甄别能力，提高了远距离信息获取的便捷性，降低了成本，从而有利于降低国际金融市场的信息不对称程度，减少了国际金融投融资中的逆向选择和道德风险发生的可能性。

第二，金融全球化改进风险分担机制，提高了抵御市场不确定性的能力，从而优化了国际投融资活动的外部空间环境。金融全球化意味着金融监管将不受某国的特殊法律法规约束，打破国家保护主义，国际投融资活动得以在国际统一框架下开展，改进了风险承担机制。此外，金融创新的进一步全球化，为开展国际投融资开辟了网络空间的全新场域，使金融资源获得了更大的地域配置弹性，从而提高了国际资本配置效率，降低了金融资源的错配率，提高了国际投融资活动的预期收益。

2. 金融全球化对国际投融资安全带来的挑战

尽管金融全球化有助于在国际投融资活动中降低交易成本和不确定性，提高国际投融资的效率，但资本跨国界开展投融资活动的复杂性远高于国内的投融资活动，这给维护国际投融资安全带来新的考验。金融全球化使国际资本市场原本固有的风险特质与现代信息技术条件下国际资本市场运行的许多新特点结合在一起，对维护国际投融资安全构成了严峻挑战。

一方面，各国金融体系的完善程度与抵御风险的能力存在巨大的差异，金融全球化将脆弱性不一的各国金融体系向国际资本敞开，一旦某国金融体制、金融政策与金融市场运行中出现风险缺口，在国际资本的逐利性驱使下，金融风险缺口会被迅速拉大。1997 年亚洲金融危机中，泰国金融体系被国际资本击溃便是金融全球化典型的负面案例。

另一方面，金融危机在金融全球化的助推下极易引发全球性的金融海啸。在金融全球化下，各国金融体系甚至是经济被紧密地关联，局部的风险极易通过全球化的金融网络向国际金融市场扩散，引起全球性的金融危机。同时，金融全球化将金融创新的收益与风险机制连接到世界各国的金融产品中，具有“一损俱损、一荣俱荣” 的特征。例如，2008 年美国次贷危机在极短的时间内演变为世界性金融危机，至今仍存在影响。

二、国际投融资的最新发展趋势

自 2008 年全球金融危机以来，世界经济增长持续乏力，国际金融市场波诡云谲，经济发展和市场运行中的不稳定因素增多，意外事件频发，国际投融资在动荡与曲折中发展。随着金融全球化的日益推进和国际分工的进一步深化，以资本和技术为主的各种生产要素在更深层次上跨国流动，使国际投融资活动呈现以下趋势。

（一）全球经济复苏道路曲折，对外直接投资活动有起有落

受复杂多变的国际形势影响，国际投融资规模在金融危机后的几年里呈下降趋势。直到 2015 年，全球对外直接投资流入量出现复苏势头，同比增长 38%，达到 1.76 万亿美元，是 2009 年以来的最高水平。其中，跨国并购金额从 2014 年的 4 320 亿美元增至 2016 年的 7 210 亿美元，增长率为 67%，成为复苏反弹的主要牵动力。从 2012—2016 年全球对外直接投资流入量数据来看，受国际经济形势影响，前三年全球对外直接投资流入量呈逐年下降的趋势，2015 年全球对外直接投资则出现上扬之势，2016 年国际直接投资出现了小幅度回落，全年同比下降了 2%，全球对外直接投资额降至约 1.75 万亿美元①。具体情况如图 1-1 所示。

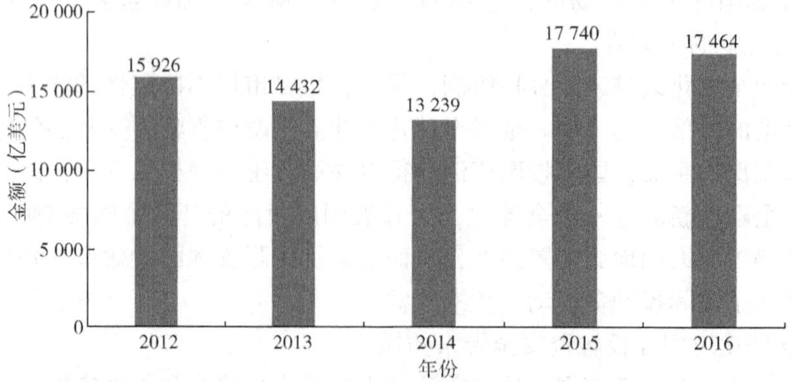

图 1-1　2012—2016 年全球对外直接投资流入量

资料来源：联合国贸易和发展会议（UNCTAD）《2017 年世界投资报告》。

---

① 数据资料来自中国与全球化智库（Center for China and Globalization，CCG）文献：2016—2017 年全球对外直接投资的现状与特点 [EB/OL]. [2017-12-12]. http://www.ccg.org.cn/Research/view.aspx?Id=8057.

（二）全球对外投资模式呈现出以跨国并购为主、绿地投资增长乏力的局面

全球金融危机以来，跨国并购与绿地投资金额均大幅下降，并在 2012 年后逐步回升。但从投资的形式来看，跨国并购金额的增长幅度远大于绿地投资金额。以 2016 年为例，跨国并购金额增长 18%，高达 8 690 亿美元，再创历史新高。跨国并购在第一、第二、第三产业中所占比例都有所上升，特别是在电力、食品与饮料、石油和天然气等领域，跨国并购活动十分活跃。随着时间的推移，国际投资市场上制造业逐渐占据跨国并购活动主导地位。在服务行业中，运输与仓储、娱乐、房地产等领域也出现跨国并购的投资热潮，增速分别为 34%、71%和 116%。与并购投资相比，在全球经济增长低迷的形势下，绿地投资近年来增长乏力。2016 年全球绿地投资额为 8 280 亿美元，同期增长 7%。不难发现，跨国公司在全球的生产经营活动在一定程度上呈收敛之势。值得注意的是，制造业的绿地投资下降 9%，投资额下降至 2 920 亿美元，生产性投资呈现后劲不足的特征。与此同时，全球对第一产业的绿地投资额增加到了 540 亿美元，对服务业的投资增长了 15%，达到 4 810亿美元。

根据《2017 年世界投资报告》的统计，2016 年中国企业海外并购额超过 2 000 亿美元，由此可以判断，中国已超越美国成为全球最活跃的出境并购国。此外，在绿地投资方面，由于部分主要发达经济体对境外投资的监管逐渐收紧，全球对初级产业的投资增速放缓。国际资本的流向逐渐由绿地投资向技术、高端制造等领域转移，这给直接在东道国新建企业和就地运营管理增加了成本与经营难度。因此，在绿地投资方面全球呈现增长缓慢的特征，或将引起国际投融资格局的大变革，是国际投融资中值得关注的重要新趋势。

（三）国际资本流向呈现多元化、多渠道特征

世界主要发达经济体吸引外资的趋势出现拐点，亚、欧和北美成为最受欢迎的国际投资目的地，国际资本流向呈现多元化、多渠道特征。

在后金融危机时代，世界主要发达经济体通过量化宽松的货币政策，释放了强大的流动性，在一定程度上降低了企业融资成本，但也加剧了国际资本的外流。自 2015 年起，美国联邦储备委员会开始收紧信贷，放弃量化宽松的政策选择，助推了公众的加息预期。在一定层面上，新兴市场国家出现资本大规模外流的现象。新的资本流向显示，发达经济体正再次成为吸引国际资本的主要场所，发展中经济体和转型经济体的国际投资受到较大冲击。

从全球对外投资流入量上看，2012—2015 年，投资热点主要集中在发展中经济体。2010 年之后，发展中经济体吸引的外国直接投资流入量呈现波动状态，2015 年攀升至 7 647亿美元，达到历史新高。但 2016 年以后，全球对发达经济体的投资热度再次高涨。2015 年全球对发达经济体的投资流入量明显增加，与 2014 年相比增长 74%，达到 9 625 亿美元，占全球对外直接投资流入量的 55%。2016 年发展中经济体吸引的外国直接投资急剧下降，回跌至 2012 年以来的最低点，为 6 460 亿美元。转型经济体的外资流入量则在 2016 年增长了近两倍，达 680 亿美元。2016 年，全球整体对发达经济体的投资流入量持续增加，与 2015 年相比增加 7%，超过 1 万亿美元，占全球对外直接投资流入量的 59%。具体情况如图 1–2 所示。

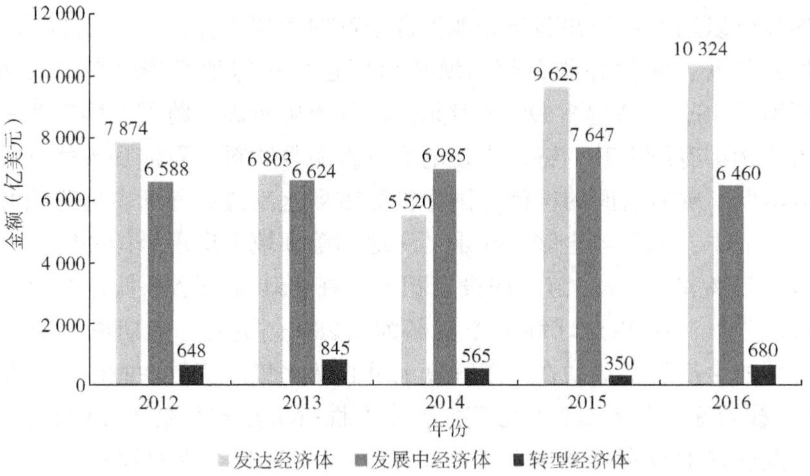

图 1-2　全球对外投资流入量对比图

资料来源：联合国贸易和发展会议（UNCTAD）《2017 年世界投资报告》。

（四）国际投融资政策发展更加注重自由化与便利化

随着国际分工与金融全球化的推进，国际资本的持有者与需求者在国际金融市场上借助国际资本进行价值增长与利润追逐，除风险性与收益性等硬性指标外，资本运转的自由化与便利化也逐渐成为资本选择的重要参考标准。金融监管放松与金融创新为国际资本流动创造了更多的空间与周转机会，移动通信、互联网、量子计算机、大数据、人工智能等科学技术的提高进一步降低了资本流动的成本，提高了交易效率，促进了国际投融资的发展。在这一背景下，国际投融资的相关政策出台后，投资便利化与资本的自由化受到越来越多的追捧。

2007—2016 年，世界各国出台的对外投资政策不断增加。据《2017 年世界投资报告》统计，2016 年全球 58 个国家出台涉及外商投资的法律法规共 124 项，较 2015 年增长 25%，是自 2007 年以来的最高数值；其中，自由化与便利化政策 84 项，占比 68%，表明国际投资政策正在向自由化与便利化的趋势发展。然而受地方保护主义的影响，限制对外投资政策的数量也有所增加，共 22 项，占政策总量的 18%；中性政策为 18 项，占 14%。具体情况如表 1-3 所示。

表 1-3　2007—2016 年全球对外投资政策数量变动表　　单位：项

年　　份	2007	2008	2009	2010	2011	2012	2013	2014	2015	2016
出台政策的国家数量	49	40	46	54	51	57	60	41	49	58
法律法规变化的总数	79	68	89	116	87	92	88	74	99	124
自由化与便利化政策数量	58	51	61	77	63	65	64	52	74	84
限制性政策数量	19	15	24	33	21	21	21	12	14	22
中性政策数量	2	2	4	6	3	6	3	10	11	18

资料来源：联合国贸易和发展会议（UNCTAD）《2017 年世界投资报告》。

由表 1-3 不难看出，优化对外投资的政策环境，扩大对外投资规模，是新政策及相关法律制定的基本出发点。在深化对外投资自由度方面，亚洲新兴经济体表现尤为突出。例如，2016 年，菲律宾完全向外资开放本国养老保险市场，泰国取消银行与保险业对外资企业的经营许可要求等。

需要指出的是，尽管全球投资政策整体趋向自由化与便利化，但随着世界金融格局的演变和新保护主义的实施，部分国家的外商投资政策有所调整和变化，包括增加对外投资监管和限制措施。东道国的投资限制增加，加大了国际投资的不确定性，复杂多变的国际政治也使全球的对外投资总量降低。

（五）“一带一路”沿线国家成为新的国际投融资热点

2013 年 9 月和 10 月，中国国家主席习近平分别提出建设“新丝绸之路经济带”和“21 世纪海上丝绸之路”的合作倡议。随后，“一带一路”逐渐上升为国家顶级层合作倡议，吸引了世界关注的目光。它充分依靠中国与有关国家既有的双多边机制，借助既有的、行之有效的区域合作平台，积极发展中国与沿线国家的经济合作伙伴关系，共同打造政治互信、经济融合、文化包容的利益共同体、命运共同体和责任共同体。2015 年 3 月 28 日，国家发展改革委、外交部、商务部联合发布了《推动共建丝绸之路经济带和 21 世纪海上丝绸之路的愿景与行动》。“一带一路”经济区开放后，承包工程项目已经超过 3 000个。2015 年，中国企业共对“一带一路”相关的 49 个国家进行了直接投资，投资额同比增长 18. 2%[①]。2015 年，中国承接“一带一路”相关国家服务外包合同金额 178. 3 亿美元，执行金额达 121. 5 亿美元，同比分别增长 42. 6%和 23. 45%。2016 年 6 月底，中欧班列累计开行 1 881 列，其中回程 502 列，实现进出口贸易总额 170 亿美元[②]。

随着“一带一路”建设的红利显现，中国企业在“一带一路”沿线进行并购交易的数量和金额都出现爆炸式增长。2017 年，中国企业在“一带一路”区域的海外并购交易数量从 2016 年的 22 个增长到 135 个，并购交易总额从近 20 亿美元上涨到 214 亿美元。

与“一带一路”相呼应，丝路基金和亚洲基础设施投资银行（Asian Infrastructure Investment Bank，AIIB，简称“亚投行”）相继成立，为国际投融资发展注入新的血液。

2015 年，中国对外投资中“一带一路”成为重要目的地，中国企业在“一带一路”相关 60 个国家新签对外承包工程项目合同 3 987 份，新签合同额达到 926. 4 亿美元，占同期中国对外承包工程新签合同额的 44. 1%，同比增长 7. 4%；完成营业额 692. 6 亿美元，占同期总额的 45%，同比增长 7. 6%。2016 年，中国企业对“一带一路”沿线 53 国实现非金融类直接投资 145. 3 亿美元，与上年相比下降 2%，占同期总投资额的 8. 5%，投资主要流向了新加坡、马来西亚、泰国等东南亚国家；与此同时，和 61 国新签订对外承包项目合同达 8 158 份，合同金额为 1 260. 3 亿美元，同比增长 36%，其中，完成营业额为 759. 7 亿美元，是同期总完成额的 47. 7%，同比增长 9. 7%。

（六）中国企业在国际投融资中的地位和作用进一步凸显

2010 年中国经济总量超过日本，成为世界第二大经济体。根据中国商务部统计的数

① 中国商务部对外投资和经济合作司 . 2015 年与“一带一路”相关国家经贸合作情况［EB/OL］. ［2015-12-18］. 商务部网站 .

② 舞动的双翼 丰硕的成果：“一带一路”建设回眸与愿景［EB/OL］. ［2017-01-03］. 新华网 .

据，2017 年中国制造业新设立外商投资企业 4 986 家，同比增长 24. 3%。在制造业 31 个大类、179 个中类和 609 个小类中，完全对外资开放的已有 22 个大类、167 个中类和 585 个小类。中国企业海外投资近年来呈现强劲增长态势，截至 2017 年年底，仅在境外经贸合作区累计投资就达到 307 亿美元，为当地创造就业岗位 25. 8 万个。

此外，中国企业海外并购渐成规模。统计显示，2010—2017 年，中国企业海外并购金额高达 4. 9 万亿元人民币，中国企业海外并购数量高达 2 098 笔，如图 1-3 所示。

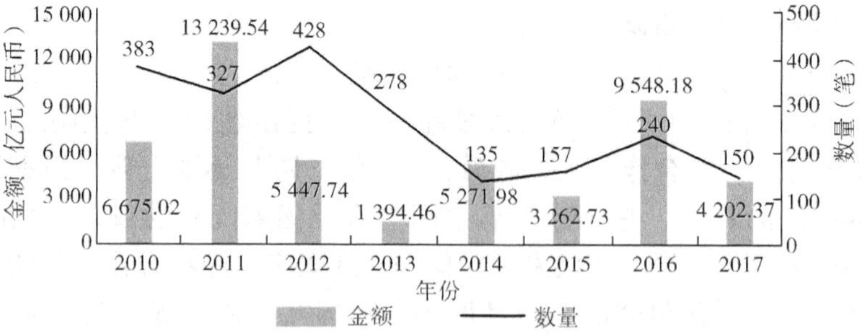

图 1-3　中国企业海外并购金额和数量

资料来源：Wind 资讯。

从已经完成和过户的情况看，其总金额亦超过 1 万亿元人民币。分年度来看，近年来并购金额和数量均有较大波动，2011 年并购金额超过 1. 3 万亿元人民币，2016 年亦接近 1 万亿元人民币。随着中国企业实力的不断壮大，国内市场已经难以满足部分企业的发展宏愿，而海外收购对拓展全球市场以及企业的国际化有着举足轻重的作用，因此，越来越多的企业开始寻找海外投资机会。

中国企业海外收购涉及航空、农产品、技术产品、工业机械、电影与娱乐、石油天然气勘探与生产、多领域控股、应用软件、综合类行业、多元化银行等多种产品和多个行业。

综上所述，在金融全球化的背景下，国际投融资格局发生了新的变化。在金融危机后的五六年时间里，包括欧美国家在内的主要发达经济体施行量化宽松的货币政策，以应对经济增长低迷，国际资本由发达国家流向发展中国家的趋势比较明显。但近年来，随着主要发达经济体开始逐步改变量化宽松政策，实施紧缩货币政策，国际金融市场出现较大幅度震荡，国际资本由发展中国家流向发达经济体的趋势有所上升。此外，以中国为代表的新兴市场国家通过开展多方位全面战略合作，提倡经济发展新理念，在国际金融市场上持续发力，对国际投融资的发展产生较大影响。

第四节　国际金融发展新格局与国际投融资发展中的中国贡献

一、国际金融发展新格局

2008 年全球金融危机是国际金融市场发展的重要分水岭，自此，世界经济格局向着多元化、差异化的方向发展。一方面，世界主要发达经济体为摆脱长期经济增长低迷所出台和实施的应对策略，使国际金融秩序发生深刻变化，新的金融大事件频出，加剧了世界格局的不确定性和复杂性；另一方面，以中国为代表的新兴经济体在危机后不断寻求多领域、多层次、大范围的国际合作，成为推动国际金融市场发展的重要力量。自2008年以来，国际金融发展主要呈现以下几大特征：

（一）欧洲一体化进程受阻

欧洲主权债务危机使欧洲一体化进程受阻，影响了后续欧洲各国的金融市场发展。欧洲主权债务危机（简称“欧债危机”）是指2009年以来欧洲部分国家爆发的主权债务危机，是美国次贷危机的延续和深化。欧债危机爆发最根本的原因在于政府的债务负担过重，超过了自身所能承受的债务能力。2009年10月20日，希腊政府宣布当年财政赤字占国内生产总值的比例超过12%，远高于欧盟设定的3%的上限。随后，全球三大评级公司相继下调希腊主权信用等级，欧债危机首先在希腊爆发①。由于欧元区内部协调机制运作不畅，所以救助希腊的计划迟迟不能出台，导致危机持续恶化，葡萄牙、西班牙、爱尔兰、意大利等国接连爆出财政问题，德国与法国等欧元区主要国家也受到拖累。

欧债危机的爆发既暴露出单一货币体系和国家竞争力较弱的情况下，高消费、高福利、低盈余的福利制度容易触发潜在的财政危机，也说明欧元区制度设计存在缺陷，各国无法有效弥补财政赤字。这深刻影响了欧洲一体化进程，也为后续欧洲金融市场的不稳定埋下了伏笔。在欧洲主权债务危机的阴影下，瑞士法郎对欧元急剧升值，为抑制货币升值对本国出口增长以及金融市场稳定的不利影响，瑞士中央银行设定了汇率上限。但从2015年开始，欧元对美元汇率发生巨大变动，瑞士中央银行难以继续维护“跟随”战略，因此取消汇率上限，以便抑制瑞士中央银行资产负债表的被动膨胀以及增强货币政策的独立性。

（二）英国脱欧将加剧国际金融市场的不确定性

由于历史和地理原因，19世纪晚期以来，英国一直奉行对欧洲大陆事务不干预的政策，被称为“光荣的孤立”。20世纪70年代，英国成为欧共体成员国后，“疑欧”与“脱欧”的声音从未间断过。欧债危机的蔓延不仅使英国的疑欧之心加重，也加快了脱欧的脚步。2013年1月23日，英国首相卡梅伦首次提及脱欧公投。2017年3月，经英国女王伊丽莎白二世批准，英国正式启动脱欧程序。同年6月，英国举行全民公投，决定英国是否继续留在欧盟。

英国脱欧将使欧洲一体化遭遇重大挫折，不仅会加剧国际金融市场的动荡，也将对英国、欧盟以及世界格局产生深远影响。

（三）金融危机后全球主要发达经济体的复苏进程存在差异

金融危机后全球主要发达经济体的复苏进程存在差异，货币政策明显分化，带动国际金融市场出现动荡。2008年爆发的金融危机，迅速从金融领域蔓延到实体经济领域，世界各国纷纷出台政策刺激经济增长。直到2014年，世界主要发达经济体普遍采取量化宽松的货币政策。美国在推出提高债务上限和削减赤字的法案后，又不断推出新的量化宽松的

---

① 欧元区主权债务危机中的重要事件［EB/OL］.［2011-11-08］. 环球网.

货币政策，如延长0~0.25%超低利率期限；日本中央银行宣布维持基准利率在0~0.1%不变，通过资产购买及信贷计划加大宽松规模；欧洲中央银行推出直接货币交易（OMT），未来将无限量购买1~3年期债券，实施欧洲版量化宽松政策①。

然而，2014年年底美国联邦公开市场委员会宣布停止资产购买计划，历时六年的量化宽松政策宣告结束。2015年年底美联储正式宣布将联邦基金利率提高0.25个百分点，这是美联储近十年来首次上调短期利率政策。与此相反的是，2014年欧洲中央银行将存款利率降至-0.1%，基准再融资利率下调至0.15%，边际贷款利率大幅下调35个基点至0.4%，这意味着欧洲中央银行成为首个实施负利率的世界主要中央银行②。2015年，欧洲中央银行再次启动量化宽松的货币政策，以应对欧洲经济持续疲弱。2016年后，日本依然保持宽松政策和收益率曲线目标，对超额准备金实施负利率政策。2017年，美联储、欧洲中央银行和英国中央银行分别通过加息或放缓量化宽松政策以实施收紧的货币政策。由于世界各国经济复苏的进程不一致，所以主要发达经济体货币政策走势分化明显。这带动了国际金融市场的动荡，如大宗商品价格持续下跌了6年。新兴市场首次出现净资本流出。

（四）金砖国家进一步深化共同发展的伙伴关系

金砖国家进一步深化共同发展的伙伴关系，开展金砖国家间结算与贷款业务，进而形成金砖国家间贸易和投资便利化的新格局。2001年，美国高盛公司首次提出“金砖四国”概念，囊括了中国、俄罗斯、印度、巴西四个全球最大的新兴市场国家。2010年，四国领导人首次进行会晤，商定推动“金砖四国”合作与协调的具体措施，至此，“金砖国家”合作机制初步形成。同年，南非加入金砖国家。由于巴西（Brazil）、俄罗斯（Russia）、印度（India）、中国（China）和南非（South Africa）等五个国家的首字母合在一起与英语单词“砖”类似，因此也被称为“金砖五国”。2011年，金砖国家签署《金砖国家银行合作机制金融合作框架协议》，扩大本币结算和贷款业务规模；加强金砖国家在资源、高新技术、低碳、环保等领域的投融资合作，开展资本市场的合作，包括发行债券，企业上市；促进成员行在经济及金融形势、项目融资方面的信息交流。该框架协议建立了新兴市场国家间更开放的金融合作体系。

2012年，金砖五国发表《德里宣言》和行动计划，要求国际货币基金组织和世界银行增加金砖国家的投票权，以保障欠发达国家的利益。五国签署协议推进金砖国家间结算与贷款业务，使金砖国家间贸易和投资便利化；探讨成立金砖国家新开发银行，并希望该银行与世界银行并驾齐驱。2013年，金砖国家领导人在南非德班发表《德班宣言》和行动计划，五国决定设立金砖国家新开发银行、外汇储备库、工商理事会和智库理事会，在财金、经贸、科技、卫生、农业、人文等近20个领域形成新的合作行动计划，挖掘金砖国家合作潜力，呼吁改革国际货币金融体系，增加新兴市场和发展中国家的发言权和代表性。2014年，金砖国家签署成立金砖国家新开发银行，初始资本为1 000亿美元，由5个创始成员平均出资。新兴经济体在一定程度上摆脱了对发达经济体的依附，通过紧密的互

---

① 2012年国际金融十件大事［J］．中国金融杂志社，2013（1）．

② 欧洲央行下调基准利率至0.15%自11日起实施［N］．人民日报，2014-06-06.

助合作对不合理的国际金融秩序形成挑战。

（五）人民币国际化进程持续推进

人民币作为国际货币的结算功能逐步增强，人民币国际化持续推进。2015 年人民币在全球支付市场所占份额超越日本，成为世界第四大支付货币后，影响力不断加强。截至 2017 年，人民币结算国家达到 9 个，与中国签署双边货币互换协议的国家和地区达到 36 个，其中包括续签的 10 个国家，累计金额达 3.3 万亿人民币。据中国人民银行发布的《2017 人民币国际化报告》，2016 年人民币国际使用稳步推进，人民币在全球货币体系中保持稳定地位。据环球银行金融电信协会（SWIFT）统计，2016 年 12 月，人民币市场占有率为 1.68%。2016 年 10 月 1 日，人民币正式纳入国际货币基金组织特别提款权（Special Drawing Right，SDR）货币篮子，这是人民币国际化的重要里程碑。

（六）加强国际金融监管形成共识并取得重要进展

2008 年金融危机后，《巴塞尔协议Ⅲ》于 2010 年起草，1 年后获得通过。在 2011 年二十国集团（G20）峰会上，各国领导人承诺于 2013 年 1 月 1 日实施新资本监管标准，并于 2019 年前全面达标。但在复杂多变的经济形势下，大多数欧美银行无法满足条件苛刻的《巴塞尔协议Ⅲ》提出的核心资本和流动性要求。其中，2012 年美联储、货币监理署和联邦存款保险公司宣布，由于存在较大资金缺口，美国会无限期推迟实施《巴塞尔协议Ⅲ》。欧盟也试图将《巴塞尔协议Ⅲ》的实施截止期延长半年或一年。几经波折后，《巴塞尔协议Ⅲ》于 2013 年发布新规定，放宽了对高流动性资产的定义和实施时间。

2017 年 12 月，巴塞尔银行监管委员会完成了《巴塞尔协议Ⅲ》资本框架，此后，银行面临更加严格的监管挑战。《巴塞尔协议Ⅲ》是全球银行业监管的标杆，其出台引发了国际金融监管准则的调整和重组，对银行的经营模式和发展战略也产生了重要影响。《巴塞尔协议Ⅲ》的出台是国际金融市场上具有重大里程碑意义的事件，该项协议使资本框架更加稳健，提高了公众对银行体系的信心。

（七）“一带一路”与亚洲基础设施投资银行的国际影响力持续扩大

2014 年，包括中国、印度、新加坡等在内的 21 个国家在北京签约，共同决定成立亚洲基础设施投资银行（即“亚投行”）。2015 年，亚投行正式宣告成立，并于次年开业。亚投行是全球首个由中国倡议设立的多边金融机构。

亚洲地区基础设施需求强劲，融资缺口高达数万亿美元。亚投行作为第一家新兴经济体主导的、政府合作的亚洲区域多边开发机构，为亚洲国家基础设施和其他生产性领域提供资金支持，有效促进了亚洲地区基础设施建设和经济健康发展。

综合以上分析不难发现，国际金融市场的发展趋势起伏不定，受国际金融危机影响，国际金融市场格局的演变大概呈现了三条线索：

第一，从摆脱经济低迷、促进经济增长的量化宽松政策到主要发达经济体的加息、缩表（资本负债表缩小）、退出量化宽松的信贷收紧政策，新兴市场国家资本流出与全球汇率波动成为主要态势。这在很大程度上改变了国际资本流动的方向，增加了新兴市场国家投资的不确定性和风险。

第二，新兴市场国家寻求在多边组织和多边框架下的合作，形成了新的世界经济增长极。其中，具有广泛影响力的是，金砖五国等新兴经济体探索开展在财经、贸易、科技、卫生、农业、人文等领域的全面合作，促进了国际金融市场发展的多元化。中国提出“一带一路”倡议，发起建立亚投行，为新兴市场国家参与国际事务与合作提供了新的平台，形成了新的亚洲秩序，对国际金融发展也产生了巨大影响。

第三，贸易保护主义与“逆全球化”加剧了全球市场的不确定性和复杂性。2008 年金融危机后，美国贸易保护主义势力抬头，号称美国贸易保护“核武器”的“301 调查”被再度启动，全球贸易保护主义情绪明显升温。全球贸易保护主义有可能引发贸易战，从而使国际金融市场面临诸多不确定性。

二、中国对国际投融资发展的贡献

2008 年全球金融危机对全球各国经济发展以及随后 10 年的世界格局产生了深远影响，全球经济长期疲软，复苏乏力。中国在经历了 30 多年快速发展后，在 2010 年超越日本成为世界第二大经济体，此后一直保持着中高速的经济发展，成为全球经济增长的重要推动者和新秩序的维护者。据国家统计局综合司数据，2013—2016 年，按照当年汇率计算，中国国内生产总值占世界经济总量的比重由 12. 5%提升至 14. 8%，提高了 2. 3 个百分点，对世界经济的平均贡献率超过 30%。据世界银行估测，2017 年世界经济增速为 3%左右，按此增速计算，2017 年中国经济占世界经济的比重提高到了 15. 3%左右，对世界经济增长的贡献率为 34%左右。随着中国在世界经济中的影响力逐步扩大，中国正成为推动国际投融资发展的重要力量。这主要体现在以下几个方面：

（一）中国已经成为推动世界跨国直接投资增长的主要动力

2008 年国际金融危机之后，中国对外投资始终保持强劲的增长态势，成为拉动全球对外直接投资增长的新引擎，由此改变了跨国直接投资一直由发达经济体主导的历史，开创了发达国家和发展中国家双轮驱动的新格局。

（二）逐步形成发展中国家与发达国家双向拓展的全球投资布局

随着中国经济总量的快速提升，中国企业盈利水平逐步提高，国际竞争力逐步增强，中国国内资本的积累在世界排名中位居前列。积极拓展海外市场，寻求新的价值增值机会成为 2008 年金融危机后中国投资者的选择。2010 年以来，中国企业境外绿地投资和跨国并购呈爆发式增长，中国资本参与国际投融资活动的规模和数量不断壮大。以中国为代表的新兴市场国家在国际投融资中的贡献正逐渐凸显。

（三）“一带一路”和境外经贸合作区建设拓展了国际化空间，改变了中国新时代国际投融资格局

随着“一带一路”沿线国家经济往来的日益密切和投融资活动的稳步推进，中国与“一带一路”沿线国家形成了新的推动世界经济增长的国际化空间，国际资本流动的空间与渠道被进一步拓宽。越来越多的境外企业秉持共商、共建、共享原则赴沿线国家建立生产基地，主要投资于矿能资源、轻纺、装备、汽车、船舶、钢铁、水泥等制造业，生产基地多数分布在基础设施和工业化相对落后的国家和地区，推动了东道国信息化、绿色化、现代化的工业体系建设。

（四）投资结构由资源获取型向技术引领型与迈向全球价值链中高端转变

中国经济快速增长的过程，也是产业结构变迁的过程，产业的技术水平和附加值与改

革开放初期相比均发生了根本性变化。尽管在对接国际前沿科技水平和创新能力上，中国还存一定的差距，中国实现国内产业转型升级面临着相当程度的压力，但从中国参与国际投融资的产业分布变化看，中国企业海外投资活动正在加快向全球化靠拢。这表明中国借助国内企业的资本和技术，在国际投融资活动中进一步提高了国际创新合作研发技术水平，提升了在国际价值链分工中的层次。这既有利于中国国内的产业升级，也加速了全球产业技术水平和产品附加值的提升。

2016 年，中国对外直接投资存量规模超过千亿美元的五大主导行业分别为租赁和商务服务、金融、批发和零售、采矿以及制造业，占总量的比重分别为 34.9%、13.1%、12.5%、11.2%和 8%。2016 年，租赁和商务服务业，信息传输、软件和信息服务业，科学研究和技术服务业对外投资分别增长 81.4%、173.6%和 26.7%，占总量的比重分别达 33.5%、9.5%和 2.2%。截至 2016 年年底，中国服务业对外直接投资额达 10 360.4 亿美元，占存量的 76.3%，且主要集中在生产性服务业领域。此外，许多制造企业通过在国外设立研发设计中心、运营中心、物流中心等来构建全球价值链和供应链体系。从 2017 年上半年的数据看，租赁和商务服务业，批发和零售业，信息传输、软件和信息服务业占对外投资总额比重分别达 28.7%、12.9%和 11.2%。与此同时，2012—2016 年采矿业投资由 135.4 亿美元下降到 19.3 亿美元，占总量比重由 15.4%下降到 1%。这表明传统的资源获取型投资导向已经得到改变，技术引领型产业正成为中国开展海外投融资活动的主导①。

（五）中国开展海外投资对于拉动外贸出口、促进产业转型的作用越来越明显

长期以来，中国在很大程度上依靠高污染、高耗能、低附加值的劳动密集型产业，利用丰富的劳动力优势，向世界源源不断地输送物美价廉的产品。但金融危机后，以出口为导向的外向型经济在经济增长中的贡献逐渐减弱，产业升级面临艰难挑战。随着经济总量迅速扩张，中国企业开始寻求海外投融资机会，倡导国际合作共享、国际经济包容性增长、国际产能高度融合的开放理念。随着国际产能合作和装备制造业合作的进一步推进，中国有效实现了国内富余产能的有序转移，同时带动装备、零部件出口及国内先进技术、标准、服务、品牌走出去，扩大了海外影响力。

2012—2016 年，通过对外投资合作累计实现境外销售收入 7.2 万亿美元，带动进出口 1.9 万亿美元；我国制造业对外投资额累计达 653.5 亿美元，企业在境外建设了一批钢铁、水泥、有色金属、汽车、机械、纺织、化工等生产基地。2016 年，我国制造业投资额达 290.5 亿美元，同比增长 45.3%，占总量比重为 14.8%，其中，装备制造业投资同比增长 41.4%，占制造业投资的 49.1%。

（六）海外并购成为中国企业共享核心战略资源、加快国际化发展的重要方式

实行跨国并购是近年来中国企业海外投资的重要方式，这不仅是中国企业参与国际化进程加快、跨国经营能力飞速提升的体现，也是中国企业借助海外核心战略资源，推动自主创新能力提升和自主品牌国际化的重要途径。在经济全球化背景下，中国企业扩大海外并购规模，获取跨国公司生产、市场和创新要素的同时，也完成了国际核心关键技术、管

---

① 若无特殊说明，本段数据资料均来自：王晓红．推动形成对外直接投资发展新局面［N］．光明日报，2018-01-30.

理经验等方面的交流。

2012—2016 年，我国企业境外并购额由 434 亿美元增长到 1 353. 3 亿美元，占总量比重由 31. 4%增长到 44. 1%。2016 年，境外并购同比增长 148. 6%，涉及 18 大行业、74 个国家和地区。其中，制造业、信息传输/软件和信息技术服务业、交通运输/仓储和邮政业列前三位，分别增长 119. 5%、214%和 756. 5%，出现了海尔收购美国通用电气公司家电业务、海航收购美国英迈公司、腾讯收购芬兰 Supercell 公司 84. 3%的股权等重大并购案。

（七）中国民营企业在国际投融资中的主力军作用日益突出

在互联网与科学技术的推动下，迅速成长起来的民营企业在参与国际投融资活动中展现出巨大的潜力。2012—2016 年，国有企业和非国有企业的对外投资存量比例由 59. 8：40. 2 调整到 54. 3：45. 7。2016 年，非公有制经济和公有制经济控股企业对外投资额分别为 1 232. 4 亿美元和 579. 9 亿美元，占比分别为 68%和 32%。民营企业在高技术、新能源、电力、军工等战略性新兴产业领域的投资并购活动中都有非常出色的表现。

2008 年金融危机以后，中国的国际影响力稳步提升。新的时期，中国将继续秉持共享、合作、双赢的理念向全球扩大开放，提升中国经济发展对世界的贡献。在党的十九大上，习近平总书记强调，必须统筹国内、国际两个大局，始终不渝走和平发展道路，奉行互利共赢的开放战略，坚持正确义利观，谋求开放创新、包容互惠的发展前景，促进和而不同、兼收并蓄的文明交流，始终做世界和平的建设者、全球发展的贡献者、国际秩序的维护者。

【本章小结】

1. 国际投融资的演进过程可以分为第一次世界大战以前的国际投融资、两次世界大战期间的国际投融资、第二次世界大战后至 20 世纪 70 年代初的国际投融资、20 世纪 70 年代初至 80 年代的国际投融资，以及 20 世纪 90 年代至 21 世纪初的国际投融资。

2. 金融全球化是不同国家和地区的金融主体所从事的金融活动在全球范围内不断扩展和深化的过程，也是各国在金融业务、金融市场、金融政策与法律等方面跨越国界而相互依赖、相互影响和相互融合的过程。

3. 金融全球化的动因包括：贸易和直接投资的全球化是推动金融全球化的实体经济因素；金融创新为金融全球化提供了现实载体；金融自由化浪潮为金融全球化创造了制度环境；现代信息技术发展为金融全球化提供了技术条件。

4. 金融全球化既可能给国际金融安全带来潜在的收益，也可能给国际金融安全带来潜在的风险，金融全球化进程对于国际金融安全而言是一把“双刃剑”。

5. 在金融全球化的背景下，国际投融资格局发生了新的变化。金融全球化在根本上离不开经济全球化的现实基础。以中国为代表的新兴市场国家通过开展多方位全面战略合作，提倡经济发展新理念，在国际金融市场上持续发力，对国际投融资的发展产生了较大影响。

6. 从摆脱经济低迷、促进经济增长的量化宽松政策到主要发达经济体的加息、缩表、退出量化宽松的信贷收紧政策，新兴市场国家资本流出与全球汇率波动成为主要态势。在后危机时代，经济增长低迷、复苏乏力是困扰主要发达经济体的重要因素。

7. 新兴市场国家寻求在多边组织和多边框架下的合作，形成了新的世界经济增长极。

8. 贸易保护主义与“逆全球化”加剧了未来全球市场的不确定性和复杂性。由全球贸易保护主义可能引发的贸易战使国际金融市场面临诸多不确定性。

9. 在2008年金融危机以后，主要发达经济体在应对经济增长疲软中，政策取向在波折变化中出现明显分化，影响了国际资本流向与国际金融市场发展。

10. 以中国为代表的新兴市场国家的快速崛起，正在更大范围内形成新的抗衡既有国际资本势力的能力，在推动国际投融资发展中做出越来越大的贡献，并以开放、友好、包容的姿态改变了数百年来由西方主要发达国家主导国际投融资发展的历史趋势。

【思考题】

1. 试说明国际投资活动与国际融资活动的概念及相互联系。
2. 概括国际投融资的演进过程。
3. 阐述经济全球化与金融全球化的关系。
4. 简要说明金融全球化的动因。
5. 如何理解金融全球化是一把“双刃剑”？
6. 简要概括国际投融资发展的新趋势。
7. 简述当前国际金融发展新格局。
8. 如何理解中国在推动国际投融资发展中的贡献？

第二章　现代国际投融资理论

【学习目标】

◎了解国际贸易理论的主要内容和国际贸易理论的内涵与分类

◎熟悉国际资本流动理论的主要内容与分类，了解国际资本流动理论的新进展

◎理解与运用国际投资理论的主要内容及其最新发展

◎掌握并熟悉国际融资理论的主要内容

◎把握国际融资理论的最新发展

【引导案例】

开启“金砖”新未来，再创经贸合作新局面

2017年9月3日至5日，金砖国家领导人在福建厦门举行第九次会晤，金砖合作步入第二个“黄金十年”。

从2006年中国、俄罗斯、印度、巴西四国外长在联合国大会期间举行首次会晤，到2010年南非加入金砖国家合作机制，金砖国家扩大为五国。同为二十国集团（G20）成员，10年来，金砖国家经济总量在全球经济中的占比从12%提升到23%，贸易总额占比从11%升至16%，对外投资比重从7%上升到12%，对世界经济增长贡献率达到50%。金砖国家在贸易和投资领域表现出广阔的合作前景。

2013年，五国签署旨在鼓励强化金砖国家间贸易投资联系，促进可持续发展和包容性增长的《金砖国家贸易投资合作框架》；2014年，通过《金砖国家贸易投资便利化行动计划》，为成员国提供行动建议清单；2015年，通过《金砖国家电子商务合作框架》；2016年，通过《金砖国家知识产权合作机制工作职责》；2017年8月，第七届金砖国家经贸部长会议取得包括《金砖国家投资便利化合作纲要》在内的8项成果，经济技术合作将首次纳入金砖经贸合作议程。

投资是全球经济增长和创造就业的引擎。2016年，金砖国家对外投资总额约为1 970亿美元。《金砖国家经济技术合作框架》指出，金砖国家将根据成员国的合作意愿和具体需求，围绕贸易投资便利化、电子商务、服务贸易、知识产权等领域，有重点地开展能力建设，分享金砖国家经济发展模式和合作理念，推动金砖国家经济发展和技术进步，共同落实好联合国2030年可持续发展议程。

中国国际经济交流中心总经济师陈文玲指出，南北关系已经发生深刻演化，金砖国家

已成为全球治理的重要力量。现在新兴经济体、发展中国家整体崛起，不仅表现为国内生产总值的总量超过全球的 50%，也表现为在国际舞台上的分量迅速提高，话语权逐渐增多。

随着金砖国家经贸合作的不断深入和国际影响力的持续上升，国际投融资格局也正在发生深刻变革。在实践角度，新兴经济体在国际经济活动中扮演着越来越重要的角色，这也在理论层面为阐释新时期国际贸易和投资格局变化提供了广泛的现实基础。

资料来源：聚焦第九届金砖国家峰会：开启“金砖”新未来［N］．中国经济时报，2017-08-30.（有删改）

第一节　国际投融资理论基础

一、国际贸易理论

国际贸易理论主要包括重商主义贸易理论、古典贸易理论、新古典贸易理论、贸易保护理论、新贸易理论和新新贸易理论，这些不同发展阶段的贸易理论构成了国际投融资的重要理论基础。

（一）重商主义贸易理论

重商主义思想产生和发展源于 15—17 世纪西方国家的资本原始积累时期。重商主义者认为，国际贸易的吸引力在于它能够提供国际收支顺差的机会。在重商主义者看来，出口可以促进本国工业的发展，并导致贵金属的流入。与此相反，进口减少了对本国产品的需求，不仅会导致国内就业的下降，而且还会使贵金属流失。

重商主义者之所以会产生以上的看法，主要与他们把财富与金银等贵金属直接等同起来有关。基于以上立场，重商主义者的政策建议是：国家应对出口与生产加以保护与奖励，而对进口则应采取保护主义的措施予以限制，特别是那些具有战略意义的产业部门更应如此。

（二）古典贸易理论

古典贸易理论是在批判重商主义贸易思想的基础上形成与发展起来的，大致经历了两个重要的发展阶段：一是亚当·斯密创立绝对优势理论的阶段；二是大卫·李嘉图在继承与发展中提出相对比较优势理论的阶段。

1. 绝对优势理论

英国著名古典经济学家亚当·斯密（Adam Smith，1776）在其代表作《国民财富的性质和原因的研究》中对重商主义学说给予了批判，并提出了自己的国际贸易理论——绝对优势理论。

斯密认为，一国的财富取决于其生产能力，而不是其所拥有的贵金属水平，因此增加一国财富的重要途径就是提高该国的生产能力。在经济资源和科学技术水平一定的情况下，提高生产能力的途径就是通过社会分工来提高劳动生产率。斯密根据一国内部不同职业之间的分工互利原理（专业化劳动分工与交换能够最大限度地增加自己的利益和国家的财富），将社会分工推广到国与国之间，从而提出了绝对优势贸易理论。该理论的核心思想是：国际贸易并非零和博弈，即贸易是互利的，国际分工和国内分工一样都可以增加本国的财富，而互利贸易的基础是国与国在不同商品的生产上存在绝对成本差异。因此，这个学说也决定了斯密的贸易政策主张是自由贸易。

2. 相对比较优势贸易理论

在亚当·斯密的绝对优势贸易理论基础之上，英国另一位著名古典经济学家大卫·李嘉图（David Ricardo）在其 1817 年出版的《政治经济学及赋税原理》一书中，提出了相对比较优势贸易理论。该理论大大放宽了斯密绝对成本优势贸易理论关于开展国际分工和互惠贸易的前提条件，从而也更为科学和更具一般性，为贸易理论的进一步研究奠定了科学的理论基础。

相对比较优势贸易理论认为，国际贸易的基础是生产技术的相对差别（而非绝对差别），以及由此产生的相对成本的差别。每个国家都应根据“两利相权取其重，两弊相权取其轻”的原则，集中生产并出口具有“比较优势”的产品，进口具有“比较劣势”的产品。这样，双方均可节省劳动力，获得专业化分工提高劳动生产率的好处。比较优势贸易理论在更普遍的基础上解释了贸易产生的基础和贸易利得，发展了绝对优势理论。

（三）新古典贸易理论

1. 要素禀赋理论（H-O 理论）

要素禀赋理论是由瑞典经济学家赫克歇尔（Heckscher，1919）首先提出，并由另一位瑞典经济学家俄林（Ohlin，1933）加以重大发展而形成的，故该理论也被称为“赫—俄国际贸易理论”，简称“H-O 理论”。

H-O 理论虽然仍以李嘉图的比较成本优势理论各项假定为依据，但主要从各国生产要素禀赋的差异来解释产品的生产成本和价格的不同，进而说明这些不同构成了国际贸易的基础。其推理的逻辑思路如下：商品的相对价格差异是产生国际贸易的直接原因，而商品相对价格的差异是由生产成本的相对差异造成的；生产成本存在差异是因为生产要素的相对价格不同，而生产要素的相对价格差异是由其要素禀赋不同造成的。按照逻辑推理，两国要素禀赋的不同是国际贸易产生的重要基础。据此，H-O 理论的基本观点和主要内容可表述为：劳动丰裕国拥有生产劳动密集型产品的比较优势，应该生产并出口劳动密集型产品；资本丰裕国拥有生产资本密集型产品的比较优势，应该生产并出口资本密集型产品；两国分工生产和贸易，均可获得比封闭条件下更多的收益。

2. 斯托尔珀—萨缪尔森定理（S-S 定理）

在 H-O 理论基础上，相继出现了斯托尔珀—萨缪尔森（Stolper & Samuelson，1941）定理（S-S 理论）、要素价格均等理论（H-O-S 理论）等理论成果，这些理论丰富了新古典贸易理论的内容。

斯托尔珀和萨缪尔森在 1941 年发表的《贸易保护与实际工资》一文中提出了国际贸易对生产要素收入分配会产生长期影响的斯托尔珀—萨缪尔森定理。该定理说明的是商品价格变化与要素价格、收入分配之间的关系。该理论可表述为：在 H-O 理论的前提假设下，国际贸易一般会提高贸易国出口商品的相对价格，降低进口商品的相对价格，因此，长期来看，国际贸易最终将会提高贸易国相对丰裕生产要素的实际报酬，而降低其相对稀缺生产要素的实际报酬，即：国际贸易会提高劳动丰裕国劳动报酬的实际购买力，降低资本报酬的实际购买力；提高资本丰裕国资本报酬的实际购买力，降低劳动报酬的实际购买力。

3. 要素价格均等理论（H-O-S 理论）

要素价格均等理论是萨缪尔森（1948）在 H-O 理论的基础上推导而来的，故又称为 H-O-S 理论。该理论可表述为：在 H-O 理论的基本假设下，长期来看，自由贸易不仅会使两国同质生产要素的相对价格趋于均等化，也会导致两国相同生产部门同质要素的实际报酬趋于均等化。

H-O 理论是从一个国家要素禀赋乃至经济结构的角度来解释国际贸易格局的，而 H-O-S理论则反过来分析国际贸易对一国要素价格乃至经济结构的影响。对一国而言，国际贸易一方面增加了相对丰裕要素的需求，从而提高了它的价格和报酬；另一方面减少了相对稀缺要素的需求，从而降低了它的价格和报酬。这表明，国际贸易除了会改变一国的经济结构外，还可以改变一国的收入分配状况。

（四）贸易保护理论

1. 幼稚产业保护理论（Infant Industry Theory）

幼稚产业是指处于发展初期，基础和竞争力薄弱，但经过适度保护能够具有潜在优势的产业。该理论最初于 18 世纪后半期由美国独立后的第一任财政部长亚历山大·汉密尔顿（Alexander Hamilton，1791）提出，后由德国史学派先驱李斯特（List，1841）对汉密尔顿的观点加以系统的理论阐述。李斯特的保护贸易理论以生产力理论和经济发展阶段论为基础，强调国家干预政策。

李斯特从历史演进的角度出发，以部门经济为划分标准，把人类社会的经济发展分为原始未开化时期、畜牧时期、农业时期、农工业时期和农工商时期五个阶段。李斯特认为，在经济发展的不同阶段应该采用不同的国际贸易政策。一个国家从原始未开化阶段转向畜牧业、农业，进而转向工业的初期发展阶段时，可以而且应当进行自由贸易。但当它的经济发展已经达到较富强的第四个历史阶段时，国家已初步实现工业化，而国内工业尚处于幼稚阶段，无法与国外先进工业竞争。为了避免国外竞争的猛烈冲击，保护国内工业的大力发展，就必须实行坚决的贸易保护制度。一旦它强盛到进入第五个历史阶段，足以同世界上先进国家进行商品竞争时，应该取消贸易保护政策。

2. 超保护贸易理论

20 世纪 30 年代资本主义世界发生空前严重的经济危机，经济萧条、失业使市场问题进一步尖锐，自由放任的传统经济学信条受到批判，国家干预经济的思潮开始盛行。在此历史背景下，许多经济学者提出了国家应积极干预对外贸易，实行高关税、外汇限制、数量限制、鼓励出口等各种支持超保护贸易政策的理论，其中有重大影响的是凯恩斯主义（Keynesianism）有关推崇重商主义学说的超保护贸易理论。其基本观点如下：

（1）批判传统贸易理论，尊崇重商主义。凯恩斯认为，现实社会存在着大量的失业现象，而古典贸易理论的前提条件“充分就业”实际上并不存在；此外，传统理论只用国际收支自动调节机制“来证明贸易顺差、逆差的最终均衡过程，忽视了在调节过程中对一国国民收入和就业的影响”，这是有缺陷的。

（2）宣扬贸易顺差有益，认为贸易逆差有害。保持贸易顺差可以扩大国外投资，增加有效总需求，扩大就业，促进经济发展。贸易逆差则会造成黄金外流，导致国内经济趋于萧条和失业人数增加。

（3）提倡政府干预对外贸易。凯恩斯认为，如果政府不控制对外贸易，那么对外贸易就很难成为提高国民收入水平的重要推动力。基于此，凯恩斯认为，政府不仅要干预国内的经济，实现内部平衡，还要干预对外贸易，以便使进出口有助于国民收入水平的提高。

3. 战略性贸易理论

战略性贸易理论（Strategic Trade Theory）也称战略性贸易政策，创立于20世纪80年代，代表人物是保罗·克鲁格曼（Paul Krugman）。

保罗·克鲁格曼基于不完全竞争市场假设，从高新技术产业最重要的四个特征出发，强调一个国家促进高新技术产业发展，谋求国际贸易竞争优势是十分重要的。要提升竞争优势，就必须扩大生产规模，取得规模经济。但是仅靠企业通过价格或创新竞争，依靠自身的积累来实现生产规模的扩大一般非常困难，对经济落后的国家更是如此。对此，最有效的解决方法就是政府选择有发展前景的产业，通过采取征收进口税、提供出口补贴、给予研发支持等措施来提升竞争力，扩大生产规模，降低生产成本，在提高竞争力的同时保护国内市场，等其成熟到足以与外国产业相抗衡后，政府即可取消保护。

（五）国际贸易理论的新发展

以亚当·斯密为代表的古典贸易理论以及后来的新古典贸易理论，均是在规模报酬不变和完全竞争的假设下研究不同国家间的产业间贸易，这些传统的贸易理论不足以解释第二次世界大战以来出现的新的国际贸易现象。20世纪80年代以来，逐渐形成了新贸易理论和新新贸易理论学说。

1. 新贸易理论

传统贸易理论无法解释第二次世界大战后出现的新的国际贸易现象。“传统贸易理论不能恰当地说明经验观察结果的四个主要方面：它显然无法解释贸易量、贸易构成、公司内贸易和对外直接投资的量和作用”①。因此，20世纪80年代以后的学者基于规模贸易递增和不完全竞争的假设，在比较优势动态发展中提出了一系列新贸易理论。其中，最具代表性和影响力的新贸易理论包括：

（1）技术差距理论（Technological Gap Theory）。技术差距理论又称技术差距模型，是把技术作为独立于劳动和资本的第三种生产要素，探讨技术差距或技术变动对国际贸易影响的理论。由于技术变动包含时间因素，技术差距理论被看成是对H-O理论的动态扩展。

技术差距理论产生于20世纪60年代，由美国学者波斯纳（Posner）提出。该理论放松了H-O模型关于贸易国之间具有相同技术的假定，把科学技术看成是一种独立的生产要素，强调技术在比较优势形成中的决定作用。该理论认为，科技水平在各个国家的发展程度不一，这种技术上的差距可以使技术领先的国家具有技术上的比较优势、成为技术的创新国（Innovation Country），并且出口技术密集型产品。随着专利权转让、技术合作、对

① 赫尔普曼，克鲁格曼．市场结构和对外贸易［M］．上海：上海三联书店，1993.

外投资或国际贸易的发展，创新国的领先技术流传到国外，模仿国（Imitation Country）开始利用自己的低劳动成本优势，自行生产这种商品并减少进口。创新国逐渐失去该产品的出口市场，因技术差距而产生的国际贸易量逐渐减少，技术最终被模仿国掌握，技术差距消失，以技术差距为基础的贸易也随之消失。

（2）产品生命周期理论（Product Life Cycle Theory）。1966 年，美国哈佛大学跨国公司研究中心教授雷蒙德·维农（Raymond Vernon）在《经济学季刊》上发表《产品周期中的国际投资与国际贸易》一文，提出了产品生命周期理论。

维农将新产品的生命周期分为以下三个阶段：

第一阶段：产品的创新阶段。在这一阶段，新产品刚刚投入市场，创新企业垄断着新产品的生产技术，创新企业需要具备高水平研究设计能力并为此投入巨额研发费用，产品尚未实现标准化，需要不断改进设计和性能才能满足消费者需求。这阶段的产品销售市场以国内为主，部分新产品可以通过出口销往国外，企业进行外国直接投资的必要性很小。

第二阶段：产品的成熟阶段。在这一阶段，产品逐渐标准化，最有效的生产工序已经形成，产品的生产技术基本稳定。众多国外企业将被吸引从事该产品的生产，使生产企业面临的国际竞争加大，迫使国内企业降低生产成本。具有技术垄断优势的生产企业开始将生产由国内转向国外，进行国际直接投资活动。

第三阶段：产品的标准化阶段。在这一阶段，产品的生产技术、生产工艺、规格等都已完全标准化，产品已完全成熟，创新企业不再具有产品技术优势，企业竞争的重点在成本和价格方面。

1974 年，维农又发表了《经济活动的选址》一文，引入“国际寡占行为”的概念，他把跨国公司都定义为寡占者，即技术创新期的寡占者、成熟期的寡占者和衰退期的寡占者，将他们与产品生命周期发展的三个阶段相对应。技术创新期的寡占者拥有技术垄断优势，生产活动在创新国国内进行，寡占者享受着垄断利润；成熟期的寡占者由于其生产技术逐渐扩散，创新国技术优势不断被削弱，将通过对外直接投资来维持垄断优势，获得垄断利润；衰退期的寡占者已完全丧失技术优势，寡占利润不复存在，因此，具备廉价劳动力和广阔市场的发展中国家成为衰退期寡占者理想的投资场所。修正后的产品生命周期理论对国际直接投资更具现实指导意义。

（3）产业内贸易理论（Intra-industry Trade Theory）。产业内贸易理论的发展主要经历了 20 世纪 70 年代中期以前的经验性研究和 70 年代中后期以后的理论性研究两个阶段。

早期的产业内贸易理论研究多数源于实际观测与传统理论的背离。一些应用经济学家将经济全球化对贸易的作用同产业内贸易连在一起研究。例如，密契里（Michaely，1962）研究发现，高收入国家的进出口商品结构呈明显的相似性，而发展中国家正好相反。林德尔（Linder）则认为，这是由这些国家的收入水平相近，进而对消费品或资本品的偏好相近造成的。“收入偏好相似论”从一国收入水平决定的需求方面来解释国际贸易流向，初步说明了发展水平一致或相近国家之间工业制成品贸易产生和发展的原因。

后期的理论研究以格鲁贝尔和劳埃德（Grubel & Lloyd）为代表。格鲁贝尔和劳埃德等人在 20 世纪 70 年代中期发表的许多论文中提出，产业内贸易是由各种复杂的原因所导致的一种复杂的贸易现象，技术差距、研究与开发、产品差异性和产品生命周期的结合，以及人力资本密集度的差异与收入分配差异的结合等都可能导致产业内贸易发生。

许多经济学家从其他不同角度研究产业内贸易的原因，如从地理、气候、政府政策、信息、运输费用等方面来解释产业内贸易成因，这些研究成果极大丰富了产业内贸易理论的内容。

（4）国家竞争优势理论（National Competitive Advantage Theory）。国家竞争优势理论是1990年由美国哈佛大学商学院的迈克尔·波特（Michael Porter）教授在其著作《国家竞争优势》中提出的。波特教授认为，一个国家的竞争优势，就是企业、行业的竞争优势，也就是生产力发展水平上的优势。一个国家要在国际市场上取得竞争优势，关键在于能否使主导产业具有优势；优势产业的建立依赖于生产率的提高，而提高生产率的源泉在于企业是否具有创新机制。从宏观角度来看，一个国家的竞争优势来源于四个基本因素：生产要素需求条件、相关和支持产业，企业战略，组织结构，竞争状态。两个辅助因素是机遇与政府的作用。

波特的竞争优势理论的要点在于一个国家要想促进经济实力和生产力水平的迅速提高，取得竞争优势，必须创造公平竞争的环境，重视国内市场的需求，重视科学技术和人力资本，重视企业的创新机制与创新能力，重视企业和产业的主观努力。

2. 新新贸易理论

2000年以后，学者的研究视角又深入异质性企业层面，提出了异质企业贸易模型和企业内生边界模型。鲍德温（Baldwin，2005）、拉里·邱（Larry Qiu，2006）等学者将关于异质企业贸易模型和企业内生边界模型的理论称为新新贸易理论（New－New Trade Theory）。该理论突破了以往贸易理论关于企业同质性的假定，把国际贸易建立在异质性企业的微观层面，来解释国际贸易和国际投资现象。

（1）异质性企业贸易模型。马克·梅里兹（Marc Melitz，2003）提出了异质性企业贸易模型，认为企业异质性主要表现为企业生产率、专用性技术、产品质量差异，特别表现为企业生产率的差异。该模型探讨的是异质企业如何从事国际贸易，以及贸易对企业的生产率增长和福利会产生怎样的影响。由于存在企业异质性，贸易会导致市场份额在产业内企业间重新配置，市场份额向高生产率企业靠近，而那些最低生产率的企业被迫退出，从而提高了行业生产率水平，这一效应在封闭经济中是无法实现的。自由贸易拓宽了提高行业生产率的途径，即使如企业技术水平等其他因素不变（单个企业生产率不变），通过自由贸易也可以提高产业生产率水平。自由贸易通过市场份额重新配置和行业生产率的提高来提高社会福利。但是，自由贸易同样会引起国内企业数量的降低，但这并不会降低国内消费者福利，因为国外企业可以提供价格更低且种类更丰富的产品。

（2）企业内生边界模型。安特拉斯（Antras，2003）利用不完全合约理论来解释国际贸易的形成，特别是跨国公司问题，提出了企业内生边界模型，以解释企业在进入国际市场时选择的方式。异质性企业贸易模型提出后，安特拉斯和赫尔普曼（Antras & Helpman，2004）将异质性企业贸易模型和企业内生边界模型相结合，得到了扩展模型。他们将企业进行的国际化战略视为企业对内生组织边界的自发选择，也就是说拥有异质性要素的企业会根据自身的特点选择不同的要素生产和技术方式，进而选择不同的组织或契约制度。一般而言，具有资本和技术密集型特征的企业往往倾向于采用内部一体化或垂直一体化，相应地，它们更多采用母公司与子公司之间或者子公司之间的内部贸易模式，而对市场有较少的依赖。该扩展模型在一定程度上完善了对国际贸易模式的解释。

二、资本国际流动理论

资本国际流动是国际金融相关理论的重要内容，也是国际投融资理论的重要基础支撑，主要包括资本国际流动的一般理论（货币理论、利率理论）和资本国际流动的效应模型。

（一）资本国际流动的一般理论

1. 资本国际流动的货币理论

（1）休谟的“价格—现金”流动机制论。早期的资本国际流动理论大部分是在货币数量论的基础上产生的，大卫·休谟（David Hume）是古典数量论早期最重要的代表。他把货币数量论运用于国际资本流动和国际收支方面的分析，并据此提出了著名的“价格—现金”流动机制论。

在金本位制下，休谟认为，只要世界各国互相保持贸易关系，一国对外贸易的货币收支差额的盈余或者赤字将会自动调节，使各国的贵金属出现均衡分配的局面。这种均衡分配指的是各国所拥有的货币同各国的商品和劳动数量以及工业和技术发展水平之间所保持的比例大致相同。休谟的国际贵金属黄金移动的价格调节机制可以简单地描述为以下过程：国际贸易顺差→国外黄金流入→本国货币供应量扩大→本国物价（或是国民收入）上升→贸易差额恶化→顺差中止，黄金停止流入。

（2）李嘉图的现金流动理论。现金流动理论是由英国经济学家大卫·李嘉图提出的。该理论假定，如果货币的价值不随货币数量增减而变动，则贵金属就不会在国际流动，因此货币数量就不会得到自动调节。李嘉图认为，在典型的金本位制下，正常情况下货币总会依照其实际价值或符合其生产费用的价值流通，即货币在一切国家都是等值的，各国间的通货总会保持平衡；只有当输出黄金偿付进口货物的货款比输出其他货物更便宜时，才会输出黄金，产生贵金属的国际流动。

此后，李嘉图补充了该理论。当出口商品的价值量不足以抵付进口商品的价值量时，必须输出黄金。随着现金在各国间流动，现金输出国的货币减少，物价下跌，有利于促进本国商品的出口；现金输入国的货币增加，物价上涨，导致国外商品的进口增加。

（3）曼德尔的资本国际流动理论。曼德尔（Mendier）的资本国际流动理论是关于一般货币资本流动的理论。曼德尔认为，在两国生产函数相同的条件下，按照赫克歇尔—俄林—萨缪尔森理论（H-O-S 理论），国际投资与国际贸易具有完全替代关系，国际投资所带来的就是两国间贸易量的减少。

曼德尔提出的完全替代关系论，对于逆贸易导向型国际投资具有较强的解释能力。但是，一些西方学者提出，如果两国的生产函数不同，国际投资就会产生独特的利益，能带动国际贸易的扩大，亦即国际投资与国际贸易的关系就将成为互补关系，而非替代关系。此外，该理论的假定条件过于严格，在现实中难以实现，这弱化了该理论对实际经济活动的指导意义。

2. 资本国际流动的利率理论

（1）费雪的资本国际流动理论。20 世纪初，美国经济学家欧文·费雪（Irving Fisher）以李嘉图的比较利益论为基础，提出了资本国际流动理论。该理论的基本观点是各国利率差异是国际资本流动的根本原因。

费雪认为，从存量上讲，一个国家的资本是既定的，这笔资本既可以用来生产现时商品，也可以用来生产未来商品。在封闭经济条件下，一国必须按照一定的比例分配资本，分别生产现时商品和未来商品，以满足当前和未来的消费需要，实现全社会的福利最大化；在开放经济条件下，情况则有所不同。具体情况如图 2-1 所示。

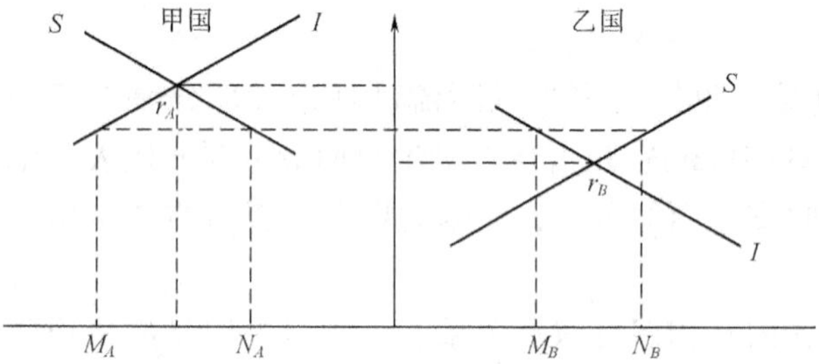

图 2-1　甲、乙 两国利率示意图

图 2-1 中，r_A、r_B分别为甲、乙两国的均衡利率。当国际市场利率低于r_A时，甲国必然是投资大于储蓄，需要引进外资；当国际市场利率高于r_B时，乙国必然是投资小于储蓄，需要对外投资。在国际市场的利率介于r_A与r_B之间时，甲国会增加对未来商品的生产，减少现实商品的生产；乙国会增加现时商品的生产，减少未来商品的生产。商品交换会使两国的社会财富总量都得到增加，两国存在着商品交换的内在动力，并导致进出口贸易的发生。

当利率低于r_A时，甲国投资线与储蓄线交叉点的水平距离 M_AN_A 代表甲国对货币资本的过度需求和对金融资产的过度供给；当利率高于r_B时，乙国投资线与储蓄线交叉点的水平距离 M_BN_B 代表乙国对货币资本的过度供给和对金融资产的过度需求。在封闭经济条件下，甲、乙两国的利率差异不会引起国际资本的流动，但在开放经济条件下，两国的利率差异必然会引起资本的国际流动。在国际资本市场供求均衡（即达到均衡利率 r）的条件下，甲国的资本流入量为 M_AN_A，乙国的资本流出量为 M_BN_B，且 $M_AN_A=M_BN_B$。国际资本流动使甲国利率下降，乙国利率上升，直到两国利率完全相等时，资本才不再流动。基于此，费雪认为，利率差异是国际资本流动的基本动因，而国际资本流动的结果是消除了各国间的利率差异。同时，费雪也承认，由于受各国对资本的限制、国际投资风险、交易成本等因素的影响，国际资本流动并不能使各国利率完全平均化。

（2）俄林的资本国际流动理论。瑞典著名经济学家俄林的国际贸易和资本国际流动理论被认为对国际经济学具有创造性贡献。俄林的资本国际流动理论主要解释短期资本国际流动，即汇率的变动和利率的变动所引起的短期资本国际流动。

在金本位制下，假定出现某种失调，使得对外汇的需求超过了供给，从而使汇率提高。这时外国中央银行或私人银行就会提取它们在伦敦或纽约等金融中心的活期存款，从而增加市场上外汇的供给，使汇率降到它的金平价水平。当汇率低而预期会上涨时，外汇商就会购入这种外汇，以增加对它的需求，使汇率回升到它的金平价水平。以上是汇率在输出点上下限内波动的情况。如果汇率的波动超过了输出点的上下限，就会发生黄金流动。

至于利率变动所引起的短期资本国际流动，俄林认为，产生国际收支逆差的趋势，几乎总是和货币市场上银根紧缩的情况相结合。这部分是由于这样一种事实：外汇的出售消化了一部分现存的信贷，银行又不愿意在这时给予信贷。当信贷的供给以这种方式减少时，需求却增加了，于是必然引起市场利率上升，国外游资流入这个国家，使得外汇市场上的供给和需求达到平衡，国际收支逆差得到好转。

（二）资本国际流动的效应模型

1. 麦氏效应模型

英国学者麦克杜格尔（MacDougall）在1960年发表的论文《外国私人投资的收益与成本：理论分析》中，提出了一个比较完整的资本流动理论，即资本将从资本边际产出率低的国家或地区流向资本边际产出率高的国家或地区。这一过程直至两国或地区资本边际产出率相等为止。

资本国际自由流动可能导致要素价格和世界总产量水平在国家之间重新分配。资本从充裕国流向短缺国可以提高全世界的总产量，因为资本的国际流动使资本更有效地配置，资本收益更均等化，从而可以提高世界资源的利用效率。投资国把一部分资本投资到资本边际生产力较高的东道国，可以得到更高的报酬；东道国由于利用了外资，使国内其他资源得到更有效的利用，也使本国的净收益增加。因此，国际资本流动对各国都有利。

2. “双缺口”理论

“双缺口”理论是由美国经济学家钱纳里和斯特劳特（Chenery & Strout）在其1966年所写的《对外援助和经济发展》一文中首先提出的。该理论是在凯恩斯宏观经济理论的基础上发展起来的，旨在论证发展中国家利用外资弥补国内资金短缺的必要性，因此也被称为“外汇瓶颈理论”。

根据国民收入决定理论，若以Y表示国民收入，以C表示消费，以I表示投资，以S表示储蓄，则在封闭条件下，有$Y=C+I$和$Y=C+S$，因此国民经济达到均衡的条件为：$I=S$。这表明储蓄是投资的唯一可能来源，一国的投资规模受制于该国的储蓄能力。而在开放型经济中，总供给由消费（C）、储蓄（S）和进口（M）三部分组成，总需求由消费（C）、投资（I）和出口（X）三部分组成。总供给等于总需求，即：

$$C+S+M=C+I+X \tag{2.1}$$

将式（2.1）简化，可以得出国民经济的均衡条件为：

$$I-S=M-X \tag{2.2}$$

等式（2.2）左端表示投资和储蓄之差，若某国的储蓄小于投资，就会形成储蓄缺口（$I-S>0$）；右端表示进口和出口之差，若以增加进口、减少出口来弥补储蓄缺口，又会形成外汇缺口（$M-X>0$）。储蓄缺口和外汇缺口存在等量关系，储蓄缺口越大，外汇缺口也越大。

对发展中国家而言，储蓄额一般不足以形成经济高速增长所必需的投资额，因而需要外国资本的流入来弥补国内储蓄缺口。论证如下：

$$M=M_d+M_f \tag{2.3}$$

式中：M为进口总量；M_d为本国出口所换回的进口；M_f为利用外资所追加的进口。

把式（2.3）代入式（2.1），则：

$$C+S+M_d+M_f=C+I+X \tag{2.4}$$

由于 $M_d = X$，式（2.4）可以简化为：

$$S + M_f = I \tag{2.5}$$

从式（2.5）可以看到，$I>S$。从这里得出该模型的结论就是，外汇缺口乃是一国超越储蓄能力增加投资的结果。发展中国家在低储蓄能力情况下，若急于大量投资，以加快经济发展，一定会发生外汇短缺情形。如果发展中国家能积极引进和利用外资，则既可以弥补贸易缺口，获得进口所必需的外汇，又可以弥补国内的储蓄缺口，超过本期储蓄额进行投资，扩大资本形成的规模，加快经济发展。

（三）资本国际流动理论的新发展

20 世纪 70 年代以后，资本国际流动理论有了新的发展，一些西方经济学家更加注重从不同的角度来研究发展中国家的国际融资理论，主要包括债务周期理论、城市化速率论、基础设施建设论等理论。20 世纪 80 年代后期，经济自由化思潮兴起，随着金融管制放松和金融创新加快，国际资本市场涌现出新现象和新问题，又出现了国际资本流动交易成本理论。

1. 债务周期理论

债务周期理论是由菲希尔和福兰克尔（Fischer & Frenkel，1972）在其著作《投资、两部门模型、债务及资本品的交换》中提出的，是旨在研究一国通过举借外债来提高国内生产力、增加出口、促成对外贸易顺差的理论。其主要观点是，一国的国际收支状况与其经济发展水平有关，随着经济的发展，其借贷地位会发生动态变化。当外国借贷资本流入发展中国家时，便构成了发展中国家的债务积累。发展中国家走向稳定状态必然要经历“债务周期”的变化，首先发生变化的是国际收支的经常项目，进而影响资本项目。由于经常项目改善，债务余额由增至减，该国逐渐从债务国变为债权国。

2. 城市化速率理论

城市化速率理论由美国经济学家威廉·阿瑟·刘易斯（William Arthur Lewis）等在 20 世纪 70 年代提出，旨在从城市化过程不断加速的角度论述引进外资的重要性。该理论认为，随着工业化的发展，城市数目日渐增多，各座城市内部的人口规模不断扩大，在总人口中所占比重越来越大，由于传统农业属于劳动密集型产业，而城市大工业属于资本密集型产业，所以大量劳动力转移到城市，必然引起劳动力价格（即工资）的下降和资本价格的上涨，从而引起资本的输入。该理论强调城市化速率对一国资本流入或流出的决定性作用。第二次世界大战后，发展中国家人口的迅速增长引起了城市化趋势，导致对资本产生大量需求，进而决定了对外举债需求的增加。

3. 基础设施建设理论

基础设施建设理论旨在从发展中国家加强基础设施建设的角度论述引进外资的重要性。该理论认为，发展中国家要发展本国经济，加强基础设施建设是必不可少的。但此类项目往往是非营利性项目，政府无法通过增税或发行公债来减轻财政负担，因为增税或发行公债会抵消基础建设对经济的刺激作用。解决上述问题的可行途径就是财政赤字或举借外债。权衡利弊，大多数发展中国家倾向于采用后者。因此，这一理论侧重于分析发展中国家在经济发展过程中因自身的内在要求而萌发的外资需求，尤其是工业化过程中某些特定发展阶段对外资需求的特殊原因和作用。

4. 国际资本流动交易成本理论

20 世纪 90 年代，国际资本流动呈现出大规模、多元化以及证券化等特点，既有的国际资本流动理论难以做出合理的解释。对此，金（Kin，1999）提出国际资本流动交易成本理论。他认为，交易成本是影响国际资本流动的重要因素。交易成本包括搜寻信息成本、谈判成本以及监督成本。具体到国际投资，交易成本主要包括资本转移成本、信息获得成本、管制成本、财务成本等。因此，通信技术的发展、金融工具的创新、管制的放松以及优惠的税收政策等都会降低交易成本，促进资本的国际流动。

第二节　国际投资理论

一、国际直接投资理论

第二次世界大战后，以跨国公司为主体的国际直接投资得到迅速发展，其增长速度超过世界经济与国际贸易的增长速度，成为推动世界经济增长的重要影响因素。20 世纪 60 年代后，西方经济学中关于国际直接投资的理论研究不断深入，学者们从不同的侧面研究探讨了国际直接投资产生的内在动因、发展条件及其行为方式，从而形成了较为完整的国际直接投资理论体系。其中，最具代表性的传统理论包括垄断优势理论、内部化理论、产品生命周期理论、比较优势理论、国际生产折中理论等。此外，许多学者还对发展中国家的国际直接投资理论进行研究，提出了小规模技术理论、技术地方化理论和技术积累理论等。

（一）垄断优势理论

1. 垄断优势理论的主要内容

垄断优势理论产生于 20 世纪 60 年代，由于古典国际贸易理论无法解释战后跨国公司海外扩张导致国际直接投资超越国际间接投资的现象，垄断优势理论应运而生。1960 年，美国麻省理工学院的学者斯蒂芬·海默（Stephen Hymer）在他的博士论文《国内企业的国际经营：对外直接投资研究》中，首先提出了以垄断优势来解释国际直接投资的理论。

垄断优势理论认为，跨国公司拥有的垄断优势是开展对外直接投资的决定因素。由于跨国公司在对外直接投资时相对东道国企业处于较为不利的地位，如东道国企业熟悉市场、熟悉投资环境、信息灵通、易于获得政府的支持、运费低廉以及不存在语言文化障碍等，跨国公司为在竞争中获胜必须充分利用市场的不完全性和自身的垄断优势来抵补其不足，从而获取高额投资利润。垄断优势理论提出跨国公司拥有的垄断优势主要表现在以下几个方面：

（1）技术优势。跨国公司具有极强的科研能力，它们投入巨额资金不断开发和研制新产品、新技术、新工艺，并通过获取知识产权来保护其技术的垄断，同时将这种技术优势运用于对外直接投资中，与东道国企业相比具有明显的技术优势，从而获得高于在本国投资的投资收益。

（2）管理优势。跨国公司具备完善的组织机构和管理系统，拥有众多经验丰富的高级管理人员和训练有素的员工队伍，能保证整个企业高效、有序运营。同时，跨国公司在长期的国际市场竞争中总结出一整套先进管理技术，也成为它们在与东道国企业的竞争中获胜的重要法宝。

（3）资金优势。跨国公司海外扩张的资金来源主要是自有资金和国际金融市场上的筹资。跨国公司机构庞大、资金雄厚，母公司为实现其海外发展战略，与子公司之间频繁调拨数额庞大的资金，这是东道国企业无法比拟的优势。同时，跨国公司以其良好的资信在国际金融市场上能够以较低成本筹措到巨额资金，不仅大大降低了筹资成本，同时为其海外扩张提供了融资保证。

（4）规模优势。跨国公司能够利用其在经济全球化经营中取得的规模经营优势降低生产成本，提高边际收益。跨国公司通过国际化分工，利用东道国的生产要素优势实施全球化生产战略，一方面扩大了在国际市场上的占有份额，另一方面获取了大量的规模报酬收益。

（5）政策优势。跨国公司在对外直接投资活动中，可以获得母国及东道国政府政策方面的支持，这些政策主要涉及市场准入、关税、利率、汇率、外汇管制等方面，和东道国企业相比，跨国公司可以通过较低的市场准入条件、税收减免、利息补贴、宽松的外汇政策等获得某种垄断优势。

（6）全球化信息与销售优势。跨国公司通过其覆盖全球的服务及销售网络，利用先进的通信设备，迅速、全面地获取有效市场信息，占据市场主动，降低销售成本，加快商品流转速度，谋求最大限度的投资回报。

1976年，海默又通过对美国企业的研究，出版了《国内公司与国际化经营：一项国际直接投资的研究》一书，使垄断优势理论更加完善。这一理论的提出，标志着独立的国际直接投资理论开始形成。

2. 垄断优势理论的发展

许多学者对海默的垄断优势理论进行了发展和完善。约翰逊（Johnson，1970）指出，跨国公司的垄断优势主要来源于其对知识资产的占有和控制。这里的知识包括技术、专有技术、管理与组织技能、销售技能等一切无形资产。凯夫（Caves，1971）提出，跨国公司可以充分利用技术优势对原有产品加以改造，使其产品差异适应不同地区、不同层次的消费群体，从而扩大产品销量。尼克博克（Knickerbocker，1973）认为，寡占反应行为是导致第二次世界大战后美国跨国公司对外直接投资的主要原因。所谓寡占反应行为，是指每一家大公司都紧紧盯着竞争对手的行动，一旦竞争对手对外直接投资，就紧随其后实行跟进战略，通过对外直接投资维护其市场份额，避免竞争对手给自己带来风险。

（二）内部化理论

内部化理论又称市场内部化理论，是当代西方较为流行的有影响的国际直接投资理论。该理论是由英国学者巴克莱（Buckley，1976）、卡森（Casson，1978）和加拿大学者拉格曼（Rugman，1981）共同提出的。1976年和1978年，英国里丁大学的学者巴克莱和卡森合作出版了《跨国企业的未来》和《国际经营论》两本著作，以市场不完全为假设，提出将外部市场内部化，以降低成本，获取更多收益。1981年，加拿大学者拉格曼出版了《跨国公司内幕》一书，指出市场内部化是“将市场建立在公司内部的过程，以内部市场取代原来固定的外部市场，公司内部的调拨价格起着润滑内部市场的作用，使它能像固定的外部市场一样有效地发挥作用”。

内部化理论有三个假设前提：①企业在不完全竞争的市场上从事内部化经营的目的是实现利润最大化；②生产要素市场特别是中间产品市场不完全时，企业可以以内部市场取代外部市场；③当这种内部化过程跨越国界时，就形成了跨国公司和对外直接投资。

市场内部化的过程主要取决于四个因素：①产业特定因素，指产品性质、外部市场结构和规模经济等因素；②区位特定因素，指区位地理上的距离、文化差异和社会特点等引起的交易成本的变动；③国家特定因素，指东道国的政治、法律和财经制度对跨国公司业务经营的影响；④企业特定因素，指不同企业组织内部市场的管理能力等。在这些因素中，产业特定因素是最重要的影响因素。例如，知识产品市场就属于不完全市场，跨国公司为了更好地利用产权知识并保持其知识优势，就必须利用内部化市场进行对外直接投资，以避免在外部化市场销售知识产权所引起的优势散失风险。实行市场内部化已成为当代大型跨国公司的重要经营战略。

（三）比较优势理论

比较优势理论又称边际产业扩张理论、产业选择理论，是由日本一桥大学著名国际经济学家小岛清（Kiyoshi Kojima）在 20 世纪 70 年代提出的。1977 年小岛清出版了《对外直接投资论》一书，从国际分工原则出发，第一次系统地阐述了他的对外直接投资理论，并在 1981 年出版的《对外贸易论》（第 5 版）和 1982 年出版的《跨国公司的对外直接投资》等论著中做了进一步的补充。

小岛清的比较优势理论包括三个基本命题：①国际贸易理论中关于赫克歇尔—俄林理论（H-O 理论）的基本假设是合理的，即资源禀赋或资本—劳动要素比例的假设是正确的，但用于对外直接投资时可使用比资本更广义的经营资源的概念来代替资本要素；②建立在比较成本或比较利润率基础上的国际分工原则不仅可以解释国际贸易的产生，也可以说明国际投资的原因；③美国和日本的对外直接投资方式不同。美国是人为地将经营资源作为一种特殊生产要素，并在此基础上形成寡头垄断式对外直接投资，而日本是将经营资源作为一般性生产要素，并在此基础上产生出劣势产业（边际产业），通过对外直接投资依次向国外转移。

小岛清的比较优势理论的核心内容是对外直接投资应该在本国已经处于或即将处于比较劣势的产业中依次进行，这样可以扩大投资国与东道国的比较成本差异，实现更多的贸易，形成新的互补格局。小岛清将这些比较劣势产业称为边际产业，它包括边际性产业、边际性企业和边际性部门。根据不同企业对外投资动机不同，小岛清将对外直接投资又划分为四种类型，即自然资源导向型、市场导向型、生产要素导向型，以及生产与销售国际化导向型。

小岛清详细分析和比较了日本与美国对外直接投资的特点，提出以下推论：①国际贸易和国际直接投资可统一到比较成本原理基础上进行解释；②日本的对外投资属于贸易创造型，不仅可以带动日本设备和技术的出口，东道国国民收入提高后也会增加从日本的进口；③应从比较成本的角度对两种或两种以上产业或产品进行分析；④应在比较成本差距较大的产业或产品上进行对外直接投资；⑤投资国与东道国在同一产业的技术差异越小越容易移植，因为这样的国际直接投资更容易被东道国所接受，能使双方都产生比较优势，创造更高的利润。

（四）国际生产折中理论

国际生产折中理论又称国际生产综合理论，是由英国里丁大学教授约翰·邓宁（John Dunning）于20世纪70年代提出来的。邓宁在1977年发表了一篇题为《贸易经济活动的区位与跨国企业：折中理论探索》的论文，提出了国际生产折中理论。在1981年出版的《国际生产和跨国企业》一书中，邓宁又全面、系统地发展和完善了这一理论。邓宁继承了海默关于垄断优势的观点，吸收了巴克莱、卡森等人的内部化理论的内涵，增加了区位优势的分析，构成国际生产折中理论的核心，邓宁称其为“三优势模式”：①所有权优势，也称厂商优势，指厂商在国际市场上拥有的超越其他国家厂商的特定优势。这些优势主要包括技术优势、企业规模优势、组织管理优势、金融和货币优势等，这是跨国公司对外直接投资的必要条件。②内部化优势，指企业为规避不完全市场带来的不利影响，通过对外直接投资将其资产或所有权内部化而形成的优势。③区位优势，指跨国公司在投资区位选择上具有的优势。区位优势主要包括生产要素成本、产品市场需求、东道国政府的优惠政策、自然资源和基础设施、运输及通信成本、贸易保护主义限制、金融市场发达程度、文化环境的差异等优势。邓宁认为，企业对外直接投资必须具备所有权、内部化和区位三种优势，如果只具备所有权和内部化优势，可以只进行对外贸易，而如果企业只具备所有权一项优势，则最好通过许可证安排进行技术转让。

（五）发展中国家国际直接投资理论

传统的西方主流国际直接投资理论大都以发达国家为研究对象，但20世纪80年代后，发展中国家海外直接投资得以形成和发展，对传统的国际直接投资理论提出了严峻的挑战，一些学者开始关注和研究发展中国家对外直接投资的动因和行为，提出了一些专门用来解释发展中国家国际直接投资行为的理论。

1. 小规模技术理论

1977年，美国哈佛大学教授刘易斯·威尔斯（Louis Wells）发表了题为《发展中国家企业的国际化》的文章，针对发展中国家的对外直接投资提出了小规模技术理论。1983年，威尔斯又出版了《第三世界跨国公司》一书，对小规模技术理论进行了补充和完善。威尔斯的小规模技术理论被西方理论界认为是研究发展中国家对外直接投资的代表性理论。

威尔斯认为，发展中国家跨国公司的竞争优势来自低生产成本，具体来看有以下三点优势：①小规模生产技术优势。发展中国家制成品市场规模一般不大，拥有大规模生产技术的发达国家跨国公司很难从中获益，而发展中国家跨国公司将先进的生产技术运用于小规模生产和提供品种繁多的产品，以满足发展中国家多样化的市场需求。②当地采购和特殊产品优势。发展中国家引进技术后，利用本国原材料和零部件加工成成品，可以降低生产成本。同时，发展中国家的产品具有鲜明的民族特色，在海外生产又往往使用母国的资源，生产成本比较低廉，在海外生产具有较强优势。③低价产品营销优势。物美价廉是发展中国家与发达国家产品竞争的最大特点。发展中国家劳动力成本和母国原材料成本普遍较低，而且广告支出较少，因而成为提高发展中国家跨国公司市场占有率的有利条件。

2. 技术地方化理论

技术地方化理论又称局部技术改进理论，是由英国经济学家桑佳亚·拉奥（Sanjaya Lall，1982、1990）在对印度跨国公司的竞争优势和投资动机进行深入研究后，提出的关于发展中国家跨国公司对外直接投资理论。与小规模技术理论相同，拉奥也是从技术角度来分析发展中国家跨国公司竞争优势的。他指出，发展中国家不仅可以简单地模仿国外先进技术，而且可以根据本国国情对技术进行局部调整。尽管发展中国家跨国公司的特征表现为规模小、使用标准技术和劳动密集型，但企业内部的技术创新活动使得发展中国家跨国公司形成并发展了“特有优势”。这种特有优势由以下几个条件决定：①技术的地方化是因为发展中国家投资环境不同于发达国家，主要表现在要素价格和要素质量上的差异；②发展中国家将引进的技术加以改造，就能生产出满足本国或邻国需要的产品，这种创新活动就会形成竞争优势；③发展中国家跨国公司拥有竞争优势不仅因为生产过程和产品与当地的市场供求紧密联系，而且因为其创新活动所产生的技术在规模生产条件下具有更高的经济效益；④发展中国家同样能开发出新的消费品，满足较大市场及具有不同品位和购买力的消费群体的各种需求，使发展中国家具有一定的产品竞争力。

3. 技术积累理论

技术积累理论又称技术创新产业升级理论，是由英国学者约翰·坎特威尔（John Cantwell）和其学生托兰惕诺（Tolentino）于 1991 年提出的。技术积累理论以维农的产品生命周期理论为基础，强调在产品生命周期的后期，即技术扩散到发展中国家时，发展中国家通过一定的技术创新和技术积累获得产业升级。该理论强调技术创新对一国经济发展的重要性，但发展中国家跨国公司的技术创新与发达国家跨国公司有所区别，是指在学习和吸收现有先进技术的基础上加以创新。发展中国家跨国公司通过不断的技术积累和产业升级，影响着其对外直接投资的形式和增长速度。

二、国际间接投资理论

国际间接投资理论源于西方证券投资理论在国际投资领域的拓展，它的研究对象是以国际债券、国际股票及其他国际金融衍生工具等作为投资标的的国际间接投资行为。20 世纪 80 年代以来，随着经济、金融全球化程度的提高，在新的国际货币制度下，金融创新活动日益活跃，对国际间接投资理论的研究也在不断深入，研究方法趋于多样化。这里主要论述证券投资组合理论、资本资产定价模型、套利定价理论、有效市场假说、期权定价模型、投资行为金融理论等国际间接投资理论。

（一）证券投资组合理论

证券投资组合理论（Portfolio Theory）起源于 20 世纪初。传统的证券投资组合理论以分散风险为原则，并根据基本分析和技术分析来选择证券，进行证券投资组合，以规避投资风险。由于这种传统的证券投资组合理论过于机械化，常常给投资者造成很大损失，于是 20 世纪 50 年代后产生了现代证券投资组合理论。1952 年 3 月，美国纽约大学巴鲁克学院经济学教授哈里·马柯维茨（Harry Markowitz）发表《资产选择：有效的多样化》一文，首次运用定量分析方法研究资产的选择与组合。1959 年，他又出版了其代表性著作

《资产选择：有效的多样化》，开创了现代证券投资组合理论的先河。

马柯维茨的证券投资组合理论假定投资者是理性的，他们具有厌恶风险和追求收益最大化的基本行为特征，可以在股票、债券、商业票据、银行存款等不同金融资产之间进行投资选择和投资组合。马柯维茨认为，资产的预期收益并不能作为投资者选择资产的唯一依据，而应将资产的收益与风险结合起来进行考虑。因此，现代证券投资组合理论的核心是如何解决收益和风险的关系问题。一般情况下，收益与风险呈正相关关系：收益越大，风险越高；相反，收益越小，风险也越小。不同的资产具有不同的期望收益和风险，不同的资产按不同方式进行投资组合也具有不同的期望收益和风险。理性投资者应在给定期望风险水平下使期望收益最大化或者在给定期望收益水平下使期望风险最小化，从而选择最优的投资组合。

（二）资本资产定价模型

资本资产定价模型（Capital Asset Pricing Model，CAPM）产生于 20 世纪 60 年代初。1964 年，美国斯坦福大学教授威廉·夏普（William Sharpe）在马柯维茨证券投资组合理论的基础上，分析了证券投资组合的预期收益与预期风险之间的关系，从而提出了资本资产定价模型，在投资理论上再次取得重大突破。1990 年，他与马柯维茨、米勒共同获得诺贝尔经济学奖。

资本资产定价模型的假设条件主要包括：①投资者通过在单一投资期内的期望收益率和标准差来评价投资组合；②资本市场无管制，资金可以自由进出，税收与交易成本为零；③所有投资者均为风险厌恶者；④所有投资者的投资预期相同，包括期望收益率、标准差、协方差的预期均相同；⑤存在相同的无风险利率；⑥所有投资者的投资期限均相同；⑦每种资产都是无限可分的，投资者可以任意买卖单位资产或组合资产。

资本资产定价模型的主要内容是系统提出了资本市场线、证券市场线和市场组合。其中，资本市场线（Capital Market Line，CML）反映在均衡市场状态下有效证券投资组合的收益率与风险之间的关系，在 CML 中，用标准差衡量有效组合的风险大小；证券市场线（Security Market Line，SML）反映同样在均衡市场状态下，单证券、有效证券组合的收益率与风险之间的关系。证券市场线是资本资产定价模型的一般形式。在 SML 中，用 β 系数衡量风险。夏普认为，凡是有效的证券组合都会落在资本市场线上，也一定会落在证券市场线上，市场组合是最有效的组合，投资者最好的投资策略就是买进并持有一个尽可能分散的投资组合。

（三）套利定价理论

套利定价理论（Arbitrage Pricing Theory，APT）是由美国经济学家斯蒂芬·罗斯（Stephen Ross）首先提出的。1976 年 12 月，他在《经济理论》杂志上发表了题为《资本资产套利定价》的论文，提出资本市场均衡时的资本资产套利定价理论。

套利定价理论是在证券投资组合理论和资本资产定价模型的基础上，通过套利行为而不是通过计算证券组合的期望收益率和方差来测算收益与风险的关系的。根据套利定价理论，在同一个完全竞争的商品市场上，同一产品会以相同的价格出售，那么在证券市场上同样如此，所有证券的收益率都应该是相同的，如果不同，就会通过贱买贵卖的套利行为使其达成一致。因此，投资者会考虑多种风险因素，每种风险都与一定的期望收益相联系。套利定价理论的假设条件比资本资产定价模型更为宽松，更接近实际情况，也更具有实用价值。

套利定价理论从外部因素入手来考察证券收益与风险之间的相关性，这些外部因素主要包括国民生产总值、通货膨胀率、利率等，投资者利用同一资产在不同的时间和地点的价格差异来赚取无风险利润。若投资者选择足够多的证券进行套利组合，可降低非系统性风险。

（四）有效市场假说

对金融市场有效性的研究工作至少可以追溯到 20 世纪初。1900 年法国数学家路易斯·巴舍利耶（Lowis Bachelier）在其博士论文《投机理论》中提出了有效市场和随机漫步的思想。1953 年，英国统计学家莫里斯·肯德尔（Maurce Kendall）在对股票市场进行研究后也发现，股价的波动实际上是随机的，根本无规律可循。1959 年罗伯茨（Roberts）揭示了这些股票市场研究和金融分析的结论所隐含的意义，首次提出了市场有效性假说（Efficient Markets Hypothesis，EMH）。萨缪尔森（Samuelson，1965）和芒德尔博罗特（Mandelbrot，1966）在仔细研究了随机游走理论后，较为严密地揭示了市场有效性假说期望收益模型中的“公平游戏”原则。1970 年 5 月，美国芝加哥大学教授尤金·法玛（Eugene Fama）发表了一篇题为《有效资本市场：理论和实证研究回顾》的论文，将罗伯茨定义的有效市场分类加以完善，提出了一套更完整的 EMH 理论框架。

有效市场假说以一个完美的市场为前提，在这个市场上，信息是充分和完全的；所有交易者都是价格的接受者，他们根据自己的判断和得到的信息独立买卖股票，追求利润最大化；市场完全竞争，资产完全可分割；不存在交易成本和税收；证券价格变动是随机的，受即时信息的影响，与上一次价格的变动没有联系。

法玛根据信息集的不同将有效市场分为弱式有效市场、半强式有效市场和强式有效市场三类。

1. 弱式有效市场

弱式有效市场是指证券价格反映了从市场交易数据中可以得到的全部历史信息的有效市场。这些历史信息主要包括证券价格、交易量、收益率等。投资者不能通过对以往价格进行技术分析而获取超额利润。在弱式有效市场上，技术分析将毫无作用，证券价格随机游走。

2. 半强式有效市场

半强式有效市场是指证券价格既能反映历史信息，也能反映与企业股票有关的公开信息的有效市场。这些公开信息主要包括企业盈利预测股票分红预案、企业财务报表信息等。目前大多数较成熟的证券市场都属于这一类型。由于在半强式有效市场上，信息公开程度较高，投资者对企业前景十分了解，不会给投资者带来超额利润，所以基本分析将失去作用。

3. 强式有效市场

强式有效市场是指证券价格不仅反映历史信息和公开信息，而且还能反映内部信息的有效市场。这些内部信息主要包括企业管理层拥有的尚未公开的企业内幕信息。如果市场为强式有效的，说明市场信息的公开度十分高，投资者不可能持续获得超额利润。

（五）期权定价模型

期权定价模型由法国数学家路易斯·巴舍利耶（Lowis Bachelier）于1900年提出。随后，斯普里克尔（Sprekle，1961）、博内斯（Boness，1964）、萨缪尔森（Samuelson，1965）、卡苏夫（Kassouf，1969）等分别提出了不同的期权定价模型，但都没能完全解出具体的方程。1973年，美国芝加哥大学教授菲希尔·布莱克（Fischer Black）与迈伦·斯科尔斯（Myron Scholes）共同发表了《期权和公司负债的定价》一文，提出布莱克—斯科尔斯期权定价模型（简称“B-S期权定价模型”），奠定了现代期权定价模型的基础，也成为经济学中唯一一个先于实践的理论。

B-S期权定价模型的基本假设条件包括：①没有交易费用和税负；②无风险利率在期权的有效期内保持不变；③不存在无风险套利机会；④所有证券交易均是连续的；⑤市场允许买空卖空证券；⑥期权为欧式期权；⑦在期权有效期内不支付股息红利等。

B-S期权定价模型建立在无风险对冲基础上，通过买入股票同时卖出期权使交易处于无风险状态。该模型的期权定价公式为：

$$C = SN(d_1) - Xe^{-R_f T}N(d_2) \tag{2.6}$$

其中：

$$d_1 = \frac{\ln(S/X) + R_f T}{\sigma T^{0.5}} + \frac{1}{2}\sigma T^{0.5} \tag{2.7}$$

$$d_2 = d_1 - \sigma T^{0.5} \tag{2.8}$$

式中：C——期权的价格；

S——有价证券的现行市场价格；

X——期权的执行价格；

R_f——无风险利率；

T——期权期限，若期权期限为3个月，则T取值0.25，依此类推；

σ——有价证券预期报酬标准差；

$N(\cdot)$——累积正态分布函数。

（六）投资行为金融理论

1. 投资行为金融理论的形成

20世纪80年代以来，金融市场上出现了若干异常现象，它对建立在资本资产定价模型和有效市场假说两大基础理论上的现代金融理论提出了严峻挑战。于是，以投资者实际投资行为为研究对象的投资行为金融理论应运而生，它为人们合理解释金融市场提供了新的视角，现已成为金融研究中非常引人注目的领域。

行为金融学由心理学、行为科学及金融学交叉形成，是从人的角度来解释和研究投资者的决策行为及其对资产定价的影响的学科。早在1951年，美国俄勒冈大学教授巴伦（Burren）就探讨了构建实验室来验证理论的必要性。随后，该校的巴曼（Bauman）和萨维奇（Savic）继续将金融学与行为科学相结合进行研究。20世纪70年代末至90年代，行为金融学得到了迅速发展。

2. 行为金融学的理论基础

（1）期望理论。1979年卡纳曼（Kahneman）和特沃斯基（Tversky）通过实验发现，大多数投资者并非理性投资者，他们的投资行为并不总是风险回避的。投资者并非传统金融理论假设的标准金融投资者，而是行为投资者。由此，他们提出了一个更符合投资者实际投资行为的效用理论——期望理论。根据期望理论，行为投资者在损失的情况下通常是风险偏好的，在盈利时则往往是风险规避的，这与现实情况是一致的。期望理论解释了许多金融市场上的“怪异”现象，但并未给出价值函数的具体形式。

（2）行为组合理论。1994 年，谢弗瑞（Shefrin）和斯塔特曼（Statman）构筑了行为资产定价模型（Behavioral Asset Pricing Model，BAPM），它是对主流金融学中资本资产定价模型（CAPM）的挑战。行为资产定价模型将投资者分为信息交易者和噪声交易者。前者即资本资产定价模型下的投资者，他们从不犯认知上的错误，不同个体间表现出良好的统计均方差性；后者则是那些处于资本资产定价模型之外的投资者，他们时常犯认知错误，不同个体间具有显著的异方差性。两类交易者共同决定资产价格。

1999 年，上述两位经济学家又提出用行为组合理论来替代现代资产组合理论。现代资产组合理论认为，投资者应把注意力集中在资产组合而非单一资产的风险与预期收益上，这就需要考虑不同资产之间的相关性；而行为组合理论认为，投资者实际构筑的资产组合是基于对不同资产的风险程度的认识以及投资目的所形成的一种金字塔式的行为资产组合，金字塔上各层资产都与其特定目标和风险态度相联系，而各层之间的相关性被忽略了。

3. 行为金融理论模型

（1）DSSW 模型。1990 年，德隆（De Long）、施雷弗（Shleifer）、萨莫斯（Summers）、沃德曼（Waldmann）发表了噪声交易模型，即 DSSW 模型，该模型将金融市场上的投资者分为理性套利者和非理性的噪声交易者。后者具有随机的行为倾向，其行为的不可预测性常常导致资产价格的异常波动。因此，即使不存在基本风险，股票价格也会显著地偏离其基本价值。噪声交易者自身会制造很大风险但同时具有比理性套利者更高的预期收益率。该模型可用来解释市场上资产价格的过分波动、股票溢价、基金价格偏低等现象。

（2）DHS 模型。1998 年，丹尼尔（Daniel）、何什弗（Hirsheifer）和萨伯曼雅姆（Subramanyam）提出了 DHS 模型，该模型将投资者分为有信息和无信息两类。资产价格是由有信息的投资者决定的，有信息的投资者又分为对信息过度自信和过分偏爱两种。过度自信导致投资者夸大对资产价格判断的准确性，低估市场风险；过分偏爱所掌握的私人信息导致投资者低估关于资产价值的公共信息。当包含噪声的公共信息到来时，价格的无效偏差得到部分矫正。当越来越多的公共信息到来后，对私人信息的过度反应和对公共信息的反应不足就会得到根本矫正，资产价格及回报就会出现短期的惯性和长期的反转。

（3）BSV 模型。1998 年，巴布里斯（Barberis）、施雷弗（Shleifer）和韦斯尼（Vishny）提出了 BSV 模型。该模型认为，人们进行投资决策时存在两种错误范式：一种是选择性偏差，即投资者过于重视近期数据的变化，而忽略这些数据的总体特征；另一种是保守性偏差，即投资者不能根据实际情况的变化及时修正预测模型。以上两种错误范式会分别导致投资者对市场信息的反应过度和反应不足。该模型解释了投资者决策模型是如何导致市场价格变化偏离市场效率的。

（4）HS 模型。1999 年，洪（Hong）和斯坦（Stein）提出了 HS 模型，又称统一理论模型（Unified Theory Model，UTM）。该模型与 DHS 模型、BSV 模型一样，都是用来解释一些异常回报现象的原因的。但不同的是，DHS 模型和 BSV 模型是从部分心理学角度刻画投资者行为的，而 HS 模型是从市场参与者的相互作用角度提出市场反应不足、动量反应和过度反应的统一理论模型。HS 模型把投资者分为观察消息者和动量交易者两类。前者进行投资时过分依赖所获得的未来价值信息，后者则完全依赖过去的价格变化。私人信息在观察消息者群体中是逐步扩散的。最初是观察消息者对私人信息反应不足，使得动量交易者试图通过套利活动来获利，而套利活动的不断进行势必推动价格出现过度反应，一旦市场意识到过度反应，又会发生逆转。

（5）羊群效应模型（Herd Behavioral Model）。羊群效应模型是行为金融理论中的一个重要模型。所谓羊群效应，是指由于受其他投资者投资决策的影响而采取相同的投资策略的行为。羊群效应在生活中运用非常普遍，股市里跟风、跟庄的行为就是典型的羊群效应。1990 年，沙尔夫斯坦（Scharfstein）和斯坦（Stein）研究指出，在一些情况中，经营者简单地模仿其他经营者的投资决策，忽略独立的私人信息，虽然从社会角度看这种行为是无效的，但对于关心其市场声誉的经营者而言却是合理的。

羊群效应模型可分为序列型和非序列型两种。1992 年，班纳吉（Banerjee）提出序列型羊群效应模型。班纳吉认为，投资者通过典型的贝叶斯过程从市场噪声以及其他个体的决策中获取自己决策的信息，这种依次决策的过程导致市场中的信息流得以产生。该模型假设了投资者的决策次序，缺乏实践支持。1998 年，奥迪恩（Odean）提出了非序列型羊群效应模型。该模型也是在贝叶斯法则下得出的。该模型假设任意两个投资主体之间的仿效倾向是固定相同的，这样，当仿效倾向较弱时，市场总体表现为收益服从高斯分布；当仿效倾向较强时，表现为市场崩溃。

三、国际投资理论的新发展

20 世纪 90 年代以后，随着金融全球化的加速和跨国公司对全球政治经济的影响日益扩大，国际理论界对国际投资理论的研究更加深入，研究视角和范围不断扩展，国际投资领域出现了一些新的理论，对传统理论未能涉及的领域进行了广泛的探索。它们既包括对原有理论进行修正、检验和发展，以推动研究更贴近现实的理论，也包括基于后发国家发展现实而出现的新理论。

（一）动态比较优势投资理论

动态比较优势投资理论是日本经济学家小泽辉智（Ozawa）于 1992 年提出的，也被称为新综合的国际投资阶段发展论，其理论核心是强调世界经济结构特点对经济运行特别是对投资的影响。他认为，当前世界经济结构的特点是：①每一个经济实体内部的供给方和需求方存在差异；②企业是各种无形资产的创造者和交易者；③各国经济发展水平和实力的科层结构明显；④各国经济结构升级和发展具有相应的阶段性和继起性；⑤各国政策中有一种从内向型向外向型转变的趋势。

基于此，各国经济发展水平具有阶梯形的等级结构，发展中国家的跨国投资模式必须结合工业化战略，对经济发展、比较优势和国际直接投资三种因素进行综合分析。为了激发国家现有和潜在的比较优势，并使其最大化，发展中国家应从单纯吸引外资转变为向海外进行直接投资，这种转变过程分为四个阶段：第一阶段，单纯吸引外国直接投资；第二阶段，外资流入并向国际直接投资转型；第三阶段，从劳动力导向型、贸易支持型的海外投资向技术支持型的国际直接投资过渡；第四阶段，资本密集型的资金流入和资本导向型对外投资交叉发展。

（二）投资诱发要素组合理论

投资诱发要素组合理论也称综合动因理论，是国际学术界在20世纪80年代末90年代初形成的。其核心观点是，任何类型的对外直接投资都是投资直接诱发要素和间接诱发要素组合作用的结果。

直接诱发要素是直接投资产生的主要因素，包括劳动力、资本、技术、管理及信息等，它既可以存在于投资国，也可以存在于被投资国。如果投资国拥有这方面的优势，投资者就要通过直接投资加以充分利用；如果被投资国拥有这方面的优势，投资者可以通过直接投资加以掌握，如发展中国家或次发达国家在发达国家投资设立研发机构或并购企业来提高本企业的研发水平、技术水平和管理能力等。

间接诱发要素在当代对外直接投资中起着重要作用。它是指除直接诱发要素之外的其他非要素因素。间接诱发要素包括三类：①投资国政府诱发和影响对外直接投资的因素，包括鼓励性投资政策和法规、政治稳定性，以及政府与东道国的协议和合作关系。②东道国诱发和影响对外直接投资的因素，包括投资硬环境状况、市场规模及前景、劳动力成本、投资软环境状况（政治气候、贸易障碍、吸引外资政策、融资条件及外汇管制、法律和教育状况等），以及东道国政府与投资国的协议和合作关系。③世界性诱发要素和影响对外直接投资的因素，包括经济生活国际化以及经济全球化、区域化、集团化的发展，科技发展及影响，国际金融市场利率及汇率波动，战争、灾害及不可抗力的危害，以及国际协议及法规。发展中国家对外直接投资，在很大程度上是间接诱发要素在起作用，而且这种作用在当代对外直接投资中越来越重要。

（三）新结构经济学

林毅夫（2012）提出的新结构经济学认为，一个经济体按要素禀赋结构的特性来发展具有比较优势的产业是经济取得稳定、快速、包容发展的最佳途径。企业按要素禀赋结构所决定的比较优势来选择技术和产业的前提是，要素价格必须能够充分反映各种要素的相对稀缺性，这种价格体系只有在充分竞争的市场中才能存在，而所有的有效市场是按照比较优势发展经济的前提。

按照新结构经济学的思想，投资者在开展国际投资业务时，应当充分考虑一国在不同时点上所处的要素禀赋结构，投资符合该国比较优势的产业。政府也应当完善硬的基础设施和软的制度环境，以满足产业和技术水平提高的需要，进一步吸引国际资本流入，促进一国经济发展，同时获取更大的产业利润。

（四）全球公司理论

全球公司理论由王乐志（2014）提出。该理论认为，全球公司是跨国公司全球化发展的新阶段，它们拥有全球战略、实行全球管治、承担全球责任。与一般跨国公司相比，全球公司的全球化程度大大提高（跨国指数超过50%）；另外，全球公司经营重心在海外，其发展战略、管治结构和理念文化更加注重全球化，形成了全球经营的思维模式和经营模式。全球公司理论的框架包括一个变量（跨国指数超过50%）和以下三大变化：

第一，全球战略：从跨国经营向全球经营转变。全球公司实现全球经营的全球战略表现在企业从全球范围内吸纳、整合与配置资源，打造全球产业链，利用全球资源参与全球化竞争。其实质在于适用全球市场的新形态，吸纳、整合全球各种资源（资金、市场、原料、技术和人才等），参与深层次、大范围的全球竞争。

第二，全球管治：全球管理网络与治理结构。跨国公司管治结构的全球调整包括股权全球化、公司治理结构全球化和管理结构全球化。

第三，全球责任：以责任为核心的公司文化。为适应全球竞争与合作的要求，跨国公司需要调整企业经营理念和文化，承担全球性的责任。现代化全球公司不仅需要对母国的经济、社会和环境负责，也需要对海外子公司的行为负责。

（五）综合动因论

卢进勇（2016）提出了综合动因论。该理论认为，任何一个国际投资项目往往都是母国企业、东道国环境、母国环境以及国际环境四个因素综合发挥作用的结果，其中，发挥主要作用的是母国企业动因和东道国环境动因，而母国环境动因和国际环境动因往往起到辅助作用。但在部分情况下，对某些类型的国家、某些类型的企业或某些类型的投资项目，后两个因素也可能发挥主要作用。对综合动因的进一步解释为：

第一，母国企业动因。根据企业属性，中国企业可以分为国有企业和中小民营企业两类，两类企业参与国际市场的动机不尽相同。国有企业因具有国有属性，主要代表国家意志开展对外投资；民营企业则主要在利润驱动下参与国际分工。

第二，东道国动因。东道国作为母国企业投资的接受者，在国际经济活动中扮演着重要角色，其对外直接投资动因的影响涉及制度、环境以及加入全球价值链等多方面因素。

第三，母国环境动因。一国开展对外直接投资顺利与否，与其母国环境息息相关，包括母国的经济外交、国家发展战略、国际核心竞争力以及承担国际社会责任等。

第四，国际环境动因。一方面，全球范围内建立起的新型国际分工体系，成为国际经济合作的推动力；另一方面，世界格局多元化、经济全球化、国际区域组织影响以及国际资本市场的发展极大地推动了企业在全球范围内的国际直接投资活动。

第三节　国际融资理论

一、融资理论的相关内容

企业的资本结构理论源于20世纪50年代。最早对资本结构理论进行评价、归纳的是美国经济学家大卫·戴兰德（David Durand）。现代资本结构理论的创始人是弗兰克·莫迪利安尼（Franco Modigliani）和默顿·米勒（Merton Miller）。20世纪70年代权衡理论的问世标志着资本结构理论的新发展，80年代不对称信息等理论被引入这一领域，大大拓宽了人们对资本结构理论的研究视野。

为了便于理解资本结构理论，在此给出下列基本概念、符号及公式：

S——企业普通股股票的市值；

D——企业负债的市值（假设企业无优先股，企业仅适用固定年金式债券）；

V——企业总价值；

$EBIT$——息税前收益（假设预期 $EBIT$ 为一常数）；

K_s——企业普通股成本；

K_d——企业负债成本；

K_a——加权平均资金成本；

T——企业所得税税率。

假设 EBIT 固定不变，可得到：

$$S = \frac{(EBIT - K_d D)(1 - T)}{K_s} \tag{2.9}$$

加权平均资金成本为：

$$K_a = (\frac{D}{V})K_d(1 - T) + (\frac{S}{V})K_s \tag{2.10}$$

用公式（2.9）计算股本价值加上负债的价值可得到：

$$V = \frac{EBIT(1 - T)}{K_a} \tag{2.11}$$

可以用公式（2.9）、公式（2.10）和公式（2.11）来检验不同理论中的资本结构变化对企业价值的影响。

（一）传统的资本结构理论

1. 净收入理论

净收入理论假设：企业以固定利率向普通股股东支付股利，以固定利率向借款者偿还借款利息。由于 K_S 大于 K_d，当企业加大财务杠杆程度，由公式（2.10）和公式（2.11）推出，K_a将趋于下降，而企业总价值 V 将增大。倘若企业的负债由 0 趋于 100%，企业价值将持续上升直至最大，即企业有 100%的负债，企业的市场价值将达到最大，此时资本结构最优。由于该理论完全没有考虑资金成本的变化和风险因素的影响，缺乏实践经验，也就不具有可行性。在现实中，企业负债增加，债务成本也会增加，企业财务风险也会随之增大，一旦出现债务危机，企业股票的市值会大大降低，债权人为补偿这种风险就会提出更高的利率要求。

2. 净经营收入理论

净经营收入理论（Net Operation Income Theory）是传统资本结构理论中另一极端理论。该理论假设：投资者是以一个固定的加权平均资金成本 K_a来估计企业的息税前收益（EBIT）的，不论企业负债为多少，固定的 K_a都会使企业的总价值 V 也成为固定的值。因为资金成本降低使债务资本增加，会加大股本的风险，从而使股本成本上升，意味着低成本举债的利益正好被股本成本的上升所抵消，所以更多的负债将不再增加企业的价值。根据这种假设可以推断，企业价值与资本结构和资金成本无关，资本结构对策对于企业毫无意义，所以企业并不存在最佳资本结构。此观点显然也与企业理财实践不相符。

3. 传统折中理论

传统折中理论（Traditional Compromise Theory）是介于净收入理论和净经营收入理论之间的一种理论。该理论认为，企业负债在一定限度内时，股本和负债的风险都不会显著增加，K_d和K_s相对稳定，适当的负债融资对企业是有利的，因为负债具有部分抵税效应；一旦负债超过一定限度，融资风险便会加大，K_d和K_s都将上升，并因此降低企业的市场价值。由此可以推断：某种负债低于100%的资本结构可以使企业价值最大，即存在着最佳资本结构（如图2-2所示）。由图2-2可以看出，当负债权益比率小于一定点时，适当增加负债在资本结构中的比重，不仅不会使企业的市场价值降低，而且会使企业的市场价值提高；反之，则会使企业的市场价值降低。

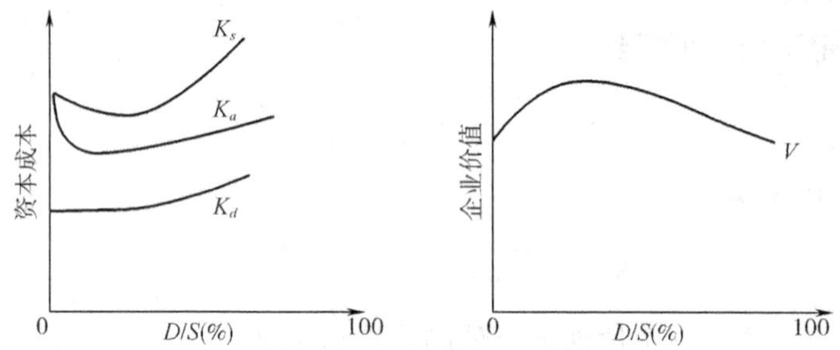

图2-2 传统折中理论下的最优资本结构

（二）现代资本结构理论

1. MM理论

现代资本结构理论始于MM理论。它是在对净经营收入理论做进一步发展的基础上提出的。MM理论是经过严格的数学推导，证明在一定条件下企业的价值与所采取的融资方式——发行债券或股票无关的理论。这一理论的基本假设是：

（1）企业的经营风险用息税前收益（EBIT）的标准差来表示，并据此将企业分组。若企业的经营风险程度相同，则它们的风险等级相等，属同一风险组。

（2）投资者对企业的未来收益及风险的预期是相同的。

（3）企业的盈利增长处于“零增长状态”，即息税前收益固定不变，财务杠杆收益全部支付给股东。

（4）投资者个人的贷款利率与企业的债务利率是相同的，且均无负债风险，无企业和个人所得税。

（5）资本市场是完善的，表现在：发行证券不需要交易成本，企业的生产经营信息对内和对外是一致的，即信息披露是公正的，与企业有关者可以无成本地解决彼此之间的利益冲突问题。

2. 平衡理论

平衡理论是企业资本结构理论在20世纪70年代最重要的发展。平衡理论又可分为平衡理论和后平衡理论。平衡理论的代表人物包括罗比切克（Robichek，1967）、科劳斯（Kraus，1973）、鲁宾斯坦（Rubinmstein，1973）、斯科特（Scott，1976）、梅耶斯（Mayers，1984）等人，他们的模型基本引自MM理论的修正模型。梅耶斯、斯科特的平衡理论认为，制约企业无限追求免税优惠或负债最大值的关键因素是由债务上升而形成的企业风险和费用，企业债务增加也会增加企业陷入财务危机甚至破产的可能性。随着企业债务增加而提高的风险和各种费用会增加企业的额外成本，从而降低其市场价值。因此，企业最佳融资结论应当是在负债价值最大化和债务上升带来的财务危机成本以及代理成本之间选择最适点。后平衡理论的代表人物是迪安吉罗（1984）、梅耶斯（1984）等人，他们将负债的成本从破产成本进一步扩展到代理成本、财务困境成本和非负债税收利益损失等方面，同时，又将税收收益从原来所单纯讨论的负债税收收益引申到非负债税收收益方面，实际上扩大了成本和利益所包含的内容，把企业融资结构看成在税收收益与各类负债相关成本之间的平衡。

（三）控制权理论

控制权理论的出发点是：企业融资结构在决定企业收入流分配的同时，也决定了企业控制权的分配。

控制权理论的主要代表人物是阿洪和博尔顿（1973）等。他们在交易成本和契约不完全的基础上，提出一种与财产控制权相关的企业融资理论，认为债务融资与股票融资不仅在收益索取权上有所不同，在控制权安排上也不相同。通常，债务融资契约是和破产机制相联系的，而股票融资契约是与企业经营控制权相联系的。企业控制权理论认为，企业融资方式的选择在很大程度上影响着企业控制权的变化，在契约及信息不完全的情况下，融资结构的选择就是控制权在不同证券持有者之间分配的选择，最优的负债比率应该是在股东将控制权转移给债权人的临界状态实现的。

二、融资理论的新发展

20 世纪 80 年代以来，经济、金融等领域的学者不断放松理论假设条件，拓宽了经济学与管理学的分析思路，形成了财务契约理论、优序融资理论、股利迎合理论和企业估值理论等一系列新理论。

（一）财务契约理论

财务契约理论在 20 世纪 80 年代兴起于企业财务研究领域。该理论使用博弈分析方法，探讨如何解决代理成本问题。财务契约理论认为，企业实际上是一系列契约的组合，契约的订立和执行过程存在交易成本，股东和债权人之间存在严重的利益分歧，因此，他们并不具有共同的最大化企业价值的目标。财务契约理论的提出就是为了解决这一问题：如何设计一组契约来减少企业内部不同利益主体之间的冲突？反映到融资问题上，则体现在通过合理的财务契约设计来实现各方的利益均衡。从财务学角度来看，财务契约问题源于 MM 定理条件的放宽，人们重点分析财务约束对于降低代理成本和提高经济效率的影响。在该理论发展过程中形成了成本契约假说、财务契约设计和最优债务契约条件三种观点。

（二）优序融资理论

1984 年，美国金融学家迈尔斯与智利学者迈勒夫（Majluf）提出了优序融资理论（Pecking Order Theory）。该理论强调，在不对称信息环境下，企业发行债券或股票的融资决策将为投资者提供评价企业经营状况的信号，投资者将据此选择投资方式。MM 理论假设企业经理和投资者双方都是在对企业未来收益流量掌握了充分信息的条件下自主做出决策的，充分有效的资本市场正是依据这个假设来评价企业市场价值的。但在现实中这个假设很难实现，因为企业经理比投资者更多地了解企业的内部经营活动和状况。该环境是一个典型的不对称信息环境。

优序融资理论在 MM 理论的基础上假设信息不对称，并认为存在交易成本。正是管理层与投资者的信息不对称，导致企业的权益市场价值可能面临错误的定价，进而使得管理层在权益市场价值被低估或高估的情况下对融资方式会有不同的考虑。该理论认为，当企业存在融资需求时，首先选择内部融资，其次选择债务融资，最后选择股权融资，这反映了企业对于不同融资方式的偏好，但是并不能说明企业的资本结构规律。

（三）股利迎合理论

2003 年，哈佛商学院的马尔科姆·贝克（Malcolm Baker）和纽约大学斯特恩商学院的杰弗瑞·沃格勒（Jeffrey Wurgler）提出了股利迎合理论。该理论认为，企业是否发放现金股利取决于投资者需求，当投资者对那些发放现金股利的股票具有较高的购买意愿时，企业决策者就会迎合投资者的需求而发放现金股利；相反地，当投资者对那些不发放现金股利的股票具有较高的购买意愿时，企业决策者就会迎合这种需求而不发放现金股利。

市场上的投资者会基于企业是否发放股利而将企业分为支付现金红利的企业和不支付现金红利的企业两类，投资者对这两类企业的兴趣及股利政策偏好会随时间推移而发生变化，进而对股票价格产生影响。企业管理者通常具有迎合投资者偏好而制定股利政策的倾向，以获取更高的股票溢价。当投资者倾向于风险规避时，他们会偏好发放现金股利的股票，因为在投资者看来这类企业风险小，于是支付现金股利的股票会出现溢价，企业管理者将支付现金股利；当投资者偏好股票股利时，发放股票股利的股票获得溢价，企业管理者将发放股票股利。

贝克和沃格勒（2004）建立了股利迎合理论静态模型，对股利迎合理论做出进一步完善，并假定股利迎合理论满足三个基本要素：①基于心理和制度的原因，一些投资者对支付股利的股票有盲目的变化的需求；②有限套利的存在使得投资者的需要能够影响当前的股票价格；③理性的管理者能够权衡当前股票被错误定价所带来的短期收益与长期运行成本之间的利弊，从而迎合投资者的需要制定现金股利政策。

（四）企业估值理论

企业估值理论属于财务管理研究以及金融领域的核心内容之一，随着跨国公司投资与并购业务的开展，企业估值理论也被应用到国际投融资中，在判断企业效率并由此决定融资和投资流向中发挥了重要作用。企业估值理论分为传统企业估值理论和现代企业估值理论，其中，前者包括基于成本的单项资产估值理论、基于比较的乘数理论、基于收益的现值理论和基于风险的期权定价模型，而现代企业估值理论主要以奥尔森（Ohlson，1995、2001、2006、2009）的剩余收益模型以及后续的拓展模型为代表。

奥尔森的估值理论是为了避免股利贴现模型的“股利迷局”（Penman，2006）而提出来的，其目标是把当期会计实现与预期未来股利现值联系起来，在简单、优雅的线性动态信息的基础上建立一个十分简洁的股票价格与当期会计实现的模型。无论哪种形式的奥尔森模型，都始于期望股利贴现模型，在清洁盈余关系假设下，最后导出信息动态过程下的剩余收益估值模型。奥尔森模型的基本观点是一个企业的市场价值等于其账面净值加上其预期的未来超常收益（剩余收益）的贴现值，而与现金流和股息无关。

与现值法直接关注各种折现的思想不同，剩余收益估值模型的主要思想是，企业的“经济利润”应该是净利润扣除股东要求的平均回报后的值，因为股东要求的平均回报代表企业使用资金的“机会成本”，只有剩余部分才是真正的“经济利润”。

剩余收益估值和信息动态是奥尔森模型的两大支柱，二者缺一不可。

第四节　现有理论的相关评述

国际投融资理论包括国际投资理论和国际融资理论，其产生和发展是建立在既有理论与现实的基础上的。这些理论基础主要包括国际贸易理论、国际资本流动理论。

一、国际贸易理论与资本流动理论评述

在国际贸易理论的研究中，古典贸易理论和新古典贸易理论是侧重于产业间贸易的理论。古典贸易理论以李嘉图的相对比较优势贸易理论为代表，新古典贸易理论以 20 世纪 30 年代出现的要素禀赋理论为标志。许多细致的论证方式和分析工具的出现，从技术性角度进一步完善了相对比较优势理论。但古典贸易理论和新古典贸易理论均在规模报酬不变和完全竞争的假设下研究产业间贸易，无法解释 20 世纪 60 年代以来国际经济中出现的新问题、新变化，于是新贸易理论和新新贸易理论出现，极大地完善了国际贸易理论的发展。

资本国际流动的相关研究成果主要包括一般货币理论、一般利率理论以及资本流动的效应模型，不同时期的经济学家对此有不同的论述。具体来看，休谟提出的“价格—现金”流动机制论在外汇理论与一般经济理论之间建立了有机联系，揭示了汇率在调节各国货币供应量差异、国内价格水平和国际收支方面起着重要的作用。但休谟的理论成立需满足进出口弹性条件，他并没有对此进行深入的分析。在休谟的黄金在国际流动理论的基础上，李嘉图提出了现金流动理论，较为科学地解释了一国动用现金来弥补国际收支逆差和调节国际收支状况的情形，说明国际现金流动是为了适应国际贸易的需要。但受历史的局限，李嘉图抹杀了货币除流通手段外的一切其他职能，更不能理解货币作为国际支付手段的职能。此外，李嘉图的现金流动理论也未能涉及国际资本运动的本质。在此基础上，曼德尔的资本国际流动理论得出了国际投资与国际贸易是完全替代关系的结论。但是，一些西方学者提出，如果两国的生产函数不同，国际投资与国际贸易的关系就是互补关系，而非替代关系。费雪的资本国际流动理论对于分析早期国际资本流动，尤其是当代国际资本运动，具有一定的积极作用。但费雪的国际资本流动理论成立的重要前提条件是国际资本市场是完全竞争的，资本的流入国与流出国都是资本价格的接受者，这与现实经济情况差

异较大。俄林的资本国际流动理论引进汇率和国际有价证券作为资本国际流动的影响因素，具有重要的理论意义。但俄林没有考虑短期资本流动中的风险因素，并且将货币市场上的银根紧缩几乎看成产生国际收支逆差的决定性因素，这与造成国际收支变动的实际原因是不完全符合的。

在资本国际流动的效应模型中，麦氏效应模型是一种静态分析模型，其对货币化的资本国际运动做了高度简化，没有把差异较大的间接投资和直接投资区分开来，因而对国际投资现实的解释能力是有限的。“双缺口”理论的主要贡献在于，它指出影响发展中国家经济增长的基本制约因素是资金、外汇的短缺，即储蓄缺口和外汇缺口，说明发展中国家的经济增长面临的紧迫问题并不是缺乏投资的刺激，而是缺乏投资的资源。该理论为发展中国家制定“走出去，引进来”的经济政策提供了理论依据。20 世纪 70 年代以后，资本国际流动理论又有了新的发展，这些理论成果主要包括债务周期理论、城市化速率论、基础设施建设论等，是从不同角度来研究发展中国家经济的理论。20 世纪 80 年代后期，针对国际资本流动出现的新现象和新问题，形成了一系列新的理论，如国际资本流动交易成本理论，具有较强的影响力。

二、国际投资理论评述

国际投资理论可划分为国际直接投资理论和国际间接投资理论。垄断优势理论的出现标志着国际直接投资理论研究的开始，它突破了古典贸易理论从国际资本流动角度分析国际直接投资的思维模式，首次提出不完全竞争市场是导致进行国际直接投资的根本原因，并把国际直接投资与国际间接投资明确区分开来，具体分析了跨国公司对外直接投资的优势所在，为后来国际直接投资的研究和发展奠定了理论基石。但垄断优势理论的局限性在于：该理论将少数具有雄厚资金实力和技术力量的大型跨国公司作为研究对象和研究起点，并未涉及发展中国家及中小企业的对外直接投资；该理论没有深入研究企业如何才能获得垄断优势，其研究具有静态特征，缺乏动态分析。

内部化理论将“科斯定理”运用到西方国际直接投资理论的研究中，是西方国际直接投资研究的重要转折。它解释了发达国家对外投资选择的依据，也为日后发展中国家的对外直接投资提供了理论依据。但内部化理论过分强调交易成本与利润之间的关系，忽视了其他导致跨国公司海外扩张的各类因素尤其是非生产要素的影响，忽略了对国际直接投资的地理分布、区域分布以及跨国公司垄断行为特征的研究。

相比于前述理论，小岛清的比较优势理论不再局限于企业等微观研究领域，而是根据两国比较优势及投资国要素禀赋比率的动态变化来解释对外直接投资，是宏观理论方面的重大突破。其不足在于，该理论仅适用于解释日本 20 世纪 80 年代以前的对外直接投资，无法解释 20 世纪 80 年代后日本对外直接投资结构和模式发生的重大变化。另外，比较优势理论认为，发展中国家是不能对外直接投资的，更不能对发达国家进行直接投资，这也无法解释当前发展中国家向发达国家进行直接投资的事实。

国际生产折中理论在总结以往国际直接投资理论的基础上，较全面地分析了企业对外直接投资的动因和决定因素。一方面，它采用折中和归纳的方法，在垄断优势理论和内部化理论之外增加了区位优势因素，通过引入所有权、内部化和区位优势三个因素对国际直接投资进行分析，形成较为完整的理论体系；另一方面，它从动态角度分析指出，一国应在不同发展阶段依据其比较优势进行对外直接投资，依据比较劣势吸引外国直接投资。国际生产折中理论也存在一定的局限性：该理论将利润最大化作为跨国公司进行对外直接投资的主要目标，与近年来对外投资目标多元化的现实不相符，且主要对以往理论做归纳，缺乏创新性；该理论的研究对象是发达国家，对于不具备技术优势的发展中国家对外直接投资的动因没有给出解释。

在解释发展中国家国际直接投资行为的理论中，威尔斯的小规模技术理论的主要贡献是将发展中国家跨国公司的自身优势与市场特征结合起来，提出了发展中国家参与国际竞争的可能性。但该理论没有充分考虑发展中国家的技术创新，仅仅局限在对现有技术的继承和使用上，无法解释发展中国家高新技术企业的对外直接投资行为。拉奥的技术地方化理论的主要贡献在于，不再认为发展中国家跨国公司是在被动接受发达国家的降级技术，或被动模仿和复制技术，而是在改进技术，这也是一种技术创新。技术地方化理论把发展中国家的企业跨国经营研究引向微观层次，但该理论对发展中国家优势和技术创新的解释是粗线条的。技术积累理论强调发展中国家的技术创新来源于其对经验的积累，即发展中国家引进先进生产技术加以消化和吸收，积累经验，改进技术，适应发展中国家对外直接投资的需要，使改进后的技术成为发展中国家的优势，并且充分考虑了各阶段对外直接投资的产业布局和区位选择。这不仅符合发展中国家的实际情况，而且对发展中国家的对外直接投资活动有普遍的指导意义。但该理论在考察发展中国家对外直接投资情况时，对发展中国家向发达国家进行逆向投资未能给出合理解释。2008 年全球金融危机以后，试图解释后发国家发展的相关理论，如新结构经济学、全球公司论和综合动因论，从新的视角总结和阐释了发展中国家投资与发展的问题。

在国际间接投资理论中，马柯维茨的证券投资组合理论克服了传统的技术分析的弊端，首次用量化方法进行证券投资组合分析，提出了“有效投资组合”的概念，构建了现代投资组合理论的基本理论框架。但该理论假定风险既无法改变也不能消灭，只能分散，具有静态和被动的特征，忽视了人们可以通过主观努力克服或改进风险；此外，该理论对技术水平和应用条件要求非常高，不适合普通投资者运用，尤其发展中国家在实际运用中存在较大局限性。夏普的资本资产定价模型在当前的证券投资活动中常被投资者用作资本预算和投资决策的重要工具。但该模型假设条件过于严格，尤其对于金融市场不发达的国家存在适用性的问题；只注重证券组合对于资本收益的影响，而忽略了投机、预期等其他因素对证券投资活动的影响。套利定价理论描述了均衡市场上单一证券或证券组合的预期收益率与风险之间的关系，与资本资产定价模型相比，它摆脱了市场组合的概念，其理论基础是一价定律，计算程序大大简化，假设条件更贴近实际。但该理论没有对定价因素的类型、数目等进行系统分析，无法对纳入套利定价理论的因素给出经济解释。有效市场假说被看作现代金融理论研究的基石，资本资产定价模型和套利定价理论等都是以该假说成立为前提的。该理论的主要贡献在于通过证券价格反映投资者拥有企业各种信息的程度，认为在有效市场上投资者不能通过技术分析获取超额利润。但该理论也存在一定的局限性：一方面，有效市场假说的假设条件较为苛刻，尤其是强有效市场检验条件难以达到；

另一方面，有效性检验只能检验市场非有效性，不能直接证明其已经达到有效性，因为投资者不可能穷尽所有的信息来检验市场的有效性。因此，1992年法玛将传统的弱式、半强式、强式三个层次的市场有效性分类方法改为收益预测研究、事件研究、私人信息检验三种，使其能更为准确地描述市场的有效性。

动态比较优势投资理论和投资诱发要素组合理论是在以往理论基础上的新扩展，它们丰富了发展中国家企业国际直接投资运营阶段的相关理论，克服了先前理论中只注重投资目的、动机和条件，忽视东道国和国际环境的因素对投资决策影响的片面性。

三、国际融资理论评述

在国际融资理论中，企业资本结构理论可划分为传统资本结构理论和现代资本结构理论。在传统资本结构理论中，净收入理论由于完全没有考虑资金成本的变化和风险因素的影响，缺乏实践经验，不具有可行性。传统折中理论的不足之处在于，它仅仅是一种理论上的假设和推断，并没有充分的经验基础和统计分析数据。在现代资本结构理论中，MM理论得出企业资本结构与所采取的融资方式无关的结论，或者说企业无论选择怎样的融资方式均不会影响企业市场价值，具有一定的意义。但该理论有着严格的假设前提，即没有企业和个人所得税、没有企业破产风险、资本市场充分有效运作等。尽管相对于早期企业融资理论的描述性方法，平衡理论的数学推导更为清楚和严谨，但平衡理论的结论却与早期融资理论的平衡观点极为相似。控制权理论从控制权的角度解释了为什么典型的债券融资合约是与破产机制相联系的，而股票融资合约是与保持清偿能力的企业经营控制权相联系的。

在融资理论新发展中，财务契约理论进一步放松了MM理论的假设条件，使用博弈分析方法，探讨如何解决代理成本问题，可以认为是融资理论的重要贡献。优序融资理论认为，企业有融资需求时，首先选择内部融资，其次选择债务融资，最后选择股权融资，这反映了企业对于不同融资方式的偏好，但是并不能说明企业的资本结构规律。股利迎合理论从微观的视角指出，企业管理者会迎合投资者的偏好来获取股票溢价，更加强调投资过程中的信息分类的作用，但该理论要求企业管理者能够权衡当前股票被错误定价所带来的短期收益与长期运行成本的假定过于严格，现实操作性值得商榷。随着经济全球化与金融全球化的推进，企业估值理论在判断企业效率并由此决定融资和投资流向中发挥了重要作用。现代企业估值理论以奥尔森的剩余收益模型以及后续的拓展模型为代表，发展过程融合了会计理论和实证分析的特征，对于理解各种有限期的会计估值模型的本质属性，寻找企业持续价值投资方向具有重要的贡献，但该理论要求风险中性及无偏会计的假定过于严格。同时，以会计信息和“其他信息”作为企业价值模型的决策因素，在实际运用中受到一国会计制度、股票发行制度、分析师预测偏差等实际情况影响。

四、总结性评述

综上所述，任何与国际投融资活动相关的经济理论都是建立在一定的时代背景和现实依据上，基于某种假设条件试图对经济现象和投融资活动进行解释的，古往今来，所有经典理论的产生概莫能外。无论是国际资本流动理论、国际贸易理论，还是国际投资和国际融资的系列经典理论，在阐释特定时期的国际经济活动，甚至在指导一国经济实践上都发挥了重要的作用，彰显了社会科学在推动人类文明发展进程中的重大贡献。然而，也正是如此，我们无法否认的是，即便在当时看来是对国际投融资现象做出合理解释的重大经典理论，也难以摆脱时代的局限性。随着科学技术进步和全球化的快速推进，原有理论的前提假设、约束条件已经发生深刻变化，既有理论的分析框架已无法解释新时期国际投融资活动中出现的新问题和新现象。因此，理论的发展与创新总是处在动态变化之中，在新的假设条件和约束下重构理论分析框架，以更好地解释和指导实践，是国际投融资理论数百年来一直在发展中完善的重要原因。例如，从古典贸易理论到新古典贸易理论，再到新贸易理论以及新新贸易理论，无一不是基于现实观察和新出现的经济现象对既有理论进行的一步步拓展和完善，从解决国家间贸易、产业间贸易等宏观领域中的问题到解决产业内贸易、异质性企业贸易等微观领域中的现实问题，以更加客观地阐述真实世界的国际投融资活动。再如，国际直接投资理论最初是从国际资本流动视角开始展开研究的，在逐渐引入交易成本、比较优势、技术创新、产业布局、区位优势等理论后，日臻成熟与完善，更加真实客观地反映了国际投融资的发展趋势。因此，我们相信，随着全球化下国际经济形势的变化和国际投融资活动的发展，必将涌现出新的经济现象和新的经济问题，它们可能会超出现有理论的解释框架，在此情形下，对现有投融资相关理论的继续革新，又成了一件顺理成章的事情了。

【本章小结】

1. 资本国际流动是国际金融相关理论（国际收支理论、汇率决定理论等）的重要内容，也是国际投融资理论的重要组成部分。资本国际流动理论主要包括一般货币理论、一般利率理论以及资本流动的效应模型，不同时期的经济学家对此有不同的论述。

2. 20 世纪 70 年代以后，资本国际流动理论有了新的发展，一些西方经济学家更加注重从不同的角度来研究发展中国家的国际融资理论。这些理论成果主要包括债务周期理论、城市化速率论、基础设施建设论等理论。20 世纪 80 年代后期，新兴市场国家金融自由化进程加快，国际资本流动规模不断扩大，同时，国际金融市场蓬勃发展，尤其是衍生工具市场迅速崛起，国际资本流动趋向证券化、衍生化和全球化。资本成为世界经济中最为活跃的力量，极大地影响着国际金融资源在全球范围内的配置，改变着各国经济运行的效率。然而，资本全球化也使得各类金融交易的供求关系和价格信号的不确定性明显增强，国际资本流动的突发逆转时常发生。针对国际资本流动的这些新现象和新问题，学者们对国际资本流动的影响因素进行重新审视，着眼于国际资本流动的突发性研究，形成了一系列新的理论。

3. 技术差距理论又称技术差距模型，是把技术作为独立于劳动和资本的第三种生产要素，探讨技术差距或技术变动对国际贸易影响的理论。由于技术变动包含时间因素，所以技术差距理论被看成是对 H-O 理论的动态扩展。

4. 新结构经济学是林毅夫在 2008 年国际金融危机后提出的新的分析框架，一个经济体按要素禀赋结构的特性来发展具有比较优势的产业是经济取得稳定、快速、包容发展的最佳途径。

5. MM 理论由美国学者莫迪利安尼和米勒提出，是现代企业融资理论的开端。MM 理论是经过严格的数学推导，证明在一定条件下企业的价值与所采取的融资方式——发行债券或股票无关的理论。

6. 在 MM 理论的基础上，后来的学者不断放松假设条件，并引进大量的经济学各方面的最新分析路径，形成了财务契约理论、优序融资理论等一系列新理论。

7. 股利迎合理论认为，企业是否发放现金股利取决于投资者需求，当投资者对那些发放现金股利的股票具有较高的购买意愿时，企业决策者就会迎合投资者的需求而发放现金股利。

【思考题】

1. 简述幼稚产业保护理论的内容。
2. 简述战略性贸易理论的基本内容。
3. 产品生命周期由哪几个阶段组成？产品生命周期理论的主要贡献是什么？
4. 简要概括费雪的资本国际流动理论。
5. 阐述“双缺口”理论的基本思想。
6. 垄断优势理论的基本观点是什么？如何评价垄断优势理论？
7. 比较优势理论的基本命题与核心内容是什么？
8. 资本资产定价模型的假设条件和主要内容是什么？
9. 阐述有效市场的三种类型。
10. MM 理论的假设条件是什么？

第三章　国际投融资组织与机构

【学习目标】

◎了解国际投融资组织与机构的基本概念、分类及演进趋势

◎掌握国际区域经济组织的基本概念及不同分类标准下的组织形式

◎掌握跨国公司的基本概念、历史演进以及跨国公司投资方式选择及影响因素

◎掌握国际金融组织（国际货币基金组织、世界银行集团、国际清算银行）、区域性国际金融组织（亚洲开发银行、泛美开发银行、欧洲投资银行、非洲开发银行、金砖国家新开发银行）的机构组成、资金来源和主要业务活动，了解国际金融组织与机构的历史演进与意义

◎了解新型金融机构的基本概念，掌握欧洲、亚洲货币市场离岸金融机构的特点与职能

◎了解不同网络金融机构的发展特点

◎了解非银行金融机构的主要特点

【引导案例】

国际金融组织与机构助力世界经济稳定向好

第二次世界大战之后，由发达国家建立起来的国际秩序深刻影响着国际资金的流动，国际投融资组织与机构在维护金融稳定和提供金融援助方面发挥了不可或缺的作用。其作用主要表现在：通过制定并维护共同的国际货币制度，稳定汇率，保证国际货币体系正常运转，促进国际贸易增长；为出现金融危机或债务危机的会员国提供短期资金，调节国际收支逆差，在一定程度上缓和国际支付危机；为发展中国家的经济发展和改革计划提供长期资金援助；组织商讨国际经济、金融领域中的重大事件，协调各国间的相互关系；等等。2014 年 11 月 23 日，世界银行下属的国际金融公司同意向缅甸 YOMA 银行提供 500 万美元可转换贷款，并将帮助该银行提高风险管理能力和公司监管能力。世界银行希望该项目能够帮助 YOMA 银行扩大对缅甸中小企业的金融支持。这笔贷款只是世界银行对 YOMA 银行援助的第一步，在未来的几年内，世界银行下属的国际金融公司将通过入股等多种方式向 YOMA 银行注资 3 000 万美元。国际金融公司还建议 YOMA 银行建立中心支付系统，开发新产品，在未来 3 年内为中小企业建立交易渠道。在国际金融公司的多项支持下，YOMA 银行对缅甸中小企业贷款将会大幅增加。

2015 年 9 月 11 日，乌克兰财政部长娅列西科在基辅参加第 12 届“YES”论坛时讲话称，欧盟和美国给予乌克兰的财政援助足以稳定国家经济，但为发展实体经济，乌克兰需要更多资金。除与国际货币基金组织（IMF）的合作计划外，乌克兰还需要欧洲复兴开发银行、欧洲投资银行、欧洲进出口银行及其他国际金融组织的更多资金。

2016 年 12 月 15 日，世界银行官网发布新闻稿宣布，由 60 多个捐款国和借款国政府组成的联盟达成协议，为加强抗击极端贫困向国际开发协会（International Development Association，IDA）承诺捐资 750 亿美元，创下新纪录。增资将使 IDA 能够在多个领域显著扩大发展干预的规模，这些领域包括应对冲突、脆弱性与暴力、被迫流离失所、气候变化、性别平等、加强治理与制度建设以及就业和经济转型等，是未来三年的工作重点。这一努力建立在对投资增长、加强抗冲击力和创造机遇所做的整体承诺的基础之上。

随着发展中国家和新兴经济体的崛起，它们在全球经济发展中发挥越来越重要的作用。为了提升在国际金融事务中的话语权，越来越多的发展中国家之间建立了区域经济和金融组织，发展更紧密的贸易伙伴关系。

资料来源：相关资料（经整理）。

国际投融资活动的行为主体有投资者、中介机构和融资者等。本章在一般性介绍的基础上，侧重分析国际区域经济组织和跨国公司、国际金融组织与机构以及新型金融机构。

第一节　国际投融资组织与机构的一般分析

一、国际投融资组织与机构的概念

投资与融资是企业运营过程中的两个环节，在资金融通和市场层面上则表现为一个过程的两个方面。在经济、金融全球化背景下，一个实体通过发行金融工具融资的同时，往往又投资于另外一种金融工具。因此，我们把国际投融资组织与机构统称为国际投融资活动的行为主体，包括政府组织、企业组织、区域金融组织和国际金融机构，依照它们在国际金融市场的功能不同，将它们划分为非金融中介市场主体和金融中介市场主体。

二、非金融中介性市场主体

非金融中介性市场主体主要包括政府组织和企业组织，它们在国际投融资活动中同时扮演投资者与融资者的角色。

（一）政府组织

政府组织进行国际投融资是指一国政府利用国际贷款或发行国际债券等方式在国际市场上筹集资金，以及动用该国国库资金对其他国家进行资本援助、信贷发放，或在国际金融市场上进行外汇交易等一系列经济行为。政府机构进行国际投融资的主要业务有：①公益性国际投资。政府通常以援助的方式输出国家资本，从中牟取政治和经济利益、巩固国家间关系并提高国际声誉。这种公益性、援助性投资的类型很多，包括政府贷款、捐款、赠款、工程项目援助、科技援助等，其中最主要的方式是政府贷款。②出口信贷。出口信贷是出口国政府为了支持和扩大本国大型机器设备或大型工程建设项目的出口，通过本国金融机构向本国出口商（或进口方银行）提供并由出口国承担信贷风险的一种中长期优惠性贷款。③国际储备经营。国际储备经营就是在国际金融市场上进行一系列的操作，使得黄金储备、外汇储备、有价证券之间维持适当的比例，此外也包括对国际货币基金组织的储备头寸和特别提款权的恰当而充分的利用。④通过贷款及发行债券等方式融资。政府可以通过提供政府贷款和发行国际债券等方式在国际市场上进行融资活动，以弥补财政资金的不足。

（二）企业组织

企业组织是国际投融资的主要载体，是贸易、生产国际化和世界科技高度发展的产物。伴随着经济、金融全球化，越来越多的企业特别是跨国公司为追求价值最大化而进行跨越国界的融资、生产和流通，追求国际化成长。企业组织在国际化成长过程中，需要筹集短期资金用于日常周转，募集长期资金用于扩大再生产，因而成为国际金融市场上的融资者；同时，它们在生产经营过程中常有大量闲置资金，所以又是国际金融市场的投资者。企业的国际化经营决定了其必须在全球范围内实现其最佳资本结构，降低其投融资成本。因此，还需要考虑在不同金融市场和金融产品之间进行整合，这就大大促进了投资银行业务的发展。此外，企业组织为降低国际投融资风险，必须考虑汇率变动、利率变动、价格变动等，促进了以规避风险为目的的金融衍生品的发展。

三、金融中介性市场主体

金融中介性市场主体主要包括存款性金融机构和非存款性金融机构。在国际投融资活动中，金融中介的类别和主要功能有：①信用中介和期限中介，通过资金的汇集与重新分配，为投资者和融资者提供多样化选择；②实现规模经济效应，降低交易成本；③提供支付机制。伴随着金融电子化进程，金融中介机构提供支票支付、信用卡支付、借记卡支付和资金电子划拨等支付方式，提高了资金周转的效率。

（一）存款性国际金融机构

存款性国际金融机构主要通过吸收存款或信托投资资金汇聚资金，然后通过发放贷款或购买原始有价证券等方式将其所汇聚的资金转移到资金短缺者手中。在国际投融资活动中，最有代表性的存款性金融机构就是跨国银行。所谓跨国银行，是指在一些不同的国家和地区拥有广泛的国外分行或附属机构，经营存放款及其他业务的国际性银行。跨国银行拥有一个独特的全方位金融服务平台，提供商业银行服务、投资银行服务和其他金融服务。跨国银行与商业银行及跨国公司的性质不同，对国际投融资运作具有独特的影响。

（二）非存款性国际金融机构

非存款性国际金融机构主要通过发行证券或以契约性的方式获得资金。在国际投融资活动中，最为活跃的非存款性金融机构是跨国投资银行。跨国投资银行是指在世界各地设立分支机构进行跨国经营的大型投资银行，是投资银行业在国际范围内的延伸。在国际直接投资方面，跨国投资银行除了在国外设立分支机构进行直接投资外，还对跨国公司跨国直接投资活动提供支持和帮助，如策划跨国收购与兼并，对跨国投资行为提供信息、咨询服务等。在国际间接投资方面，跨国投资银行发挥着积极营造国际证券一级市场并参与二级市场的作用，如国际债券的发行承销和分销、金融衍生工具的创造和交易等。

随着国际金融的不断发展，越来越多的非存款性国际金融机构进入国际投融资领域，包括：①保险公司，通常将其暂时闲置的资金投向风险较低的各国政府债券、企业债券等，以实现保险资金的保值和增值；②投资基金公司，通常进行多元化的证券投资组合，投资方向多为各种有价证券或房地产等高获利的行业；③信托投资公司，主要职能是接受国际客户的委托，代客户进行资金管理、经营和处置，达到获得收益的目的；等等。

此外，国际金融组织也在国际投融资活动中发挥着重要作用，如国际货币基金组织、世界银行集团、国际清算银行等，也有洲际性政府建立的国际金融组织，如亚洲开发银行、非洲开发银行、泛美开发银行和欧洲投资银行，还有某些地区一些国家建立的国际金融组织，如亚洲清算联盟、阿拉伯货币基金组织、金砖国家新开发银行等。

四、投融资组织与机构的演进趋势

近 30 年来，国际经济及金融格局发生了重大变化。从宏观角度看，金融全球化和金融自由化趋势明显；从微观角度看，金融工程化和资产证券化趋势日益凸显。在这一背景下，国际投融资组织与机构出现了以下新的演进特征：

第一，市场参与主体进一步多元化。传统的以大银行、大企业和主权国政府为代表的国际投融资主体正在为越来越多元化的国际参与者所代替。投资银行、保险公司、养老基金、对冲基金等机构投资者甚至私人投资者纷纷加入投融资组织的行列。特别是近十几年来，科技的发展使得电子信息交易系统普及，交易费用大大降低，全球市场日益成为一个网络，市场的流通性大大增加，机构整合规模也不断扩大。

第二，市场主体的投融资手段多元化。金融工具的创新和资产证券化趋势为投资者和筹资者提供了更多的可供选择的新证券种类，他们可以依据自己的资金额度及风险态度进行组合投资或融资。对金融中介来说，新型金融工具和资产证券化的出现，为其经营运作增加了实体性工具，有利于改善其资产的流动性，也为其低成本获取资金来源、增加收入提供了新渠道。

第三，市场主体面临的风险复杂化。金融创新在两个层面上影响国际市场参与者的风险。从非金融市场主体角度看：金融创新短期内给予企业更多的融资渠道，资产交易更为宽松，从而减小了危机发生的可能性；但从长期来看，由于放松了对贷款人的金融约束，所以危机一旦爆发，对市场主体和经济系统的冲击会更严重。从金融中介角度看，尽管金融工具的创新分散了某些风险，但也使得中介或媒介链条不断加长，信息不对称的情况会变得更加严重，进而会加大市场失灵和产生金融危机的风险。

第二节　国际区域经济组织与跨国公司

一、国际区域经济组织

国际区域经济组织是指同一个地区中的两个或两个以上的国家或经济体通过谈判或磋商达成协议，建立的制度性或非制度性的经济合作组织。国际区域经济组织实行共同的经济调节，谋求不同程度的经济联合，对内消除各种贸易政策壁垒，实现区域内产品和生产要素的自由流通与优化配置，最终实现区域内各国经济高度繁荣的目标。

（一）国际区域经济组织的组织形式

1. 按照经济组织的发展程度分类

（1）优先贸易安排（Preferential Trade Arrangements）。优先贸易安排是指在成员国之间通过签署优先贸易协定或其他安排形式，对其全部贸易品或部分贸易品互相提供特别的关税优惠，对非成员国之间的贸易则设置较高的贸易壁垒的一种区域经济安排，如英国与英联邦成员加拿大、澳大利亚等国在 1932 年建立的英联邦特惠制（Commonwealth Preferential System）。

（2）自由贸易区（Free Trade Area）。自由贸易区是指两个或两个以上的国家或经济体通过达成协议，相互取消关税壁垒和数量限制，实现自由贸易的区域。但各成员方保留对外部世界决策的自由，仍各自独立地实行对非成员国的关税和其他贸易限制，如 2010 年正式启动的“中国—东盟自由贸易区”（China and ASEAN Free Trade Area，CAFTA）。

（3）关税同盟（Customs Union）。关税同盟是指在自由贸易区的基础上，所有成员国对非成员国的进口商品实施统一的限制政策的经济组织。关税同盟的成员国不仅在贸易方面实行一致的政策，而且在有关国际贸易和关税的谈判中也取得一致，以一个整体参与谈判必然增加讨价还价的能力，如欧洲联盟的前身欧洲钢铁贸易联盟（European Steel Trade Association）。

（4）共同市场（Common Market）。共同市场是比关税同盟更高一层次的经济合作组织，它除了取消区内贸易壁垒和对外实行统一的关税政策之外，还允许资本、劳动力等生产要素在成员国之间不受限制地自由流动。同样，在有关生产要素流动的政策和规则方面，对非成员国实行一致的经济政策，如在 1992 年年底实现了共同市场的欧洲联盟（European Union，EU）。

（5）经济联盟（Economic Union）。经济联盟是指不但成员国之间取消贸易壁垒，实行统一对外的贸易政策，允许生产要素自由流动，而且在协调的基础上，各成员国采取统一的经济政策，如比利时、荷兰、卢森堡在第二次世界大战后形成的比、荷、卢经济联盟（现为欧洲联盟的一部分）。

（6）完全的经济一体化（Perfectly Economic Integration）。完全的经济一体化是区域经济组织的最高形式，它是指各成员国融合成为一个拥有极大权威的超国家机关，形成协调管理、实行单一经济政策的整体。这是最高级、最完整的国际经济组织形式，各成员国类似于组合成为一个实行单一经济的国家或地区。

2. 按照经济组织成员的经济结构分类

从组成经济组织成员的经济结构来看，区域经济组织可分为互补型经济组织和竞争型经济组织。互补型经济组织可根据各国生产要素禀赋差异形成垂直分工，以此获得比较利益理论中的静态效应。如果成员国同种产业的成本相距很大，那么竞争型经济组织会减少贸易转移效果。竞争性越大的国家组成的关税同盟，产生的利益越大。只有成员国经济之间既存在相互的竞争性，又存在潜在的互补性，才更有利于成功地实现经济共同发展。

3. 按照经济组织的形成动力分类

从形成经济组织的动力机制来看，区域经济组织可以分为制度导向经济组织和市场导向经济组织。制度导向经济组织以一定的国际协定和组织形式为框架，市场导向经济组织以经济活动本身自发形成的高度密切联系为基础，各成员国在保留自己主权的前提下实现国家间的合作。当市场导向发展到一定阶段时，必然要求建立制度导向经济组织，并为促进市场导向经济组织向纵深程度发展提供条件。

4. 按照经济组织的对外联系程度分类

从对外联系程度看，区域经济组织分为封闭型经济组织和开放型经济组织。封闭型经济组织给各成员所带来的经济利益是以成员间彼此消除壁垒、开放市场甚至出让一部分主权为代价的，并且对非成员国实施一致的歧视政策，所以封闭型组织的成员国更加依赖组织内部的经济往来，存在着较强的排他性。开放型经济组织没有排他性，坚持非歧视原则，其成员间任何关税减让、非关税措施的减少或取消，原则上可适用于非成员国。

（二）国际区域经济组织

1. 欧洲国家的区域经济组织

第二次世界大战以后，法国、联邦德国、意大利、荷兰、比利时、卢森堡六国在 1951 年签订《欧洲煤钢联营条约》，在 1952 年组成西欧煤钢共同体。1965 年，六国决定将欧洲煤钢共同体、欧洲原子能共同体和欧洲经济共同体统一起来，统称“欧洲共同体”，简称“欧共体”。1991 年，欧共体外长会议将欧共体改名为欧洲联盟，简称“欧盟”。1995 年，欧盟为其统一的货币起了一个名字——“欧元”，并于 1998 年成立欧洲中央银行，取代原来的欧洲货币局。1999 年 1 月 1 日，欧元正式启动。欧盟成员国在该经济组织不断变化的过程中不断增加，欧盟规模不断壮大。

2. 亚洲国家的区域经济组织

亚洲地区启动区域贸易协定（Regional Trade Agreement，RTA）相对较晚，直到 20 世纪 90 年代以后，各国才加快推进了区域贸易自由化的进程，相继出现了东南亚国家联盟、中国东盟自由贸易区、印度—东盟自由贸易区、韩国—东盟自由贸易区以及各国双边自由贸易协定。

（1）东南亚国家联盟（Association of Southeast Asian Nations，ASEAN）。1967 年，由马来西亚、菲律宾、新加坡、泰国和印度尼西亚五国签署宣言，宣告地区性合作联盟——东南亚国家联盟（简称“东盟”）成立。1991 年，东盟各国提出了从 1993 年起 15 年内建成东盟自由贸易区的计划。随后东盟自由贸易区的进程正式启动，这一进程不断加速，东盟自由贸易区的成员不断扩大，涵盖的领域逐步深化。2003 年 10 月，在第 9 次东盟领导人会议上，各国同意在2020年建立东盟经济共同体，加速推进区域经济组织合作。

（2）中国—东盟自由贸易区（China ASEAN Free Trade Area，CAFTA）。2000年，中国首次提出建立中国—东盟自由贸易区的宏伟构想，并于2002年与东盟正式签署了《中国—东盟全面经济合作框架协议》，宣告中国—东盟自由贸易区进程正式启动。中国—东盟自由贸易区建设大致分为三个阶段：第一阶段（2002—2010年），启动并大幅下调关税，自2002年签署以中国—东盟自由贸易区为主要内容的《中国—东盟全面经济合作框架协议》始，至2010年1月1日中国对东盟93%产品的贸易关税降为零止；第二阶段（2011—2015年），全面建成自由贸易区，即越南、老挝、柬埔寨、缅甸四国与中国贸易的绝大多数产品也实现零关税，与此同时，双方更广泛深入地开放服务贸易市场和投资市场；第三阶段（2016年之后），自由贸易区不断巩固完善。

（3）印度—东盟自由贸易区（India ASEAN Free Trade Area，IAFTA）。2003年，印度和东盟领导人决定在2011年内建成印度—东盟区域贸易投资区，区域贸易投资区的建设框架属于自由贸易区。印度—东盟区域贸易投资区的建设目标包括开展商品、服务贸易，投资自由化，开辟经济合作新领域，建立制度化的经济组织。

韩国—东盟自由贸易区（South Korea ASEAN Free Trade Area，SKAFTA）。2004年，在韩国与东盟领导人会议上，双方就韩国—东盟自由贸易协商问题达成一致意见，确定在2005年韩国与东盟展开政府间协商，拟于2006年结束协商并签署韩国—东盟自由贸易区协议，并于2007年生效。双方确定在2009年建成韩国—东盟自由贸易区，较中国—东盟自由贸易区提前一年建成。到2009年，双方对各自80%的产品关税降为零，剩下20%的产品关税税率继续谈判。至2015年，双方零关税品种达到96%。

3. 中美洲、南美洲国家的区域经济组织

1951年，洪都拉斯、哥斯达黎加、尼加拉瓜、萨尔瓦多和危地马拉五国外长成立中美洲国家组织，旨在加强中美洲国家的团结，通过联合行动，促进经济、社会和文化的发展。1993年成立中美洲一体化体系，取代中美洲国家组织。2000年以来，中美洲一体化体系在推动中美洲地区一体化进程和开展区内交往方面发挥了积极作用。2017年，中美洲国家首脑会议制定了可持续发展战略，决定实施中小微企业生产协作地区战略，并在物流行业签署文件，以促进人员、资金和货物流动。

1969年，玻利维亚、哥伦比亚、智利、厄瓜多尔和秘鲁五国建立了安第斯集团。其基本宗旨是取消成员国之间的关税壁垒，组成共同市场，以充分利用本地区的经济资源，促进成员国经济的平衡发展。1973年，委内瑞拉加入。1976年，智利退出。1991年，新五国达成协议，决定于1991年年底建立安第斯自由贸易区。1995年，安第斯集团会议决定建立安第斯一体化体系（简称“安共体”）。2007年以来，安共体不断加强与欧盟的合作谈判，加强双方贸易往来。2011年，安共体进一步推进区域一体化进程，加强共同体内部在能源、安全和环境保护等领域的合作。

4. 北美自由贸易区

1992年，美国、加拿大及墨西哥三国签署了一项三边自由贸易协定——北美自由贸易协定，成立北美自由贸易区（North American Free Trade Area，NAFTA）。自协定生效后，美国同加拿大、墨西哥的贸易量增加了两倍多，其增长速度超过同其他国家和地区贸易量的总和。2011 年，北美自由贸易区成员国三方贸易总量达到 1 万亿美元，美国、墨西哥之间的贸易增长占地区贸易增长的 49%。2012 年，加拿大、墨西哥分别是美国的第一、二大出口市场，占美国出口总额的 32%。在进口方面，加拿大、墨西哥分别是美国第二、三大进口国，占比将近 26%。这种由发达国家和发展中国家组成的区域经济组织兼顾了产业间分工和产业内分工的优点，分别为两类国家提供了发展贸易的条件，使之可以得到相应经济利益。

5. 亚太经济合作组织

亚太经济合作组织（Asia-pacific Economic Cooperation，APEC，简称“亚太经合组织”）是亚太地区最高级别的政府间经济合作机制。1989 年，澳大利亚、美国、加拿大、日本、韩国、新西兰以及东南亚国家联盟在澳大利亚首都堪培拉举行亚太经济合作会议首届部长级会议，成立亚太经合组织。APEC 会议分别在 2001 年和 2014 年在中国举办。截至 2014 年 9 月，亚太经合组织共有 21 个正式成员和 3 个观察员。

自成立以来，APEC 致力于消除成员间的关税壁垒，区域经济合作程度不断加深。区域内贸易量增加了 5 倍。2013 年，中国在第 21 次 APEC 领导人非正式会议上承诺加强政策协调和多边贸易体制，推进区域一体化进程，深化互联互通等领域合作，共同维护和发展开放型世界经济。之后，APEC 不断推进成员在经济增长、规制合作、能源安全等方面深入合作。

二、跨国公司

跨国公司主要是指一些大型企业为获得巨额利润，通过对外直接投资，在多个国家设立分支机构或子公司，从事生产、销售或其他经营活动的国际企业组织形式。1983 年联合国跨国公司中心发表题为《三论世界发展中的跨国公司》的文章，认为跨国公司由三大要素组成：①跨国公司是指一个工商企业，组成这个企业的实体在两个或两个以上的国家内经营业务，而不论其采取何种法律形式经营，也不论其在哪一经济部门经营；②这种企业有一个中央决策体系，因而能通过一个或几个决策中心采取一致对策和共同战略，反映企业的全球战略目标；③各个实体通过股权或其他方式发生联系，使其中的一个或几个实体有可能对别的实体施加重大影响，特别是同其他实体分享资源、信息并分担责任。

（一）跨国公司的产生与演进

跨国公司是科学技术和社会生产力发展的结果，是生产、资本高度集中和经济国际化的产物，是当今世界各国开展经济技术合作的新型的企业组织形式。跨国公司从诞生到现在经历了初步发展、低谷和迅猛发展的时期，也经历了初始时期英国的独占鳌头，二次世界大战期间及之后美、英两强并存，20 世纪 80 年代后美、英、欧①三足鼎立，再到 90 年代美、日、英、法、德及发展中国家群雄并起等各个阶段，到目前大约有 140 多年的发展历史，但是其思想可以追溯到 17 世纪。

19 世纪中叶，欧美国家得益于第二次科技革命带来的产业发展，企业规模逐步扩大，

① 欧洲成员包括爱尔兰、荷兰、比利时、卢森堡、摩纳哥等。

但受到国内反垄断法限制，无法进一步扩张，同时，为了获取技术和资本的比较优势和垄断优势，欧美国家开始大量输出资本，纷纷到海外投资建厂。企业的市场范围和生产地也从国内延伸至国外，开始实行国内工厂与国外工厂同时生产、同时销售。这一时期形成了世界上第一批以对外直接投资为主要特征的跨国公司。

第一次世界大战后，巨大的战争债务和重建费用使得许多国家的投资增长幅度下降。加上1929—1933年发生资本主义有史以来最大的经济萧条，各国普遍采用货币贬值作为打贸易战的手段，扰乱了金融秩序。西方国家为了稳定国内经济，采取贸易保护措施，对跨国公司采取差别对待甚至排斥的态度。受到当时盛行的卡特尔制度的影响，全球对外投资徘徊不前，增长缓慢。但总的来说，这段时间跨国公司还是有所发展，且出现了新特点：①间接投资比重下降，但仍居主要地位，绝对额并未减少，对外直接投资额则有相当程度的增加；②各国对外发展的速度开始出现差异，美国对外直接投资上升为第二位，仅次于英国；③对外直接投资的行业范围扩大，对制造业投资的比重有较大提升，美国的变化更为明显；④对外投资有一半仍在殖民地和经济落后国家，但随着直接投资制造业的比重增加，对经济发达和比较发达国家的直接投资也有所增加。

第二次世界大战后，跨国公司快速发展，并在世界经济中发挥着越来越重要的作用。这段时间呈现出新的发展特点：全球对外直接投资总额及比重迅速增长；跨国公司数量大大增加；投资来源国比较集中，投向发生了变化，美国超越英国成为跨国公司数量和规模最大的国家，联邦德国、日本、荷兰、瑞士的跨国公司也快速发展。战后发达国家经济的迅速增长为企业的发展提供了很多机会，同时一些殖民地国家的独立、国有化等使跨国公司认为在发展中国家投资的风险增大，所以尽管对发展中国家的绝对投资额小幅增加，但是投资重心逐渐由发展中国家转向发达国家；跨国公司的产业分布范围进一步扩大，服务业成为新的热点。早期跨国公司的对外直接投资主要集中在铁路、矿产、石油等生产初级产品的行业，投在制造业的资金较少。战后，跨国公司从投资生产初级产品的行业转向投资制造业和服务业。不仅跨国公司直接投资在全球范围内加速向服务行业倾斜，而且制造业公司把服务环节作为增加附加值和利润的重要领域。

20世纪90年代以来，在经济全球化浪潮推动下，跨国公司的全球化程度大大提高，其跨国指数（海外资产、海外销售和海外雇员与总资产、总销售和总雇员的比例）超过50%，跨国公司向全球公司转型。这个时期的特点及呈现的趋势是：跨国公司除追求传统的规模经济和范围经济外，更注重各国的比较优势，在全球范围内谋求资源最优配置。因此，跨国并购愈演愈烈；跨国公司研发（R&D）活动呈现全球化趋势，不再仅仅集中在北美、西欧和日本，也逐渐向欧美以外的国家和地区分散和拓展，迈出了研发全球化的步伐；跨国公司经营管理方式不断创新，其充分利用东道国的低廉资源和劳动力价格，实现就地生产、就地销售，同时跨国公司的经营模式由金字塔式的等级制管理模式向多中心、多结点的网络管理模式转变；跨国公司追求文化多元化，通过全球各地分支机构吸纳当地人才，融合人类多种文化成果，形成能够吸纳多元文化的企业文化。

（二）跨国公司的投资方式及其影响因素

1. 跨国公司投资方式

跨国公司投资东道国的方式主要有两种，即绿地投资和跨国并购。

绿地投资有两种形式：一是建立国际独资企业，其形式有国外分公司、国外子公司和国外避税地公司；二是建立国际合资企业，其形式有股权式合资企业和契约式合资企业。

跨国并购是跨国公司为了维持自身的生存和发展，根据全球环境和内部条件，进行全球化布局的重要战略。

2. 选择投资方式的影响因素

跨国公司在进行海外投资时，可以在绿地投资和跨国并购中选择其一。在选择过程中，不仅要考虑当前的国际环境、自身的经营状况、战略需求，还要考虑东道国的发展程度、可以利用的资源等诸多因素。这里从理论上来区分跨国公司采用新建投资或者跨国并购的原因。

第一，东道国市场竞争与市场增长前景。当东道国市场同类企业数量较多，企业间竞争激烈时，跨国公司出于降低前期投入的考虑往往不会以新建的方式进入市场；当东道国目标产业集中度较高时，跨国公司对发达国家的直接投资常采用并购的方式，以避免激烈的竞争，对快速发展中的发展中国家的投资则会较多地选择以新建的方式进入，取得更多市场份额；当东道国市场发展前景较小时，跨国公司多采用并购的方式。

第二，目标企业状况及可利用资源。目标企业中的经营状况和是否有优良可利用资源也会影响跨国公司进入方式的选择。目标企业的优良资产越多，生产技术水平越高，在国际上的竞争力越大，对并购的吸引力就越大，并购后协同效应就更容易发挥；反之，当目标企业技术落后、设备老化、劳动生产率较低、兼容度小时，跨国公司可能会考虑绿地投资。

第三，政策及其他因素。尽管并购方式和新建投资方式的对外直接投资都能为东道国带来国外金融资源，但并购方式所提供的金融资源并不总是增加生产资本存量，而在新建投资的情况下则会增加。

跨国公司采用并购的方式进入时，可能对东道国的某些行业或东道国的市场结构带来不利的影响，并可能直接导致当地生产或职能活动（如研发）的降级或关闭。并购后的整合还可能导致当地工厂裁员，失业率增加。另外，跨国公司进行并购时，会使资金和市场集中度提高，会造成市场份额高度集中，可能会影响市场的自由竞争，形成垄断竞争和寡头垄断行业。东道国企业为了避免这种情况的发生，可能会利用一些政策因素来限制跨国公司以并购的方式进入。新建投资能够增加现有企业的数量，还可以增加当地的就业量，所以相对而言，新建投资更受东道国政府的欢迎，东道国政府往往会给外来投资企业种种优惠措施，如资金支持、税收减免等。

随着亚洲“四小龙”、拉美国家、富裕的中东产油国家及以新兴经济体为主的后发经济体加入全球化，跨国公司的内涵也得到丰富，其运作模式也有了不同程度上的革新。后发经济体的跨国公司在对外投资问题上，面临着新情况：一是对后发国家的跨国公司而言，国内的法制环境和融资渠道方面存在某些程度的不规范，金融融资渠道并不透明；二是后发国家的制度建设较不规范，国内存在“寻租”空间，因而其在对传统发达国家未曾涉足的诸如非洲、拉美等政权不稳定地区投资时，具有先天的政治斡旋技巧和与东道国政界进行平衡的能力；三是这类诞生于后发国家的跨国公司，在对发达国家进行投资时多采取兼并和收购方式，其目的在于获取品牌、资产、市场甚至核心技术等，而对于发展中国家进行投资则主要为了获取自然资源，如原油、天然气、各种矿产等。

后发经济体的跨国公司在由发达国家建立起来的经济格局下进行创新发展仍然面临较

多困境，尽管这些企业往往学习能力强、改革效率高，但是在技术垄断和所有权垄断方面仍然没有太多优势。它们怀着掌握核心技术的动机与发达国家企业合作，利用本国的市场换取资源，寄希望于自身能力的提升，但许多时候由于经验不足，往往丧失企业的支配权和控制权。

后发经济体的跨国公司和传统发达国家的跨国公司在众多方面都体现出不同的特征，如表 3-1 所示。

表 3-1　后发经济体的跨国公司和传统发达国家的跨国公司对比

指标	后发经济体的跨国公司	传统发达国家的跨国公司
扩张速度	加速	逐步
竞争优势	较弱，资源优势不足	较强，可从本国获取资源优势
适应东道国市场的能力	较强：本国国内政策制度较不完善、市场发育不完善的条件下培养的跨国公司适应能力较强	较弱：本国国内政策较完善、产权制度明晰等条件下培养的跨国公司在欠发达地区市场适应能力较弱
扩张路径	双重路径：同时进入发达国家和发展中国家	单一路径：从近到远逐步进入，多为垂直扩张
进入模式	外部扩张：联盟或者并购	内部增长：多为完全拥有附属企业
与本国政府的紧密程度	较强，多为国有企业或是有金融财团背景	较弱，多为行业领军的私营企业
经营范围	常根据本国的产业发展来制定，或是根据不同的发展时期重点培育，重点支持	没有特别明显的行业集中分布
演进路径	通常先与本国的某个地区实现集聚发展，再集体“打包”投资海外，地域特点比较明显	没有明显的地域特征或是集聚起来之后再一起“打包”向外扩张的特点
扩张目的	获取自然资源、获取先进技术、提升管理经验等	以实现资本利益最大化，争取行业垄断地位为首要目的

资料来源：王罗汉．跨国公司发展新趋势研究综述［J］．区域经济评论，2017（04）：147-156.

第三节　国际金融组织与机构

20 世纪 30 年代以后，尤其是第二次世界大战后，一系列国际金融组织与机构相继出现，并在国际货币关系与世界经济的发展中起着越来越重要的作用。在这些国际金融组织中，既有全球性国际金融组织，如国际货币基金组织（International Monetary Fund，IMF）、世界银行集团（World Bank Group）和国际清算银行（Bank for International Settlements，BIS），又有区域性国际金融组织，如亚洲开发银行（Asian Development Bank，ASDB）、泛美开发银行（Inter－American Development Bank，IDB）、欧洲投资银行（European

Investment Bank，EIB）、非洲开发银行（African Development Bank，AFDB）、金砖国家新开发银行（New Development Bank，NDB）、清迈倡议多边化（Chiang Mai Initiative Multilateralism，CMIM）等。各个国际金融组织都在特定的方面和特定地域的金融活动中发挥着重要的作用，尤其是全球性和洲际性的金融组织的作用和影响更加突出。

一、国际金融机构概述

（一）国际金融机构的产生和演进

第一次世界大战结束后不久，英国、法国、意大利、比利时、日本五国的中央银行和美国的摩根银行在瑞士巴塞尔成立了国际清算银行，以处理德国对协约国的赔款问题，这是建立国际金融机构的重要开端。

第二次世界大战之后，西方国家经济遭到破坏，国际货币制度一片混乱，建立全球性的金融机构恢复各国经济势在必行。1944 年 44 个国家在美国召开“联合国货币金融会议”，通过了《国际货币基金组织协定》和《国际复兴开发银行协定》。根据这两个协定，1945 年 29 个国家的政府批准成立了国际货币基金和国际复兴开发银行（即“世界银行”）。为了推动世界银行目标的实现，世界银行又先后设立了三个附属机构，即国际金融公司、国际开发协会和多边投资担保机构，世界银行及其附属机构统称“世界银行集团”。目前，国际货币基金组织和世界银行集团是世界上成员国最多、机构最庞大、范围最广泛、影响也最深远的全球性国际金融机构。

战后区域性国际金融机构发端于西欧，1957 年西欧共同体创立的欧洲投资银行是世界上最早的区域性国际金融机构。此后，区域性国际金融机构迅猛发展，其中有代表性的有亚洲开发银行、泛美开发银行、欧洲投资银行、非洲开发银行、金砖国家新开发银行和清迈倡议多边化等。

（二）国际金融机构的性质和意义

国际金融机构是当代国际金融业务的承担者和管理者，其类型可按不同标准加以划分：①按地区范围可分为全球性的国际金融机构和区域性的国际金融机构；②按资本来源可分为由政府出资兴办的国际金融机构和由政府资本与私人资本合办的国际金融机构；③按职能又可分为主要进行国际金融事务的协调和监督的国际金融机构、主要从事各种期限信贷的国际金融机构和主要进行国际结算的国际金融机构。

国际金融机构自战后建立以来，虽然仍有不足和缺陷，但在加强国际经济合作、发展世界经济特别是在稳定国际金融、扩大国际贸易、提供发展基金及开发落后地区方面还是卓有成效的。在金融方面，国际金融机构的作用也逐步加深，表现为：①制定并维护共同的国际货币制度，稳定汇率，保证国际货币体系的正常运转，促进国际贸易增长；②为出现金融危机或债务危机的会员国提供短期资金，调节国际收支逆差，在一定程度上缓和国际支付危机；③为发展中国家的经济发展和改革计划提供长期资金援助；④调节国际清偿能力，适应世界经济发展需要，如国际货币基金组织发放的普通提款权和特别提款权，增加了会员国的国际清偿能力。

但是，国际金融机构仍有局限性，主要表现在：①国际货币基金组织和世界银行集团等全球性金融机构大都被西方大国操纵，广大发展中国家的意见和建议往往得不到充分反映。②发展中国家获得金融机构贷款的条件较为苛刻，如利息率不断提高，汇率波动频繁，加重了发展中国家的债务负担和支付困难。③干预受款国的经济政策和发展规划。如国际金融机构往往要求发展中国家在接受贷款时，必须按照它们的意图调整本国经济，因而在一定程度上干预了发展中国家的经济生活和内政，也阻碍了授信国民族经济的自由发展。正因为如此，争取自由平等的发展权利成为广大发展中国家建立国际经济新秩序的重要内容之一。

二、国际货币基金组织

1946年，根据布雷顿森林会议签订的《国际货币基金协定》建立了国际货币基金组织（简称“基金组织”），它是政府间的全球性国际金融机构，总部设在华盛顿。20世纪60年代后期，随着亚非拉发展中国家纷纷独立，基金组织的成员由初始的39个增加到128个。它是世界上最大的政府间金融机构之一，是战后国际货币体系的核心。截至2018年，其成员已增至189个①。

（一）国际货币基金组织的宗旨

《国际货币基金协定》明确国际货币基金组织的宗旨是：通过一个常设机构来促进国际货币合作，为国际货币问题的磋商和协作提供方法；通过国际贸易的扩大和平衡发展，把促进成员的就业、生产资源的发展、提高实际收入，作为经济政策的首要目标；稳定国际汇率，在成员之间保持有秩序的汇价安排，避免竞争性的汇价贬值；协助成员建立经常性交易的多边支付制度，消除妨碍世界贸易的外汇管制；在有适当保证的条件下，基金组织向成员临时提供普通资金，使其有信心利用此机会纠正国际收支的失调，而不采取危害本国（地区）或国际繁荣的措施；缩短成员国际收支不平衡的时间，减轻不平衡的程度；等等。

（二）国际货币基金组织的机构组成

基金组织由理事会、执行董事会、总裁和业务机构组成，根据业务需要，理事会和执行董事会可任命若干特定的常设委员会，理事会还可以建立临时委员会。

理事会是基金组织的最高权力机构，由成员各派一名理事和一名副理事组成，一般是由各国或地区的财政部部长或中央银行行长担任理事，由各国或地区外汇管理机构的负责人担任副理事，副理事只在理事缺席时才有投票权。理事与副理事任期5年，可连任，任免由各成员自定。作为最高权力机关的理事会的主要职权是：批准接纳新会员；修改基金份额；普遍调整各成员货币平价；决定成员退出基金组织；讨论决定有关国际货币制度等的重大问题。理事会每年举行一次会议，所有成员都参加。

执行董事会是基金组织负责处理日常业务的常设机构。它受理事会委托，定期处理各种行政和政策事务。执行董事会名额原来为12人，现已增至24个，其中8人分别由美国、英国、德国、法国、日本、俄罗斯、沙特阿拉伯及中国八个成员单独委派，其余16

---

① 数据来源：http：//www. imf. org/external/index. htm。

人按国家集团和地区分组选出，选出的 24 位执行董事不得兼任理事，任期 2 年，到期由各成员指派或改选一次。

总裁是基金组织的最高行政首脑，负责管理基金组织的日常事务，由执行董事会推选，并兼任执行董事会主席，任期 5 年。总裁可以出席理事会和执行董事会，但平时没有投票权，只有在执行董事会表决双方票数相等时，才可以投决定性的一票。

基金组织内部设有 5 个地区部门（非洲、亚洲、欧洲、中东、西半球）和 12 个职能部门（行政管理、中央银行业务、汇兑和贸易关系、对外关系、财政事务、国际货币基金学院、法律事务、研究、秘书、司库、统计、语言服务局），负责管理日常业务活动。此外，基金组织还有两个永久性的海外机构，即欧洲办事处和日内瓦办事处，并在纽约联合国总部派遣一名特别代表。

临时委员会的全称是“国际货币基金组织关于国际货币制度的临时委员会”，成立于 1974 年。临时委员会由 22 个部长级代表组成，一年举行 2~4 次会议，是一个重要的决策机构。该委员会具有管理和修改国际货币制度和修改基金条款的决定权，其主要职能是就一些重大问题向理事会做出报告或提议，如关于基金组织协议的修改内容、国际货币体系的管理方法和调整措施等。

发展委员会的全称是“世界银行和国际货币基金组织理事会关于实际资源向发展中国家转移的联合部长级委员会”，由基金组织理事、世界银行理事、部长级人士以及职位与此相当的人士组成。发展委员会一般与临时委员会同时、同地举行会议。

（三）国际货币基金组织的资金来源

基金组织的资金主要由三部分组成，分别是成员缴纳的基金份额、借款和信托基金。

1. 成员缴纳的基金份额

成员缴纳的基金份额是基金组织最主要的资金来源。份额在性质上相当于股东加入股份公司的股金，成员缴纳后，即成为基金组织的财产（资本）。这些份额起着国际储备的作用，用以满足成员国际收支失衡时的短期资金需要。各成员缴纳的基金份额的多少依据各自的收入状况、外汇储备、国际收支状况及其他经济指标，由国际货币基金组织与成员协商决定。基金份额的单位最初为美元，1969 年后改为特别提款权（Special Drawing Right，SDR）。成员所缴纳的基金份额的作用有四个：①构成基金组织发放短期信用的资金来源；②决定成员投票权的大小；③决定成员从基金组织借款或提款额度的高低；④决定成员分得特别提款权的多少。在基金组织内，每个成员都有 250 票基本投票权，每缴纳 10 万美元增加一份投票权。按照基金组织的协定，重大问题的投票通过率必须达到 85% 才能生效。

2. 借款

借款是指基金组织在与成员协调后向成员借入的资金，是基金组织的另一个资金来源，其主要用以对成员提供资金融通。1962 年基金组织从十国集团（Group of Ten）借入 60 亿美元的“贷款总安排”是这类资金来源的首次出现。到 1980 年，基金组织从 10 个工业发达国家共借款 80 亿美元，一方面用于应付当时严重的西方国家货币危机，另一方面用于解决某些国家或地区的临时国际收支困难。1998 年，基金组织成立“借款总安排”，呼吁发达国家或经济实力雄厚的国家向基金组织提供贷款，以此扩充资金量来帮助世界上更多国家和地区应对金融危机。2009 年，20 个工业化和新兴市场经济体集团（即二十国集团）同意将向基金组织提供的资金贷款增加到 5 000 亿美元，使用该款项的一部分支持新兴市场和发展中国家的经济。2010 年，基金组织决定缩减“借款总安排”资金总额，维护国际金融平稳运行。

3. 信托基金

基金组织在 1976 年 1 月决定将其 1/6 的库存黄金（2 500 万盎司）分 4 年按市场价格出售，将所得利润作为信托基金（Trust Fund），用于向最贫穷的成员提供信贷，它是一项新的特殊的资金安排。2010 年基金组织宣布开始分阶段销售黄金，并从总收入 SDR 9.5 万亿美元中拿出 SDR 700 万美元成立“减贫和增长信托基金（PRGT）”，以提高基金组织的贷款能力。2013 年，基金组织再次从黄金销售的利润中拿出 SDR 1 750 万美元作为中长期准备金，保证 PRGT 在中长期可持续向低收入国家和地区提供货币资金。

（四）国际货币基金组织的业务活动

基金组织的业务活动主要是：汇率监督与政策协助、储备资产创造与管理、对收支逆差国家或地区提供短期资金融资服务，以及为成员提供各种培训咨询服务。

1. 汇率监督与政策协助

为了保持有秩序的汇率安排，基金组织要求成员做到以下几点：①努力将各自的经济和金融政策的目标放在促进有秩序的经济增长这个目标上，既可实现合理的价格稳定，又可适当照顾自身的国情；②努力通过创造有序的经济、金融条件以及制定不致经常造成货币动荡的货币制度，促进货币稳定；③避免操纵汇率或国际货币制度来妨碍国际收支的有效调整或取得对其他成员不公平的竞争优势；④奉行与基金组织规定相一致的汇兑政策。

2. 储备资产创造与管理

为了弥补国际储备的不足，基金组织创设了特别提款权，1970—1981 年共分配 214.33 亿美元特别提款权，为成员提供了一种新的储备资产和一项新的资金来源。特别提款权按照各成员在基金组织所占份额的比例无偿分配给各成员，作为该成员的储备资产。当成员发生国际收支逆差时可以动用特别提款权，也可用特别提款权偿还基金组织的贷款。特别提款权具有价值尺度、支付手段、储藏手段的职能，但它没有流通职能，不能用于国际贸易的结算。2015 年董事会决定，人民币符合纳入 SDR 篮子的标准。根据这一决定，人民币与美元、欧元、日元和英镑一起正式成为 SDR 一篮子货币，于 2016 年生效。

3. 短期资金融资服务

提供资金融通的贷款业务是基金组织最主要的业务活动。当成员有国际收支的需要，且自身无法以可负担的条件获得足够资金满足净国际支付需要，同时无法保持足够的储备缓冲时，可以请求基金组织提供资金援助。基金组织根据各个成员的不同需求制定了具体的贷款工具，贷款限额也因此不同，通常是成员在基金组织份额的数倍。

基金组织给予易受到国际经济影响的低收入成员的优惠贷款种类有减贫与增长信托（PRGT），贷款的主要目的是实现与支持持久减贫和增长相一致的可持续的宏观经济状况，其中，低收入成员可以通过中期信贷（ECF）、备用信贷（SCF）和快速信贷（RCF）获得优惠贷款。此外，在基金组织 2 500 亿美元的特别提款权分配中，有 180 多亿美元提供给了低收入国家。这些国家可以将这些特别提款权当作储备的额外资产，也可通过出售特别提款权取得硬通货，用于满足国际收支需求。

对于中等收入国家，基金组织提供的贷款援助通常是备用安排（SBA）提供的。备用安排的目的是帮助各国解决短期国际收支问题。

对于那些经济基本面表现良好、政策得到有效实施的国家，基金组织提供的贷款是灵活信贷额度（FCL）。灵活信贷额度安排的批准要求有关国家达到事先确定的资格标准。灵活信贷额度拨款不分阶段进行，而是一次性在前期支付。与备用安排不同，其贷款拨付不以实施某具体政策谅解为条件，成员可以选择在批准之时提用额度，也可以将其作为谨慎额度。

设置中期贷款（EFF），是为了帮助成员解决长期国际收支问题，并要求成员采取重大经济改革。因此，中期贷款安排的期限较长，通常为 3 年，还款一般在拨款之后的4.5~7 年进行。

为帮助遭遇自然灾害和发生战争冲突的国家，基金组织还提供紧急援助。紧急援助收取基本费率，但在有资金的情况下，对一些国家提供利息补贴。贷款须在 3.25~5 年偿还。

4. 向成员提供培训咨询服务

基金组织对成员提供有关国际收支、财政、货币、银行、外汇、外贸和统计等方面的咨询和技术援助，帮助成员组织人员培训、编辑、出版各种反映世界和国际金融专题的刊物和书籍，以提高有关人员的素质。基金组织作为联合国的专门机构，还积极参与联合国的相关活动。

三、世界银行集团

世界银行集团（World Bank Group）是世界银行（World Bank）及其三个附属机构，即国际开发协会（International Development Association，IDA）、国际金融公司（International Finance Corporation，IFC）和多边投资担保机构（Multinational Investment Guarantee Agency，MIGA）的统称。尽管国际开发协会、国际金融公司是世界银行的附属机构，但从法律地位和资金构成等方面看，二者都是独立的金融机构，因而也是重要的、全球性的国际金融机构。多边投资担保机构在财务和法律上是一个独立于世界银行的实体。

（一）世界银行

世界银行是国际复兴开发银行（International Bank for Reconstruction and Development，IBRD）的通称。它于 1945 年正式成立，总部设在华盛顿，并在纽约、日内瓦、巴黎及东京等地设有办事处，1947 年成为联合国的专门机构之一。世界银行和国际货币基金组织是两个联系紧密、配合协调的国际金融机构，基金组织借款中的许多缺陷可从世界银行借款的有利因素中得到弥补。截至 2018 年，世界银行作为一个合作性组织，已有 189 个成员国①。

1. 世界银行的宗旨

世界银行是一个全球性政府间的国际金融组织，其宗旨在于：资助会员国，使其被战

① 数据来源：http：//www.worldbank.org/en/about/leadership。

争破坏的经济得以复兴和发展；鼓励不发达国家进行生产和资源开发，并为其投资提供便利；保证私人贷款和投资，促进私人对外投资；向会员国提供技术支持，促进国际贸易长期均衡的增长和保持国际收支平衡；与其他方面的贷款密切配合。可见，向会员国提供中长期信贷，促进会员国的经济复兴与开发，是世界银行的根本目的和任务所在。

2. 世界银行的机构组成

世界银行主要由理事会和执行理事会组成。理事会是世界银行的最高权力机构，理事可连选连任，副理事在理事缺席时才有投票权。作为最高权力机关，理事会的主要职权是负责讨论批准接纳新会员、决定普遍增缴股本或调整应缴股本、决定停止会员国资格、决定银行净收入的分配以及其他重大问题。另外，理事会可授权执行理事会代行各项职权。

执行理事会是世界银行负责处理日常事务的常设机构。执行理事会的最高首脑是执行董事会的主席，也是世界银行行长，由执行理事会推选一人产生，负责主持日常投票活动，在执行董事会表决中双方票数相等时，可投出决定性的一票。行长下设副行长若干名，辅佐行长分管有关部门的工作。

世界银行具有非常庞大的办事机构。在总部内设有 50 个局或相当于局的机构，分别由 18 名副行长领导，并且在许多国家设有办事处、派驻机构或常驻代表。

3. 世界银行的资金来源

世界银行的资金来源主要有会员国缴纳的股金、借款，以及转让债权。另外，利润收入也是其资金来源之一。

（1）会员国缴纳的股金。世界银行是按股份公司的原则建立起来的企业性金融机构，凡会员国均需认购该行的股份。各会员国向世界银行缴纳的股金，依据各国的经济实力，并以它们各自在国际货币基金组织中所摊份额为标准认缴。

（2）借款。向国际金融市场借款，尤其是在世界资本市场上发行中长期债券是世界银行资金的另一个重要来源。由于世界银行拥有国际上至高无上的债信评级，其向国际金融市场的借款额与日俱增。

（3）转让债权。它是世界银行的资金来源之一，其主要内容是世界银行将贷出款项的债权转让给私人投资者（主要是商业银行），以提高贷款资金的周转能力，进而提高贷款能力。近年来，这种资金来源在世界银行业务中的重要性有进一步提高的趋势。

此外，世界银行历年业务活动中的利润收入也是其资金来源之一。世界银行自 1947 年营业以来，每年利润都相当可观，这部分利润收入的大部分通常被留作银行的储备金。

4. 世界银行的主要业务活动

世界银行的业务活动主要体现在两个方面：①为会员国尤其是发展中国家经济的复兴与开发提供中长期贷款；②为私人向发展中国家投资、贷款提供担保。

提供贷款是世界银行最主要、最基本的业务活动，贷款对象由发达国家逐步向发展中国家转变。近年来，向世界银行贷款已成为发展中国家发展经济的一条较为重要的资金渠道。世界银行的贷款，从国别来看，主要提供给中等收入国家；从经济部门来看，重点是设施项目贷款。

提供投资担保是世界银行一项较新的业务活动，主要内容是为发达国家向发展中国家进行直接投资提供担保。另外，1981 年世界银行提议，创建一个由其领导的为私人向发展中国家投资和贷款提供担保的“多边投资担保机构”。1988 年 4 月，该机构正式宣告成立。

另外，世界银行还涉及其他业务活动，如向会员国提供技术援助，为发展中国家培训中高级专门人才，帮助会员国制订社会经济发展计划并提供某些特殊问题的解决方案等。同时，作为联合国的专门机构之一，世界银行还参与其他国际机构的相关活动。

（二）国际开发协会

国际开发协会（International Development Association，IDA）是世界银行的附属机构之一，但就法律地位和资金构成而言，它也是一个独立的全球性国际金融机构。国际开发协会的宗旨是：以比世界银行更为优惠的条件向成员国中较贫穷的发展中国家提供长期贷款，促进其经济发展、生产和生活水平的提高；同时，以提供的货款作为世界银行贷款的补充，促进世界银行目标的实现。

1. 国际开发协会的组织机构

国际开发协会的组织机构与世界银行相同，理事会是其最高权力机关，执行董事会是理事会下的常设机构，负责组织领导日常业务工作。协会的正副理事、正副执行董事、正副经理分别由世界银行的正副理事、正副执行董事、正副行长兼任，其办事机构的各部门负责人也由世界银行相应部门的负责人兼任。所以，国际开发协会与世界银行是两块牌子，一套班子。国际开发协会名义上是一个独立机构，实际上是世界银行的附属机构。

2. 国际开发协会的资金来源

国际开发协会的资金来源主要有四个方面：①会员国认缴的资本。各国按照不同的经济发展程度分别缴纳不同数额的资本。②补充资金。为了保证协会的财源，维持其收益增长的信贷需要，会员国在一定时期还须认缴一部分资金作为补充。③世界银行的拨款。它是世界银行从其净收益中拨给协会的资金。④协会业务经营的净收益。由于协会贷款条件极其优惠，这部分资金来源很少。

3. 国际开发协会的主要业务活动

国际开发协会的主要业务是向较贫穷的发展中国家的公共工程和项目等提供比世界银行更为优惠的长期贷款。国际开发协会所提供的资金一般称作信贷，这种信贷的优惠性主要体现在：①期限长达 50 年，并有 10 年的宽限期，第二个 10 年开始还本，每年还本 1%，其余 30 年每年还本 3%；②不收利息，对已支付额每年仅收 0. 75%的手续费，对未支付额每年仅收 0. 5%的承诺费；③贷款可全部或部分用本国货币偿还。协会提供的信贷主要集中在南亚的印度、巴基斯坦和孟加拉国以及非洲撒哈拉以南地区的国家。

（三）国际金融公司

国际金融公司（International Finance Corporation，IFC）也是世界银行的附属机构之一，但它本身具有独立的法律地位，是一个独立的全球性国际金融机构。国际金融公司的宗旨主要是配合世界银行的业务活动，向成员国特别是发展中国家的重点私人企业提供无须政府担保的贷款或投资，鼓励国际私人资本流向发展中国家，以推动这些国家私人企业的成长，促进其经济发展。

1. 国际金融公司的组织机构

国际金融公司的组织机构和管理办法与世界银行相同，其最高权力机构是理事会，理事会下设执行董事会，负责处理日常事务。国际金融公司的正副理事、正副执行董事也就是世界银行的正副理事和正副执行董事，国际金融公司的总经理由世界银行行长兼任。国际金融公司的总经理下设若干办事部门，其工作也由世界银行相应机构、人员担任。所以，同国际开发协会一样，国际金融公司与世界银行也是两块牌子，一套班子。

2. 国际金融公司的资金来源

国际金融公司的资金来源主要有三个方面：①会员国缴纳的股金；②从世界银行和其他来源借入的资金，它是国际金融公司最主要的资金来源；③国际金融公司业务经营的净收入。

3. 国际金融公司的主要业务

根据国际金融公司的宗旨，国际金融公司的主要业务有两个方面：①对会员国私人企业提供无须政府担保的贷款，贷款领域主要是亚非拉发展中国家的制造业、加工业及开采业、公用事业和旅游业等；②对私人企业进行投资或直接入股，投资对象主要是发展中国家的集体所有制和公私合营企业。

20 世纪 80 年代以来，国际金融公司的业务呈现多样化的趋势，如参与发展中国家国有企业私有化及企业改组活动，向发展中国家中的重债国提供有关债务转换为股本的意见安排等。

（四）多边投资担保机构

多边投资担保机构（Multinational Investment Guarantee Agency，MIGA）成立于 1988 年 4 月，是世界银行集团中最年轻的成员。其宗旨是：鼓励生产性外国私人资本向发展中国家流动，促进东道国的经济增长，特别是发展中国家的经济增长。截至 2016 年，多边投资担保机构已经有 181 个成员国，其中 156 个为发展中国家，25 个为发达国家①。

多边投资担保机构的主要功能是为跨国投资在东道国可能遇到的非商业性风险提供担保，主要承保的险别有货币汇兑风险、征用风险、违约风险、战争和内乱风险等。多边投资担保机构对投资项目提供担保前需要对项目进行评估，而评估的重要标准是该投资项目对东道国经济发展的影响程度，包括对社会环境、社会经济、自然与生态环境、自然资源等的影响。

四、国际清算银行

第一次世界大战之后，为了处理对德国的战争赔款问题，由英国、法国、德国、意大利、比利时、日本等国的中央银行与代表美国银行界利益的摩根银行、纽约和芝加哥的花旗银行组成的财团在荷兰海牙签订国际协议，决定成立国际清算银行（Bank for International Settlements，BIS）。第二次世界大战后，国际清算银行的宗旨发生改变，旨在促进各国中央银行之间的合作，并向其提供更多的国际金融业务的便利，在国际清算业务方面充当受托人或代理人，同时也致力于维护国际金融市场的稳定，确保所有商业银行持有维持运作所需的足够成本资金。

① 数据来源：https：//www. miga. org。

（一）国际清算银行的机构组成

国际清算银行的最高权力机构是大会。大会负责批准银行的年度报告、资产负债表、损益表等。理事会是最高权力机关。理事会下设的董事会负责总管银行的日常业务。国际清算银行下设银行部、货币经济部、法律处、秘书处等办事机构。

（二）国际清算银行的资金来源

国际清算银行的资金由英国、法国、德国、意大利、比利时、日本等国的中央银行与代表美国银行界利益的摩根银行、纽约和芝加哥的花旗银行组成的财团平均认购。

（三）国际清算银行的主要业务

国际清算银行从事的业务主要有：买卖、存储和保管黄金等贵金属；为各国中央银行管理、买卖外汇；提供证券、存贷款、清算业务；作为国际组织的金融代理人从事代理业务。同时，国际清算银行为各国中央银行进行交流合作提供理想场所，为各国货币当局研讨金融最新动态提供良好机会，并且，其提供的货币金融数据是世界上最权威的研究、分析和预测信息来源的渠道之一。

五、区域性国际金融机构

国际金融机构作为国际金融管理和国际金融活动的超国家性质的组织，除了前面介绍的全球性的以外，还有许多区域性的，它们在国际货币金融关系的发展中同样发挥重要作用。区域性国际金融机构的建立，一方面是为了抑制超级大国对金融事务的控制和操纵，另一方面则是为了适应本区域内各国经济合作的实际需要，谋求本区域内各国经济的持续稳定发展。第二次世界大战以后先后成立的区域性国际金融机构主要有亚洲开发银行、泛美开发银行、欧洲投资银行、非洲开发银行、金砖国家新开发银行等。

（一）亚洲开发银行（Asian Development Bank，ADB）

亚洲开发银行是亚洲和太平洋国家和地区同部分西方国家合办的一个区域性政府间金融开发机构。亚洲开发银行的宗旨是：为亚太地区发展中国家和地区的经济发展筹集资金，提供技术援助，帮助恢复并协调成员国在经济、贸易和开发事务方面的政策，以促进亚太地区的经济增长。

1. 亚洲开发银行的组织机构

亚洲开发银行的最高权力与决策机构是理事会，其职责是：负责接纳新成员，调整银行股金，选举董事和行长以及修改银行章程等。理事会由每个成员国委派理事、副理事各一名组成。理事会通常定期召开年会。理事会下设董事会，作为理事会的执行机构，在理事会的授权下负责管理银行的日常业务活动。

2. 亚洲开发银行的资金来源

亚洲开发银行的资金来源主要有四个方面：①成员国认缴的股本。亚洲开发银行属股份制企业性质的金融机构，凡成员国均须认缴该行的股本。日本、美国和中国是排在前三位的出资者。②借款。亚洲开发银行从国际金融市场上筹措资金，主要有三种方式：一是在主要国际资本市场以发行债券形式借款；二是同有关国家政府、中央银行及其他金融机构直接安排债券销售；三是直接向商业银行借款。③亚洲开发基金。该基金主要由发达国家的成员国捐赠，用于向亚太地区贫困成员国发放优惠贷款。④特别基金。该基金主要用于帮助发展中成员国提高人力资源质量，加强执行机构的建设，等等。

3. 亚洲开发银行的主要业务活动

亚洲开发银行的业务活动表现在三个方面：①为发展中成员国经济发展提供长期贷款；②以股本投资方式，对发展中成员国私人企业融资；③对成员国提供技术援助。

（1）提供贷款。这是指对本地区各成员国政府、政府附属机构、公私企业，以及与本地区开发有关的国际机构提供长期贷款，它是亚洲开发银行主要的业务活动。对于比较富裕的发展中国家，采用普通贷款形式，利率随金融市场的变化而调整，期限为12~15年；对于比较贫穷的发展中国家，采用特别基金贷款，贷款年利率为1%~3%，期限为25~30年，有援助性质。

（2）股本投资。这是指通过购买私人企业股票或私人开发金融机构股票等形式，对发展中国家私人企业融资。

（3）向成员国提供技术援助。亚洲开发银行技术援助的内容较多，包括提供咨询服务、派遣长期或短期专家顾问团、与各国或国际组织进行合作、协助拟订和执行开发计划等。

（二）泛美开发银行（Inter-American Development Bank，IDB）

泛美开发银行是美洲国家组织的专门机构，其他地区的国家也可加入，但非拉美国家不能利用该行资金，只可参加该行组织的项目投标。泛美开发银行的宗旨是：集中各成员国的力量，对拉丁美洲国家的经济、社会发展计划提供经济和社会发展项目贷款资金和技术援助，以促进该地区经济的发展和“泛美体制”的实现。

1. 泛美开发银行的组织机构

泛美开发银行的最高权力机构为董事会，董事会下设执行董事会，执行董事会下设行长和副行长。在拉丁美洲各成员国首都设置分支机构，代表银行同当地借款者处理有关事务，并对银行资助项目进行监督。同时，泛美开发银行成立投资机构，促进私人产业发展，提供良好投资环境。

2. 泛美开发银行的资本组成

泛美开发银行的资本由三部分组成：①成员国认缴的股本；②发达国家成员国提供的资本；③在世界金融市场和有关国家发放债券。

3. 泛美开发银行的主要业务活动

泛美开发银行最主要的业务活动是发放贷款，方式有三种：①普通资金贷款，用于成员国政府和公私机构的特定经济项目，期限10~25年，年利率8%，以借贷货币偿还；②特别业务基金贷款，主要用于拉美国家的经济发展计划项目，期限是25~40年，利率很低，可全部或部分用本国货币偿还；③其他基金贷款，它是成员国存放于该行并由其管理的款项，用于对拉丁美洲成员国的投资。

（三）欧洲投资银行（European Investment Bank，EIB）

欧洲投资银行是原欧洲经济共同体的一个金融机构。1957年西欧六国（法国、联邦德国、意大利、荷兰、比利时、卢森堡）签订“罗马条约”，决定设立欧洲投资银行，1958年1月该行正式成立，行址设在卢森堡首都卢森堡。它是战后世界上最早成立的区域性国际金融机构。

欧洲投资银行的宗旨是利用国际资本市场和共同体本身的资金，对共同体内经济落后地区发展计划提供长期贷款或担保，致力于共同体市场上的平衡和经济稳定发展。另外，银行还向与共同体经济关系较为密切的国家和地区提供资金，帮助它们发展经济。

欧洲投资银行的最高权力机构是理事会，由共同体成员国财政部长组成。理事会设主席1人，理事会主席下设总管理部、共同体融资部、共同体对外融资部、金融与财政部，以及研究院、法律与技术咨询服务中心等。同时，该行还在布鲁塞尔、罗马和伦敦设有办事处。

（四）非洲开发银行（African Development Bank，AFDB）

非洲开发银行是非洲国家一个区域性金融机构。1964年，在联合国非洲经济委员会的赞助下非洲开发银行正式宣告成立。该行的创始成员国有23个。随着非洲以外的国家不断加入，其成员国已增至75个。1985年，我国也加入非洲开发银行。但是，为保持银行的非洲特点，非洲开发银行政策规定领导权由非洲国家掌握，行长必须由非洲人担任，行址永远设在非洲，非洲国家至少控制银行资本的66%。非洲开发银行的宗旨是为成员国的经济和社会发展提供资金，或给予技术援助，并充分利用本大陆的人力和资源，协调各国发展的计划，促进非洲经济一体化。

非洲开发银行的最高权力与决策机构是理事会，理事会选出董事会。董事会是负责银行日常事务的常设机构，董事长即银行行长，由董事会选举产生，任期5年。另外，非洲开发银行还有许多附属机构或联系机构，如非洲开发基金组织、尼日利亚信托基金、非洲投资开发国际金融公司、非洲再保险公司等。

非洲开发银行的主要业务分为普通业务和特别业务两种。前者是银行用普通资本基金提供贷款和担保的业务；后者是用银行规定专门用途的“特别基金”提供贷款的业务，其条件较为优惠。银行贷款主要用于公用事业、交通运输、农业、银行和社会部门。

（五）金砖国家新开发银行（New Development Bank，NDB）

金砖国家新开发银行是金砖国家集团成员包括巴西、俄罗斯、印度、中国和南非等五国共同出资设立的多边开发机构。2014年7月15日，金砖国家领导人在巴西福塔莱萨第六次会晤期间，签署了《成立新开发银行的协议》，内容包括成立金砖国家新开发银行和建立金砖国家应急储备安排，总部设在中国上海，同时在南非设立非洲区域中心。2017年，新开发银行理事会批准了2017—2021年的总体战略文件。这份文件阐述了金砖国家、其他新兴经济体和发展中国家将在基础设施和可持续发展项目方面调动资源，发挥辅助职能，在现有多边和地区金融机构运作基础上促进全球经济增长和发展的意愿①。

金砖国家新开发银行旨在为金砖国家及其他新兴经济体和发展中国家的重要基础设施计划提供资金。通过制度性安排，帮助金砖国家以及更广泛意义上的发展中国家，增进资源的有效配置，提高资金的运用效率和收益率。从中长期看，这将促进这些国家的经济发展，最终实现共同繁荣。

---

① 数据来源：https：//www. ndb. int。

1. 金砖国家新开发银行的组织机构

金砖国家新开发银行的创始成员为金砖五国，其行长采取轮值制，5 年轮值一次，在创始成员国中按印度、巴西、俄罗斯、南非、中国的顺序轮流产生。第一任行长由印度人出任，首任理事会主席来自俄罗斯，首任董事会主席来自巴西。

2. 金砖国家新开发银行的资金来源

金砖国家新开发银行法定资本为 1 000 亿美元，初始认缴资本 500 亿美元，在五个创始成员国间平均分配。在金砖国家应急储备安排中，初始资金规模为 1 000 亿美元，每个金砖国家的中央银行将投入一定数额的资金，具体为：中国 410 亿美元，南非 50 亿美元，其他三个金砖国家分别出资 180 亿美元。

3. 金砖国家新开发银行的业务活动

金砖国家新开发银行的主要业务活动在三个方面开展：①致力于金砖国家同世界各国之间脱贫致富事业，支持金砖国家民生基础工程建设，帮助金砖国家人民脱离贫困，走向富裕；②金砖国家网际结算资金一时不足时，金砖国家新开发银行给予紧急资金融通；③发挥一般性商业银行作用，给金砖国家的跨国公司提供贷款业务等，保障资金流通和贸易往来。

金砖国家新开发银行的建立对于现有国际金融组织的改革停滞不前有重要鞭策意义，这主要表现在发展中国家希望在多边组织中有更大的话语权。金砖国家集团成立新开发银行不仅仅是对国际货币基金组织等组织改革陷入僵局做出的回应，对现有的国际机制形成补充，也有助于金砖国家形成共同的身份认同。

（六）清迈倡议多边化（Chiang Mai Initiative Multilateralism，CMIM）

2000 年，刚经受金融危机的东盟十个成员国以及中国、日本、韩国三国在泰国清迈共同签署了建立区域性货币互换网络的协议，即清迈倡议（Chiang Mai Initiative，CMI），以便在一国发生外汇流动性短缺或出现国际收支问题时，可以从其他成员那里得到应急外汇资金，以防金融危机再现。

2008 年次贷危机后，各国意识到必须建立一个多边资金池代替原有的双边机制，并同意为新的共同外汇储备基金出资至少 800 亿美元，中国、日本、韩国三国分担 80%的出资额，东盟国家负担 20%。故于 2009 年，各国签署清迈多边化协议，2010 年正式生效。此后，协议经过一次修改，修改后的协议于 2014 年正式生效。该基金数额逐步扩至 2 400 亿美元。

第四节　新型金融机构

一、离岸金融机构

（一）离岸金融机构概述

当金融市场上的资金借贷关系不仅仅局限在本国居民之间，金融场所不仅仅局限在本国境内时，就会形成离岸金融市场。在离岸金融市场中从事金融活动的中介机构被称为离岸金融机构。这种金融市场的主要特点在于：交易活动发生在本国居民与非居民或非居民与非居民之间；其业务范围不受国界限制；交易的对象不仅有本国货币，还包括国际主要可自由兑换的货币以及以这些货币标价的金融工具；业务活动较自由、开放，较少受某一国政策、法令限制。在离岸金融市场中起到中介作用的金融机构是将该市场中各参与人沟通起来的桥梁，世界各地主要参与者有各国的工商企业、跨国公司、各国政府、国际性组织（主要有世界银行及其附属机构、各种区域性开发银行）和个人资金比较充裕的投资者。

离岸金融机构多为离岸银行。离岸银行由跨国公司和在岸银行设立。跨国公司设立离岸银行的目的是开展外汇合作，便于向国际合资企业提供融资；在岸银行在离岸金融中心设立全资附属机构，目的是提供离岸基金管理服务。

（二）欧洲货币市场的离岸金融机构

欧洲货币市场是随着欧洲美元的出现而产生的，欧洲美元是指存放在美国境外银行的美元存款。第二次世界大战后，英国出于恢复英镑地位的考虑，准许伦敦的商业银行吸收美元存款和办理美元信贷业务，同时加强了英镑的外汇管制，使得欧洲美元数量大增。由于美国的国际收支逆差随之越来越大，所以美国政府采取了一系列措施限制资本外流并进行贷款限制，这些都使得美元借助跨国公司和外国公司转向欧洲货币市场，以逃避管制。20世纪70年代以后，美国持续出现巨额的国际收支逆差、美国宣布停止美元兑换黄金、国际市场石油大幅提价等一系列事件都使得美元大量地投入欧洲货币市场生息获利。20世纪80年代后，欧洲货币市场经过几十年的发展，已从开始的欧洲地区扩展到世界各地，分布在西欧、加勒比和中美洲、中东、亚洲以及美国等地。目前全球主要区域的离岸市场已有40多个，经营的币种已扩展到20多个可兑换。

商业银行是欧洲货币市场的中枢神经。它们既是借款者又是贷款者，其中20多家世界最大的银行在欧洲货币市场上发挥着决定性的作用。这些银行把它们吸取的巨额存款转贷给欧洲银行（分布于世界各地的经营货币存放款业务的银行），它们通过在国外市场上筹集和运用资金，把欧洲货币与各国国内金融市场联为一体。同时，欧洲货币市场上发达的银行同业拆借市场也为各国银行调整流动性资金提供了方便。

欧洲国家中的卢森堡是世界较小的国家之一，但卢森堡的离岸金融市场规模却仅次于伦敦，是非常重要的欧洲货币市场。卢森堡成为重要的国际货币市场是从20世纪60年代中开始的，有两个方面的原因使其迅速发展：①卢森堡的政治、经济稳定，又地处德国、法国、比利时、瑞士、荷兰几国的中心，与各国的经济关系十分密切，并且卢森堡政府对银行实行自由开放政策，对外汇的管制宽松且很少干预。这对外国银行来卢森堡设分行极有吸引力，所以该国银行及其业务发展很快。卢森堡的银行从1964年的19家增至1977年的94家，到1985年增至128家，其中，德国的银行最多，美国、日本以及北欧国家也纷纷在卢森堡开设银行。除银行之外，卢森堡还有5 000多家经营证券的持股公司。②由于国际游资对各国金融造成频繁的冲击，一些欧洲国家不得不采取管理措施以稳定其国内金融，各国商业银行业迫切需要寻求新的境外金融市场以逃避本国政府金融法令约束，卢森堡就成为它们理想的场所。这使得卢森堡的银行业务发展很快。不同国家相继在卢森堡设立了离岸金融机构（多为离岸银行），通过开展金融业务，提供多层次的金融服务，促进了国际货币金融的快速发展。

（三）亚洲货币市场的离岸金融机构

亚洲货币市场是指亚太地区的境外货币借贷市场，由于该市场90%以上交易的是美元，故又称亚洲美元市场，主要中心是新加坡、马尼拉、香港和东京，在不同的离岸金融中心都有不同的金融机构发挥着重要作用。

1. 新加坡美元市场（Singapore Dollar Market）

新加坡美元市场是亚洲美元市场的中心。1968 年美洲银行在新加坡设立分行，设立亚洲货币单位（Asian Currency Unit）部，经营亚洲美元，各种信贷交易以美元表示和计算，后形成亚洲美元市场。亚洲美元主要来自亚洲和大洋洲国家和地区的公私企业和个人存款，包括各中央银行、跨国公司、石油输出国的银行和银行同业存款。亚洲美元除用于本地投资外，还调往欧洲货币市场及金融中心，用于套利、外汇和货币投机。随着亚洲市场的不断发展、经济繁荣，大量的个人和机构资金进入新加坡市场，到 2020 年，新加坡可能会超过瑞士成为世界上最大的离岸财富中心①。

新加坡政府的金融管理局和货币发行局分别行使中央银行的职能。新加坡现有商业银行近百家，其中多数为外资银行，包括全面性银行、限制性银行、境外银行，这些银行加上证券银行、贴现公司、金融公司、保险公司、邮政储蓄银行等，构成了新加坡金融市场的金融机构体系。

2. 香港美元市场（Honk Kong Dollar Market）

20 世纪 70 年代以来，香港逐步解除外汇管制，开放黄金市场，放宽外国银行在港开设分行的限制。这些举措使得香港成为重要的国际金融市场。

香港金融体系的特点是：形成以银行业为中心的综合性国际金融市场，机构种类齐全，分“持牌银行”、“持牌存款公司”和“注册存款公司”三个层次。香港金融市场主要由短期资金市场（包括港元市场、美元市场、外汇市场）、长期资金市场（包括股票市场、债券市场、存款证市场、国际银团贷款）和黄金市场构成。

3. 东京金融市场（Tokyo Financial Market）

20 世纪 60 年代以来，由于日元逐渐成为国际货币，东京也从传统的国际金融中心向现代国际金融中心转变，1986 年东京离岸金融市场正式营业。东京离岸金融市场并无实体存在，只是在获准经营离岸业务的银行中，把境外业务另立离岸账户分别处理。经营离岸业务的银行在接受非日本居民存款以及对非居民提供贷款时，可以不受日本国内银行系统所受到的严格限制，可以免缴准备金，并获得 20%的利息豁免权。随着日本和世界经济的发展，东京离岸金融市场在不断发展和完善。近年来，新兴经济体和发展中国家的经济得到长足发展，东京金融市场受到的竞争压力不断增大。2017 年，东京宣布将会采取一系列措施使东京重新成为有影响力的国际金融中心。

从 20 世纪 70 年代起，加勒比海的巴哈马、开曼等岛国由于政局稳定，没有金融管制，且资金交易免征有关税费，具有发展国际金融业务的十分优越的条件，很快发展成为离岸国际金融市场，成为拉丁美洲的重要国际金融市场。它们的资金来源于非居民，也投

---

① 数据来源：https：//annual. cfainstitute. org。

放于非居民。实际上资金提供和筹集并不在当地进行，一些国际性银行只不过在那里开设一个账户，把它作为一个记账中心。各国际银行在这里进行金融活动，开展货币交易，只是为了逃避管制和征税。它们的主要作用是以欧洲美元为主要借贷货币，通过银行信贷向拉美各国提供高额欧洲美元贷款。类似离岸国际金融中心还有加勒比海的百慕大、巴拿马、西欧的马恩岛等。

二、网络金融机构

20 世纪 80 年代以来，伴随着现代计算机技术与电子通信技术的发展，国际金融行业发生了巨大变化，网络金融机构在金融活动中扮演越来越重要的角色。1995 年，在亚特兰大成立了世界上第一家网络金融机构——美国安全第一网络银行（Security First Network Bank，SFNB），当时其存款金额达 1 400 万美元，遍布全美的客户已达 4 000 多家。紧随其后，发达国家和地区的银行、证券公司和保险公司等金融服务机构纷纷在互联网上建立网站，提供 ATM、POS、无人银行、电话银行、家庭银行和企业银行等全方位的金融服务。随着计算机成本的不断下降，金融业越来越注重提供网络金融服务。

（一）互联网银行机构

自美国安全第一网络银行开业以来，许多国家和地区的银行纷纷“触网”，在国际金融界掀起了一股网络银行热潮。例如，美洲银行在互联网上提供了家庭银行和建立客户自己的银行两项业务，大通曼哈顿银行在网上推出了汽车贷款项目。在欧洲，德国、芬兰和英国等许多国家的银行都相继在互联网上开展银行业务。英国的艾格公司（英国最大的人寿保险公司的分支机构）被称为世界上最成功的网络银行之一，其客户已经达到 60 万，存款额达到 120 亿美元。在日本，富士银行推出第一家网络银行业务和投资咨询等金融服务，樱花银行、住友银行等大银行也先后提供网络银行服务。在中国香港地区，花旗银行率先推出网络银行服务业务，其后，汇丰、恒生、永亨、道亨、运通和渣打等银行也相继推出网络银行服务业务。

（二）互联网证券机构

自美国于 1994 年最先在互联网上开办股票交易以来，通过互联网进行股票买卖的业务飞速发展。1999 年美国最大证券经纪商美林公司宣布提供网上贴现交易服务。随后摩根投资银行与其他公司联合成立全球第一家网络证券服务供应商——希尼夫公司。美国提供网上交易服务的虚拟证券商数量迅速增加，资产规模不断扩大，到 21 世纪初，涉及资产已达 7 000 亿美元。在亚洲地区，网络证券的发展也十分迅速。

（三）互联网保险机构

在英国，保险销售已移师线上，英国网上保险市场规模到 2005 年突破 31 亿美元，有 20%的一般保险在互联网上进行。在美国，eCoverage 公司是第一家通过互联网向客户提供从报价到赔偿服务的保险公司。美国在网上收取保险费早在 1997 年就已高达 3.9 亿美元，2002 年有 11 亿美元的保险费通过网络保险获得。1999 年 7 月，日本出现首家完全通过互联网推销保险业务的保险公司，这家公司由总部位于美国的艾夫莱克（AFLAC）公司和日本电信共同投资设立和管理。域名为 afaiacdirect. com 的网络保险公司利用 AFLAC 和日本电信的资源开设了一家服务对象定位于40岁以下客户的网站。东京海上火灾保险公司通过互联网向用户事先提供海外旅行旅客保险的投保申请单，申请者除了不能通过互联网在投保单上签名盖章外，其他有关事宜均可在互联网上完成。作为全球最大的保险及资产管理集团之一的法国安盛集团，早在1996年就在德国试行了网上直销，该集团有约8%的新增业务是通过互联网完成的。国外许多知名保险公司已经开始在保险业务特别是寿险营销中引进电子商务。网络媒体促使传统的保险销售手段发生变革，保险公司不仅拓展了业务，也完善了服务体系。

金融全球化不断推进网络金融机构的发展，世界各国的金融机构不再局限在本国地区，纷纷走出国门，建立符合自身发展要求的分支机构。各国不同程度地放松金融管制，出台相关的优惠政策，给新型金融机构提供了不断发展的沃土。

三、非银行金融机构

非银行金融机构（non-bank financial intermediaries）是以发行股票和债券、接受信用委托、提供保险等形式筹集资金，并将所筹资金运用于长期性投资的金融机构，是指除商业银行和专业银行以外的所有金融机构，主要包括公募基金、私募基金、信托、证券、保险、融资租赁等机构以及财务公司等。

（一）公募基金

公募基金是指以公开方式向社会公众投资者募集资金并以证券为投资对象的证券投资基金。公募基金以大众传播手段招募，发起人集合公众资金设立投资基金，进行证券投资。私募基金是指以非公开方式向特定投资者募集资金并以证券为投资对象的证券投资基金。私募基金以大众传播以外的手段招募，发起人集合非公众性多元主体的资金设立投资基金，进行证券投资。

（三）信托机构、证券机构和保险公司

信托机构是经营信托投资业务的单位，在信托业务中充当受托人的法人金融机构。我国的信托公司具有财产管理和运用、融通资金、提供信息和咨询服务，以及进行社会投资等功能。在中国，证券机构包括证券交易所、证券公司、证券登记结算机构、证券业协会和证券监督管理机构。保险公司是指公司将收取的保费投资于债券、股票等资产，所得收入用于支付保单所确定的保险赔偿的金融机构。当前我国对银行、保险、证券实行的是分业经营、分业监管的制度，三者之间有着严格的政策约束。信托机构的经营范围较为广泛，可以涉足资本市场、货币市场和产业市场，是目前唯一准许同时在证券市场和实业领域投资的金融机构。投资领域的多元化可以在一定程度上有效降低投资风险。

（三）融资租赁机构

融资租赁实质上转移了与资产所有权有关的全部或绝大部分风险和报酬。在我国，融资租赁公司作为租赁资产的购置、投资和管理机构，可以是金融机构，也可以是非金融机构。融资租赁公司是否为金融机构，完全由公司的股东背景和公司依照市场准入标准的相关法规取得的经营范围来确定。如果其股东背景为银行、保险、信托、证券等金融机构并达到一定的持股比例，或公司是依据金融主管部门颁布的市场准入的相关法规设立的，除从事融资租赁业务以外，还可以从事吸收存款、贷款、同业拆借等其他金融业务，那么，这个融资租赁公司就是金融机构性质的租赁资产投资和管理机构。如果其是制造商或是一般工商企业、非金融的投资机构设立的专门从事融资租赁业务的公司，公司经营范围也不介入吸取存款等其他金融业务，那么，这个融资租赁公司显然应界定为非金融机构性质的资产投资和管理机构。

（四）财务公司

财务公司是为企业技术改造、新产品开发及产品销售提供金融服务，以中长期金融业务为主的非银行金融机构。国际上，财务公司一般可分为企业附属财务公司和非企业附属财务公司。企业附属财务公司由企业（主要是大型制造业）设立，为本企业服务，但服务范围可能不完全局限于本企业。非企业附属财务公司包括银行附属财务公司、银企合资财务公司和独立财务公司。银行附属财务公司由银行控股，因规避监管、实现金融创新和弥补银行的不足而设立，同时也为企业和个人提供金融服务。银企合资财务公司是银行和企业出于金融创新规避监管或促进产融合作的考虑而设立的，为企业和个人提供金融服务。独立财务公司一般是没有母公司的财务公司，规模较小，比较灵活，在某一方面提供融资服务。在我国，财务公司多是由企业集团内部集资组建的，其宗旨和任务是为本企业集团内部各企业筹资和融通资金，促进其技术改造和技术进步。

非银行金融机构在推动实体经济发展、促进资金融通方面发挥着重要作用。非银行金融机构的这种中介活动，可以降低投资的单位成本；可以通过多样化降低投资风险，调整期限结构，以最大限度地缩小发生流动性危机的可能性；可以正常地预测偿付要求的情况，即使对流动性比较小的资产结构也可以应付自如。影子银行虽然是非银行金融机构，但事实上发挥着银行的功能。它们为次级贷款者和市场富余资金搭建了桥梁，成为次级贷款者融资的主要中间媒介。影子银行通过在金融市场发行各种复杂的金融衍生产品，大规模地扩张其负债和资产业务。所有影子银行相互作用，便形成了彼此之间具有信用和派生关系的影子银行系统。

【本章小结】

1. 国际投融资组织与机构是国际投融资活动的行为主体，是国际金融市场的主要参与者，包括政府组织、企业组织、区域金融组织和国际金融机构等。依照它们在国际金融市场的功能不同，分为非金融中介市场主体和金融中介市场主体。非金融中介市场主体主要包括政府组织和企业组织。金融中介市场主体主要包括存款性金融机构和非存款性金融机构。最有代表性的存款性金融机构就是跨国银行；最为活跃的非存款性金融机构是跨国投资银行，还包括保险公司、投资基金公司和信托投资公司等。

2. 国际金融组织在国际投融资活动中发挥着重要作用。国际金融组织，有全球性政府间国际金融组织，如国际货币基金组织、世界银行集团、国际清算银行等；也有洲际性政府建立的国际金融组织，如亚洲开发银行、泛美开发银行、欧洲投资银行和非洲开发银行；还有某些地区一些国家建立的国际金融组织，如亚洲清算联盟、阿拉伯货币基金组织、金砖国家新开发银行等。

3. 国际区域经济组织，按照经济组织的发展程度，可分为优先贸易安排、自由贸易区、关税同盟、共同市场、经济联盟和完全的经济一体化；按照经济组织成员的经济结构，可分为互补型经济组织和竞争型经济组织；按照经济组织的形成动力，可分为制度导向经济组织和市场导向经济组织；按照经济组织的对外联系程度，可分为封闭型经济组织和开放型经济组织。

4. 国际区域经济组织的实践形式有：欧洲联盟、东南亚国家联盟，中国—东盟自由贸易区、印度—东盟自由贸易区、日本—东盟自由贸易区和韩国—东盟自由贸易区，中南美洲的中美洲自由贸易区、安第斯一体化体系，以及地区性的北美自由贸易区和亚太经济合作组织。

5. 跨国公司主要是指一些大型企业为获得巨额利润，通过对外直接投资，在多个国家设立分支机构或子公司，从事生产、销售或其他经营活动的国际企业组织形式。跨国公司的投资方式主要有绿地投资和跨国并购。影响跨国公司投资方式的因素有东道国内市场竞争与市场增长前景、目标企业状况及可利用资源、政策及其他因素。

6. 国际金融组织，有全球性国际金融组织，如国际货币基金组织、世界银行集团和国际清算银行；有区域性国际金融组织，如亚洲开发银行、泛美开发银行、欧洲投资银行和非洲开发银行；还有某些地区一些国家建立的国际金融组织，如金砖国家新开发银行、清迈倡议多边化等。

7. 新型金融机构中的离岸金融机构和网络金融机构是金融全球化过程中不断壮大发展的机构。离岸金融机构主要集中在欧洲货币市场和亚洲货币市场。互联网金融下的互联网银行机构、互联网证券机构和互联网保险机构是网络金融机构的典型代表。

8. 离岸金融机构多为离岸银行。离岸银行由跨国公司和在岸银行设立。跨国公司设立离岸银行的目的是开展外汇合作，便于向国际合资企业提供融资；在岸银行在离岸金融中心设立全资附属机构，目的是提供离岸基金管理服务。

9. 金融全球化不断推动网络金融机构的发展和演进，世界各国的金融机构不再局限于本国，纷纷走出国门，建立符合自身发展要求的分支机构。各国不同程度地放松金融管制，出台相关的优惠政策，给新型金融机构提供了不断发展的沃土。

10. 非银行金融机构是以发行股票和债券、接受信用委托、提供保险等形式筹集资金，并将所筹资金运用于长期性投资的金融机构，主要包括公募基金、私募基金、信托、证券、保险、融资租赁等机构以及财务公司等。

11. 非银行金融机构在推动实体经济发展，促进资金融通方面发挥着重要作用，但也面临诸多问题。为了促进非银行金融机构健康发展，我国应采取的措施有：不断完善非银行金融机构发展的制度安排，规范金融市场秩序；适时推出非银行金融机构发展的各项优惠政策，促进非银行金融机构快速发展；监管部门对非银行金融机构进行定期检查，并且保证检查过程中的严谨度，从而更加合理有效地消除各种风险状况；建立风险评估体系等。

【思考题】

1. 金融中介市场主体和非金融中介市场主体在国际投融资活动中各发挥怎样的功能？
2. 什么是跨国银行？简述其产生与发展过程。

3. 世界银行包括哪些附属机构？简述各个附属机构的主要业务活动。
4. 简述金砖国家新开发银行的主要资金来源和业务活动。
5. 简述欧洲货币市场离岸金融机构的特点。
6. 亚洲货币市场有哪些离岸金融市场？简述不同金融市场离岸金融机构的特点。
7. 网络金融机构主要有哪些？简述其不同特点。

第四章 国际投融资市场

【学习目标】

◎掌握国际投融资市场的构成与分类

◎掌握外汇市场的分类、发展和运行机制，了解世界上主要的外汇市场

◎掌握股票市场的分类、发展和运行机制，了解国际股票的发行市场和交易市场

◎掌握债券市场的分类、发展和运行机制，了解国际债券的发行市场和交易市场

◎掌握衍生证券市场的分类、发展和运行机制

【引导案例】

国际投融资市场在资金融通方面发挥越来越大的作用

随着经济全球化发展，国际投融资市场在资金融通方面发挥越来越大的作用：发挥国际结算和国际信贷的中心作用，促进国际贸易和国际投资的发展；能够广泛组织和吸收国际社会资金，使国际融资渠道畅通，增强资金活力，促进世界资源重新配置，提高资源的国际运作效率；有利于国际分工，促进生产与市场的国际化；有助于各国国际收支的调节，从而使国际收支容易平衡；使各国经济联系日趋密切，进一步促进经济全球化发展；等等。

与之相伴的是，国际金融工具创新速度也逐步加快，新的金融工具不断涌现，这大大地丰富了国际金融市场上金融商品的种类，国库券、商业票据、债券、股票、基金等金融工具纷纷出现，带动了相关金融市场的产生和发展。当前，一个由同业拆借市场、商业票据市场、大额存单市场等货币市场以及国债市场、公司债券市场、股票市场等资本市场构成的金融市场体系已经确立。

2015 年 5 月 26 日，国际清算银行（BIS）公布，截至 2014 年 12 月，国际场外衍生品市场总市值①为 20. 88 万亿美元，比 2014 年 6 月上涨了 19. 74%，各类衍生品总市值（除股权类和存托凭证外）均有所上涨，其中外汇类上涨最大，达到 70. 76%，其他类次之，上涨了 19. 74%。

2016 年 2 月，阿根廷重新回到国际债券市场。2017 年 6 月，阿根廷首次发行 27. 5 亿美元百年长债，表明阿根廷的国际融资环境有所改善。近两年来，阿根廷通胀率持续下

---

① 总市值是指在统计期所有已买入且未平仓的衍生品公开合约以市值计算的单边数额总和的绝对值。总市值反映了国际场外衍生品市场交易中存在的金融风险情况。

降，从最高时期的60%，降至2017年的28%。阿根廷政府发行的美元债券因其高收益率而受到追捧；本币比索汇率相对稳定，为1美元兑换18比索。从2017年9月起，阿根廷政府已经开始放松多项经济管控措施，经济持续向好的方向发展。2017年上半年，阿根廷国内生产总值较上年同期增长1.6%，主要增长点是建筑业和制造业，居民在交通、网络和通信业的消费也带动了经济增长。

资料来源：相关资料（经整理）。

第一节 国际投融资市场概述

一、国际投融资市场的概念

国际投资与国际融资是与经济全球化伴生的现象。随着全球化的深入，国际投资和融资相互融合，呈现出投资融资化与融资投资化现象。投资融资化描述的是企业实际投资额超过其注册资本（资本金）部分利用股权或债权融资的现象；融资投资化则主要体现在证券发行市场，如设立股份公司发行股票、可转换债券等。正是基于国际投资与国际融资的这种融合趋势，将国际投资与国际融资的场所称为国际投融资市场。

国际投融资市场与一般意义上的国际金融市场既相互联系又相互区别。二者的联系在于，都涉及国际货币转移，交易使用的金融工具基本上一致，金融机构在其中都占据着重要地位，市场主体同样都谋求最大经济效益和规避市场风险。二者的区别在于：①立足点不同。国际投融资市场主要从企业特别是跨国公司的角度考察国际资本筹措与运营，而国际金融市场从资金融通角度关注金融资产交易及其供求关系和机制。②构成不同。国际投融资在强调融资时是指资金从剩余方向需求方流动，此时与国际金融无异，但在投资时强调的是企业为获得预期产出而投入资本于特定行业的经济活动①，无论间接投资还是直接投资都与某一项目的物质生产以及未来经济效益相关，因此，对投资项目的投入与产出密切关注，这基本上不包括在国际金融范畴内。

二、国际投融资市场的构成

按照金融工具交易期限，国际投融资市场可以分为国际货币市场与国际资本市场。

（一）国际货币市场

国际货币市场又称国际短期资金市场，是指国际范围内的期限在一年以内的短期金融工具交易市场。国际货币市场没有固定场所，但它是一个高度组织化的市场，用于满足现金管理与运营资本需求。由于市场主体主要是信用等级很高的跨国公司与跨国银行，国际

---

① 卢汉林．试论投融资概念的理论创新与现实意义［J］．武汉大学学报，2003（4）．

货币市场上的借贷通常不需担保，风险也较小。国际货币市场中的交易包含短期信贷与短期证券交易两部分：前者是银行与客户之间的借贷活动，其交易工具一般不可流通；后者是标准化可转让信用票据的交易，流动性强。国际货币市场主要有以下几种交易工具。

（1）短期国库券。这是一国财政部为弥补收支不平衡而发行的短期债务凭证。国库券是一种零息票债券，以贴现价发行，投资者持有到期得到国库券面值资金。国库券由国家信用担保，几乎不存在违约风险，所以信用等级高，流动性强，被称为“金边债券”。

（2）大额可转让定期存单。这是由商业银行发行的可以在市场上转让的存款凭证。存单具有固定期限和面额，一般金额较大且不记名，能自由流通，收益率高于国库券。

（3）商业票据。这是一种没有抵押担保，出票人凭自身信用发行并承诺到期付款的短期票据。它从商品交易工具演变成单纯的债权债务关系融资工具。商业票据通常以贴现方式发行，发行价格低于票面金额部分作为投资人利息，贴现率由发行人资信度及期限决定。商业票据的利率一般低于银行信贷利率，因此大企业更热衷于利用商业票据融资。

（4）银行承兑汇票。这是一种由银行承兑的商业汇票，实质是以银行信用代替商业信用，因此安全性好且具有流动性。

国际货币市场的一个核心组成部分是欧洲货币市场。欧洲货币是指在货币发行国境外被储蓄和借贷的货币。欧洲货币市场是交易众多欧洲货币的市场，产生于第二次世界大战后，是一个资金规模巨大、不受各国金融法规管制的国际借贷市场。在市场上从事欧洲货币借贷业务的银行被称为“欧洲银行”。欧洲货币最初起源于在欧洲存放的美元存款，但是在这里“欧洲”已不再是一个地理概念，而是境外的、非国内的意思。美国于 1981 年在境内设立了国际银行业设施（International Banking Facilities，IBF），开办欧洲货币业务，IBF 可在不受美联储管制的情况下向非居民提供存贷款业务，这就使得欧洲货币在境内外都能交易，其实际上可称为“治外货币”，不受货币发行国金融法规管制。欧洲货币市场由世界性的广泛国际银行网络构成，其大部分业务在银行同业间通过电话、电传等现代通信手段进行，存贷利率为自由的市场利率，以伦敦银行同业拆借利率（London Inter-Bank Offered Rate，LIBOR）为标准。欧洲货币市场主要经营短期资金，但也经营中长期信贷和债券业务，故严格来说，它不仅是货币市场，也是资本市场。欧洲货币市场的产生和发展打破了各金融中心相互独立的状态，促进了金融市场全球化，特别是为跨国公司全球性业务扩张和大型项目筹资提供了低成本资金，有利于国际贸易和经济的发展。

（二）国际资本市场

国际资本市场是期限在一年以上的金融工具跨境交易市场，包括国际中长期信贷市场、国际外汇市场、国际股票市场、国际债券市场、国际衍生证券市场和国际融资租赁市场。由于国际投融资以跨国公司为主体，其更新固定资产、扩大经营规模或进行并购更多依托的是证券市场，所以本节简单介绍中长期信贷与租赁市场，而外汇、股票、债券与衍生证券市场在本章第二、第三、第四、第五节具体讲述。

1. 国际中长期信贷市场

国际中长期信贷市场是金融机构提供一年以上信贷资金融通的市场，特点是期限长、风险高、金额大，借贷双方要签订严格的贷款协议，甚至需要政府机构担保。目前国际上大额中长期贷款以银团贷款为主。银团贷款又称辛迪加贷款（Syndicate Loan），是由一家银行牵头、多家银行参与，按照一定法律程序组成结构严谨的银行集团，以各自出资比例集中向借款人提供贷款的方式。它有直接银团贷款和间接银团贷款之分：前者由银团各成员直接向借款人提供其承诺的那部分贷款；后者由牵头行向借款人提供贷款，并将参加贷款权出售给其他参加行。银团贷款利率可以是固定利率，也可以是以伦敦同业拆借利率为基准的浮动利率。其贷款期限灵活，常见的为 3~10 年；贷款金额巨大，一般在几千万美元以上；贷款对象主要是各国政府机构或跨国公司。

2. 国际租赁市场

国际租赁是指位于不同国家或地区的出租人与承租人之间约定，在约定期内将租赁资产交予承租人有偿使用的租赁。国际租赁中的租赁物一般是价值较高的动产或不动产，如建筑设备、工厂生产设备、轮船、飞机等，其最大特点是以跨境租赁形式达到融资目的。国际租赁的主要形式有：①融资租赁，又称完全付清租赁。在此租赁方式下，出租人用银行贷款购买承租人选定的设备，按照租赁合同将设备租给承租人，设备的维修保养等由承租人负担，合同有效期内双方无权撤销合同，承租人可在期满后以低价购进设备。因交易方式不同，融资租赁又可分为直接融资租赁、转租式融资租赁和回租式融资租赁三种。转租式融资租赁是融资租赁交易的一种方式，是指以同一物件为标的物的多次融资租赁业务。在转租赁业务中，上一租赁合同的承租人又是下一合同中的出租人，前者称为“转租人”。转租人从其他出租人处租入租赁物件再转租给第三人，以收取租金差为目的。租赁物品的所有权归第一出租人。回租式融资租赁也是融资租赁的一种交易方式，是指承租人将自有物件卖给出租人，同时与出租人订立一份融资租赁合同，再将该物件从出租人处租回的租赁形式。回租业务是承租人和出卖人为同一人的特殊融资租赁方式。②经营租赁，又称服务性租赁。在此租赁方式下，出租人除租出设备外，还须提供设备保养维修和专门技术服务，承租人有权撤销合同，但期满后不得留购。经营租赁的主要特点有；一是在经营租赁中，出租人根据市场需要选购租赁标的物；二是合同期内，承租人可中止合同、退回设备，以租赁更先进设备；三是在一次租赁期内，出租人只能从租金中收回设备的部分垫支资本，需通过该项设备以后多次出租给多个承租人使用才能收回投资并产生利润；四是租赁期满后，租赁标的物一般退交给出租人，承租人不承担所有权风险。③杠杆租赁。在此租赁方式下，租赁公司以设备和租金作抵押向银行贷款，购进设备租赁给承租人使用，承租人向银行支付租金，租赁公司收取佣金。

国际租赁市场是通过国际租赁进行资金融通的市场。现代设备租赁萌芽于 19 世纪中叶。真正以融资为目的的设备租赁业务在两次世界大战期间开始发展起来。20 世纪 50 年代末期，美国租赁业务获得迅速发展，市场急剧扩大；英国、法国、日本、联邦德国、加拿大等相继成立专门或综合性租赁公司，并向第三世界发展。20 世纪 70 年代后，一些国际金融组织甚至非金融机构也经营国际租赁信贷业务。20 世纪 80 年代以来，租赁信贷已成为公认的设备筹资的主要来源。美国的租赁交易额在各国租赁市场上居于首位。随着竞争日益激烈，西欧各国先后组成国际租赁协会和租赁俱乐部等，以协调各国关系。

第二节 国际外汇市场

一、外汇市场的概念和分类

所谓外汇市场，就是由经营外汇业务的金融机构所组成、在国际从事外汇买卖、调剂外汇供求的交易场所。国际一切经济往来总伴随着货币的清偿和支付，为实现国际清偿和货币支付，就需要进行国际货币兑换或外汇买卖活动，外汇市场就是适应外汇买卖和票据兑换的需要而产生的。

在长期的发展中，外汇市场形成了两种基本方式：一种是欧洲大陆式外汇市场，这种市场有具体的交易场所，如同商品交易一样，参加交易的人在一定时间集合在特定的地点进行交易，德国、法国、荷兰、意大利等国的外汇交易便属于这一形式；另一种是英美式外汇市场，它没有固定的交易场所，参加外汇交易的经纪人、银行及客户通过电话网或根据协定进行外汇买卖及借贷，英国、美国、日本、加拿大和瑞士的外汇交易便属于这一形式。随着电子技术的广泛应用，现代化通信设施使上述两种交易的区别逐渐消失。目前，世界各外汇市场的外汇交易大都通过现代化通信工具进行，从而形成以各外汇市场为中心、以全球为整体的世界性的统一市场，外汇交易也由局部交易发展为全球交易。

二、外汇市场的构成

外汇市场主要由以下机构或个人所组成。

（一）外汇银行

外汇银行也称外汇指定银行，是指经过本国中央银行批准，可以经营外汇业务的商业银行或其他金融机构。外汇银行可以分为三种类型：①专营或兼营外汇业务的本国商业银行；②在本国经营的外国商业银行分行；③经营外汇买卖业务的本国其他金融机构，比如信托投资公司、财务公司等。外汇银行是外汇市场最重要的参加者，它的外汇交易构成外汇市场的重要部分。

（二）外汇经纪人

外汇经纪人是指介于外汇银行之间、外汇银行和外汇其他参与者之间，联系、接洽外汇买卖的经纪人公司或个人。外汇经纪人作为外汇买卖双方的中间联络人，本身并不承担外汇盈亏风险，他们熟悉外汇供求情况和市场行情，有现成的外汇业务网络，而且具有丰富的外汇买卖经验。因此，一般客户愿意委托他们代理外汇买卖业务。在西方国家，外汇经纪人一般需经所在国中央银行的批准才能取得私营业务的资格。有的国家还规定外汇买卖必须通过经纪人和外汇银行进行。可见，外汇经纪人在外汇交易中的作用是十分重要的。

（三）外汇交易商

外汇交易商是指经营票据买卖业务、买卖外国汇票的公司或个人，多数是信托公司、银行的兼营机构或票据贴现公司。他们利用自己的资金，根据外汇市场上的行市，赚取买卖中的差价。外汇交易商可以自己直接买卖外汇，也可以通过经纪人交易。

（四）进出口商及其外汇供求者

进出口商从事进出口贸易活动，是外汇市场上国际货币的需求者与供给者。出口商需要把收入的外汇卖出，进口商则需要买进对外支付的外汇，这些都要通过外汇市场的外汇交易来进行。其他外汇供求者系指运输、旅游、留学、汇款、外国有价证券买卖、外债本息收付、政府及民间私人借贷以及其他原因引起的外汇供给者和需求者，包括有劳务外汇收入者、有国外投资受益者、接受国外援助者、收到侨汇者、接受外国贷款者、对本国进行直接投资的外国企业和在国外发行有价证券者。

（五）外汇投机者

外汇投机者在外汇市场上兴风作浪，预测汇价的涨跌，以买空或卖空的形式，根据汇价的变动低买高卖，赚取差价。他们往往是活跃外汇交易市场的重要力量，但过度投机常会带来汇价的大起大落。

（六）中央银行

中央银行在外汇市场上一般不进行直接的、经常性的买卖，它们主要通过经纪人和商业银行进行交易，目的是防止国际上对本国货币的过度需求或过度抛售，以维护本国货币的汇价稳定，并执行本国的货币政策。在实际过程中，外汇市场上的投机者经常希望有汇价波动，或者进行投机以造成汇价波动，而中央银行总是希望保持汇价的相对稳定，这两股力量在外汇市场上的此消彼长往往是影响汇价的重要因素。

三、外汇市场的运行机制

外汇市场是由多种要素组成的有机整体，它有自己的形成和运行机制，一般来说，它的运行机制主要包括供求机制、汇率机制、效率机制和风险机制。

（一）供求机制

外汇的供求关系是市场汇率形成的基础，汇率又反过来调节外汇的供求。由于外汇市场的参与者成分复杂，而且参与外汇交易的买卖双方有着不同的目的，故要揭示供求关系需从具体分析各交易者入手。外汇市场主要由中央银行、外汇银行、外汇经纪人和外汇市场客户四部分组成。

（二）汇率机制

汇率机制是指外汇市场交易中汇率升降同外汇供求关系变化的联系及相互作用。一般情况下，较高的汇率意味着购买外汇的一方要花费较高的成本，从而会引起外汇需求的减少，并导致外汇供给相对过多而使汇率下降。当汇率下降到均衡点或均衡点以下时，对外汇的需求又会迅速增加，使供求关系恢复到新的均衡状态，从而使汇率上升。外汇供求与汇率之间的这种辩证关系，成为中央银行追求国际收支平衡目标，促进国民经济健康增长的实现机制。中央银行通过在外汇市场上买卖外汇，调节汇率的实际水平，改善外汇市场的供求关系，实现货币政策，促进国民经济良性发展。

（三）效率机制

效率机制是外汇市场交易中能够促使实现公平竞争、公正、快速交易，同时能够促进资金合理配置的机制。通常的市场效率机制是指市场价格能反映和促进资源的正确分配，及时提供充分、准确的信息，为投资者决策提供参考。外汇市场的效率机制，主要体现在外汇市场的远期汇率能够准确地反映未来即期汇率的变化，为外汇交易者提供准确的信息，供其交易时参考。

（四）风险机制

外汇市场运行中的风险机制，主要是指外汇交易中风险的增减同汇率变动之间的相互联系与相互作用。从客观上分析，外汇市场交易风险主要来自三个方面：一是外币购买力的变化。在浮动汇率制度下，两种货币的比价即汇率的变动，在很大程度上取决于两国货币购买力的变化。一般情况下，外国发生严重的通货膨胀，货币购买力下降，不仅意味着外国货币对内贬值，也意味着对外贬值，反映到汇价上，就会出现一定单位的外币只能换取较少的本币，即汇率下降。如果外币的通货膨胀率下降，货币购买力上升，则意味着外国货币对内、对外升值，反映到两国货币的汇率上，就会出现一定单位的外币可换取比原来较多的本币，即汇率上升。但外国货币购买力何时变化、变化幅度多大，他国外汇交易者难以及时、准确掌握和预测，由此增加了对未来即期汇率预测的难度，从而增加了外汇交易的风险。二是本国货币购买力的变化。若一国国内出现通货膨胀，物价开始上涨，意味着本国货币购买力下降，在其他情况不变时，会导致汇率上升，本币贬值。由于本国货币购买力的变化也受多种因素影响，有些因素甚至是未知的、不可控的，因此，对本国货币购买力即汇率变化的预测也不可能是准确无误的，这样，外汇交易风险也就难以避免。三是国际收支状况。当一国国际收支出现顺差时，外汇供过于求，汇率则上升。然而，国际收支状况的统计和公布有一定的过程和时限，其对每日汇率的影响是难以察觉和预知的，由此也会增加外汇交易的风险。

上述外汇市场的四种机制并非各自孤立的，而是相互作用、相互联系和影响的，以此调节外汇市场的运行，保持外汇市场的循序与稳定，使外汇市场成为一个高度严密、高速运行的有机整体。

四、世界主要外汇市场概况

目前，世界上大约有 30 多个主要外汇市场，其中最重要的有伦敦、纽约、东京、欧洲大陆、新加坡外汇市场，以及香港外汇市场，它们各具特色，分别位于不同的国家和地区。

（一）伦敦外汇市场

19 世纪以来，伦敦在国际金融和贸易方面所处的中心地位，英镑作为国际结算中的主要支付货币，以及伦敦票据兑换业务的发展，促成了伦敦外汇市场的形成，并使之成为世界最重要的外汇市场。两次世界大战后，随着英国经济实力的日渐衰落，英镑作为国际支付货币的地位逐渐下降，以及外汇管制的加强，伦敦外汇市场的作用受到影响。1951 年 12 月 11 日，英国政府重新开放外汇市场，英格兰银行根据国际货币基金组织的有关规定，将英镑对某些特定外币的汇价定出最高、最低价。指定外汇交易银行可随市场供求波动在幅度内自由定价成交，并依照外汇管制条例规定进行远期外汇买卖。英国政府于 1979 年

10 月全部取消外汇管制，这对伦敦金融市场也产生了重大影响。

伦敦外汇市场的外汇交易为即期交易和远期交易，对每笔交易金额，并无具体规定和限制。伦敦外汇市场上外币套汇业务十分活跃，自从欧洲货币市场发展以来，伦敦外汇市场上的外汇买卖与欧洲货币的存放有着密切联系。

尽管目前英镑作为国际贸易支付手段和国际储备货币的地位已被美元代替，但由于伦敦外汇市场交易类型齐全，交易结构完备，拥有现代化的电信网络设备，所以伦敦外汇市场的交易规模长期以来居世界各大外汇市场之首。

（二）纽约外汇市场

第二次世界大战后，随着美国经济实力的增强和对外贸易、资本输出的迅速发展，美元取代英镑成为关键货币，加之美国实行外汇开放政策，纽约国际金融市场的地位不断提高，成为世界最重要的外汇市场之一。

纽约外汇市场是最复杂的，同时也是最具特色的外汇市场，具体表现为：

第一，由于美国对经营外汇业务不加限制，政府不专门指定外汇专业银行，因此，几乎所有的美国银行和金融机构都可以经营外汇业务，如商业银行、储蓄银行、投资银行、人寿保险公司和外汇经纪人等，其中又以商业银行为主。

第二，纽约外汇市场交易活跃，但和进出口贸易相关的外汇交易量较小，因为在美国的进出口中大多数以美元计价结算，当美国从国外进口商品、劳务时，支付的是美元，美元和外币的兑换发生在出口国；当美国出口商品和劳务时，收的是美元，美元和外币的兑换由进口商进行，发生在进口国。在纽约外汇市场上，外汇交易的相当部分和金融期货市场密切相关。

第三，纽约是世界美元交易的清算中心。世界各地的美元买卖，包括欧洲货币市场和亚洲美元市场的交易，最终都必须在美国，特别是纽约商业银行的账户上收付、划拨和结算。纽约外汇市场的大商业银行，通过海外分支机构广泛的国际联系，承担着国际结算和资本流动的主要结算任务。

（三）东京外汇市场

历史上，日本曾是实行外汇严格管制的国家，外汇交易受到多方限制，外汇市场的产生和发展都较其他发达的资本主义国家缓慢。20 世纪 50 年代后，日本逐渐放松了外汇管制。1964 年日本加入了国际货币基金组织并成为其“第八条会员国”，日元成为可兑换货币，东京外汇市场原则上不再实行外汇管制，外汇交易也逐步实行自由化，推动了东京外汇市场业务量的迅速增长。但是，由于历史延续的原因和历来以实行保护贸易政策著称，日本对于外贸一直采取一些限制性措施，使得东京外汇市场与其他国际金融中心的外汇市场相比，交易限制还是比较严格的。

进入 20 世纪 80 年代，在国际金融自由化浪潮的冲击下，日本政府采取了一系列金融自由化措施，如 1980 年修改了战后初期制定的《外贸和外汇管理方法》，修改后的外汇管理方法放宽了银行外汇业务的限制，使所有银行都可以在国内经营一般外汇业务。1985 年东京外汇市场更是迎来了交易货币、交易种类多样化的质的飞跃，从此东京外汇市场达到了与纽约外汇市场并列的自由程度，成为国际性的外汇交易市场。

东京外汇市场作为一个新兴的主要国际外汇市场，具有一些有别于其他国际外汇市场的特点：货币选择权交易大幅度增加。东京外汇市场找到了有关货币选择权交易的诀窍，致力于培养人才，其结果是使银行间的交易增加。另外，外汇市场的外汇风险套期交易手段从远期预约逐步过渡到选择权上，使顾客的交易量增加。在一部分银行间交易中，市场参加者通过直接交易及经纪人提出货币选择权的价格，以获取货币选择权，所以汇率本身的差价交易就显得极为活跃。

（四）欧洲大陆外汇交易市场

欧洲大陆外汇交易市场由法兰克福市场、苏黎世市场、巴黎市场和一些欧元区成员国的小规模市场组成，主要是德国的法兰克福市场和苏黎世市场。

法兰克福是德国中央银行——德国联邦银行所在地。由于德国经济实力雄厚，且长期以来实行自由兑换制度，法兰克福市场在欧洲外汇市场上的地位仅次于伦敦。欧元诞生后，作为欧洲银行所在地的法兰克福成为欧元发行和交易的主要场所。

苏黎世市场是世界著名的国际金融中心，瑞士法郎是世界上最稳定的货币之一。在欧洲支付同盟时期，瑞士法郎是当时唯一可以将货币自由兑换成美元的货币，这就使苏黎世市场在国际外汇交易中一直处于比较重要的地位。苏黎世市场的构成主要有瑞士银行、瑞士信贷银行、瑞士联合银行、国际清算银行、瑞士国家银行，以及经营国际金融业务的银行、外国银行分支机构。

美元在苏黎世市场上具有特殊的重要地位，外汇买卖的对象不是瑞士法郎而大部分是美元，市场汇率也以美元对瑞士法郎的汇率为主要汇率，其他货币对瑞士法郎的汇率是通过其他外汇市场对美元的汇率套算出来的。

（五）新加坡外汇市场

新加坡外汇市场是20世纪70年代随着新加坡成为一个新型国际金融市场而发展起来的。新加坡外汇市场地理位置适中，时区差距优越，上午可与香港、东京、悉尼进行交易，下午可与伦敦、苏黎世、法兰克福等欧洲市场进行交易，中午可同中东的巴林进行交易，晚上可同纽约进行交易，使其成为亚太地区乃至全球的重要外汇市场。1978年6月，新加坡取消了外汇管制，促进了新加坡外汇市场的进一步发展。

新加坡外汇市场由经营外汇业务的本国银行、经批准可经营外汇业务的外国银行和外汇经纪人组成，其中，外资银行的资产、存放款业务和净收益都远远超过本国银行。

（六）香港外汇市场

香港外汇市场是20世纪70年代以后发展起来的亚太地区的重要国际性外汇市场。20世纪70年代以来亚洲美元市场的兴起，使香港金融业务获得了新的发展。1973年，香港取消了外汇管制，国际资本大量流入，经营外汇业务的金融机构不断增加，外汇市场越来越活跃。

香港外汇市场和伦敦、纽约外汇市场一样是一个无形市场，没有固定的交易场所或正式的组织，是一个由从事外汇交易的银行、其他金融机构以及外汇经纪人组成，通过通信工具联结起来的网络。20世纪70年代以后，随着该市场的国际化以及港币和英镑脱钩同美元挂钩，美元逐步取代英镑成为市场上交易的主要外币。香港外汇市场上的交易可以划分为两大类：一类是港币和外币的兑换，其中以和美元的兑换为主。因为香港的进出口贸易多以美元计价结算，对美元的供求远远高于其他外币，加之港币在国际支付中使用不多，所以即使人们需要其他外币，一般也要先以港币换取美元，再以美元兑换所需外币。另一类是美元兑换其他外币的交易。

第三节　国际股票市场

一、国际股票市场概述

（一）国际股票的概念

股票是股份公司为筹集资金向出资人发行的一种有价证券，代表股票持有人（股东）对股份公司的所有权。这种所有权表现为参加股东大会、投票表决以及获取股息和分享红利等综合权利。股东以其出资额对公司承担有限责任。

当股票的发行与交易发展到跨越国界时，国际股票（international stock）便产生了。国际股票的发行和交易过程是跨国界进行的，即股票的发行者和交易者、发行地和交易地、发行币种和发行者所属本币等至少有一种和其他的不属于同一国度内。国际股票市场即国际股票发行和买卖交易的场所。随着经济全球化的发展，越来越多国家的企业在国际市场上发行股票来筹措长期资金。国际股票市场也因此成为国际间接投资与直接融资的重要场所。

（二）国际股票市场的构成

国际股票市场作为股票发行和流通的场所，由两部分组成，即股票发行市场和股票流通市场。

股票发行市场是发行人为扩充资本按照程序向投资者分销新股票的市场，也称为初级市场、一级市场。股票发行市场实质上是发行人与认购者供求关系的总和，是一个抽象的市场，没有类似交易所那样固定的场所和设施。发行市场为新设立的股份公司筹集资金，或者为公司扩大经营而增发股票，使得储蓄转化为投资，增加社会总资本和生产能力，促进社会经济的发展。

股票流通市场是已发行股票进行交易的场所，又称交易市场、二级市场。它的主要功能是为已发行股票提供流动性，使得投资者能够随时变现股票，或者方便地转换股票投资品种，通过投资选择实现对发行公司经营业绩的间接监督。流通市场上的价格是经济发展的晴雨表，能够反映资金供求状况和行业前景变化，还能为企业提供信息以改善经营管理，从而有效提高整体经济效率。根据二级市场的组织形式，还可将其划分为交易所交易市场和场外交易市场，在本节第三部分有详细介绍。

股票发行市场与流通市场实际上是一个统一的整体，两者既相互区别又是相互依存、互为补充的。发行市场是国际股票市场的基础，决定了发行与流通中股票的种类和数量。流通市场上股票交易活跃程度影响股票对投资者的吸引力，间接影响股票发行量。股票交易价格高低还影响发行市场上的发行价格。一般来说，股票交易价格高，其发行价格也会有所提高；反之，股票交易价格低，其发行价格也相应较低。

（三）国际股票市场的形成与发展

股票诞生于400年前，是社会化大生产的产物。早在17世纪初资本主义原始积累时期，为了满足工业资本家扩大经营规模而产生的大量资金需求，股份公司应运而生。股份公司的发展产生了股票融资活动，最终促使股票市场形成。自工业革命以来，国际资本形态发生了巨大变化，从生产资料资本变成现代股票资本。随着资本所有权与使用权的分离，越来越多合伙企业被股份公司取代。

可以说，国际股票市场是随着资本主义和世界经济发展的需要，在各国国内市场基础上逐渐形成和发展起来的。第二次世界大战后，资本主义国家在生产、贸易和技术等方面进行国际化发展，资本流动也随之国际化。但在第二次世界大战后的一段时间内，各国证券法规对外国公司发行股票的严格制约，极大地阻碍了国际股票市场的发展。直至 20 世纪 80 年代，随着金融自由化浪潮在全球掀起，各主要资本主义国家相继放松管制，促进了股票发行市场的国际化和跨国投融资的迅速发展。同时，新技术革命带来的信息与通信技术的巨大进步，使建立在各国股票市场基础上的全球股票交易网络逐渐形成。在此期间，国际股票市场发展出现了新趋势：①新兴股票市场不断崛起，在国际市场融资能力增强。②国际股票投资者趋于机构化，养老基金、保险公司和投资信托等机构投资者成为主要投资者。③国际股票市场创新持久不衰，创新工具如存托凭证、可转换股票和可赎回股票等不断出现。④各大证券交易所跨国合并和联营迅猛发展，主要有：1998 年 10 月纳斯达克（NASDAQ）交易所与美国证券交易所合并，2000 年宣布与日本软银公司（简称"软银"）合作设立日本纳斯达克股票市场（JASDAQ）；由巴黎、布鲁塞尔和阿姆斯特丹证券交易所在 2000 年 3 月组成的泛欧证券交易所，于 2002 年兼并了伦敦国际金融期货与期权交易所，后又与葡萄牙证券交易所合并。

二、国际股票发行市场

（一）国际股票的发行动因

企业发行股票的一般目的是筹措资金，用以进行生产和经营活动。企业在国际股票市场上发行股票，往往具有以下几种动因：

第一，在国际股票市场上筹集资金。利用股权融资的企业一般经营能力较强，但缺少运营资本，它们也希望扩大经营规模、购买必需的技术设备等。但受本国股票市场不利因素的制约，如上市条件苛刻、手续烦琐、非市场因素干扰等，企业难以在国内股票市场上市。此时企业可以选取有利的国际股票市场以降低筹资成本。

第二，在世界范围内提高企业的知名度和影响力。在国际股票市场上市，企业增加了与外国投资者、客户和供应商等接触的机会，而且上市公告具有直接的宣传效应。另外，企业在海外上市，必须按照国际市场要求加强经营管理，提升自身各方面素质，这就进一步扩大了企业在全球范围内的影响力。

第三，出于跨国并购的需要。有不少企业为避免支付大量现金，通常选用股票并购，即通过在国际市场上发行本企业股票，以新股去换取目标企业股票或资产，达到并购的目的。

第四，为了维护企业控制权。在国际市场上发行股票能够扩大投资者的分布范围，有助于提高股票的流动性，而且股权更加分散化，还能弱化国内机构投资者对企业的控制。

（二）国际股票的发行方式

由于各国政治、经济和社会条件不尽相同，尤其是各国金融体制和市场管理模式存在较大差异，因此发行国际股票方式多种多样，依据不同的角度可以有不同的分类。

1. 公开发行与私募发行

从发行对象角度，国际股票发行方式可划分为公开发行与私募发行。公开发行是指股份公司依据公司法和证券交易法的有关规定，办理发行审核程序，向广大社会投资者公开推销股票的方式。公开发行必须将财务状况予以公开，事先没有特定的发行对象，既可以分散持股，又可以提高知名度，为以后筹集更多资金打下基础。因此，大多公司选择公开发行方式。私募发行是指发行人不办理公开发行审核程序，只对特定发行对象推销股票的方式。采用这种发行方式，可以节省公开发行的中介手续费，降低发行成本，但由于股票不公开发行，流动性较差。

2. 直接发行与间接发行

从发行人发售股票方式的角度，国际股票发行方式可划分为直接发行与间接发行。直接发行是指需要筹资的股份公司直接向认购者销售股票，自行承担股票发行的一切事宜和风险的方式。如果无法达到计划招股额，新设公司发起人必须认购剩余股票。这种方式要求发行人熟悉发行手续并精通招股技术，因此只在发行风险小或有特定发行对象时适用。间接发行是指发行人委托投资银行等证券承销商销售股票的方式。由此可见，上述两种划分方法存在互相联系。私募发行都是直接发行，而公开发行既可以是直接发行，又可以是间接发行。间接发行又包括包销、余额包销和代销三种方法。包销是指承销商按议定价格一次性购进要发行的全部股票，然后出售给投资者的方法。这种方法实际上将发行风险完全转移给承销商，如果股票没有全部售出，承销商只能自己持有，因而发行人需要支付较高费用。余额包销是指发行人与承销商约定，如果实际销售额未达到合同规定发行额，由承销商认购剩余股票的方法。承销商只承担一定的发行风险，故手续费比包销低。由于能保证股票按计划发行，上市公司都愿意采用这种方法。代销是指承销商只作为公司的代理推销股票，没有自购股票义务的方法。如果在约定期内股票未完全销售，承销商可将股票退还给发行人。由于发行人承担了全部发行风险，故代销手续费最低。

（三）国际股票的发行制度与程序

1. 发行制度

设立发行制度的根本目的是保护投资者权益，维护股票市场健康发展。各国采用的发行制度总的来说有两种，即证券发行核准制与证券发行注册制。

（1）核准制。如果采用核准制，那么发行人不仅要公开全部与证券发行有关的信息，还必须符合证券发行实质性条件，证券主管机关有权依照公司法和证券法规对发行人的材料进行实质性审查，发行人得到批准后方可发行证券。这些实质性条件包括发行人的营业性质是什么、资本结构是否合理、管理者经营能力如何、公司发展前景如何等。新西兰、瑞典和瑞士等国被认为是采用核准制的代表。核准制常见于证券市场不完善、证券中介机构道德水准与业务水平不高，以及投资者缺乏经验和判断能力的地区。我国目前实行的发行制度属于核准制。

(2) 注册制。如果采用注册制，那么证券主管机关事先不对发行人做实质性审查，发行人按照有关法规申请注册并由证券主管机关进行形式审查，只有在获得发行注册批准后才能发行证券。在注册制下，发行人必须公开与发行证券有关的一切信息和资料，并对所披露的信息真实性、全面性、准确性负法律责任。只要发行人按照规定提供了所要求的信息，主管机关就不得以发行人财务状况未达到一定标准而拒绝其发行证券。这一制度不对发行公司的业绩水准作保证，投资者根据公开信息做出投资决策，风险自担。注册制反映了市场经济的自由性、主体活动的自主性，也反映了证券发行制度演变的趋势，目前为许多国家所采用。美国是典型的采用注册制的代表，此外还有英国、德国、法国、意大利、加拿大、新加坡和澳大利亚等。

2. 发行程序

不同的国家或地区股票发行程序也不尽相同，大体上都会经历四个阶段，即发行前的准备阶段、文件编制阶段、上报审批阶段和发行上市阶段。

发行人在国际股票市场发行股票进行融资，最为关键的是聘请有国际声誉、实力雄厚的证券发行中介服务机构，包括承销商、有资格的会计师事务所、评估机构、律师以及国际协调人等。发行公司应该根据境内外上市的有关法律规定对公司组织和资本结构、会计问题、公司章程等重新审查和调整，以符合相关规定，同时确定重组方案并初步制定上市时间表。随后，公司与中介机构共同编制所需的各种文件，其中包括境外上市申请报告、发起人资质文件、资产评估报告、公司章程、招股说明书、近三年财务审计报告、律师法律意见书、股票发行方案等。这些文件材料必须上报有关证券监管部门。在获得批准之后，发行人和承销商、国际协调人进行路演（Road Show），以决定国际股票的发行量、发行价，同时便于境外投资者了解发行人的情况。最后，股票正式发行，向交易所提请正式挂牌。

另外，存托凭证作为国际股票的一种独特形式，其发行程序也较为独特。存托凭证是一种可转让证书，最初由美国摩根银行于 1927 年开创。以美国存托凭证（American Depositary Receipt，ADR）为例，存托凭证发行程序为：①美国投资者委托经纪人购买 ADR；②美国经纪人与基础股票所在地经纪人联系购买事宜；③当地经纪人将股票存放在美国存券银行在当地的托管银行；④托管银行通知美国存券银行，请其发行与股票对应的 ADR；⑤存券银行将 ADR 交给美国经纪人；⑥美国经纪人将 ADR 交给投资者或存放在存券信托公司，并将所得美元兑成外汇付给当地经纪人。

三、国际股票流通市场

（一）流通市场的分类

与国际股票发行市场相比较而言，流通市场的结构和交易活动更为丰富和复杂。在股票流通市场发展过程中，为了满足不同的交易需要，产生了不同层次的市场形式。一般来说，股票流通市场可以划分为交易所交易市场与场外交易市场。

1. 交易所交易市场

证券交易所是由证券主管部门批准的，为证券集中交易提供固定场所和设施，并为保证公正合理价格和良好秩序制定各项规则的组织。交易所交易市场是在证券交易所内集中竞价交易的市场，其特点是上市公司多、每日交易额巨大，而且制定有严格的监督管理制度，以保证股票交易的公平、公正与效率。虽然随着网络技术的发展，现代交易所市场出现了无形席位，但其仍是一个主要的有形场内交易市场。

2. 场外交易市场

凡是在证券交易所以外进行的股票交易都可以称为场外交易。场外交易市场实质上是在全球范围内连接证券商及其客户的计算机和远程通信系统，是一个分散的无形市场。场外市场的主要形式是柜台市场（Over the Counter，OTC），一般是指在证券商营业柜台直接进行股票交易的市场。柜台市场以未能在证券交易所批准上市的股票和债券为主，以议价的方式进行交易，即证券自营商挂出各种证券的买入和卖出价，投资者以此价与自营商交易。现代柜台市场在交易手段和管理方法上采用了一些交易所的做法，但缺乏统一的组织和章程，交易效率也不及交易所市场，不过其管制少，成为中小企业股票流通的主要场所。

场外市场还包括第三市场和第四市场。第三市场是已在证券交易所上市的股票在场外交易形成的市场，最早出现于 20 世纪 60 年代的美国，主要是因场外交易不受交易所约束，进行大宗交易的投资者欲减少交易费用而形成的。第四市场是指大机构投资者不经过经纪人，彼此利用电脑网络进行大宗交易形成的市场。这种方式极大降低了交易费用，具有保密性，但也给市场监管带来更大压力。

实际上，各个国家或地区的股票市场并不完全按照以上模式分类，而且各自市场发展的层次各异。例如，日本股票市场划分为全国性交易所市场（即东京证券交易所市场）、地方性证券交易所以及柜台市场。

（二）股票交易制度和程序

1. 交易制度

一个活跃高效的股票流通市场离不开与之相适应的交易制度，交易制度是流通市场的核心。在国际市场上通用的股票交易制度主要是竞价交易制度与做市商制度。

竞价交易制度又称指令驱动（order-driven）系统，是指持续对股票买卖双方的委托指令按照价格与时间的优先原则排序，将买卖指令配对撮合以达成交易的股票交易制度。竞价交易过程由计算机完成，市场参与者只有股票买卖双方，买卖双方的供求关系直接决定股票价格。因此，竞价交易的主要功能是确定股票价格。竞价交易有两种方式：一是连续竞价交易，是指以已受委托价格和新委托价格一致时交易达成的价格为成交价，决定开盘与收盘之间的股价；二是集合竞价交易，是指在一段时间内集中全部委托报价，以不高于委买价和不低于委卖价且股票成交量最大的价格作为所有委托的交易价，决定开盘价和收盘价等。国外大部分证券交易所采用竞价交易制度。

做市商制度又称报价驱动（quote-driven）系统，是由有资格的证券商充当做市商，持续报出股票买卖价格，并按照报价接受投资者的买卖要求，以其自有资金与投资者交易的制度。投资者的买卖委托不直接配对成交，都是通过做市商买进或卖出股票。做市商从买卖报价的差额中获取收入，投资者要比在竞价交易制度下多承担相应的交易成本。做市商制度相对于竞价交易制度的优势在于能够维持市场的流动性，不会因买卖不均衡而无法交易；由于其具有公开竞争的报价驱动机制，还能起到稳定市场的作用，避免竞价下的价格剧烈波动。做市商制度一般为柜台交易采用，特别是对于风险高的中小企业集中上市的创业板市场，做市商制度的作用更为明显。

2. 交易程序

国际股票交易程序即国际股票进行买卖和转让的流程，基本上和国内股票交易过程是相同的。下面主要介绍在证券交易所进行股票交易的流程。

首先，开立账户。投资者要进行股票买卖必须在选定的证券公司开立委托买卖股票账户，并由证券公司对其资信状况进行审查。

其次，办理委托买卖。开户后，投资者就可以在证券营业部办理委托买卖。投资者可以进行柜台委托，也可以用电话、传真方式委托，还可以通过证券公司的电脑交易系统在互联网完成交易。其中，投资者发出的交易指令包括市场指令、限价指令、止损指令和卖空指令等。

再次，清算与交割。证券公司接到指令，利用电脑交易系统撮合成交，然后转到清算与交割过程。清算是指证券交易所所在的清算中心将各个证券公司之间股票买卖的数量和金额予以冲抵轧差的一种程序。清算中心计算各个证券公司应收、应付股票的种类、数量和金额，并由证券公司办理支付。交割是指投资者与证券公司根据成交的股票种类，由卖方交付股票，买方向卖方支付价款的手续。交割的方式有当日交割、次日交割、例行交割和卖方选择交割等。

最后，股票过户。此时，原卖出股票的户名变更为买入股票的户名，这样才表明买入股票投资者拥有完整的所有权。

第四节 国际债券市场

一、国际债券的含义与构成

（一）国际债券的含义

债券是各类经济主体（包括政府、企业、金融机构等）为了筹集资金而向债权人出具的承诺支付利息和到期偿还本金的债权债务凭证。国际债券是一类与国内债券相对应的特殊债券，是指一国发行人在外国债券市场上发行的，以该国货币或欧洲货币为面值的债券。

（二）国际债券的构成

国际债券的分类标准多种多样，按照利率、投资者的权利、发行方式等不同，可细分为固定利率债券、浮动利率债券、利率上下限债券、可转换债券、附有认股权证的债券、抵押担保债券、零息债券、双重货币债券等具体种类。概括比较全面的一种分类是依据票面币种与发行债券市场所在国的关系，将国际债券分为外国债券、欧洲债券和全球债券三种类型。

1. 外国债券

外国债券是指外国筹资者在某国债券市场上发行的，以该国货币为票面币种，由该国金融机构承销的债券。例如，日本企业在美国债券市场上发行的以美元为面值的债券，就属于外国债券。在某些国家发行的外国债券往往被冠以特定的名称，如在美国发行的外国债券称为扬基债券（Yankee Bonds），在日本发行的外国债券称为武士债券（Samurai Bonds），在英国发行的外国债券称为大狗债券（Bulldog Bonds），在瑞士发行的外国债券称为巧克力债券（Chocolate Bonds），在中国发行的外国债券称为熊猫债券，等等。

总体而言，外国债券具有以下特点：

（1）发行者是某国的非居民，因此各国一般对其与普通国内债券做了法律上的区分，比如规定了不同的税率、发行时间和金额管制、注册要求、发行前应披露资料信息种类和数量的要求，以及对购买者做出不同限制等。

（2）票面币种为市场所在国的货币，其发行受到发行地所在国法律的制约。

（3）其发行一般由发行地国家的银行组成的银行集团负责，以达到在本地良好投资的目的。

2. 欧洲债券

欧洲债券是指筹资者在某国发行的，以该国境外货币为票面币种，由一国或多国的金融机构组成辛迪加承销的债券。这种债券通常同时在几个国家的资本市场上发行。例如，日本企业在美国债券市场上发行的以英镑为面值的债券，就属于欧洲债券。一般将在美国境外发行的以美元作为票面币种的债券称为欧洲美元债券，在英国境外发行的以英镑作为票面币种的债券称为欧洲英镑债券，以此类推。

相对于国内债券和外国债券，欧洲债券具有以下特点：

（1）以境外货币作为票面币种，不受票面币种所属国法律法规的约束，也较少受到当地金融当局的管制。例如，不需要在市场所在国提前注册，没有披露信息资料的要求，不受发行时间和数量方面的限制等。

（2）由国际辛迪加承销，可以同时在多个国家的资本市场发行。

（3）通常为不记名债券，流通转让比较方便。

（4）利息支付通常是免税。

3. 全球债券

随着经济全球化的发展，全球债券这种新型国际债券应运而生。它是指在全世界各主要资本市场同时大量发行，并且可以在这些市场内部和市场之间自由交易的一种国际债券。全球债券具有全球发行、全球交易、流动性强和发行人信用级别高且多为政府机构等特点。其产生标志着国际债券的发展进入一个新阶段。

二、国际债券市场的形成与发展

国际债券市场是各种国际债券发行和流通以及与此相适应的组织与管理方式的总称。与外汇市场和欧洲货币市场不同，当今世界并不存在一个统一的国际债券市场，通常所指的国际债券市场实际上是世界各主要金融中心发行和交易国际债券的市场的统称。

（一）国际债券市场的形成

早在19世纪，债券融资方式就已在欧洲主要资本主义国家产生，并逐步形成了伦敦、巴黎、柏林等外国债券市场中心。第二次世界大战后，美国经济实力大大加强，纽约外国债券市场迅速发展，与后来发展的苏黎世市场、法兰克福市场和东京市场形成了四大外国债券市场。

由于各国企业纷纷到美国筹措长期资金，美元大量外流，美国国际收支恶化。20 世纪 60 年代，美国实施了利息平衡税、自愿对外信用限制计划等措施，以阻止国际收支逆差进一步扩大，并成立了外国直接投资局，对美国企业对外直接投资实行管理。这些措施导致债券发行人在美国的融资成本上升，同时迫使美国的跨国公司逐步退出其外国债券市场，极大地促进了欧洲美元债券市场的形成。

1963 年 7 月，一家意大利国营控股公司发行了世界上第一笔欧洲债券。该笔债券为价值 1 500 万美元、年息率 5. 5%、1972—1978 年到期的担保债券。债券面值为 250 美元，采取不记名形式，债息按年支付。债券同时在伦敦和卢森堡证券交易所上市。很快，欧洲债券这种新型金融工具受到了欢迎，各国纷纷利用欧洲债券进行融资，许多金融机构也开始经营欧洲债券业务，一个完整的欧洲债券市场开始形成。

（二）国际债券市场的发展

国际债券市场形成后，在曲折中得到了较大发展。

20 世纪 60 年代，国际债券市场迅速发展。欧洲清算体系（Euroclear）、票据交换中心结算体系（CEDEL）以及国际债券交易商协会（AIBD）的成立，有效地改进了国际债券市场的经营管理体制，促进了欧洲债券交易的健康发展。

20 世纪 70 年代初，受中东战争、石油危机和美国取消利息均衡税等影响，欧洲债券市场发展减缓，外国债券市场重新受到青睐。70 年代中期，欧洲债券市场开始复苏，并且呈现出了发行币种多样化的趋势。

20 世纪 80 年代，欧洲债券品种不断创新。债券认购权证、黄金担保债券、零息债券等新型债券纷纷推出；同时，为了应对利率急剧上升，浮动利率票据开始流行。美国、日本、联邦德国等国对外国债券市场采取了自由化政策，使外国债券市场得到了较大发展。虽然 80 年代末受股市大崩溃等因素的影响，国际债券市场发展速度再次放缓，但是 1989 年发行的首笔全球债券却成为国际债券市场发展中的又一个里程碑。

20 世纪 90 年代以后，经济全球化趋势日益明显，国际债券市场规模不断扩大，证券化趋势进一步加强。国际债券市场特别是欧洲债券市场已经成为国际金融市场不可或缺的组成部分。

三、国际债券的发行市场

与普通债券市场一样，国际债券市场也由发行市场和交易市场两部分组成。其中，国际债券的发行市场是指国际债券发行人向投资者出售债券以筹集资金的市场，又称一级市场、初级市场。国际债券的发行市场通常没有具体的交易场所，而是一个由发行人、投资人和中介人等组成的组织严密的运营网络。它是整个国际债券市场的运作起点，也是国际债券流通的前提，为发行人债券筹资提供了渠道。

（一）国际债券发行市场的参与者

1. 发行人

国际债券的发行人是指发行国际债券的政府组织、企业或金融机构。各国金融监管机构一般会对公募外国债券的发行人进行严格审查，而欧洲债券需要经过权威机构的信用评级，因此，国际债券市场上的发行人主要是政府组织、大型跨国公司等信用级别较高的主体。

2. 投资人

国际债券的投资人是指根据发行人的招募要约，购买国际债券的个人或机构。其主要由机构投资者、政府组织和企业组成，个人参与较少。

3. 中介人

国际债券市场的中介人是国际债券发行人和投资人的中介，主要包括各种银行集团、支付代理（或财务代理）和受托人等。以欧洲债券为例，发行人在发行公募债券时，通常会选择一家比较著名的银行作为主承销人（牵头银行）。此主承销人会组织经理集团，负责将债券推向市场的各项工作。接受各经理集团的邀请函并承诺包销或推销一定数量该债券的金融机构称作承销集团，其必须按照约定的最低价格从主承销人那里购入国际债券。负责推销该项债券的金融机构组成销售集团，它们与承销集团不同，可以将未售出的债券退还给经理集团。支付代理（或财务代理）是负责从发行人处收取债券本息并进行偿付的中介人。受托人则是代表投资人与发行人进行交涉并订立合同的中介人，一般由投资银行或证券公司担任。

（二）国际债券的发行方式

国际债券主要有私募发行和公募发行两种发行方式。

1. 私募发行

私募发行又称内部发行，是一种仅向少数特定投资人发行债券的方式。发行人不必详细公布有关的经济统计资料。其发行额一般较小，而且债券一般不能上市流通，但是具有费用低、手续简单等优点。

2. 公募发行

公募发行，是一种公开向广大投资者推销债券的发行方式。发行人一般首先与国际性大银行或证券公司联系，选定主承销商，初步确定债券的发行条件，并由其组成银行集团进行承购包销。债券发行后，由该银行集团向广大投资者推销。采用公募方式发行的国际债券可以在公开市场上转让、买卖，易于被投资人接受，可以在短时间内筹集到大量资金，但是发行手续比较复杂，而且发行人必须详细公布相关资料。

（三）国际债券的发行条件

国际债券的发行条件包括发行金额、偿还期限、偿还方式、票面利率、付息方式和发行价格等方面。

国际债券的发行金额一般根据发行人对资金的需求情况，结合当时的市场情况、发行人的资格等因素，由发行人和承销机构协商确定。现在每笔固定或浮动利率国际债券的发行额一般在 1 亿美元以上，而可转换债券和附认股权证债券的发行量则较小。

国际债券的偿还期限通常要综合考虑发行人的用款需要、国际惯例、投资人的意向等因素后确定。目前，国际债券市场上固定利率债券和浮动利率债券的偿还期限一般为 5~8 年，可转换债券为 10~15 年。

国际债券的偿还方式主要有期满偿还和期中偿还两类。期满偿还是指在国际债券的有效期结束时才最终偿还本金，期中偿还则是指在最终偿还期未到之前就偿还本金。期中偿还又包括定期偿还、任意偿还和买入注销等不同方式。

国际债券的票面利率包括利率种类和水平两个方面，与市场行情、发行人的信用水平密切相关。一般发行人的信用等级越高，承销机构的承销能力越强，债券的利率就可以越低。

付息方式的选择要考虑降低融资成本和增加债券吸引力两方面因素。国际债券的付息方式一般分为一次性付息和分期付息两类。

国际债券发行价格的确定方法在原则上与国内债券相同，受票面利率水平、市场收益率水平、期限长短等因素影响，只是发达国家的国内债券一般半年付息一次，而欧洲债券通常一年付息一次，同时还要考虑汇率风险。国际债券发行价格有溢价、平价和折价三种，即高于、等于或低于票面金额的价格，通常以票面金额的百分比表示。浮动利率欧洲债券通常按照平价发行。

（四）国际债券的发行程序

1. 外国债券的发行程序

外国债券发行的具体要求可能因所处市场的不同而有所差异，但总体而言，其基本发行程序可以概括为以下步骤：

（1）选择债券主承销商并协商相关事宜。外国债券发行人决定发行债券后，首先要在发行市场所在国选择一家有承销资格的债券主承销商。根据所在债券市场国家金融业经营模式的不同，债券主承销商可以是专门从事证券发行的投资银行，也可以是一家全能银行的证券业务部。

确定主承销商后，债券发行人需要与承销机构确定包括发行金额、发行价格、利率形式和水平等在内的发行条件，而有关债券发行的具体安排则将通过发行人委托的承销机构完成。外国债券发行人需要支付各种相关费用，主要包括主承销商为组织债券发行而收取的手续费、负责债券账务管理和本息偿付的财务受托人或代理人收取的债券管理费和还本付息手续费，以及印刷费、律师费等费用。

（2）提出债券发行申请、接受信用评级。外国债券市场所在国的相关监管部门一般对外国债券的发行人制定了比较严格的准入条件。各国具体情况虽然有所不同，但一般都包括提出债券发行申请和接受信用评级两个方面。

许多国家都对外国债券的发行指定了明确的主管部门和规定了相关审批程序。例如，在美国，外国债券发行由债券交易委员会主管，外国债券发行人首先要向美国债券交易委员会申请登记，并以书面注册声明（Registration Statement）的形式详尽披露自身财务经营状况、所在国情况、融资理由等资料。申请材料提交后，各国的相关监管部门会对材料的真实性、完整性等进行严格审查，符合市场所在国准入要求的申请才可被批准。

债券的信用评级源于美国债券市场，是指在发行债券之前，由独立于发行人和投资人的第三方（通常是在国际上具有权威地位的信用评级机构），根据发行人的申请及其所提供的资料与数据，测定拟发行债券的违约风险并将结果告示投资人的制度。一般市场所在国的监管部门都要求对外国债券特别是公募外国债券进行公开的信用评级，因此信用评级将关系到外国债券能否在当地发行。同时，债券信用等级的高低还能影响债券的利率水平，进而影响发行人的融资成本。国际上比较权威的评级机构主要有穆迪投资服务公司

(Moody's Investors Service)、标准普尔公司(Standard & Poor's)、欧洲评级公司等。

(3) 向投资者销售债券。在这一阶段，由外国债券的主承销商根据与发行人协商确定的具体发行方式进行操作。首先要对市场上的潜在投资人进行分析，并将初始发行说明书送到其手中。此阶段的核心是通过展示、提供推销报告、召开电话会议等方式使潜在投资人充分了解即将发行的债券。在此基础上，正式向市场发售债券。订单得到确认、交割后，发行便取得了成功。

2. 欧洲债券的发行程序

传统的欧洲债券发行程序包括以下几个步骤：

(1) 做好发行前的准备工作。欧洲债券宣布发行前，主承销商要与发行人就发行金额、发行价格、息票利率等发行条件进行协商，并且选择本息支付代理人。在债券准备上市的情况下，要选择上市代理机构，还要准备发行通告或简介。

(2) 宣布发行债券，组织承销和销售集团。与发行人协商后，主承销商着手组织销售集团。大约两周后，主承销商举行新闻发布会，宣布发行债券，并向可能参与承销或销售的几家合作银行发出传真邀请函。这些成员通常要在7~10天内给予答复。与此同时，主承销商开始根据承销商的意向分配认购额。

在欧洲债券宣布发行到正式发行的期间，会产生一个所谓的"灰色市场"(Gray Market)，即买卖双方在欧洲债券发行前确定交易价格并签订合同，待欧洲债券正式发行时按照合同中的价格进行交易的市场。灰色市场最早产生于1977年。由于在债券的认购期内，有认购或销售意愿的承销商或销售商根据惯例知道自己所能得到的费用约占欧洲债券票面金额的比例，因此可以通过出让所得费用的一部分来提前销售欧洲债券，灰色市场由此产生。灰色市场实际上是欧洲债券的预售市场，其市场价格会对欧洲债券的最终发行价格产生影响。

(3) 确定最终发行条件，正式发行债券。主承销商和发行人在认购期即将结束时确定最终的债券发行价格，并且签订认购协议，欧洲债券开始正式发行。主承销商会通知各承销商和销售商所分配的认购额，其后承销集团和销售集团开始债券的销售活动。欧洲债券的发行期一般为两周，其间主承销商会通过买入或卖出欧洲债券的方式稳定债券的市场价格。

(4) 进行结算，债券发行结束。结账日到来时，各承销和销售集团成员会将欧洲债券的认购资金存入主承销商的账户，主承销商将相应资金交付给债券发行人，投资人得到债券，承销集团和销售集团宣布解散，相关报纸和杂志等媒体会公布欧洲债券的发行情况。

随着欧洲债券市场的发展，其发行程序也有所变化，出现了包买发行、收益定价、拍卖定价、固定价格重新发盘等新的发行方法。

四、国际债券的交易市场

(一) 国际债券交易市场概述

国际债券交易市场是对已经发行的国际债券进行买卖的市场，又称二级市场。通过交易，国际债券的初始投资者可以根据自己的需求将国际债券适时变现，而其他投资者也可以通过交易获得投资的机会。交易市场弥补了国际债券期限较长的缺陷，提高了其流动性，同时为新发行债券的定价提供参考，是发行市场得以维持和扩大的重要条件。

国际债券的交易可以在证券交易所场内或场外市场进行。但是总体而言，国际债券特别是欧洲债券的交易大多通过场外市场进行。

（二）国际债券的交易程序

下面以欧洲债券为例介绍国际债券的交易程序。欧洲债券发行的当天即可进入交易市场进行交易。涉及的主要参与者有专门的证券交易商和经纪人。证券交易商在不知道询价人是希望购买还是出售债券的情况下，同时报出买价和卖价，并按报价进行交易。买卖价差一般为债券面值的0.5%左右，作为证券交易商的报酬。同时作为造市商，证券交易商还需要进行多头或空头操作，充当市场上暂时缺少的买家或卖家，保证交易连续进行。国际债券的经纪人是只与造市商进行交易，接受买卖委托，匹配买单或卖单以促成交易的中间商。经纪人的收入来自委托方支付的佣金，通常为0.062 5%。

欧洲债券的交易价格在交易完成时就已确定，但是实际交割在起息日才进行，起息日一般为交易完成后的7天。为了节省交易成本，欧洲债券通常以清算方式代替实物交割，买卖双方的债券交付通过计账实现。主要的清算系统有欧洲清算体系和票据交换中心结算体系，分别有2/3和1/3的欧洲债券交易在这两大清算系统进行。

第五节　国际衍生证券市场

随着经济、金融全球化的发展，由传统证券衍生出来的金融衍生产品不断创新，证券品种日益多样化和复杂化，市场规模迅速扩大。20世纪90年代以来，衍生证券作为国际投融资的工具和载体，正在发挥越来越重要的作用。

一、国际衍生证券的概念与分类

（一）衍生证券的概念

衍生证券（Derivative Securities）又称衍生工具，是在货币、债券、股票等传统金融工具的基础上创新出来的一种金融合约。衍生证券所依赖的传统金融工具称为基础证券，它是衍生证券的标的物，同时是决定衍生证券价值的重要基础。

（二）衍生证券的分类

衍生证券伴随金融创新诞生以来，发展非常迅速，新的衍生品层出不穷，品种极为丰富，按照不同的标准可以划分为不同的种类。

1. 按照基础金融工具的不同种类划分

（1）股权衍生证券。这是以股票或者股票指数为基础工具的衍生证券，主要有股票期货和期权、股票指数期货和期权等。

（2）货币衍生证券。这是以各种货币为基础工具的衍生证券，如远期外汇合约、货币期货和期权、货币互换合约等。

（3）利率衍生证券。这是以利率为基础工具的衍生证券，远期利率协议、利率期货和期权、利率互换合约等属于这一类。

2. 按照衍生证券交易的不同方法与特点划分

（1）远期合约。这是指交易双方约定在未来某一特定时间按事先商定的价格购买或出售某项金融资产的协议。合约规定了将来交换的资产、交换的日期、交换的价格和数量。远期合约的买卖双方权利对等，双方都有义务履行该合约。

（2）期货合约。这是指由期货交易所统一制定的，规定在将来某一特定的时间和地点交割一定数量和质量资产的标准化合约。期货合约的种类很多，如商品期货、利率期货、股指期货和外汇期货等。

（3）期权合约。这是指交易双方约定给予买方在未来某一确定的时间之内以特定的价格买进或卖出一定数量的相关资产权利的合约。在期权交易中，买方与卖方的地位并不相等，买方具有决定是否执行合约的权利而不承担履约的义务，这决定了期权合约与期货合约及远期合约有着本质的区别。期权买方必须为拥有这种权利向卖方支付成本，这就是期权费。

（4）互换合约。这是指交易双方签订的，在未来某个特定时间，按照事先约定的方式交换一定现金流的合约。目前，互换基本上以场外交易的方式进行，可以把与资产或负债相关的现金流转换成为交易双方所需要的形态。

（5）股指期货合约。股指期货的全称是股票价格指数期货，也称股价指数期货、期指。股指期货合约是指以股价指数为标的物的标准化期货合约，双方约定在未来的某个特定日期，可以按照事先确定的股价指数的大小，进行标的指数的买卖，到期后通过现金结算差价来进行交割。作为期货交易的一种类型，股指期货交易与普通商品期货交易具有基本相同的特征和流程。

（6）股指期权合约。这是指以股票指数为行权品种的期权合约。股指期权相对其他期权来说具有风险小（最大亏损是权利金）、盈利大（行使权利后的期货差价）的特点。股指期权须判断股指期货的涨跌，要付一定的权利金，如判断正确，可以卖出权利，获得权利金收益，或者行使权利，买入股指期货，平仓后获得股指波动差价的利润；如判断错误，则损失权利金。

二、国际衍生证券市场的形成和发展

衍生证券的发展历史久远，可追溯到古希腊时期类似于商业期货的交易。17 世纪在英格兰和荷兰出现了对荷兰郁金香球茎期权的狂热交易。19 世纪中叶的芝加哥谷物交易为现代期货交易的雏形。1865 年，芝加哥期货交易所引入被称为“期货合约”的协议形式，从此期货交易趋于规范，为现代金融期货和商品期货发展奠定了基础。19 世纪末 20 世纪初，期货交易所相继出现。到了 20 世纪 70 年代，在石油危机、布雷顿森林体系崩溃导致全球经济剧烈波动的背景下，金融市场的汇率和利率频繁波动，金融资产保值需要新的金融工具，衍生证券交易因此蓬勃发展起来。1972 年 5 月，芝加哥商品交易所（CME）开办了国际货币市场，推出了七种货币合约，标志着金融期货的诞生。之后，芝加哥期权交易所（CBOE）成立，推出了股票期权交易。1975 年，第一张利率期货合约在芝加哥期货交易所面世。1981 年，由美国所罗门兄弟公司主导的美元与德国马克及瑞士法郎之间的互换标志着互换交易的开始。1982 年，美国堪萨斯农产品交易所推出了股指期货，带来了衍生金融工具交易的重大变革。同年，伦敦国际金融期货交易所（LIFFE）成立，成为仅次于 CME 和 CBOE 的世界第三大期货交易所，之后衍生证券交易逐步扩展到各个国家。

20 世纪 80 年代以后，伴随着经济全球化和金融自由化，新兴市场相继放松了利率和资本输出输入管制，国际资本流动频繁，各种新的衍生金融工具应运而生，其种类和交易量以惊人的速度逐年上升，国际衍生证券市场规模迅速扩大。根据国际清算银行的统计，截至 2008 年年底，场外交易衍生证券的未清偿名义本金额超过了 591 万亿美元。伴随着金融创新的不断进行，除了传统的期货、期权合约，涌现出了一大批诸如利率上限合约、指数化外汇期权票据、范围远期合约等衍生工具，也不断出现以衍生合约为标的资产的复合型衍生工具。总之，衍生证券领域的创新是无止境的，随着规模的不断扩大，其在金融领域的影响将会不断上升。

三、国际衍生证券市场的构成

（一）期货市场

1. 期货合约的种类和内容

按照期货合约中标的物的不同，可以把期货合约分为商品期货和金融期货。一般的商品期货标的物为农产品和大宗商品。金融期货一般有外汇期货、利率期货、股指期货等。

期货合约在规范的交易所内交易，是具有法律效力的协议。合约中对交易标的、合约规模、交割时间、标价方法等都设立了标准化的条款。金融期货合约主要包括下列条款：

（1）合约规模。每一份合约中都会标明确定的交易单位和交易数量。合约交易单位的规定颇为讲究。如果交易单位过大，则会把市场上的小额资金持有者排除在交易之外；如果交易单位过小，则会导致交易成本较高，因为交易成本通常是和合约份数成比例而和每一份合约的规模关系不大。

（2）标价。商品期货的标价与一般商品的标价没有区别，一般都是精确到小数点后两位，如 0.01 美元等。金融期货的标价比较特别，最小单位是 1/32 美元。

（3）每日价格波动限制。交易所对大多数合约都规定了当日价格相对于上一收盘日价格波动的最大幅度。一旦价格变化超出该幅度，交易会自动停止。价格达到幅度上限而停止交易称为涨停板（limit up），达到下限而停止称为跌停板（limit down）。设这一限制主要是为了防止过度投机带来的价格暴涨暴跌。

（4）净头寸限制。交易所对同一投资者的同一和约可以持有的净头寸规定上限，主要是为了防止某一投资者持有过多该头寸而操纵市场。

2. 期货市场交易机制

一个完整的金融期货市场包括期货交易所、经纪公司、清算公司和交易者。交易所提供相关设施，制定交易规则；经纪公司代表客户进行期货交易；清算公司负责提供清算交易账户、监督实物交割或现金清算，以及组织违约的合理赔偿等；交易者主要有套期保值者和投机者。为保证期货市场运行顺畅，交易所施行的主要交易制度有保证金制度、逐日盯市制度和清算机制。

（1）保证金制度。在任何买卖交易中，都可能存在违约风险。假如买卖双方直接私下交易，由于没有保障，在到期时一方必然亏损，除非市场价格恰好等于交割价格，该方因此有违约的动机。在期货市场有一种很好的制度来防止违约的发生，这就是保证金制度。

期货交易保证金一般包括初始保证金（initial margin）、维持保证金（maintenance margin）和追加保证金（additional margin）。期货交易者在开始建立期货头寸时，其所在经纪公司要求其开立保证金账户，并存入一定比例的合约金额，这就是初始保证金，一般是合约价值的5%~10%。这说明交易者可以运用较少的资金进行高杠杆的期货交易。在合约到期结清期货头寸后，初始保证金将归还给交易者。维持保证金是交易者必须在保证金账户上保有的最低保证金金额，通常为初始保证金的75%~80%。当交易者保证金账户的资金低于维持保证金时，交易所会要求交易者将损失的保证金补上，这就是追加保证金。实际上保证金制度能够有效发挥作用，是以逐日盯市制度为基础的。

（2）逐日盯市制度。逐日盯市制度（Mark to Market），即每日结算制度，是指交易所结算部门在每个交易日结束后，核算各会员每笔交易的盈亏，将盈利记入账户贷方，亏损记入账户借方，并适时发出追加保证金通知，使会员保证金金额维持在一定水平上。例如，一个交易者持有某种期货的多头合约，该合约执行价格为100美元，当市场上该价格上升到105美元时，如果履行该合约，则该多头会有盈利，这个盈利会直接反映到交易者的保证金账户上。当交易者保证金账户里的余额高于初始保证金时，交易者可以把超出的部分提走。当然如果市场价格下跌导致账户保证金低于维持保证金要求，那么交易所会发出通知，要求在下一交易日开市之前追加保证金，若会员单位不能按时支付，交易所有权强行平仓。需要注意的是，交易者开设保证金账户时，作为保证金的不一定是现金，可以是股票、债券等抵押品，但是追加的保证金必须是现金。

（3）清算机制。清算所是保证期货交易顺利进行的一个必不可少的部分。它可以是交易所的一部分，也可以是一家独立的公司。事实上，在期货交易中，合约的买方和卖方并不是直接交易的，而是通过清算所这个中间机构，它同时充当期货合约买者的卖者和卖者的买者。清算所必须有巨额的资本金作保证，因此期货合约的买者和卖者并不担心对方违约，因为合约买者即使违约也是对清算所违约而非卖者。同时，清算所是一笔交易的卖者和买者，因此无论标的资产价格怎样变化，清算所都不会亏损。这也是清算所存在的重大意义，克服了远期交易中违约风险高的缺陷，提高了市场的流动性。

3. 期货市场的作用

期货合约具有两个重要作用：

（1）套期保值。期货合约的一个重要作用是套期保值，为合法的市场活动锁定成本，实现目标利润。在期货市场上持有一个与现货市场方向相反、数量相同或接近的同种商品的期货合约，这样一来，无论现货市场上商品价格如何变化，最终的结果必定是一个亏损，另一个盈利，从而实现既定的保值目标，规避风险，这是期货市场最重要的功能。例如，某种资产的拥有者由于担心未来资产的价格下降从而使得自身资产缩水，可以在期货市场上寻求对冲，通过规定在将来某一时刻以一定价格卖出该资产以实现资产保值。

（2）价格发现。期货合约的另一个重要作用是价格发现。由于现货交易通常是分散的，所以投资者无法通过交易得到整个市场的均衡价格，存在着信息不对称的问题，但是期货交易是众多经纪人在电子大厅同时进行的，综合反映许多买者和卖者对当时及以后某段时间某种资产的价格的观点，也反映了该资产现在及未来的供求状况，能够相对准确地反映该商品的均衡价格。

（二）期权市场

1. 期权的概念

期权交易是指以商品或期货合约为标的物的交易。期权购买者在向出售者支付一定费用后，就获得了能在规定期限内以某一特定价格向出售者买进或卖出一定数量的某种商品或期货合约的权利。

2. 期权的历史发展

1719 年，英国南海公司的股票股价飞涨，股票期权市场也有了发展。南海“泡沫”过后，股票期权曾一度因被视为投机、腐败、欺诈的象征而被禁止交易长达 100 多年。早期的期权合约于 18 世纪 90 年代引入美国，当时美国纽约证券交易所刚刚成立。19 世纪后期，被喻为“现代期权交易之父”的拉舍尔·赛奇（Russell Sage）在柜台交易市场组织了一个买权和卖权的交易系统，并引入了买权、卖权平价概念。然而，场外交易市场上期权合约的非标准化、无法转让、采用实物交割方式以及无担保，使得这一市场的发展非常缓慢。20 世纪 70 年代浮动汇率制实行，为了防范汇率波动的风险，1973 年 4 月 26 日，芝加哥期权交易所（CBOE）成立，开始了买权交易，标志着期权合约标准化、期权交易规范化。1982 年，芝加哥商品交易所（CME）开始进行 S&P 500 期权交易，它标志着股票指数期权的诞生。同年，芝加哥期权交易所首次引入美国国库券期权交易，成为利率期权交易的开端。同在 1982 年，外汇期权也产生了，它首次出现在加拿大蒙特利尔交易所（ME）。经过 20 世纪 80 年代的飞速发展，时至 90 年代，期权的发展出现了另一种趋势，即期权与其他金融工具的复合物越来越多，如与公司债券、抵押担保债券等进行“杂交”，与各类权益凭证复合，以及与保险产品相结合等，形成了一大类新的金融期权产品。

3. 期权与期货的区别

（1）标的物不同。期权与期货的标的物不尽相同。一般地说，凡可作期货交易标的的商品都可作期权交易的标的物。然而，可作期权交易标的的商品却未必可作期货交易的标的物。由于期权交易的卖方风险较大，因此，实际开办期权交易的品种很少。

（2）投资者权利与义务的对称性不同。期货交易的双方权利与义务对称，即对任何一方而言，都既有要求对方履约的权利，又有自己对对方履约的义务。与期货交易相比，期权交易双方的权利与义务存在着明显的不对称性，期权的买方只有权利而没有义务，而期权的卖方只有义务而没有权利。无论期权买方是否履行合约，其付出的期权费卖方都不必退回。

（3）履约保证不同。期货交易双方均需开立保证金账户，并按规定缴纳履约保证金。而在期权交易中，只有期权出售者，尤其是无担保期权的出售者才需开立保证金账户，并按规定缴纳保证金，以保证其履约的义务，因为期权交易的买方本身就买的是交易不交易的权利。

（4）现金流转不同。期货交易实行无负债每日交割，由于实行逐日结算制度，交易双方将因价格的变动而发生现金流转，即盈利一方的保证金账户余额将增加，而亏损一方的保证金账户余额将减少。因此，期货交易双方都必须保有一定的流动性较高的资产。而在期权交易中，在成交时，期权购买者为取得期权合约所赋予的权利，必须向期权出售者支付一定的期权费；但在成交后，除了到期履约外，交易双方不发生任何现金流转。

（5）盈亏的特点不同。期货交易双方都无权违约也无权要求提前交割或推迟交割，从理论上说，期货交易中双方潜在的盈利和亏损都是无限的。相反，在期权交易中，由于期权购买者与出售者在权利和义务上具有不对称性，他们在交易中的盈利和亏损也具有不对称性。从理论上说，期权购买者在交易中的潜在亏损最大就是期权费，而可能取得的盈利却是无限的，即损失有限而获利空间无限。

（6）套期保值的作用与效果不同。利用期货进行套期保值，在避免价格不利变动造成损失的同时也必须放弃价格有利变动可能获得的利益。人们利用期权进行套期保值，若价格发生不利变动，套期保值者可通过放弃期权来避免损失；若价格发生有利变动，套期保值者又可通过执行期权来保护利益。

（三）互换市场

互换市场是继20世纪70年代初出现金融期货市场之后而诞生的金融市场创新业务。互换的历史虽然比较短，但是发展很快，特别是20世纪90年代后，互换新品种不断涌现，对国际经济的影响也日益加深。

1. 互换的种类

（1）利率互换。这是指双方同意在未来的一定期限内根据同种货币的同样的名义本金交换现金流，其中，一方的现金流根据浮动利率计算，另一方的现金流根据固定利率计算。已经推出的利率互换有浮动利率与固定利率的互换，浮动利率与浮动利率的互换（如伦敦银行同业拆借利率与美国银行同业拆借利率互换）。

（2）货币互换。这是指将一种货币的本金和固定利息与另一种货币的等价本金和固定利息进行交换。跨国公司在长期投资、利润汇回的过程中会产生多次汇率风险，银行据此推出了货币互换业务。

（3）商品互换。这是一种特殊类型的金融交易，交易双方为了管理商品价格风险，同意交换与商品价格有关的现金流。它包括固定价格商品与浮动价格商品的价格互换以及商品价格与利率的互换。

（4）其他互换。其他互换包括股权互换、信用互换、气候互换和期权互换等。

2. 互换的原理

互换的理论基础为比较优势理论。比较优势理论起源于国际贸易理论，该理论认为国际贸易的基础是生产技术的相对差别而非绝对差别，以及由此而产生的相对成本的差别。比较优势理论持“两利相权取其重，两弊相权取其轻”的观点。该理论认为，一些企业在某一细分的金融市场上具有比较优势，而其他企业在另一细分的金融市场上有比较优势，值得注意的是，某企业可能在两个市场都有绝对优势，但是在某一个市场上优势更大。

3. 互换市场的作用

互换市场之所以在短短的时间内得到快速发展，得益于互换这一衍生工具的特有功能。互换的作用主要在于控制市场风险和节约成本，此外还可以实现资产负债管理。例如，为了防范未来汇率的大幅波动，企业可以运用货币互换，可以利用各家企业在不同利率上的比较优势共同节约融资成本，货币结构和利率结构的变化还可以优化企业的资产负债结构。同时需要强调的是，互换业务属于表外业务，因此企业在一定程度上可以逃避利率管制、外汇管制、税收限制等。

（四）其他衍生证券市场

除了期货、期权和互换之外，在金融市场上还有一些其他的类似于衍生证券的金融产品，如认股权证（Warrant）、可转债以及一些其他的信用衍生产品，如信用违约互换（Credit Default Swap，CDS）等。

1. 认股权证

认股权证通常是指由发行人所发行的附有特定条件的一种有价证券。其本质上是一种权利契约，投资人支付权利金购得权证后，有权于某一特定期间或到期日，按约定的价格（行使价）认购或沽出一定数量的标的资产（如股票、股指、黄金或商品等）。权证的交易实属期权的买卖。与期权一样，权证的买方购买的是一种权利而非义务。

认股权证具有很大的杠杆作用。一般来说，认股权证绝对价格的变化会小于对应股票（正股）的价格变化，但由于其自身价格偏低，其升跌百分比可以是正股的几倍到十几倍。因此，发行商在进行对冲操作时，需要在市场上买入（或卖出）相当于认股权证金额几倍甚至十几倍的股票。因此，不应当把认股权证看作一个独立的证券，单纯为买卖认股权证而买卖认股权证。买卖认股权证时，投资人应该把分析的重点放在对应的股票上。

2. 可转债

可转债全称为"可转换公司债券"，是指在一定条件下可以转换成公司股票的债券。可转债具有债权和期权的双重属性，持有人可以选择持有债券到期，获取公司偿还的本金和利息；也可以选择在约定的时间内转换成公司的股票，从而取得公司的部分所有权。因此，有时候称可转债是保证投资者本金的股票。

可转债是有风险的。首先，需要承担股价波动的风险，可能在股价高的时候无法转换。其次，需要承担损失利息的风险，因为可转债在到期后如果不转换成股票，债券的利率要比同等级普通债券的利率低。最后，发行公司可能提前赎回可转债，从而无法实现既定目标。

3. 信用违约互换

信用违约互换是最简单也是目前应用最为广泛的信用衍生产品。合约双方就某一基础资产的信用状况达成一致，在未来一段时间内约定的信用违约发生时，合约的购买方向出售方支付全部或者部分违约损失；如果不发生，则合约失效。在签订合约时，出售方需要向购买方支付一定的费用。实际上是合约的出售方以一定的费用为代价转移了自身资产负债的风险。

需要特别指出的是，信用违约互换中最重要的是界定何为信用违约。根据国际互换与衍生工具协会制定的信用衍生产品标准和约，信用事件包括：①借款企业破产；②企业无法支付贷款；③延期支付贷款；④信用等级降低。

信用违约互换并没有消除风险，而是转移了风险，风险的出售者把自身客户的违约风险转嫁给了购买者，虽然购买者也可能违约，但是客户与风险购买者同时违约的概率显然极小，从而实现了资产的风险管理。

【本章小结】

1. 国际投融资市场与一般意义上的国际金融市场既相互联系，又相互区别。

2. 国际投融资市场可以分为国际货币市场与国际资本市场。国际货币市场又称国际短期资金市场，是指国际范围内的期限在一年以内的短期金融工具交易市场。国际货币市场的主要交易工具有短期国库券、大额可转让定期存单、商业票据、银行承兑汇票。国际资本市场是期限在一年以上的金融工具跨境交易市场。国际资本市场主要包括国际中长期信贷市场、国际外汇市场、国际股票市场、国际债券市场、国际衍生证券市场和国际租赁市场。

3. 外汇市场是由经营外汇业务的金融机构组成、从事国际外汇买卖、调剂外汇供求的交易场所。外汇市场主要由外汇银行、外汇经纪人、外汇交易商、进出口商及其外汇供求者、外汇投机者和中央银行构成。

4. 外汇市场是由多种要素组成的有机整体，它有自己的形成和运行机制，一般来说，它的运行机制主要包括供求机制、汇率机制、效率机制和风险机制。

5. 国际股票的发行和交易过程是跨国界进行的，即股票的发行者和交易者、发行地和交易地、发行币种和发行者所属本币等至少有一种和其他的不属于同一国度。国际股票市场作为股票发行和流通的场所，由两部分组成，即股票发行市场和股票流通市场。

6. 国际债券是一类与国内债券相对应的特殊债券，是指一国发行人在外国债券市场上发行的，以该国货币或欧洲货币为面值的债券。依据票面币种与发行债券市场所在国的关系，将国际债券分为外国债券、欧洲债券和全球债券三种类型。

7. 衍生证券是在货币、债券、股票等传统金融工具的基础上创新出来的一种金融合约，其作为国际投融资的工具和载体，正在发挥越来越重要的作用。

【思考题】

1. 国际投融资市场与国际金融市场有何联系与区别？
2. 简述国际投融资市场的构成。
3. 简述国际外汇市场的运行机制。
4. 企业发行国际股票的动因与方式有哪些？
5. 简述国际债券的发行条件和程序。
6. 简述国际衍生证券市场的构成。
7. 期货市场的交易机制是怎样的？
8. 试比较期货与期权的区别与联系。
9. 简述互换的种类及互换市场的作用。

第五章　国际融资方式

【学习目标】

◎掌握国际融资的概念及特点、国际融资的类型及作用，了解国际融资的发展趋势

◎了解项目融资的概念、特点及功能，掌握 BOT 项目融资模式和 ABS 项目融资模式，了解无形资产融资方式的概念及特点，掌握国际租赁的基本知识

◎掌握国际贸易融资的概念、特点及作用，学习国际保理业务的产生及发展，掌握出口信贷的概念、特点及种类，掌握福费廷业务的概念、特点及作用

◎掌握商业银行信贷融资的概念、特点及种类，了解政府贷款的特点以及我国政府贷款的程序

◎掌握票据的种类、特点和国际票据融资的概念、特点及方式

◎掌握国际债券融资的特点、发行条件及主要程序

◎掌握国际股票融资的概念、特点及方式，了解企业境外上市应该注意的问题

【引导案例】

龙湖地产的国际融资

2014 年 4 月 28 日，房地产企业龙湖地产披露其成功获得 21.5 亿港元的国际融资。与此同时，恒大、雅居乐、佳兆业、人和商业等在港上市的内地房地产企业也纷纷推出了各自的海外融资计划。龙湖地产的这一成功案例将对其他房地产企业创新融资起到示范作用。

此次国际融资的主要对象是以东亚银行、渣打银行、中国建设银行香港分行、香港上海汇丰银行及恒生银行五家商业银行为主的国际银团。该笔贷款期限为 4 年，是目前内地民营企业中获取最长年限的境外贷款。据龙湖地产内部人士透露，该笔贷款主要用于补充日常运营资金，以更好地提升企业的运营效率和安全。

近年来，由于中央管理层一再放缓房地产企业再融资审批，以及 2014 年央行三次上调存款准备金率，房地产企业融资成本不断上升，进而引致越来越严的境内融资约束，因此，房地产企业改变融资方式迫在眉睫。摩根大通中国投资银行副主席龚方雄坦言，目前境内的信托融资利率是 13%～15%，但是境外就算是高息融资的成本，利率也不过是 12%、13%，如果是上市公司，以短期债券的形式融资的话，境外的融资成本更低，利率只有5%～6%。所以从当年整个市场环境来讲，与境内融资相比，国际融资有着无法比拟

的优势。龙湖地产此次境外贷款选择了无抵押银团贷款合作的模式，从 2014 年 2 月份就开始发起，该项贷款年利率不会超过 4%，与利率高达两位数的高息债相比，可以说颇具性价比。龙湖地产此项境外贷款项目从正式启动到签约，仅用了 2 个月时间，不仅体现了国际大行对贷款安全性的认可，对龙湖地产长期稳健经营的信任，同时也是国际融资低限制性、高效率和高灵活度的体现。毫无疑问，龙湖地产此次成功获得 21.5 亿港元银团贷款，为其在严峻市场条件下的经营增添了筹码。

融资环境的变化也同时促进了对融资创新的追求。龙湖地产自 2009 年以来，力推融资渠道创新，并体现出机动快速的特点。在 2009 年 5 月，龙湖地产开创了非上市民营房地产企业发债的先河，获批发行了 14 亿元企业债；10—11 月，先后获得中国农业银行、中国建设银行各 180 亿元人民币的授信额度；11 月，在香港联合交易所主板成功上市，募集资金总额约 80 亿港元。龙湖地产的融资渠道不断拓宽，与此同时带来的就是企业的高速成长和行业竞争力的不断提高。

资料来源：龙湖地产官方网站新闻板块相关报道（经整理）。

第一节　国际融资概述

国际融资是企业融资的一种渠道和方式。任何国际化的企业都要进行筹资以满足生产经营活动的需要。进入 21 世纪以来，企业国际融资进入快车道，融资方式也发生了相应的变化，出现了一些新的特点。

一、国际融资的概念及特点

（一）国际融资的概念

国际融资是指通过国际金融市场来筹集企业发展所需的流动资金、中长期资金，目的是进入资金成本更优惠的市场，提高企业发展资金的可获取性，降低资金成本。国际投资和国际融资是一个问题的两个方面：投资方通过特定的投资方式和渠道获取经济、政治等利益；融资方则通过合适的融资方式获取资金或某种资源，最终提高企业的国际竞争力。随着 20 世纪五六十年代欧洲货币市场的产生，国际融资的规模不断扩大，国际融资的方式也日益多样化，为国际融资提供资金支持的银行、金融市场也不断推出新的业务来满足企业的需求。

（二）国际融资的特点

1. 国际融资的跨国性

企业国际融资是指企业以非居民法人身份在国际金融市场进行资金的筹集、借贷。国际金融市场一般包括传统国际金融市场和离岸国际金融市场。

2. 国际融资的币种以国际货币为主

国际融资的币种一般以非本国发行的货币为主。当今国际金融市场上进行融资的币种主要是美元、欧元、日元、加元、英镑、澳元、人民币等。

3. 国际融资的风险较大

企业进行国际融资面临着不同于国内的政治、经济和文化环境，较大的汇率风险和利率风险导致国际融资的风险也较大。

4. 国际融资企业的资信条件要求较高

在国际金融市场上融资，不管是发行股票进行融资，还是发行债券、申请银行贷款进行融资，抑或是以国际贸易融资、国际租赁融资、无形资产融资等形式进行的融资，一般都要求企业的资产状况良好、获利能力高，企业运作规范，企业的资产规模等财务指标都符合国际惯例或有关规定，甚至要求融资企业所在国曾经在国际金融市场上进行过融资，而且没有违约行为或不良记录。

5. 国际融资的规模受到国内配套资金的制约

进行国际融资，需要国内有相应的配套资金。融进外资，不仅要考虑引进的条件和价格，而且要考虑国内拥有配套资金的可能性。如果是债务性融资，还要考虑本国外汇储备状况，因为将来还本付息需要使用外币归还。如果本国国际收支状况不好，甚至存在严重的国际收支逆差，就会给企业进行国际融资带来制约，使企业不容易进行国际融资。否则，容易发生类似于20世纪80年代初期拉丁美洲债务危机的问题。

二、国际融资的类型

国际融资的方式很多，可以按照以下不同角度进行分类。

（一）按照资金供求双方是否直接形成债权债务关系划分

按照资金供求双方是否直接形成债权债务关系，国际融资可分为直接融资和间接融资。

直接融资是指资金供求双方通过一定的金融工具直接形成债权债务关系的金融行为。采取该方式，需要进行国际融资的企业与投资者双方直接签订协议后进行货币资金的转移。

间接融资是指资金供给者与资金需求者通过金融中介机构间接实现资金融通的行为。在间接融资方式下，资金供给者通过存款的形式，或者购买银行、信托、保险等金融机构发行的有价证券，将其资金先行提供给这些金融机构，然后再由这些金融机构以贷款、贴现等形式，或通过购买资金需求者发行的有价证券，把资金提供给资金需求者使用，从而实现资金融通。间接融资具有以下特征：

（1）具有间接性。在间接融资中，资金需求者和资金初始供应者之间不发生直接借贷关系，而是分别与金融中介机构形成债权债务关系。

（2）具有相对集中性。在多数情况下，金融中介并非仅仅是联系某一个资金供应者与某一个资金需求者的一对一的中介，而是既面对资金供应者群体又面对资金需求者群体的综合性中介。由此可见，在间接融资中，金融中介机构具有融资中心的地位和作用。

（3）具有较小的信誉差异性。由于间接融资相对集中于金融中介机构，而世界各国对于金融中介机构的管理一般都较严格，金融中介机构自身的经营也多受到相应稳健性经营管理原则的约束，加上一些国家实行了存款保险制度，因此，相对于直接融资来说，间接融资对信誉程度要求较高，风险性相对较小，融资的稳定性较强。

(4) 具有可逆性。间接融资属于借贷性融资，资金到期须返还，并支付利息，具有可逆性。

(5) 融资的主动权掌握在金融中介手中。间接融资的资金主要集中于金融中介机构，资金的借贷对象不是由资金的初始供应者决定的，而是由金融中介机构决定的。

(二) 按照融资目的不同进行划分

根据融资目的的不同，国际融资可分为国际贸易融资、国际项目融资和一般融资。

国际贸易融资是指银行等金融机构为外贸企业办理国际结算业务提供的资金融通和风险防范等金融服务。

国际项目融资是指以境内建设项目为载体，在境外筹集资金，并以项目自身的收入资金流量、自身的资产与权益承担债务偿还责任的融资方式，属于无追索或有限追索的融资方式。

一般融资主要用于解决企业的短期资金需求问题，不与国际贸易、特定项目结合。实务操作中，这类融资主要解决资金短缺问题或弥补国际收支逆差，甚至以稳定汇市为目的。

(三) 按照融资期限划分

根据融资期限的不同，国际融资可分为短期融资、中期融资和长期融资。

短期融资是指融资期限在 1 年以下的资金融通。短期融资多数是以银行同业拆借为主的借贷，如银行隔夜拆借。

中期融资的融资期限一般在 1~3 年，中长期融资的融资期限一般在 3~5 年。

长期融资一般是指融资期限在 5 年以上的融资。

三、国际融资的作用与趋势

(一) 国际融资的积极作用

1. 弥补资金短缺，加快经济发展

任何国家在经济发展过程中都需要大量的资金，资金短缺往往是制约一国经济发展的主要因素，因此，每一个国家都鼓励企业在金融市场上进行融资。特别地，受制于外汇资金短缺，发展中国家常常把引进外资当作主要的经济政策，并采取各种优惠措施引进外资。

2. 提升企业综合实力

企业进行国际融资的同时，投资方为保证投资利益或利润的获取，一般要实行严格的审查、监管，甚至给予技术支持、传授管理经验和理念。因此，进行国际融资的企业通常会按照跨国公司的标准来运作。这样一方面引进了管理、技术人才，另一方面提高了企业的竞争力。

3. 培养企业技术和管理人才，创造更多的就业机会

无论采取何种融资方式，只要是进行国际融资，都会有国际上相当多的技术人员、管理人员参与其中，而国内企业的相关人员在与这些国际人才共同工作的过程中会获得快速

成长。这样的一大批人才，将直接影响融资企业的管理理念和管理方式。

4. 推动受资国对外贸易的发展

国际融资可以提高企业的产品竞争力。当企业的技术、产品质量达到国际标准的时候，就可以变国内生产为国际生产，开拓国际贸易市场，甚至可以到海外投资，建立海外生产基地。

（二）国际融资的发展趋势

1. 国际证券融资逐渐成为主流

回顾历史，我们发现证券投资和银行信贷融资呈现一个此起彼伏的发展态势。1929 年金融危机爆发以前的 10 多年里，在许多早期的发达国家中股票融资占上风。1929 年爆发金融危机后，股票融资开始走下坡路，采用银行信贷的传统融资方式的比例逐渐上升。到了 20 世纪 50—70 年代，银行信贷仍然是主要融资方式。20 世纪 60 年代银团贷款获得了快速的发展。随着 1981 年拉丁美洲债务危机的爆发，投融资主体再次把目光转向了证券融资，而银行信贷尤其是银团贷款融资方式受到冷落。直到 1987 年美国发生股灾，传统银行信贷才再次获得一定程度的发展。20 世纪 90 年代以来，证券融资持续成为国际主流融资方式。如今，证券融资能够占到国际融资份额的 55%以上。

2. 国际融资创新工具层出不穷

近 20 年来，随着国际金融市场全球化、证券化以及自由化程度的进一步加深，金融领域的创新业务日新月异，在国际融资领域出现了新兴的融资工具和融资方式，如项目融资中的 BOT、ABS，国际股权融资中的存托凭证，债券融资中的可转换债券、中期债券、“龙债券”、欧洲票据，以及风险基金、战略结盟式融资、结构贸易融资、国际保理、福费廷等。融资方式的创新扩大了资金来源的渠道，不仅给投资者带来较高且稳定的收益，也提高了投资者资产的流动性，推动了金融管制方式的调整，进而刺激金融机构开展金融业务。

3. 国际股票融资和债券融资相融合

在一些大型的项目融资中，单一的融资方式很难满足巨额的资金需求，因此出现了项目融资中的股票融资、债券融资、银行贷款融资、供应商融资等多元化的复合融资方式。这种股票融资和债券融资的紧密结合，进一步推动了投资与融资的相互融合。其特点是不以项目承建方、项目发起人的资信、资产作担保，而是以项目建成后的预期收益为融资的条件，以保证项目的正常建设和顺利运行。

四、企业国际融资模式的选择

在众多的国际融资模式中，选择什么方式进行融资是企业首先要考虑的问题。发达国家的融资模式分为两种；一是以英国、美国为代表的证券主导型融资模式，证券融资占企业外部融资的 55%以上；二是以日本、韩国、德国为代表的银行贷款主导型融资模式，银行贷款约占企业融资的 80%以上。英美融资模式对企业的约束主要来自证券市场的兼并和接管机制。日韩融资模式对企业的约束主要来自银行对企业的监督和控制。实际上许多国家的融资模式都是采用这两种模式中的一种或改良后的模式。当然，两者各有利弊，谁优谁劣很难一概而论。以证券为主导的融资模式要求有发达的证券市场、明晰的私有产权制度和完备的法律法规与之配套，而以银行为主导的融资模式则适用于政府对经济干预程度较高的国家和地区。

国内学者王埠刚等认为，我国企业国际融资应该分两步走：①近期过渡式的融资模式，即以银行为主导的间接融资模式；②未来目标融资模式，即证券融资和银行贷款融资并重，结合其他形式的多元化融资。根据这一观点，从经济增长的角度出发，银行导向型的融资模式有利于资本密集型的大企业集团的发展，能使其成为国民经济的支柱，而英美模式在长期中难以形成稳定的银企关系，某种程度上削弱了政府对经济的推动及影响作用。日韩模式在一定程度上排斥了市场竞争，容易掩盖财政务危机和各种矛盾，会导致金融危机的集聚和爆发，如 20 世纪 90 年代日本泡沫经济的产生，1997 年韩国金融危机的爆发，而证券融资容易发挥市场中各种法律法规的监管作用，甚至可以释放、化解、分散市场风险，防止金融危机爆发。

五、国际融资模式在我国的运用

改革开放以来，中国利用外资成效显著。迄今为止，我国利用外资的规模在全球名列前茅，外资的方式也呈现多元化格局。

（一）我国利用外国直接投资的情况

目前我国利用外资的方式主要有国际直接投资、对外借款、对外证券融资、申请外国政府贷款、国际租赁、外国出口信贷、国外商业银行贷款、向外国私人及企业借款。表 5-1 列出了我国 2011—2017 年吸引外商直接投资的数据，从表中可以看出，我国利用外国直接投资的数额呈现增加的趋势。

表 5-1　外商直接投资数据

指标 \ 年份	2011	2012	2013	2014	2015	2016	2017
外商直接投资合同数（个）	27 712	24 925	22 773	23 778	26 575	27 900	35 652
实际利用外商直接投资金额（万美元）	1 160. 11	1 117. 16	1 175. 86	1 195. 60	1 262. 70	1 260. 00	1 310. 40

资料来源：商务部网站。

（二）我国外债情况

国家外汇局公布的《中国全口径外债情况表》显示，截至 2017 年，我国外债余额为 17 106 亿美元，其中，中长期外债余额为 4 625 亿美元，占外债余额的 27. 04%；短期外债余额为 10 306 亿美元，占外债余额的 60. 25%。表 5-2 列出了我国 2014—2017 年外债余额的情况。

表 5-2　2014—2017 年外债余额

时间 指标	2014 年 12 月末	2015 年 12 月末	2016 年 12 月末	2017 年 12 月末
外债总额头寸（亿美元）	17 799	13 830	14 158	17 106

资料来源：国家外汇局数据库。

（三）我国企业海外上市情况

近年来我国企业海外上市环境持续恶化。表 5-3 列出了 2014—2017 年中国企业海外上市募资总额数据。

表 5-3　中国企业海外上市募资总额

年份 指标	2014	2015	2016	2017
募资总额（亿美元）	554. 129 1	274. 991 9	231. 345 7	142. 806 8

注：为消除汇率对数值的影响，所有年份数据均按照 2018 年美元汇率进行了折算。

资料来源：国泰安公司研究系列数据库。

从表中可以看出，中国企业通过海外上市渠道获得的融资额是逐年下降的。这是由 2007 年美国次贷危机以后，中国企业海外上市举步维艰，上市数量和融资额双双缩减，资金的获取难度大大提高，转而促使中国企业更多地选择了其他融资渠道造成的。

第二节　国际项目融资

国际项目融资作为 20 世纪六七十年代兴起的国际融资方式，极大地促进了国际经济和世界贸易的发展。进入 21 世纪以来，许多新型的融资方式得到了快速的发展。尽管无形资产融资和国际融资租赁不属于传统意义上的项目融资，但由于二者在理论逻辑和实务流程中属于实体经济融资，与项目融资关联紧密，因此，本节在阐述 BOT 项目融资和 ABS 项目融资基础上，尝试性纳入了无形资产融资、国际融资租赁这两种新型方式。

一、国际项目融资概述

（一）国际项目融资的概念及特点

国际项目融资（International Project Financing）是国际上为某一特定工程项目提供贷款，贷款人以该项目未来的预期收益作为还款的资金来源，并以项目的资产、权益作抵押的一种跨国融资方式。

国际项目融资的特点如下：

（1）项目融资的资金来源多样化。银行、供应商、政府、未来客户、承建方等均可以作为资金提供方，并由政府提供间接保证。

（2）项目的还款主要来源于项目的未来收益。

（3）项目贷款人的追索权受到限制。项目贷款的还款保证主要取决于项目的预期收益，因此，承建方承担的责任有一定限制，即贷款方的追偿权受到限制。

（4）项目建设各方共同分担风险。

（二）国际项目融资的功能

1. 筹资金额大，融通资金的功能强

国际上大型项目的建设多数采用项目融资的方式，资金少则几亿元，多则上百亿元。如果按照传统的商业信贷模式，即仅仅依靠建设方的资信，则很难筹集到工程项目的全部资金，加之巨额投资的风险较大，因此传统的贷款方式受到限制。

2. 融资方式多种多样

项目融资的方式多种多样，主要有银行信贷、出口信贷、发行债券、商业信用，还有特许权经营、政府担保、下游客户预付等多种方式。

3. 提高了项目管理的水平和效率

由于项目融资的来源多元化，所有贷款方都非常重视贷款的风险防范以及还本付息情况，因此，项目融资的过程中常常会有相关当事人聘请国际一流专家指导、管理项目的建设，甚至进行全程监管，这样可以提高项目建设的质量和效率，保证项目达到预期的效益。

4. 项目融资更好地规避了国家风险

项目投资方可能来自不同的国家，涉及各国的利益，因而国际项目融资不像传统贷款业务那样面临外汇管制、税收制度、贸易壁垒、市场竞争、国有化等一系列问题，从而大大降低了国家风险。

（三）国际项目融资的主要当事人

国际项目融资的主要当事人有项目的发起人、项目企业、借款人、贷款人、项目的保证人和项目融资的咨询人、政府、供应商等。

（四）国际项目融资的运作程序

每一个项目所处的国家不同、行业不同，因此，进行项目融资的步骤各有不同。但国际项目融资按照常规可以总结为以下几个阶段。

1. 项目融资决策分析阶段

作为投资者，进行项目投资金额大、期限长，因此，前期的分析决策就显得非常重要。在这个过程中，融资方要做好充分的准备，争取获得投资方的认可并最终达成融资的协议。

2. 项目融资论证阶段

在论证阶段，投融资双方分析项目是否有投资、融资的可行性和必要性以及决定项目融资的方式。

3. 项目融资方案准备阶段

方案准备阶段的主要任务是进行项目融资的风险分析和评估，研究项目融资的币种、资金来源的国别结构、贷款的方式结构等。

4. 项目融资谈判阶段

在初步拟订的融资方案基础上，由项目融资顾问有选择地向商业银行或其他一些金融机构发出参加项目融资的建议书。项目过大的，可以考虑选择银团贷款。如果银行信贷不能解决全部资金需求问题，可以考虑选择供应商融资、客户融资、政府贷款等多种方式。

5. 项目融资执行阶段

当正式合同生效以后，主要债权人会加大项目建设的监督管理，甚至跟踪项目建设的全过程。

二、BOT项目融资模式

BOT项目融资模式是20世纪90年代兴起的一个全新的融资模式，不管是在发达国家还是在发展中国家，它都得到充分、广泛地应用，特别是在基础设施建设中发挥着极其重要的作用。

（一）BOT项目融资的概念

BOT是Build（建设）、Operate（经营）、Transfer（转让）三个英文单词第一个字母的缩写，代表着一个完整的项目融资的概念。

（二）BOT项目融资的特点

BOT项目融资具有以下特点：

（1）项目开发投资商在特许期内拥有项目所有权和经营权。

（2）项目开发投资商承担了项目投资的全部风险，因此融资成本相对银行贷款要略高一些。

（3）项目使用客户可以享受到更高的服务。与传统方式相比，BOT项目融资设计、建设和运营效率一般较高，因此，用户可以得到较高质量的服务。

（4）项目建成以后由承建方进行经营获取收益，这样可以提高项目的管理水平，为东道国培养相关人才和技术。

（5）项目建设期可以减少东道国的外债负担，但经营期结束以后，要将对方的利润汇出，可能带来大量的外汇流出。

三、ABS项目融资模式

（一）ABS项目融资模式的含义

ABS（Asset-Backed-Securitization）即资产支持证券化，是以项目所拥有的资产为基础，以该项目资产可以带来的预期收益为保证，通过在资本市场上发行债券筹集资金的一种项目融资方式。

（二）ABS项目融资模式的特点

ABS项目融资模式具有以下特点：

（1）ABS项目融资模式是一种结构融资手段。这种融资方式主要采用资产组合、破产隔离和信用增级等手段，使资产担保证券的信用水平得到提高。因此，ABS模式是一种成本较低的新型融资手段。

（2）ABS 项目融资模式可以提高资金的流动性。这是一种流动性风险管理手段。虽然 ABS 项目融资模式的资产不能随时出售变现，但发起人可以选择将流动性低的资产转换为流动性高的、标准化的证券工具，增加了资产的流动性。

（3）ABS 项目融资模式可以减轻企业的债务负担，优化资产负债结构。ABS 项目融资模式是一种表外融资方式，因此只要符合出售条件，利用 ABS 项目融资模式所进行的融资就不会增加发行人的负债。

（三）开展 ABS 项目融资的意义

1. 使得民间闲散的资金直接参与基础设施建设

ABS 项目融资解决了民间资本的分散分布与大型基础设施建设的巨额资金的集中需求之间的矛盾，即通过发行资产支持证券，能够把零星的民间资金汇聚成巨额的可用建设资金。

2. 运作程序简单，快速实现投资方和融资方的对接

在 ABS 项目融资方式运作过程中只涉及原始权益人、特设信托机构（也称特殊目的机构，即 SPV）、投资者、证券承销商等几个主体。ABS 项目融资无须政府许可、授权及外汇担保，是按照市场经济规则运作的融资方式。其操作简单灵活，降低了融资成本。

3. 降低融资风险

首先，ABS 项目融资是以现存和未来预期收益支撑固定回报投资证券的，而不是以发起人信用支撑证券的，因而可以降低证券融资的风险。

其次，ABS 项目融资的“破产隔离”制度使得即使原始权益人破产倒闭，资产也不被列入清算范围，避免了投资者受到原始权益人的信用风险影响。

最后，ABS 项目融资实现了资产的证券化，解决了资金的流动性问题。

4. 解决了所有权与运营权的分离问题

采用 ABS 项目融资方式，虽然在债券的发行期内项目的资产所有权归特设信托机构所有，但项目的资产运营和决策权依然归原始权益人所有。

四、无形资产融资

（一）无形资产的含义

无形资产是不具有实物形态却能长期为企业带来收益的契约或法律所赋予的特殊权利，主要由知识产权和专有技术构成。知识产权是指经济法规所赋予的，知识产权人对其智力发明创造的科技成果，在一定时间和一定范围内所享有的独占权利，如专利权、版权等。专有技术是指企业取得专利的技术诀窍和技术秘密，如先进的设计工艺、图纸、技术说明书、重要的技术参数指标等。

（二）无形资产的特点

1. 资产形态的非实体性

无形资产通常表现为某种权利、某项技术或某种获取超额利润的综合能力，如土地使用权、非专利技术、商誉等。它没有实物形态，却有价值，能提高企业的经济效益，或使企业获取超额收益。不具有实物形态是无形资产区别于其他资产的特征之一。

2. 独有的不可替代性或垄断性

无形资产的垄断性表现在以下几个方面：

第一，有些无形资产在法律制度的保护下，禁止非持有人无偿取得。

第二，有些无形资产排斥由他人介入带来的非法竞争，如专利权、商标权等。

第三，有些无形资产的独占权虽不受法律保护，但只要能确保秘密不泄露于外界，实际上也能独占，如专有技术、秘诀等。

第四，有些无形资产不能与企业整体分离，除非整个企业产权转让，否则别人无法获得，如商业信誉。

3. 未来收益的不确定性

无形资产的不确定性表现在以下几个方面：

第一，价值不确定。无形资产价值不易确定，评估标准性差。

第二，预期收益不确定。在较长的时期内，无形资产能为其使用者提供多少收益无法准确评估预测。

第三，有效期不确定。有些无形资产的有效期受其他企业的技术更新及技术进步或市场替代品等因素的影响。因此，无形资产的有效期长短也是融资方进行融资时需要考虑的问题。

第四，使用具有共享性。共享性是指无形资产有偿转让后，可以由拥有方和使用方共同享有。这种尴尬的状况常常使得对无形资产的法律保护比对有形资产的法律保护更困难。

（三）无形资产融资的作用

1. 拓宽企业融资渠道

企业依托无形资产可以进行筹资与投资，增加企业的市场价值，而不受外部环境或审批条件的限制，拓宽企业的融资渠道。

2. 发挥无形资产融资特定优势

与信贷、股权融资、债权融资、租赁融资等融资方式相比，利用无形资产融资具有自身的优势。相对而言，企业利用无形资产融资既不存在偿债的压力与破产的风险，也不会丧失企业对资产的所有权、控制权，同时也没有太多的限制条件，只要企业经过自身的努力开发新产品，注重品牌建设，树立良好的企业形象和声誉，就会拥有无形竞争优势，其品牌、商誉等就会成为企业所拥有的重要的自有资本。

3. 提高企业资金的流动性，盘活资金

大多数企业存在闲置资源，如土地使用权、特许经营权、数据库、经营秘诀与管理方法等，它们未被充分利用，如果能够利用无形资产进行融资，就可以盘活并提高企业资金的流动性。

4. 提高企业声誉

企业声誉是一种特殊的无形资产，它的价值是不稳定的。一方面，企业声誉一旦受损，声誉财产价值会迅速贬值；另一方面，如果善于管理声誉，那么声誉财产不但不会像其他有形财产那样随时间的推移而自然贬值，反而会增值。

5. 提升企业整体实力

进行无形资本经营可以推动企业产业结构调整和产品结构的高技术化，并最终有助于提高企业的整体实力。

五、国际融资租赁

（一）国际融资租赁的概念及特点

国际融资租赁是指位于不同国家的出租人与承租人之间在约定期间内将出租财产交承租人有偿使用的租赁关系。国际融资租赁业务是20世纪60年代发达国家为了鼓励设备的更新换代而采用的一种融资方式。后来，这种模式被应用于扩大出口和开拓海外市场。在国际租赁关系中，出租人转让某一出口标的物的使用权给他方并收取租金，承租人支付租金并享有对该物的使用权与收益权。租赁关系终止后承租人将该物返还给出租人，或根据双方约定，将该物转归承租人所有，或由承租人以低价收购，或由承租人支付较低的租金继续租赁。

国际融资租赁业务的特点如下：

1. 融资与融物相结合

通过国际融资租赁业务，企业既获得了融物（设备），也获得了融资（省去了贷款）。

2. 具有税收优惠和折旧优惠

发达国家为了鼓励企业设备的更新换代，推出了许多措施，包括对使用新设备、承租新设备给予几年内免征所得税的优惠，并给予出租人享受快速折旧的收益。这一系列的政策鼓励出租人不断购买新的设备进行出租，出租人在享受这些优惠政策的同时会把部分收益以降低租金的方式转让给承租人，因此，承租人也间接地享受到了这些优惠。

3. 具有全额融资的功能

和出口信贷相比较，国际融资租赁业务可以让承租方获得全额融资，还不增加承租方的负债，只是每月支付租金计入成本即可。而出口信贷业务只能获得80%的贷款，另外20%的贷款需要支付现汇。

4. 有助于承租方避免技术更新换代的风险

对于一些使用面宽的设备租赁，承租方可以利用国际租赁业务不断承租最新的设备，及时淘汰陈旧的设备，有助于规避技术创新风险，提高产品的竞争力。

5. 可以保护企业的商业秘密

由于国际融资租赁业务不需要企业提供更多的企业信息，因此，相比商业贷款来说，保护了企业的商业秘密。

（二）国际融资租赁业务的类型

1. 泛用性设备的租赁

泛用性设备的租赁一般由制造厂商的租赁部或专业租赁公司经营，适用于技术发展迅速的商品，如电子计算机、汽车等，期限较短，租金较高。这类租赁业务可以避免企业的技术风险，还可以为企业提供专业技术服务。

2. 服务型租赁

采取服务型租赁方式时，出租人除租赁物品外，还负责对机器设备进行保养、维修，提供燃料、原料、部件，以及负责培训技术人员；承租人所支付的租金包括上述各种费用，在合同到期前，承租人有权发出书面通知，取消合同，退还设备。这种租赁方式一般是中期租赁。对于一些长期需要维护的设备，最好采用这种方式以减少企业自己维护的成本，提高效益。

3. 金融租赁

在金融租赁方式下，由承租人选好设备，和出租人谈妥条件，出租人从银行获得贷款，然后由出租人向厂商购买设备，并向承租人出租机器或设备。这种租赁方式适合于使用面比较窄的设备。一般一个租赁期内能够收回出租人的全部投资和利润。这种方式的一个重要特点是在合同期内，承租人无权取消合同。在合同期满后，可以延长租赁期限，或者由承租人以低价收买租赁的设备，取得所有权。

4. 杠杆租赁

杠杆租赁又称代偿贷款租赁，用于租赁大型设备或成套设备，实质上是一种抵押贷款的租赁方式。

5. 综合性租赁

综合性租赁是将租赁与其他贸易方式结合在一起的租赁方式，包括与补偿贸易相结合的租赁方式和与对外加工装配相结合的租赁方式等。

6. 售出与回租租赁

售出与回租租赁是指设备的所有者先将设备按市场价格卖给出租人，然后又以租赁的方式租回原来设备的一种方式。

（三）国际融资租赁业务的流程

国际融资租赁业务的开展一般包括以下几个步骤：

（1）用户就自己希望引进的设备，与厂商洽谈，决定机器的种类、规格、交货期、保修条件及价格。

（2）选定好设备后，用户向租赁公司申请租赁。双方就租赁条件进行洽谈，讨论决定租赁期限和租赁费等合同内容，之后租赁公司与厂商签订购买合同。

（3）租赁公司对用户进行信用调查，在认为可靠的情况下，与用户签订租赁合同。

（4）租赁公司原封不动地接受用户与厂商或销售公司之间商定的条件，向厂方缴付设备价款，厂商直接向用户交货。

（5）用户收到设备后，在合同规定的期限内对该设备进行验收。验收结束后租赁合同开始生效，租期开始，并由用户定期向租赁公司支付租金。

（6）对租进设备进行维修保养应遵守合同规定，费用由承租人、厂商或出租人负担。

（7）租赁合同期满，根据规定对设备进行不同方式的处理。一般处理方式包括折价购买、续租、退租等。

第三节 国际贸易融资

当今无论是进口商给出口商的商业信用还是出口商给进口商的商业信用都积极地推动了国际贸易的发展。这种商业信用方式在国际贸易的发展历程中起到了很大的推动作用。

但商业信用具有局限性，即贸易双方的资金规模以及风险防范问题制约了国际贸易的发展。19 世纪末，银行信贷越来越多地融入国际贸易业务中。时至今日，国际贸易融资业务有了很大的发展。

一、国际贸易融资的概念

国际贸易融资是指银行等金融机构为外贸企业办理国际结算业务提供的资金融通和风险防范等金融服务。19 世纪末至 20 世纪初，国际贸易有了快速的发展。以英国为首的资本主义国家为了抢占国际市场而激烈竞争。为了提高出口企业的竞争力，英国、法国等国家先后成立政策性金融机构支持出口。这一金融创新业务极大地推动了英国和法国的对外贸易。随后，许多国家纷纷仿效成立官方对外贸易金融机构支持出口。发展至今，全球已经建立了比较规范的贸易融资体系。

二、国际贸易融资的类型

（一）按照融资的期限划分

1. 短期国际贸易融资

1 年以内（含 1 年）的进出口贸易融资称为短期国际贸易融资。该融资主要适用于企业对资金流动和周转的需求，主要包括贸易资金融通、国际保理、保值性资金流动。

2. 中长期国际贸易融资

期限在 1~5 年或 5 年以上的进出口贸易融资称为长期国际贸易融资。该融资主要用于企业改善资本结构，弥补企业资金不足，主要包括出口卖方信贷、出口买方信贷、福费廷、政府贷款等。

（二）按照融资的资金来源划分

1. 一般性贸易融资

一般性贸易融资是指资金来自商业银行的融资。这种融资多与国际贸易结算紧密结合，贷款期限有短期、中期、长期三种，贷款利率采取市场上的固定利率或浮动利率。

2. 政策性贸易融资

政策性贸易融资是指由各种官方或半官方对外贸易银行或出口信贷机构利用政府的财政预算资金向另一个国家的对外贸易银行、进口商、政府提供贷款，或由各国官方或半官方出口信贷机构提供信贷担保，由商业银行利用其自有资金向另一国银行、进口商、政府提供贷款的融资方式。该贷款通常被限定用于购买贷款国的资本货物，以促进贷款国的出口。常见的政策性贸易融资有出口买方信贷、出口卖方信贷、政府贷款、出口信用保险融资等。

三、国际贸易融资的特点

（一）国际贸易融资的用途受到严格的限制

与一般的商业银行贷款相比，国际贸易融资的贷款用途仅限于进出口国际贸易。例如，如果和日本企业做进出口贸易，想申请日本的贸易出口信贷融资，资金必须用来购买日本企业制造的产品，或者日本企业制造的产品在出口中所占的比例达到80%以上。

（二）国际贸易融资的金融风险较大

融资风险主要表现在汇率风险、利率风险、信用风险、政治风险等方面。

1. 汇率风险

国际贸易融资的币种通常是国际货币或贷款国货币，这些货币的汇率风险常常需要借款方承担。

2. 利率风险

在整个贷款期内，随着国际金融市场上利率的波动，借贷双方都会面临利率风险。如果市场利率上升，贷款方就面临利率风险；如果市场利率下跌，借款方就面临利率风险。

3. 信用风险

国际贸易融资的双方分别处于不同的国家，借款方的经营状况、市场变化等很多不确定性因素会直接影响贷款本息的归还。一旦出现经营不善、到期无力偿还贷款或要求延期还款等情况，则会影响银行的资金周转甚至利润。

4. 政治风险

借款方所在国家的外汇管制制度、货币自由兑换制度等都会影响贷款的按期归还。

（三）国际贸易融资比国内贸易融资更复杂

国际贸易融资的复杂性表现在融资的主体和客体的多样性。在国际贸易中，交易双方来自不同的国家和地区，而且使用贷款的企业分布于各行各业，让银行做到全面了解企业资信以及准确地进行贷款风险评估相对困难。借款方有可能是企业、银行、政府，借款主体的多样性也增加了贷款的风险。

（四）国际贸易融资业务常常表现为综合性的金融服务业务

随着国际贸易业务的快速发展，国际贸易融资业务呈现出多元化、复合化的趋势。融资业务常常和国际结算、国际信用保险、金融风险防范业务紧密结合。例如，短期国际贸易业务中的国际保理业务给出口商提供信贷融资、汇率风险防范、利率风险防范、信用风险防范、国际结算、海外信息咨询、海外市场调查、出口商海外拖欠货款追收业务等；另外，出口信贷业务常常和出口信用保险业务相结合。

（五）国际贸易融资业务通常得到本国政府支持

一国的对外贸易业务给本国的经济发展带来巨大的外汇收入，也为本国居民提供了就业机会。早期英国、法国的对外贸易金融服务业务通过政府成立官方对外贸易银行，提供利息较低的优惠性贷款，同时提供政策性金融保险业务。进入21世纪以来，各国政府都在不断扩大政府对贸易融资的支持力度和范围。因此，某种程度上说，今天的国际贸易竞争更多是国家之间的竞争，即贸易竞争力取决于政府能够提供的财政支持力度。

四、国际贸易融资的作用

（一）调整进出口结构，促进国际收支平衡

一个国家的国际收支是衡量一国经济发展状况的重要经济指标。国际收支失衡，不管是逆差还是顺差的失衡，对一国经济的发展都不利。进出口贸易尤其是出口对于平衡国际收支，带动经济增长具有重要的作用。工业发达国家凭借经济技术上的优势，在国际贸易领域占据着主动地位。经济的调整，特别是进出口结构的调整，有利于改善生产资源的合理配置，改变进出口数量，促进国际收支的平衡。国际贸易融资在这一方面发挥着重要作用。

（二）大力发展对外出口

工业发达国家对外贸出口和国际市场的严重依赖，会迫使这些国家运用政府的干预职能促进出口，尤其是出口附加值高、技术含量大的工业制成品和设备。发展中国家在加速工业化和发展民族工业的过程中也十分倚重出口贸易。但发展中国家面临着资金和技术的双重压力，一方面出口的多为劳动资源密集型产品，另一方面进口的多为工业制成品和大中型技术设备，很容易引起贸易进出口失衡，导致出现贸易逆差。

（三）提高出口企业的国际竞争力

就企业而言，其发展离不开必要的资金投入；就国家来说，其经济建设需要资金。企业如果资金短缺，就无法扩大生产，改进技术，开发新产品，增强竞争力；国家如果财力有限，很多经济项目就无法付诸实施，势必减缓经济建设的速度。国际贸易融资作为企业、金融机构、各国政府筹措资金的手段和途径，能够合理调剂资金，合理配置资源要素，对各国经济和世界经济的发展起着积极作用。

（四）促进一国有效地参与国际经济

利用国际贸易融资，通过向出口商及其客户提供融资保险、担保等金融服务，能够提高国际竞争能力，促进一国有效地参与国际经济。国际贸易的规模、数量、贸易伙伴的范围等的不断扩大，使得贸易的复杂性和不确定性加大，贸易双方既希望完成交易，又畏惧且无力承担风险。在这种情况下，银行为进出口商提供贸易融资、信用担保，为企业免去了后顾之忧，从而促进了国际贸易的发展。

（五）使企业获得资金融通，提高企业竞争力

利用国际贸易融资，企业在满足市场竞争需要并获得资金融通的同时，能凭借优惠的信贷条件和有竞争力的支付条件获取更多的订货，从而提高国际竞争能力，打开和占领新的市场，在世界经济中扮演更重要的角色。企业产品顺利出口有利于企业改善管理、不断发展，也有利于企业稳定和扩大就业，在繁荣微观经济的同时，提高一国的就业率。

五、国际保理业务

（一）国际保理业务的概念

国际保理又称国际保付代理，是商业银行或附属机构通过收购消费品出口债券而向出口商提供的一项综合性金融业务，其核心内容是以收购出口债券的方式向出口商提供出口融资和风险担保。国际保理业务的特色在于，将一揽子服务综合起来由一个窗口提供，并可根据客户需求提供灵活的服务项目组合。

国际保理商联合会颁布的《国际保理业务惯例规则》（*Code of International Factoring Customs*）认为，国际保理业务是一项集贸易融资、结算、代办会计处理、资信调查、账

务管理和风险担保等于一体的综合性金融服务业务。其一般做法是：在国际贸易中运用赊账或承兑交单托收结算方式，由保理商从出口商那里购进以发票表示的对进口商的应收账款，从而为出口商融通资金，同时提供资信调查、销售分户账管理、货款回收和坏账担保等服务。

（二）国际保理业务的作用

1. 具有融资的功能和风险防范的作用

在国际保理业务中，进口商不办理任何手续，也不承担任何费用，而是由出口商在合同签订之前与保理商签订保理协议，并由出口商承担相关的保理费用，一般为合同金额的1%~2%。因此，从手续及资金的负担上来看，国际保理对进口商来讲具有极高的财务灵活性和吸引力，没有占压资金；出口商虽有一定的资金负担，但却具有极高的出口竞争能力。

国际保理商可以按照出口商的要求提供80%的贷款融资，并能够在放弃追索权的前提下防范汇率风险、利率风险、信用风险。

2. 能促进国际贸易的发展，提高出口商的国际竞争力

在国际保理业务中，虽然保理协议与买卖合同是两个相互独立的合同，但是出口商必须在签订合同之前，先与保理商签订保理协议，并在保理商允许的额度内与买方签订买卖合同，否则，保理商不承担付款的责任。同时，保理商为维护自身的利益，都会要求出口商在买卖合同中列入保理协议的某些条款。另外，在国际保理业务中，出口商必须按时、按质、按量发货，因为在保理业务中，即使进出口商对产品存在争议，保理商也不承担付款责任。由此可见，在付款的保证上，国际保理对买方有利。

（三）国际保理业务的特点

1. 国际保理业务是一种综合性的金融服务业务

在国际保理业务中，保理商除了给出口商提供贸易融资以外，还给出口商提供转嫁风险、进口商资信调查、海外信息咨询、代保管凭证业务、代账务处理业务等。这种业务非常受进出口商的欢迎，能够适应国际贸易交货迅速的要求。

2. 国际保理业务是一种新型的结算方式

在进口商不欢迎信用证结算方式的情况下，出口商选择国际保理业务进行贸易，可以使出口商获得更多的订单，而且手续费低，也消除了进口商担心信用证业务申单申证不申货的顾虑。另外，保理业务是一种B2B意义上的电子商务，国际保理商联合会所启用的统一的保理电子数据交换系统利用全球数据交换网络传递信息，使得国际保理业务比一般的结算方式更加便捷、准确和高效。

六、出口信贷

（一）出口信贷的概念

出口信贷是一国政府为支持和扩大本国大型设备等产品的出口，增强国际竞争力，对出口产品给予利息补贴、提供出口信用保险及信贷担保，或鼓励本国的银行或非银行金融机构对本国的出口商或外国的进口商（或其银行）提供利率较低的贷款，以解决本国出口

商资金周转困难的问题，或满足国外进口商对本国出口商支付货款需要的一种国际信贷方式。

(二) 出口信贷的特点

出口信贷属于政策性金融所支持的信贷服务，它具有其他国际贸易融资方式所不具有的特点，具体如下：

(1) 必须与出口贸易相结合。出口信贷附有采购限制，只能用于购买贷款国的产品，而且都与具体的出口项目相联系。

(2) 属于条件优惠的贸易融资。出口信贷的贷款利率低于国际资本市场利率，利息差额由贷款国政府补贴。

(3) 通常与出口信用保险相结合。在出口信贷方式下，由国家或其授权机构承担85%~100%的出口项目的政治风险及商业风险。

(三) 出口信贷的种类

根据贷款的对象不同，出口信贷可以分为出口卖方信贷和出口买方信贷。

1. 出口卖方信贷

出口卖方信贷是出口方银行向本国出口商提供的商业贷款。出口商以此贷款为垫付资金，允许进口商赊购自己的产品和设备。出口商一般将利息等资金成本费用计入出口货价中，将贷款成本转移给进口商。由于出口卖方信贷的借款方仍然是出口商，因此，出口卖方信贷只能解决出口商的资金周转问题，不能解决出口商的风险防范问题。所以，这种出口卖方信贷在实际业务中较少使用。

2. 出口买方信贷

在出口买方信贷中，出口国政府支持出口方银行直接向进口商或进口商银行提供信贷支持，以供进口商购买技术和设备，并支付有关费用。出口买方信贷一般由出口国出口信用保险机构提供出口买方信贷保险。出口买方信贷主要有两种形式：一是出口商银行将贷款发放给进口商银行，再由进口商银行转贷给进口商；二是由出口商银行直接贷款给进口商，由进口商银行出具担保。贷款币种为美元或经银行同意的其他货币。贷款金额不超过贸易合同金额的80%~85%。贷款期限根据实际情况而定，一般不超过10年。贷款利率参照经济合作与发展组织（OECD）确定的利率水平而定。

七、福费廷

(一) 福费廷业务的概念

福费廷（Forfeiting）是指在延期付款的大型设备贸易中，出口商把经过进口商承兑并经过进口地银行担保的期限为半年到五六年不等的远期汇票，无追索权地出售给出口商所在地的金融机构，提前取得现款的一种资金融通方式。福费廷业务是一种以无追索权形式为出口商贴现远期票据的金融服务，属于中长期融资方式。现代的福费廷业务出现于20世纪40年代中期，为了解决欧洲各国进口商品的外汇资金不足问题，瑞士银行率先开展福费廷业务。早期的福费廷业务起源于消费品信贷，后来发展成为专门为大型成套设备出口提供的资本性货物融资业务。

(二) 福费廷业务的特点

福费廷业务具有以下特点：

(1) 福费廷业务中的远期票据通常是销售大型成套设备等的远期贸易票据。

(2) 福费廷业务中的票据转让必须是放弃追索权的票据买卖。出口商在背书转让债权凭证的票据时均须加注“无追索权”字样，从而将收取债款的权利、风险和责任转嫁给包买商，包买商对出口商、背书人无追索权。

(3) 福费廷业务融资期限可以是短期或长期，按照票据的期限一般在1~5年，属中期贸易融资。但随着福费廷业务的发展，其融资期限扩充到1个月至10年不等，时间跨度很大。

(4) 福费廷业务属批发性融资工具，是100%合同金额的融资，融资金额为10万美金至2亿美金，可融资币种为主要贸易货币。

(三) 福费廷业务的流程

福费廷业务的主要流程如下：

(1) 出口商（收益人）与进口商（申请人）商谈签订贸易合同。

(2) 进口商（申请人）向所在银行（开证银行）申请向收益人（出口商）开立远期信用证。

(3) 出口商（收益人）所在银行收到远期信用证并通知信用证收益人。

(4) 出口商（收益人）安排货物出运并向银行交单。

(5) 出口商（收益人）将远期信用证无追索权地售予出口商所在银行。

(6) 出口商可按商定时间获得资金，不必等到信用证到期。

福费廷业务的运行过程如图5-1所示。

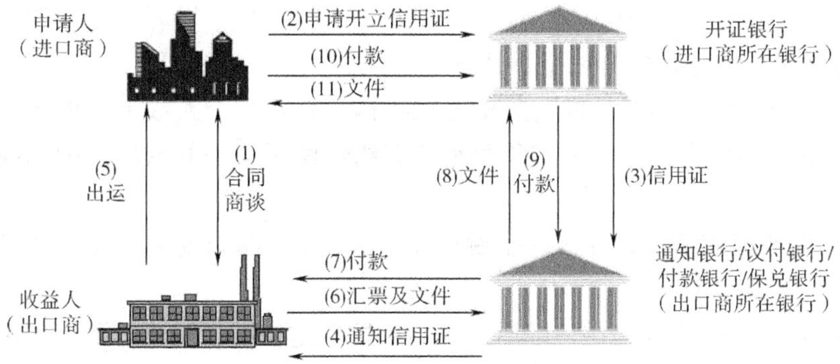

图5-1 福费廷业务的运行过程

资料来源：MBA智库百科。

(四) 福费廷业务的作用

和商业贷款、贴现、国际保理等其他几种融资方式相比，福费廷业务具有独特的避险和融资功能。

1. 风险防范

福费廷业务的利率是固定的，票据交易是卖断票据、放弃追索权的票据买卖，因此，既防范了信用风险、汇率风险，又防范了利率风险。

2. 提高出口商竞争优势

出口商以延期付款的方式销售产品，可以不占用其资金，同时也不需要进口商预付货款，这种结算方式可以大大提高出口商的竞争力，促进出口商开拓国际贸易市场。

3. 不占用企业授信额度，全额融资，操作简便

在福费廷业务中，银行以出口商的远期票据为依据办理融资，不占用企业的授信额度，且融资金额为票面金额的100%。而一般贴现、押汇及保理均在企业总授信额度之内，如保理业务的融资比例最高只有票面金额的85%。

4. 利用外国资金扩大本国出口

由于福费廷业务的票据有进口国的一流银行担保，在票据没有到期以前，商业银行如果想转让票据解决资金的流动性问题，可以考虑通过国际金融市场把票据转让出去。另外，福费廷业务有国际一流银行作担保，有效降低了国际投资者购买该种票据的风险，进而有助于利用外国资金扩大本国出口。

第四节　国际信贷融资

企业进行国际融资时一般首先选择在银行信贷市场融资，因为银行信贷市场的条件、对企业的要求等比直接融资宽松，资料的准备也更为简单快捷。企业在国际信贷市场上选择的融资方式主要有双边贷款、银团贷款、政府贷款和国际金融组织机构贷款等。

一、国际商业银行信贷

（一）国际商业银行信贷的概念及特点

商业银行信贷是指境内机构向境外的金融机构、企业、个人或者其他经济组织以及在境内的外资金融机构筹借的，以外国货币承担契约性偿还义务的款项。国际商业银行信贷有以下特征：

（1）国际商业银行信贷是在国际金融市场上进行的，国际金融市场有传统的国际金融市场和离岸金融市场两种。

（2）国际商业银行信贷是在一国借款人与外国贷款银行之间进行的，即借贷双方分别处于不同的国家，属于不同国家的法人居民。

（3）国际商业银行信贷是采取货币资本（借贷资本）形态的一种信贷关系。目前常用的货币币种主要有美元、欧元、日元、加拿大元及人民币等十余种货币，这些货币都是可以自由兑换的被国际上普遍接受的结算货币。

（4）国际商业银行信贷是自由外汇信贷，即对商业银行信贷的资金用途没有限制，同时鉴于没有优惠成分，所以信贷条件随行就市，利率是按照市场利率确定的。

（二）国际商业银行信贷的种类

国际商业银行信贷主要有两种：独家银行信贷和国际银团信贷。

1. 独家银行信贷

独家银行信贷是指由一家银行给某一借款方提供的商业信贷。在这种信贷方式下，银行收取一定的利息，按照合同约定还本付息。

2. 国际银团信贷

国际银团信贷又称辛迪加信贷，是指由一家银行牵头、多家银行参加，在一项贷款协议中按同一条件向某一借款人发放贷款的信贷方式。该信贷的贷款银行经常来自世界不同地区，该信贷也很少设在借款人的国家。银团信贷本质上是一种金融创新业务，是为了防止金融管制以及防范金融风险而产生的新型信贷业务。银团信贷的优势主要表现为以下几点：

（1）有利于借款人扩大知名度。因为银团贷款的金额大、期限长，涉及多家银行，对于借款人的要求更高，因此，在这种严格要求的条件下能够获得银团贷款，某种程度上就表明借款方的实力和资信。

（2）贷款金额较大。根据国际惯例，国际银团贷款的每笔交易额都在 2 000 万美元至 150 亿美元之间。这种资金量大的贷款如果按照常规申请独家银行信贷会比较困难。

（3）贷款期限较长。国际银团贷款一般是中长期贷款，贷款期限可在 1~15 年，多数则为 3~10 年。

（4）可以分散风险。利用银团贷款时，会有多方银行共同参与贷款业务，贷款的发放过程相对规范严格。

（三）国际商业银行信贷的条件

与国内银行信贷相比，国际商业银行信贷的条件要苛刻一些。

1. 贷款本金的支用

国际商业银行信贷的本金的支用期限一般包括五个部分：

（1）货款本金总额。贷款本金总额遵守合同约定。

（2）货款本金提款期。对贷款本金约定一个提款期，即本金不是一次全部提完，而是在一定期限内分次提取。这一时期称为贷款的提款期。

（3）提款日。由于借款人与贷款银行不在同一城市，并且发放贷款的币种是国际货币，因此借款人要求提款时必须提前一定时间以约定的方式告知贷款银行。

（4）提款额。在约定分期提款额内，每次提款不得少于一个最低额。

（5）提款逾期。当约定提款期届满时，如双方没有另外安排，未用部分贷款自动失效，借款人不得要求继续贷款。

2. 贷款本金的归还

贷款本金的归还一般有以下规定：

（1）宽限期。在贷款首次使用后的一定时期内，借款人只付利息，不支付本金。这段时间可以充分使用贷款本金。

（2）还款期。每笔贷款规定最终还本的期限，在此期限内规定分批还本的日期。例如，还款期为两年，那么两年内可能每半年还款一次，分四次还完本金。

（3）还款日。企业按照约定还款时要提前通知银行。

（4）还款逾期。贷款逾期不还，借款人要按约定支付逾期加息，按日计收加息。若借款人到期不偿还贷款，即为逾期违约，银行将按贷款违约处理。

3. 贷款利息的计收

商业银行的贷款利率没有任何优惠成分，完全随行就市，因此，利率较高，基本上按照复利计息。

（1）基准利率。如果是长期贷款，国际商业银行信贷利率通常按照国际利率水平每半年浮动一次的国际惯例来操作。国际利率可供参考的有伦敦银行同业拆借利率、美国商业银行同业拆借利率等五种利率。如果是短期借贷，利率水平由双方商定。

（2）计息期。每 6 个月为一个计息期，并根据计息期前两天 LIBOR 的水平做调整。因此，国际商业信贷采取复利计息，利息负担较重。

（3）本金利息的支付。按实际用款天数计算计息日。一般说来，美元 1 年算作 360 天，港元一年算作 365 天。

4. 承担费的支付

银行已承诺但客户未支用的贷款是无利息收入的，因此银行往往要求客户支付一定费用，该费用称为承担费。承担费费率一般为每年 0.25%。承担费可以根据双方协议少收或免收。银行之所以收取承担费，主要是因为银行为客户准备了资金，而客户没有提取，这就给银行带来了利息的损失，作为补偿，客户应该承担一部分费用。

5. 贷款违约

贷款违约分为两种：一是本次贷款违约，按照合同的约定赔偿损失；二是其他贷款违约，视为交叉违约，即借款方对其他银行的贷款业务发生违约视同借款方不守信用，银行可以要求其提前还款，并中止贷款。

二、政府贷款

（一）政府贷款的概念

政府贷款是指一国政府利用自己的财政资金向另一国政府提供的优惠贷款。政府贷款期限长，利率低，带有经济援助的性质。

（二）政府贷款的特点

政府贷款具有以下特点：

（1）政府贷款条件优惠。政府贷款是以政府名义进行的政府双边贷款，一般是在两国政治外交关系良好的情况下进行的。

（2）政府贷款是具有双边经济援助性质的贷款，期限比较长，属于中长期贷款。一般期限从 10 年到 30 年不等，有的甚至长达 50 年；利率比较低，一般在 1%~3%，有些甚至是无息贷款。

（3）政府贷款属于主权外债，贷款必须偿还。外国政府贷款是本国政府对外借用的一种债务，是国家主权外债。

（三）我国使用外国政府贷款的程序

各个国家的政府贷款程序有一些差异。我国申请外国政府贷款项目的审批管理程序包括：

（1）编制项目建议书；

（2）办理项目建议书批准手续；
（3）向国家发展和改革委员会申请列入备选项目计划或报批外资方案；
（4）根据国家发展和改革委员会的批复，编制项目可行性研究报告，办理可行性研究报告批准手续；
（5）落实还款责任，由财政部向贷款国提出项目；
（6）贷款国来中国对项目进行评估；
（7）两国政府签订贷款协议；
（8）按照可行性研究报告要求，编制初步设计文件；
（9）与外商进行技术交流，并签订供货合同；
（10）转贷银行对项目进行评估，并签署转贷协议；
（11）提出开工报告，进行工程施工准备；
（12）可行性研究报告审批部门出具免税确认书，办理设备进口免税手续；
（13）项目建设，竣工，验收；
（14）项目建成投产，进行项目后评价，提出评价报告。

三、世界银行贷款

早期的世界银行会贷款给成员国发展经济，今天世界银行的贷款条件和方向都发生了一些改变：

（1）世界银行贷款给成员国或由成员国政府担保的机构，有时也向某些成员国管辖之下的地区承诺贷款。

（2）世界银行的贷款一般是专款专用。世界银行一般发放的是项目贷款，在审核项目的初期要进行项目的可行性论证。

（3）世界银行贷款的发放条件有限制，只有在成员国确实不能通过其他渠道获得资金时才考虑发放。

（4）世界银行的贷款只发放给有偿还能力的成员国，因此，世界银行贷款不同于慈善赠予。

总之，申请政府贷款和世界银行贷款的机会较少，多数企业通过这两种渠道融资比较困难。一般企业常用的信贷方式是商业信贷。

第五节 国际票据融资

一、国际票据融资概述

（一）票据的概念

票据融资是一种以票据为载体的融资方式。票据概念有广义和狭义之分。广义的票据包括各种有价证券和凭证，如股票、企业债券、发票、提单等；狭义的票据包括本票、汇票和支票，是指由出票人签发的、约定自己或者委托付款人在见票时或指定的日期向收款人或持票人无条件支付一定金额的有价证券。本票是由债务人向债权人发出的支付承诺书，承诺在约定期限支付一定款项给债权人；汇票是由债权人向债务人发出的支付命令书，命令债务人在约定的期限支付一定款项给第三人或持票人；支票是银行存款户对银行签发的要求见票时对收款人或持票人无条件支付一定金额的票据。

货币市场中交易的票据有商业票据和银行承兑票据两类。典型的商业票据产生于商品交易中的延期支付中，有商品交易的背景，这种有交易背景的商业票据也称为真实票据。商业票据只反映由此产生的货币债权债务关系，并不反映交易的内容。其具有不可争辩性的特征，即只要证实票据不是伪造的，付款人就应该根据票据所载条件付款，无权以任何借口拒绝履行义务。此外，商业票据的签发不需要提供其他保证，只靠签发人的信用。因此，商业票据能否进入金融市场，要视签发人的资信度而定。在商业票据中，除了真实票据外，还有大量并无交易背景而只是单纯以融资为目的发出的票据，通常称作融通票据。银行承兑票据是指在商业票据的基础上，由银行介入，允诺票据到期履行支付义务的票据。票据由银行承兑，信用风险相对较小，银行对这项业务收取手续费。在发达市场经济国家，作为一种银行筹资手段的银行承兑汇票的发行人大多是银行自身。

（二）国际票据融资的概念

国际票据融资的概念与传统的票据融资并无太大差别，仅仅是将融资的范围扩大至国际市场，因此可以用传统的票据融资进行说明。

利用票据进行融资有多种方式，基本包括票据质押贷款、发行融通票据和票据贴现。

票据质押贷款是以票据为担保进行的相关经济活动，若票据到期而质押相关活动没有结束，则会没收相关票据。发行融通票据指的是一方（通常为资金需求者）作为债务人签发票据，另一方作为债权人给予承兑，出票人则于票据到期前将款项送还付款人（即承兑人），以备清偿的融资手段。票据贴现是指将未到期的票据卖出以获得流动性的行为。

票据体现的是一种直接信用，票据贴现融资要依靠票据在票据市场上的流通。用票据进行短期融资的主要方式是票据贴现。票据的持有者可以将票据进行出售（贴现），融入资金低于票据面值的差额部分就是支付给票据买方（贷款人）的利息，票据到期时再由贷款人按面值还款。

票据质押贷款和票据贴现最显著的区别在于，票据质押贷款不发生票据所有权的转让，而票据贴现则会发生所有权的转让，即票据的流动。票据与债券的主要差别在于，票据可以自由转让，其发行也没有特别条件，债券的发行与转让都需要一定的条件，另外债券一般都是付息的，票据则有付息和不付息两种。

二、国际票据融资的特点

（一）企业规模不受限制

票据融资没有对融资企业规模的限制，其依据的是企业的市场经营状况。票据融资不同于银行贷款，不需要对融资企业的偿还能力进行担保，即使规模较小的企业，在市场销售良好时也可以获得较大规模的融资。这就为中小企业，特别是产品附加值与风险都比较高的高新技术企业的扩大再生产提供了便利，使其不至于因为规模小、风险大或无法找到担保人而放弃融资。

（二）增强了企业的资金流动性

企业收到票据至票据到期兑现之日，往往是少则几十天，多则 300 天，资金在这段时间处于闲置状态。合理地利用票据融资可以降低企业被闲置的资金，增强流动性，提高资金利用效率，确保其生产的连续性，即“用明天的钱赚后天的钱”。

（三）融资成本低

首先，票据贴现业务的办理十分简单，不需要披露企业信息，不需要抵押，也不一定需要寻找相关机构代为发售，这就在很大程度上降低了融资所需要的服务成本。

其次，票据融资的利率较低，国际票据融资的利率一般为伦敦银行同业拆借利率加上一定的加息率。在这两种因素的作用下，票据融资的成本被极大地降低。

（四）具有较大的灵活性

票据融资在数量和期限上没有规定，贴现或发行多少数额的票据，在到期日前多久进行贴现，企业都可以根据自己的需要灵活地选择。

三、国际票据融资的方式

（一）发行票据

通过发行票据进行融资的方式有很多，以下是常见票据类型：

1. 欧洲商业票据

欧洲商业票据是一个国家的政府、政府机构或大企业凭其商业信用发行的无抵押借款凭证，用以在欧洲货币市场上筹措短期资金。

2. 欧洲中短期票据

欧洲中短期票据实际是欧洲债券市场的一种债券。它是政府或企业作为借款人发行的票据，经认购或与商业银行和投资银行签订合同推销给最后投资者。票据的发行是通过所谓“发行合同”进行的，有固定的发行期限，并有最高发行限额。借款人有权在发行期限内发行至最高限额。一般由一家银行或辛迪加银行牵头，其他银行认购部分票据，牵头银行收取管理费，其他银行收取认购费。

3. 银行承兑票据与定期银行承兑票据

银行承兑票据在前面已经进行了解释。定期银行承兑票据是一种中长期固定利率的融资工具，通常期限为一年半至五年。该票据的利率是根据市场确定的，在其期限内是固定的。

4. 担保承兑票据

担保承兑票据与普通的银行承兑票据基本相同，只是由承兑银行的总行出具担保，总行的担保提高了该票据在资金市场上的销售地位和竞争力。

5. 银团承兑票据

将票据作为银团贷款的一部分，每个银团成员根据它参与银团的份额来接受其所承担客户票据的比重，这种票据就是银团承兑票据，它与普通的银行承兑票据基本相同。

6. 全面承兑票据

全面承兑票据是借款人有权要求银团中的任何一位成员或几位成员接受并购买它签发

的以“全体银团成员承兑票据利率”确定利息率的票据。“全体银团成员承兑票据利率”是银团成员准备不收承担费购买汇票的利息率。借款人采用全面承兑票据融资能够在银团成员中得到最理想的利率，降低筹资成本。

7. 浮动利率票据

浮动利率票据是欧洲债券的一种替代形式，欧洲债券是中期债券，以固定或预定利率获得利息。20 世纪 70 年代的通货膨胀和利率的不断上升，使得固定利率债券投资吸引力下降，浮动利率票据得以发展。

8. 不定期浮动利率票据

不定期浮动利率票据是银行为扩大其资本额而进行集资活动发明的新型票据。这一集资方式产生的背景是：英格兰银行及其他发达国家金融监管机构，针对国际性金融危机，在考虑银行实力时，不以其资产总值进行衡量，而是逐渐依据规定资本与风险资产的比率来限制金融机构信贷扩张。由于该票据被视为资本之一，通过这种方式集资，可以使资本额扩大，可以大大增强银行的贷款能力，不致受资本/风险资产比率的限制。它与一般商业票据或存款证的区别，主要是没有规定还款期，而且性质上与优先股相似，即必须优先支付利息给票据持有者。

（二）贴现

贴现的基本计算公式为：

贴现金额=（距到期日时间/360）×（票据面值×年贴现率）

根据票据或票据相关双方协议的不同，贴现可分为三类：

1. 银行承兑汇票贴现

银行承兑汇票是商业汇票的一种，是由在承兑银行开立存款账户的存款人出票，向开户银行申请并经银行审查同意承兑的，保证在指定日期无条件支付确定的金额给收款人或持票人的票据。对出票人签发的商业汇票进行承兑是银行基于对出票人资信的认可而给予的信用支持。

当持票企业有资金需求时，可持银行承兑汇票到银行按一定贴现率申请提前兑现，以获取资金。在银行承兑汇票到期时，银行向承兑人提示付款，当承兑人未予偿付时，银行对贴现申请人保留追索权。这是一种以承兑银行的信用为基础的融资，其贴现利率市场化程度高。

2. 商业承兑汇票贴现

商业承兑汇票是由银行以外的付款人承兑的票据，按交易双方约定，由销货企业或购货企业签发，但由购货企业承兑。商业承兑汇票的付款人收到开户银行的付款通知后，应在到期日通知银行付款。商业承兑汇票的贴现是以企业信用为基础的融资，如果承兑企业的资信非常好，则相对较容易取得贴现融资。其贴现流程与银行承兑汇票贴现无太大差别。

3. 协议付息票据贴现

协议付息票据贴现是指卖方企业在销售商品后持买方企业交付的商业汇票（银行承兑汇票或商业承兑汇票）到银行申请办理贴现，由买卖双方按照贴现付息协议约定的比例向银行支付贴现利息后，银行为卖方提供的票据融资业务。该类票据贴现除贴现时利息按照买卖双方贴现付息协议约定的比例向银行支付外，其他业务处理与一般的票据贴现业务处理完全一样。票据贴现利息一般由贴现申请人（卖方）完全承担，而协议付息票据在贴现利息的承担上有相当的灵活性，贴现利息既可以由卖方承担，也可以由买方承担，还可以由双方共同承担。与一般的票据相比，协议付息票据中贸易双方可以根据谈判力量以及各自的财务情况决定贴现利息的承担主体以及分担比例，从而达成双方最为满意的销售条款。

此外，票据质押贷款也是重要的国际票据融资方式，其本质上属于银行抵押或质押贷款融资，因此此处不再阐述。

随着国际经济的不断发展，除以上三种最基本的方式外，票据融资还诞生出了一些新方式，如未来股权简单协议（Simple Agreement for Future Equity，SAFE），发行这种票据，在向投资者出售股份时，无须就所有细节与投资者谈判，只需以某些名义授予投资者购买股份的权限，它是一种可转换票据，既兼顾了可转换债券的优点，又避免了可转换债券的一些弊端。

第六节　国际证券融资

20 世纪 80 年代初期的拉丁美洲债券危机使得传统的银行信贷融资方式受到挑战，人们再次把目光转向证券融资。因此，80 年代至今，证券融资方式一直是主要的国际融资方式和渠道。国际证券融资方式主要有国际债券融资与国际股票融资两种。对此，本节分别进行阐述。

一、国际债券融资

（一）国际债券的概念及种类

1. 国际债券的概念

国际债券是指一国政府当局、金融机构、工商企业以及国际组织机构，为了筹措资金而在国际债券市场上以外国货币为面值发行的债券。

2. 国际债券的种类

按照不同的标准，国际债券可以有不同的分类方法：

（1）根据是否在债券面值货币发行国进行融资，分为外国债券和欧洲债券。外国债券是指在发行人所在国以外的国家发行的，以发行地所在国货币标明面值的债券，即债券的发行人属于一个国家，而债券的发行地和面值货币则属于另一个国家。欧洲债券是指发行人在国际金融市场上发行的以非本国的法定货币为面值的债券。

（2）根据发行债券是否面向大众筹集资金，分为公募债券和私募债券。公募债券是向社会广大公众发行的、可以在证券交易所上市公开买卖的债券。私募债券的发行仅仅面向特定的投资者，数量有限，不允许上市公开交易。

（3）根据债券的还本付息方式的不同，分为一般债券、可转换债券和附认股权债券。一般债券是按债券票面标明的方式按期还本付息的债券。这种债券的利率和期限都是固定的，通常含有到期前提前偿还的选择性条款，越临近到期日，其偿还价格就越接近面值。可转换债券在发行时给投资者一种权利，即经过一定时期后，投资者有权按照债券票面额将企业债券转换成公司的股票，成为公司的股东，享受企业股票分红待遇。发行可转换债券可以降低融资成本和获得可转换溢价。

附认股权债券是指能获得购买发行债券公司股票权利的债券。投资人一旦购买了这种债券，在该公司增加投资时，可以获得购买该公司股票的优先权，同时还可以获得按股票最初发行价格购买的优惠。这种方式也是为了吸引投资者购买债券。

（二）国际债券融资的特点

国际债券融资作为国际融资的一种重要形式，与其他融资方式相比具有一定的特殊性，其特点如下：

（1）筹资成本低，资金供应量大。国际债券融资是直接融资方式，省去了银行信贷业务中商业银行要赚取的存贷款利差，因此，成本降低。

（2）可满足企业长期资金的需求。发行国际债券筹集资金的期限较长。例如，欧洲债券一般是中长期债券，期限一般为3~10年，其中，欧洲美元债券的期限为5~8年。

（3）相当于企业的免费广告。发行国际债券筹集资金，所在国对发行人的资信要求较高。发行人要顺利实现融资，一般都要经过严格的审查和专业评级，只有获得较高的评级并满足各种条件才能够上市发行债券。

（4）是再次发行债券、股票的基础。如果第一次发行债券成功，在国际市场上就树立了良好的形象，以后再筹集资金就相对容易一些。

（5）可避免企业被收购、兼并。发行国际债券融资，企业能够掌控经营管理权，还可以节约本国的外汇资金。

（三）国际债券的发行条件

国际债券的发行条件主要包括以下部分：

1. 发行额

发行额的大小取决于企业的长远发展的资金需求、发行市场投资者的资金需求、发行者的信誉程度、承销者的能力、世界经济状况等因素。

2. 还本付息的年限

一般发行债券的年限都集中在3~10年，当然发行年限也根据不同行业、不同产品、不同市场而定。还本年限应考虑发行人对资金的使用年限和还债资金的积累速度，使用年限越长，还债资金积累速度越慢，则偿还年限越长。时间越长，筹资者、投资者面临的不确定性风险（如利率风险、汇率风险、外汇管制风险、政治风险）越大。

3. 债券利率

确定债券利率可以考虑六个因素：一是银行同期的存款利率；二是市场资金供求情况；三是债券的偿还期限；四是信用评级；五是其他国际债券的利率水平；六是计息方式。不同的计息方式下最终支付的利息不同。

4. 利息的支付及计算方式

（1）国际债券利息的支付方式。债券的付息方式是指发行人在债券的有限期间内，何时和分几次向债券持有者支付利息的方式。付息方式既影响债券发行人的筹资成本，也影响投资者的投资收益。

（2）利息的计算方法。利息的计算方法主要有两种：一是采用固定利率计息，指在发行时规定利率，并在整个偿还期内保持不变；二是采用浮动利率计息，即发行的规定债券的利率随市场利率定期浮动，通常由市场基准利率加上一定的利差来确定利率。

5. 发行价格

国际债券发行价格的方式主要有平价发行、溢价发行和折价发行。

（四）国际债券的发行程序

按照国际融资惯例，国际债券的发行通常要经过以下几个阶段：

（1）确定债券发行意向。确定债券发行意向时通常考虑以下要素：一是发行市场的选择，二是拟定的发行规模；三是币种选择，考虑本国的外汇储备币种结构；四是债券种类或其基本性质选择；五是偿还期限的确定。

（2）选择牵头经理人并委托组织承销团，并确定发行方案。首先确定牵头经理人和主承销人，然后和牵头经理人或主承销人详细商讨债券发行意向或计划，并出具委托书，明确牵头经理人的地位并委托其组织承销团。同时，债券发行人应开始聘请包括法律顾问等在内的中介机构。

（3）做债券发行准备工作。在发行准备阶段，牵头经理人、经理人、各专业中介机构应当依据证券法规、行业准则和国际融资惯例的要求，对债券发行人的各方面具体情况进行审查。这一阶段主要准备各种法律文件等。

（4）进行国际债券发行的承销安排。在这一阶段牵头经理人和主承销人开始组织债券推销与承销份额安排以及公关与宣传推介安排。

（5）进行发行收款与上市交易。一般债券承销有两种：余额承销和全额承销。无论采取哪种形式，债券认购款项将通过承销银行汇往收款银行。

二、国际股票融资

（一）国际股票的概念

当今主要的国际股票市场在美国、英国等发达国家。许许多多的企业通过在国际资本市场上筹集资金，实现了跨越式的发展。

（二）国际股票融资的特点

国际股票融资的特点如下：

（1）融资者可以永久使用资金。购买股票以后，不能要求上市公司退股，只能在二级市场上进行转让流通。

（2）国际股票融资金额大，成本低。发行股票融资的资金来源是国际资本市场上的闲散资金。

（3）国际股票融资具有较强的技术性和复杂的程序性。由于投资者来自不同的国家，市场所在地出于保护投资者利益的目的，会出台各种法律法规加以限制。许多国家颁布证券法或公司法，对于股票发行与上市制定了规则。

（4）只有特定类型的企业或股份有限公司才有资格上市发行股票。按照多数国家的公司法和证券法，国际股票发行人仅限于资本业已股份化的特定类型的公司组织，通常为股份有限公司或特定类型的有限责任公司。

（三）国际股票融资的方式

上市公司在国际资本市场上发行股票筹集资金已经成为企业走向国际化快速发展的通道。根据不同的标准，境外发行股票筹集资金有以下几种方式：

1. 境外直接上市和境外间接上市

（1）境外直接上市。境外直接上市是指直接在国内注册的企业以国内企业的名义向境外证券主管部门申请发行登记注册，并发行股票（或其他衍生金融工具），向当地证券交易所申请挂牌上市交易。

境外直接上市一般采取 IPO 方式进行。IPO（Initial Public Offering），即首次公开上市，是指一家公司初次向公众发行股票。目前境外 IPO 包括内地企业在境外直接上市和涉及境内权益的境外公司在境外直接上市。

（2）境外间接上市。这是指国内企业不直接在海外上市发行股票，而是通过与境外企业之间的收购、兼并、股权置换等方式间接实现海外上市。

境外间接上市主要有买壳上市和造壳上市两种方式。壳公司可以是已上市公司，也可以是拟上市公司。目前国际资本市场上进行的间接上市主要以红筹股方式上市，即境内企业实际控制人以个人名义在开曼群岛、维尔京群岛、百慕大等离岸中心设立壳公司，再以境内股权或资产对壳公司增资扩股，并收购境内企业的资产，以境外壳公司名义达到曲线境外上市的目的。只要上市公司和壳公司之间直接达成交易，即双方在价格等因素上没有异议就可成功上市。

境外间接上市的优点是：①上市成本低，花费时间较短，是企业实现快速上市的捷径。该方式规避了资本与外汇管制，实现了国际资本的双向流动。境内民营企业家可以不必办理境外投资登记和审批手续，即可控制一家境外上市公司。②上市公司还可以享受外资企业的税收优惠等政策。③可快速办妥企业改造、资产重组包装、审计，并由上市地发行审核机构一次性审核所有手续。

2. 采用存托凭证与采取可转换债券上市

中国企业如果希望再次融资发行股票，可以考虑选择存托凭证或可转换债券融资。这两种上市方式往往是企业已在境外上市，再次融资时采用的方式。

（1）存托证券。存托证券又称存托凭证，是指由发行人将其在本国发行的股票交给本国银行或外国银行在本国的分支机构保管，保管银行以这些股票作担保，委托外国银行（即存托银行）发行的与上述股票相对应的凭证。这使得外国投资者可以通过购买存托凭证，间接地实现拥有该公司股票的目的。

这种融资工具是摩根在 1927 年首先发明的，当时主要是为了方便美国人投资购买英国某些企业的股票，因为当时英国法律禁止本国企业在海外上市。后来，虽然金融管制取消了，但存托证券可以减少换汇、结算的烦琐手续，仍受到投资者的欢迎。

（2）可转换债券。可转换债券是企业发行的一种债券，它准许证券持有人在债务条款中规定的未来某段时间内将这些债券转换成发行企业一定数量的普通股股票。

可转换债券的优点有：①投资者投资这类债券，既能享受到收取固定利息收入及到期日的本金偿付，又能享受到由于股价上涨带来的资本增值的潜在好处；②投资者能利用可转换债券套利。

可转换债券的缺点有：①可转换债券对企业剩余财产的索偿权排在一般债券之后，潜在的风险比一般债券大，如果不能及时转换，其收益又比一般债券低；②企业发行可转换债券时，往往附带一条赎回条款，给予企业买回已发行的可转换债券的权利。

（四）我国企业境外上市的动因

1. 国内发行股票并上市的程序复杂

从我国企业发行股票并上市的实践来看，企业在国内发行股票上市的程序复杂，受政策变化影响较大，并且耗时长久，从企业改制到发行上市一般约在1~2年，更长的甚至达4~5年；而到境外发行股票上市的时间相对较短，且预期明朗，企业可以据此安排经营活动。企业经营机会稍纵即逝，如果发行上市时间过长，融资项目可能已经不具备商业机会，因此在国内上市机会成本较高。

2. 企业境内上市的门槛较高

我国企业境内上市的门槛较高，对企业的所有制、资本规模、盈利年限、主导行业、历史沿革等方面都有严格的规定。而境外开设有主板、创业板、柜台交易等不同层次的市场，可以满足不同类型与规模的企业上市的需要，因此，国内企业在境外总能找到合适的市场登陆。

3. 可以实现股票的全流通

境外市场的股票可以全流通，这有利于发起人择机退出。一些进行风险投资的国内企业，更倾向于境外上市。

4. 可以达到改善企业治理的目的

一些国内大型企业，除了有融资需求外，更希望通过境外上市达到改善企业治理的目的。尤其一些外向型企业，在境外上市有利于获得国际市场的认可，提升企业声誉，从而促进企业的经营发展。

5. 境外证券交易所的推介

近年来，境外一些主要证券交易所如伦敦、新加坡证券交易所等都实行了公司化改制，公司的逐利性使这些交易所在全球范围内抢夺上市资源。它们纷纷来中国进行市场推介，介绍企业境外上市的程序及比较优势，并组织中国企业赴境外考察，从而激发了中国国内企业境外上市的热情。

6. 我国政府的政策支持

国务院于2004年1月31日公布的《关于推进资本市场改革开放和稳定发展的若干意见》第九条明确表示，中国政府将积极利用境外资本市场，支持符合条件的内地企业到境外发行证券并上市。此外，中国的证券监管部门也在逐步研究放宽境外上市审批要求，通过简化或取消不必要的行政审批手续，支持企业境外上市。例如，从2003年4月起，中国证券监督管理委员会不再对“涉及境内权益的境外公司”在境外上市出具“无异议函”。该举措大大简化了“涉及境内权益的境外公司”在境外上市的程序，缩短了上市准备时间，对国内的民营企业到境外上市产生了积极的影响。

（五）我国内地企业在香港及境外上市的现状分析

我国内地企业境外上市的主要证券市场包括美国市场、新加坡市场，以及其他市场

(加拿大市场、英国市场、韩国市场等)。2017 年，我国内地企业在香港及境外上市再掀高潮，全年在香港及境外 IPO 共 74 起，新加坡及其他海外市场没有中国企业 IPO。万得(Wind) 数据显示，2017 年全年共有 50 家中国内地企业在香港市场完成上市，这一数量约占中国内地企业在香港及境外新上市公司总数的 68%；另有 24 家中国企业在美国上市。

香港股市对内地融资的竞争力正快速提升，对内地融资额总量已开始超越境内沪、深股市。万得数据显示，2017 年，香港市场 IPO 的企业有 161 家，有 50 家为内地企业，占总数的 31%，其中，阅文集团、普天通信集团等 35 家内地企业在香港联交所主板上市，申酉控股、合宝丰年等 15 家内地企业在香港联交所创业板上市。2017 年赴港上市的 50 家内地企业，涉及 9 个行业，其中，金融业、消费品制造业各有 10 家，消费者服务业有 8 家，工业有 7 家，地产建筑业有 6 家，资讯科技业有 4 家，公用事业有 3 家，原材料业和能源业各有 1 家。2017 年赴港上市的 50 家内地企业的数量较 2016 年同比增长 6.38%；合计募集资金总额为 904.78 亿港元，与 2016 年全年比较下降 46.79%。50 家内地企业合计融资 904.78 亿港元，平均融资金额为 18.1 亿港元，其中，国泰君安 IPO 募资 172.49 亿港元位列榜首，众安在线紧随其后，募资总额为 136.83 亿港元。50 家内地企业 2016 年营业总收入合计为1 491.33亿港元，平均单家营业收入为 29.8 亿港元。50 家内地企业在 2016 年盈利合计为 265.5 亿港元，48 家实现盈利，占比 96%，国泰君安盈利最多，为 103.42 亿港元。总之，2017 年，受惠于新兴经济体经济数据整体的理想表现，以及南下沪深港通资金和海外资金推动，香港股市表现良好。恒生指数全年累计升幅达 36%，领涨全球主要市场。中小型企业上市活跃，推动香港新股上市宗数创历史新高。在主板 IPO 的企业中，有 95%的企业获得超额认购，较 2016 年的 75%有较大增长，32%的 IPO 企业超额认购倍数逾百倍以上。值得一提的是，2017 年在香港上市的新股中，涌现多家新经济概念企业，使香港新股市场气氛热烈。香港证券交易所为了吸引新经济公司上市进行了上市制度的改革，其中包括允许同股不同权的创新产业及高增长企业和没有收入的生物科技公司在主板上市，以及设立新的第二上市渠道，吸引在合格证券交易所上市的新兴及创新产业发行人来香港进行第二上市。

美国股市正成为内地新兴企业的上市目的地。2017 年中国企业赴美 IPO 的数量远远超过前一年，是至 2011 年以来新增中国企业 IPO 最多的一年。之所以会再次出现赴美上市潮流，主要原因在于：首先，在国内上市条件较严苛。其中，要求企业连续盈利三年，且最近三年累计净利润不低于 3 000 万元，很多互联网企业无法满足这一条件。另外，上市审核流程较为复杂，一般需要 1~3 年的时间。而美国允许未盈利的企业上市，并且上市采用注册制，只要符合标准即可上市。其次，中国互联网企业大部分的投资者来自美国投资机构。互联网企业的资产属于轻资产，没有足够多的固定资产作为抵押，风险较大，所以银行一般不给贷款，这样，风险投资只能从境外找。由于在美上市不论是从上市门槛还是融资规模等方面均具有相对优势，因此赴美上市依然是很多国内优秀企业的首要选择。

境内企业境外上市呈现多元化。境内企业境外上市已从早期的以大型国企为主，发展到国企与民营企业齐头并进。我国境内海外上市企业的共同特点是都在行业内具有高度竞争优势，不论大中型企业还是小型企业，不论国有企业还是民营企业，往往都是细分行业中的有力竞争者。

（六）我国企业境外上市应注意的问题

1. 明确上市的真正目的，避免盲目上市

海外上市有严格的法律法规，上市以后高额的费用以及可能被收购的风险是企业必须事先考虑的问题。因此，海外上市并不是目的，只是一种融资渠道和手段，寻求企业发展才是真正的目的。企业应通过海外上市的历练，使企业的治理结构更快地与国际接轨，在更高层面上吸引投资者、合作者和创业者，实现企业的可持续发展。

2. 审慎选择境外市场上市

近年来，由于上市公司的资源越来越有限，多数证券公司、投资银行等中介机构纷纷来中国进行推介，为企业海外上市提供服务。我国许多企业在新加坡、纽约、东京、伦敦、多伦多、韩国证券交易所等先后上市。但各个证券市场的规定、交易规则都有所不同，因此，上市前期需要结合企业的具体情况灵活选择适合的市场上市。上市地点的选择一般考虑四个方面：

（1）交易市场的特点。企业应了解上市交易程序的复杂或简便情况，了解提供服务的专业度和投资主体的成熟度，了解哪些市场税收较低、哪些市场服务更专业，等等。

（2）重视企业的可持续发展。我国企业在海外上市的最终目的是建立和国际接轨的现代企业制度。首先，要从建立科学的法人治理结构入手，切实提高经营和管理水平。其次，建立针对经营管理人员的有效激励和约束机制，从而增强企业内部活力。最后，考虑企业的行业特点以及企业发展战略。

（3）选择较合适的中介机构。当今国际资本市场上的中介机构鱼龙混杂，企业要慎重选择。运作正规的中介机构能够高效有力地推动上市进程，而实力欠佳、经验欠缺或不了解中国企业的中介机构往往使企业陷入欲进不能、欲退不甘的两难境地。

（4）做好路演工作。路演是国际上广泛采用的证券发行推广方式，指证券发行商发行证券前针对机构投资者的推介活动，是在投资、融资双方充分交流的条件下促进股票成功发行的重要推介、宣传手段。

路演是企业上市融资的开端，目的是让投资者全面地了解企业。首先，应与中介机构密切合作，让这些中介机构全面、实事求是地考察企业的行业背景、技术竞争实力、市场占有率、开拓市场的能力、管理体制和管理能力等情况，从而全面准确把握吸引投资者的优势和卖点。其次，针对不同投资者采用不同的路演形式。针对基金公司的路演方式与针对大众投资的路演方式完全不同：吸引基金公司一般采用现场推介会形式；吸引大众投资者一般采用网上推介形式。最后，对于路演中可能提出的问题要进行充分的事先准备，对投资者提出的问题做出专业回应。

【本章小结】

1. 国际融资的目的是进入资金成本更优惠的市场，提高企业发展资金的可获取性，降低资金成本。国际融资的主要特点包括：国际融资具有跨国性；国际融资的币种以国际货币为主；国际融资的风险较大；进行国际融资企业的资信条件要求较高；国际融资的规模受到国内配套资金的制约。国际融资根据是否有银行等金融中介参与，分为直接融资和间接融资；根据融资目的不同，分为国际贸易融资、项目融资和一般融资。

2. 国际贸易融资是指银行等金融机构为外贸企业办理国际结算业务提供的资金融通和风险防范等金融服务。国际保理、出口信贷、福费廷已经成为主要的国际贸易融资方式。

3. 国际项目融资是新兴的融资方式，主要包括 BOT 项目融资、ABS 项目融资、无形资产融资和国际融资租赁等。

4. 商业银行信贷是指境内机构向境外的金融机构、企业、个人或者其他经济组织以及在境内的外资金融机构筹借的，以外国货币承担契约性偿还义务的款项。这是国际信贷融资方式的最重要形式。

5. 国际票据融资一般是指在国际货币市场上通过发行票据或者票据贴现进行融资的一种方式。其特点有：①企业规模不受限制；②增强了企业的资金流动性；③融资成本低；④具有较大的灵活性。

6. 国际债券是指一国政府当局、金融机构、工商企业以及国际组织机构，为了筹措资金而在国际债券市场上以外币为面值发行的债券。国际债券融资有不同的种类和特点，是当今跨国公司进行筹资的重要方式。

【思考题】

1. 简述国际融资的概念、特点及类型。
2. 国际项目融资的概念及特点是什么？
3. BOT 项目融资的特点是什么？
4. 无形资产融资的含义及特点是什么？
5. 国际贸易融资的特点是什么？
6. 国际保理业务的概念及特点是什么？
7. 出口信贷的特点是什么？
8. 福费廷业务有什么作用？
9. 国际商业银行信贷的特点是什么？
10. 国际银团信贷的优势有哪些？
11. 国际票据融资的特点是什么？
12. 简述国际票据融资的主要方式。
13. 国际债券融资的特点是什么？
14. 国际股票融资的特点是什么？

第六章　国际投资方式

【学习目标】

◎掌握国际投资的概念及内涵，了解国际投资的发展历史，了解国际投资的主要分类、特点、作用及其发展趋势

◎了解各股权类和非股权类国际直接投资方式及其异同

◎掌握国际项目投资的操作原理、程序及组织方式

◎了解股票投资收益率的计算以及国际股票的主要交易方式

◎掌握计算国际债券投资收益率、发行价格的基本方法，了解国际债券的评级，了解当今国际债券的创新产品

◎了解金融衍生工具产生的历史背景、金融衍生工具的特点，掌握金融期货、期权交易的作用及其风险防范方法

◎了解国际黄金市场的发展历史及其特点，了解世界主要黄金市场的交易特点及发展

【引导案例】

海尔集团海外投资战略分析

2006 年，海尔集团开始实施对外投资战略，为了塑造一个全球皆知的品牌，海尔集团加大了对外投资的力度。海尔集团采取从国内到国外，从出口到海外投资建厂，从产品的单一化到多样化的投资策略，不断地扩大自己的市场空间。海尔集团海外投资可以分为四个阶段：第一，投资准备阶段。海尔集团创始人张瑞敏认为，海尔要想更好地发展就必须进行海外投资，出口是必要的，不仅要做国内的著名品牌，而且要走向世界。1990 年，海尔的产品通过自己的努力和奋斗终于获得了美国 UL（美国保险商试验所）的认证。第二，投资起步阶段。海尔在成功地在海外拥有自己的市场之后，开始进行海外投资，1995 年开始在国外建立自己的工厂。1996 年海尔在印度尼西亚建立了海尔莎保罗有限公司，这是海尔的第一次跨国经营，是海尔集团国际化迈出的重要一步。第二年，海尔参加了由德国主办的世界家电博览会，海尔产品正式在国际市场上崭露头角，打破了由日美产品垄断的局面。第三，投资发展阶段。在迪拜成立公司后，海尔开始加大对发达国家海外投资的力度。1999 年 4 月，海尔在美国建立了北美的第一个生产基地，标志着海尔的海外营销网络基本形成。第四，投资扩张阶段。海尔集团的海外营销网络正式形成后，海尔不再局限于生产传统家电，而是开始建立自己的电脑、手机生产线，并且在许多国家成功地开辟

市场。

海尔将海外投资的重点放在了美国。1999 年，海尔就在南卡罗来纳州建厂，解决了大规格冰箱因运费过高而无法大批量进军美国市场的问题。海尔集团通过新建投资和跨国并购这两种方式进行海外投资。

资料来源：张昊．海尔集团海外投资战略分析［J］．知识经济，2017（5）：106-107.

第一节　国际投资概述

在经济全球化浪潮中，国际投资正在成为企业成长的重要载体。本节依次介绍国际投资的内涵、发展历程、类型、基本特征与作用，最后阐述国际投资的发展趋势。

一、国际投资概述

进入 21 世纪以来，国际投资已成为当今世界经济发展中最活跃、最引人注目的活动。通过国际投资，各国实现了生产要素在全球范围内的重新组合。

（一）投资的概念

投资是指个人或企业寄希望于不确定的未来收益，将货币或其他形式的资产投入经济活动中的一种行为，即货币转化为资本的过程。投资可分为实物投资和证券投资。前者是指以货币投入企业，通过生产经营活动取得一定利润。后者是指以货币购买企业发行的股票和公司债券，间接参与企业的利润分配。

（二）国际投资的概念及内涵

国际投资又称对外投资、海外投资，是指跨国公司等国际投资主体，将其拥有的货币资本或产业资本，进行跨国界流动和营运，以实现价值增值的经济行为。国际投资的内涵应包括以下三个方面：

（1）国际投资的资本形式具有多样性。在国际投资中，既有以实物资本形式表现的资本，如机器设备、商品等，也有以无形资产形式表现的资本，如商标、专利、管理技术、情报信息、生产诀窍等，还有以金融资产形式表现的资本，如债券、股票、衍生证券等。

（2）国际投资的主体呈多元化。国际投资的主体包括官方和非官方机构、跨国公司、中小企业、商业银行、投资银行等金融机构及居民个人投资者。21 世纪以来，跨国公司和跨国银行是最重要的国际投资主体。

（3）国际投资是国际资本的跨国经营活动。国际投资活动是各种资本运营的结合，开展国际投资活动的目的是在经营中实现资本的增值。国际投资的投资主体在全球范围内重新配置资源，以获取最大的利益。

二、国际投资的产生与发展

从历史发展的阶段来归纳，国际投资的产生与发展大致可以分为五个阶段。

（一）国际投资初步形成阶段（1870—1914 年）

1870—1914 年是国际投资的形成阶段。以电力革命为标志的第二次科技革命出现后，国际分工体系和国际垄断组织开始形成，银行资本和产业资本渗透融合形成巨大的金融资本，为资本输出提供了条件，以资本输出为特征的国际投资也随之形成。其主要特点有：①投资国的数目很少；②投资的形式以间接投资为主，直接投资比重极小；③投资的来源主要是私人投资，官方投资比重很低；④投资主要由英国、法国和德国流向其殖民地国家，投资目的突出地反映为寻找有力的投资场所，以便获得超额利润。

（二）世界大战期间的国际投资（1914—1945 年）

第一次世界大战改变了世界经济格局，也使得国际投资的格局发生了重大变化，加之 20 世纪 30 年代的大危机，使资本主义国家不同程度地受到了战争的破坏，资金极度短缺，市场萎缩，因此，国际投资活动处于低迷徘徊之中。其主要特点有：①国际投资规模较小；②官方投资比重有所上升；③间接投资仍为主流；④美国取代英国成为最大的对外投资国。

（三）第二次世界大战后国际投资快速恢复增长阶段（1946—1979 年）

第二次世界大战后美国实行“马歇尔计划”，大规模的对外投资活动拉开序幕。战后许多国家进入经济快速恢复和发展时期，对国际投资的需求增加。其特征表现在：①投资规模迅速扩张；②以直接投资为主；③石油输出国也加入国际投资国的行列之中，“石油美元”成为国际对外投资的重要资金来源。

（四）国际投资的稳定增长阶段（1980—2000 年）

在第三次科技革命、跨国公司全球化扩张以及金融创新等许多因素的共同推动下，这一阶段国际投资继续迅猛发展，但是各国对外投资增速不一致。日本的对外直接投资增长了 20 多倍。在这一时期，美国对外投资增速有所放缓，到了 1985 年，美国对外投资额开始少于引进外资金额，由最大债权国转变为债务国。而此时，日本已跃居成为世界上最大的债权国。这一阶段国际投资的主要特点为：①国际直接投资继续高速增长；②发展中国家对外投资增长明显；③日本取代美国成为世界上最大的债权国，而美国由世界上最大的债权国转变为最大的债务国；④形成美、日、欧“三足鼎立”的投资格局。

（五）国际投资缩量阶段（2000 年以来）

进入 21 世纪，全球大部分国家的经济增速放缓，与此相应，国际投资的规模也出现了大幅度萎缩。国际投资规模之所以下降，一方面是由于跨国并购的数量和总值在下降，另一方面，从总体上看，全球经济不景气，使国际投资缩量明显。这一阶段国际投资的主要特点为：①国际投资的领域主要集中在服务业，该领域的跨国并购成为国际投资的主要内容；②国际投资的流向仍以发达国家为主，但一些发展中国家吸引外商直接投资比较多，依然是外商投资的热点区域①。

三、国际投资的类型

国际投资的内容丰富、主体多元化，因此，不同的投资方式、投资区域、投资主体、

---

① 阎敏．国际投资学［M］．北京：清华大学出版社，2015.

投资期限等各有其特点。按照分析问题的不同角度，国际投资可以有不同的分类。

（一）按照投资对象不同划分

按照投资对象的不同，国际投资可分为实物投资、金融投资和无形资产投资。

实物投资又称直接投资，是指企业以现金、实物等投入其他企业进行的投资。该投资直接形成生产经营活动的能力并为从事某种生产经营活动创造必要条件。

金融投资是指活动于国际资本市场并形成金融商品的投资，包括股票投资、债券投资、衍生工具投资等。

无形资产投资是对不以实体形态表现，且不具有流动性，但为特定主体所有，能在将来给企业带来额外经济利益的一种资产的投资，如对专利权、版权、特许权、租赁权、商标权等的投资。无形资产投资主要是指对知识产权和专有技术的投资。

（二）按照投资主体不同划分

按照投资主体的不同，国际投资可以分为私人投资和公共投资。

私人投资是指一国的个人或企业以盈利为目的，对东道国经济活动进行的投资，如私人或私人企业购买其他国家企业发行的股票、债券，或直接在国外兴办企业。

公共投资一般被界定为中央和地方政府投资，由于政府不能在微观层次上直接介入企业活动领域，所以政府投资往往被限定在特定的公共服务领域中，因此这些投资被称为公共投资，或称为政府投资。公共投资是政府调节经济的主要工具之一。

（三）按照投资性质不同划分

按照投资性质的不同，国际投资可分为直接投资和间接投资。

直接投资是国际投资方式之一，是投资者以控制企业经营管理为核心，以获得利润为目的而对外投入资本。其特点是：①在国外创办企业，或是投资购买现有的企业，取得对企业的控制权；②不仅涉及货币资本流动，还涉及生产要素流动。对于拥有多少股份才能控制企业并成为直接投资者，各国规定的标准不同，一般是在10%~25%，中国一般规定外方持股在51%以上。

间接投资是指投资者以其资本购买公司债券、金融债券或公司股票等各种有价证券，以期获取一定收益的投资，由于其投资形式主要是购买各种各样的有价证券，因此也被称为证券投资。

（四）按照期限不同划分

按照期限的不同，国际投资可分为短期投资和长期投资。

根据国际收支平衡表的统计方法和标准，投资期限在一年以下的称为短期投资，投资期限在一年以上的称为长期投资。短期投资包括各种能够随时变现、持有时间不超过一年的有价证券以及不超过一年的其他投资。短期投资的变现能力非常强，因为可以随时在证券市场出售，所以这类有价证券常被人们称为“准现金”。长期投资包括银行信贷的中长期贷款、持有中长期债券、兴办企业等。

四、国际投资的特点

20世纪90年代以来，随着跨国公司的快速发展，国际投资以“跨国公司为主体”的特征越来越明显，且国际投资也表现出了一些新的明显特征。

（一）目的的多样性

与国内投资相比，国际投资的目的要复杂一些。国际投资主体对外投资的目的不仅仅在于获取经济利益，可能还会有外交、军事、政治等多方面的考虑。国际投资的直接目的有：①开拓海外市场；②在全球范围配置技术、劳动力、资本等资源；③获取海外稳定的石油等资源的长期供应；④学习先进技术、降低成本、分散风险；等等。

（二）市场的不完全竞争性

从表面上看国际投资主体是在全球范围内进行自主投资，但出于政治利益的考虑，国际投资主体常常把各个国家划分为不同的利益共同体，将世界市场分为多个部分。通常一国的对外投资水平首先取决于东道国和投资国的外交关系以及相关投资法规、政策。

（三）收益的不确定性

跨国投资涉及不同的国家，而不同国家的政治制度、金融制度、税收制度、外汇制度等存在很大差异，加之跨国投资环境具有不确定性，使其比起国内投资来说风险要大得多，收益的不确定性更强。例如，如果一国因国际收支出现逆差而突然实行较严格的外汇制度，则会使得国际投资的利润汇回变得比较困难。

（四）国际投资环境的较大差异性

国际投资环境是指外国投资者在一国进行投资活动时的各种条件的综合体。国际投资与国内投资不同，投资者在东道国之外，风险很大。因此，国际投资环境的好坏、投资者对国际投资的了解程度与分析评估直接影响着投资效益的高低。不同国家的经济发展水平、经济发展战略、经济体制、基础设施、市场的完善程度、产业结构、外汇管制和物价稳定程度的不同，常常会直接影响国际投资的利益获取以及投资目的的实现。

五、国际投资的作用

（一）加速了经济全球化的进程

随着国际投资在全球的快速发展，国际投资主体尤其是跨国公司对发展中国家的投资活动快速增加且投资方式多样化，使得发达国家和发展中国家之间的政治、经济、文化和技术等方面的联系更为紧密，促进了经济全球化进程。经济全球化本质上是指生产力高度发展使所有生产要素和经济关系跨越国家和地区界限日益自由流动，世界经济融合为一个难以分割的整体。这是生产力和生产关系发展的必然结果，这一客观发展的历史进程主要表现为国家之间、地区之间横向联系的不断加强。国际投资的飞速发展使得经济全球化程度不断提高。

（二）有利于产业结构的调整

国际投资具有快速整合国际资源的作用，能够使一个国家短期内实现产业结构的调整和升级，并形成一定的产业集群。众所周知，产业结构演进顺序是第一产业到第二产业到第三产业到第四产业，而国际投资能够使资源实现从有形资源到无形资源（信息资源）的配置。国际投资带来的不仅仅是资金，还包括技术、管理、企业文化、先进的理念等，这无疑能够快速发展东道国的主导产业，淘汰落后产业，促进产业结构的升级和换代。一国发展对外投资的同时也促进了本国的产业结构调整。

从历史发展来看，国际投资产业主要集中在制造业、服务业等高新技术产业。第二次世界大战后的国际投资主要集中在采掘业、运输业以及少量的制造业。20 世纪 80 年代后，国际投资从劳动密集型部门和资本密集型部门转向技术密集型部门和现代制造业和服务业。20 世纪 90 年代以来，国际投资的部门及资金主要流向高新技术和服务产业的趋势更为明显。21 世纪以来，国际投资的部门主要集中在能源、电信、矿产资源、金融保险等服务行业。

（三）加速了国际贸易的发展

国际投资本身带动了投资国的资本流出，进而带动了投资国的设备输出、人才输出、服务输出，同时带动了东道国的产业发展和产业结构升级。东道国技术的发展和成本优势，使东道国快速由产品进口国发展为产品出口国，而且投资者在海外投资的产品是能够促进投资国原材料、零部件、成品和技术出口的产品。在当今科学技术飞速发展的背景下，国际投资还会通过对外的售后服务、国际租赁、技术服务、金融支持、国际结算、国际保险、国际运输甚至转让无形资产等形式推动国际贸易的发展。

（四）扩大了发达国家和发展中国家生存环境的差距

一国一般选择高污染、高能耗的产业对外投资，这将大大改善该国国内生存环境，但同时会导致东道国承接一大批高污染、高能耗的产业，给东道国以后几十年甚至上百年的发展留下后遗症，会限制或影响东道国经济的可持续发展，甚至会让东道国付出沉重的治污代价。

六、国际投资的新趋势

（一）国际投资保护主义抬头

2008 年以前，全球国际投资总额保持不断上升趋势，但是随着国际经济危机的爆发，国际投资保护主义再次抬头，主要在环境保护、市场准入条件以及投资企业社会责任等方面进行限制，抬高了投资门槛，目的是保护本国企业免遭外来企业的冲击。这种选择短期内也许会起到一定作用，但是不利于经济的长期发展。

（二）环境问题与国际投资关系日趋紧密

环境问题一直是国际投资关注的热点，各国就此提出降低碳排放量、实施碳关税等措施。碳关税交易市场，就是在环境保护前提下产生的一个新兴交易平台。现在的投资环境不单纯指道路、基础设施等经济意义上的环境，自然环境与投资的关系也日益密切。在应对气候变化带来的挑战中，将会出现新的投资机遇，如空气净化装置等。

（三）跨国公司采取多中心化经营策略

跨国公司为了实现自身利益的最大化，采取多中心经营战略，以进一步拓展海外市场、整合全球资源、提高跨国管理效率。全球多中心化的管理模式可以降低弱势企业的并购风险，将成为未来跨国公司制度与组织设计的重要选择①。

---

① 王颂尧．新趋势下我国国际投资存在的问题及对策建议［J］．对外经贸，2014（11）：51-52.

第二节　国际直接投资

国际直接投资，又称外国直接投资。按照国际货币基金组织（IMF）的划分标准，国际直接投资是指一国的投资者将资本用于他国的生产和经营，并掌握一定经营控制权的投资行为。可见，与投资于金融领域且不试图寻求或实际掌握一定的经营控制权的国际间接投资不同，国际直接投资将直接影响东道国的生产和经营活动，且跨国投资者寻求控制或实际掌握一定的经营控制权。

国际直接投资是伴随着国际贸易而产生与发展的。国际直接投资的流向也由一开始的发达国家向发达国家流动或发达国家向发展中国家流动，发展为兼有发展中国家向发展中国家流动，甚至发展中国家向发达国家流动等趋向。随着发展中国家经济实力的提升，后两个国际投资流向将占据越来越多的国际投资份额。

一般来讲，按照投资的参与方式，国际直接投资往往被分为股权投资和非股权投资两种基本方式，其中，股权投资方式包括新建投资和跨国并购两种具体的投资方式，非股权投资方式则包括国际特许经营、国际租赁、工程承包、补偿贸易等方式。

此外，随着基础设施建设、基础产业发展所需资金日益增多，各国政府已无力单独承担。国际项目投资集融资与投资于一体，逐渐受到各国政府的青睐，成为国际直接投资的一种主要方式。

一、股权投资

股权投资方式包括新建投资和跨国并购两种具体的投资方式。

（一）新建投资

新建投资即绿地投资，其最大的特点在于可以直接带来生产能力、产出和就业的提高。

新建投资是早期跨国公司海外拓展业务的主要方式，后来随着跨国并购的兴起，其所占比例有所下降，但新建投资以其独特的优点依然受到投资者的青睐。新建投资的优点是：在新建企业的过程中，跨国公司独立地进行项目的策划、建设，并实施经营管理，因而能够在很大程度上把握项目的风险，并能在较大程度上掌握项目策划的主动权。新建投资的缺点是：新建企业需要做大量的筹建工作，而且建设周期长、速度慢、缺乏灵活性，因而新建投资的整体投资风险较大。

按照新建投资出资方式的不同，新建企业可以是全资子公司，也可以是合资公司。

1. 全资子公司

全资子公司是指一国投资者依据东道国法律，经东道国政府批准后，在其境内单独投资、独立经营、自负盈亏的独资企业。一般而言，生产规模大、技术水平高的大型跨国公司更倾向于在国外设立全资子公司。

独资经营有着明显的优势，具体表现为：①具有垄断技术优势。独资企业实际上是跨国公司设立在国外的控制权归总公司所有的子公司，其高级技术人员由总公司直接选派，一般技术人员和工人则在东道国当地招聘，以便形成技术优势。其他形式的新建投资方式（如合资公司等）却不能完全发挥这种优势，且往往会造成多国投资者共享技术优势的局面。②能实现价格转移。跨国公司采用独资形式，就可以在其内部各子公司之间或总公司与子公司之间买卖原料和产品，从而可以根据各国（或地区）税收制度的差异进行内部定价，以实现跨国公司全球投资收益的最大化。如果采取合资形式，则必然要涉及东道国与当地投资者的利益，双方往往难以达成一致。

独资经营方式也存在着不容忽视的劣势：①投资经营风险大。在对企业拥有完全支配权的同时，跨国投资者也对企业负有完全的责任，即必须承担全部的投资风险，这些风险包括项目风险、经营风险、管理风险以及政治风险等。②企业发展受限。独资企业往往只能通过内部融资以及借贷的方式融资，融资额度有限，不利于企业扩大生产规模。

2. 合资公司

合资公司是指跨国公司按照东道国法律，经东道国政府批准后，与东道国政府、企业组织或个人联合投资设立的，共同管理、风险共担、利益共享的企业。合资公司实行合资经营。按照合资公司组成的法律形式，合资公司又可以分为股份式合营企业与契约式合作企业两类。

在股份式合营企业（Equity Joint Venture）中，合营各方以出资额或者其他资产投入（机器设备、厂房、土地使用权、专利权、商标等）作价折合成股份后入股，并依据股权份额分享企业权益，分担企业风险。股份式合营企业必须具有法人资格。而在契约式合作企业（Contractual Joint Venture）中，合营各方按照契约精神共同经营企业，即各方的权利与义务关系由合同具体规定，而不以出资比例为限。契约式合作企业并不一定要求具有法人资格。

具体说来，股份式合营企业与契约式合作企业有以下不同之处：

其一，企业投资方式不同。契约式合作企业各方投资物一般不计算投资比例，而股份式合营企业要折价计股来计算投资比例。在中外合作企业中，中方往往只提供基础条件，如土地、厂房、劳动力，合作企业无须缴纳土地使用费，且注册资本多以外商提供的资金和设备为限；而在中外合资企业中，若中方以土地使用权作价入股，则由企业缴纳土地使用费，注册资本为合营各方认缴资本的总和，且外商投资比例不得少于25%。

其二，组织形式与管理方式不同。契约式合作企业管理方式比较灵活，可以成立董事会，也可以不成立，可以由外方管理，也可以由中方单独管理，还可以委托第三方管理；而股份式合营企业采用比较规范的董事会领导的总经理负责制。

其三，利益分配和投资回收方式不同。股份式合营企业将用毛利润扣除所得税和按规定提取基金后所得的净利润，按各方的股权比例进行分配；而契约式合作企业是按合同约定的方式和比例分配利润，可以采取净利润分成、产品分成或产值分成等方式。契约式合作企业投资回收方式灵活多样，如加速折旧还本，收入所得首先按商定还本，合作前期增大外商分成比例等；而股份式合营企业只能以股息或红利的方式回收投资。

其四，经营期限和清算方式不同。股份式合营企业期满后，按注册资本比例分配资产净值；契约式合营企业期满后，资产净值按合同的规定处理，如果外方在合作期限内已先行收回投资，则资产净值一般无偿归东道国所有。

然而，不管是股份式合营企业，还是契约式合作企业，都具有独资经营无法具备的优势。这表现在：①承担风险相对较少。合营、合作企业的风险共担性，有利于降低跨国公司的投资风险，仅以投资比例或按合同要求承担有限责任。②东道国合作伙伴能带来经营优势。相对于独资经营，与东道国合作伙伴的合作，有利于跨国公司更快地融入当地市场，获得更多的资源。

与独资经营相比，合营企业的劣势在于：①生产经营易受东道国政府或合作伙伴的影响，自主性较弱；②无法享有技术上的垄断优势，并且存在着技术泄密的风险；③不易进行全球范围内的价格转移，无法实现跨国公司全球利润的最大化。

（二）跨国并购

跨国并购是一种重要的国际直接股权投资方式。随着国际直接投资的发展，各国市场日趋成熟，新增的产能越来越不易被市场所吸收，跨国并购因此成为主要的国际直接股权投资方式。

由于在本书第八章中有关于“跨国并购”更为详细的论述，故这里不再详细阐述。

二、非股权投资

国际直接投资非股权投资方式具体包括国际特许经营、工程承包合同、补偿贸易、销售协议、国际租赁等。其中，国际租赁是外国投资者（应租人）与东道国融资者（承租人）之间达成的交易行为，是一种投融资活动。

（一）国际特许经营

特许经营（Franchising）是指特许授权者在一定期限内将其所有的商标、商号、产品、专利或专有技术、经营模式等资产以特许权的形式授予特许经营者在指定区域内有偿使用的连锁经营方式。这种经营方式产生于19世纪60年代中后期的美国，最成功的案例当属可口可乐公司通过特许经营的方式在全美建立瓶装厂的实践。这里所说的“国际特许经营”方式，即上述的特许经营方式在国际进行、在国际授权的经营模式。

特许经营其实是一种新的融资手段。一般说来，特许授权人往往拥有先进的技术、品牌和计划管理能力，但缺乏大规模扩张的资金；而受许人拥有资金，但缺乏核心技术、品牌及管理经验。通过特许经营方式，上述双方的资源可以整合在一起，取长补短，共同获益。

国际特许经营有一些显著的优势：①可以充分调动受许人的自有金融资源，提高其经营成功的欲望和积极性，特许授权人可以不受自由资金规模或净资产规模的限制而迅速扩大经营规模；②特许授权人和受许人通过提高各自的专业化水平而降低各自的经营风险，并增强整个特许经营体系的市场竞争力。同时，国际特许经营也有着明显的不足之处：①事后协调成本有可能相当高；②对特许授权人的专业化能力过于依赖，可能在特许授权人出现重大决策失误时导致整个特许经营体系的崩溃。

（二）工程承包

工程承包是依照合同承担并完成某一工程项目并取得相应报酬的一种经济行为。工程承包合同是指跨国公司通过国际投标、议标和其他协商方式达成协议所签订的合同。在工程承包中，承包人必须具有法人资格，与业主签订承包合同，双方所签订的合同不得违背公认的国际经济准则和双方所属国家的法律；承包人必须以投标或其他形式取得承包工程，必须以自己的资本、技术、劳务、设备和材料，以及相对较低的成本参与国际劳务市场的竞争。工程承包的范围主要包括基础设施和土木工程、资源开发工程、制造业工程等，项目包括水坝、管道、高速公路、地铁、机场、通信系统、电站等，但都要涉及从设计到现场施工、从成本核算到物资的采购供应、从提供设备到劳务输出等综合性的经济活动。

按照承包合同的范围，工程承包合同可以分为以下五种：

（1）工程咨询合同。这是指对各种类型的工程建设项目的投资方案进行可行性研究，提供工程设计、施工、设备购置、生产准备、人员培训、生产运转、商品销售、资金筹措等方面咨询服务的合同。

（2）施工合同。这是指跨国公司为外国政府或厂商从事道路、交通等工程的设计和建设施工，并负责提供机器、设备及原材料，以及进行工程管理的合同。工程完成后，管理权即移交东道国。

（3）设备供应合同及设备安装合同。为完成整个工程的设备部分，东道国业主可根据情况，签订四种范围不同的合同：单纯设备供应合同、设备供应与安装合同、单纯安装合同、监督安装合同。

（4）交钥匙合同。该合同又称一揽子合同，是指跨国公司负担从工程的方案选择、建筑施工、设备供应与安装、人员培训直至试生产全过程责任的合同。项目移交给东道国业主后，东道国业主只需像“转动钥匙”那样，该项目就可以开始运转。

（5）交产品合同。该类项目亦称产品到手项目。交产品合同是指在交钥匙合同的基础上，跨国公司仍在项目生产的一两年内，继续负责指导生产、培训人员和维修设备，保证生产出一定数量的合格产品，并达到规定的原材料、燃料等消耗指标后才算完成任务的合同。

（三）补偿贸易

补偿贸易是指跨国公司在向东道国销售机器设备和转让技术的过程中，不以收取现汇为条件，而以使用该设备或技术的项目投产后所生产的产品作价来分期收回其价款的一种参与方式。补偿贸易是集投资、贸易、间接融资于一体的非股权参与方式，通常是在东道国外汇短缺的情况下实施的。

按照偿付设备和技术价款的方式，可以将补偿贸易分为以下几类：

（1）直接补偿。直接补偿又称产品返销、回购，是指东道国进口方用引进的设备或技术所生产的全部产品分期偿还进口合同价款的方式。为此，跨国公司在签订合同时必须承担按期购买一定数量的直接产品的义务。

（2）间接补偿。这是指东道国引进的设备或技术不生产有形产品，或生产的有形产品跨国公司不需要，或东道国对该产品有较大需求，从而用其他指定产品来分期偿还进口合同价款的方式。

（3）部分补偿。部分补偿也称综合补偿，是指补偿贸易中进口设备、技术等的价款，部分用直接产品或间接产品偿付，部分用现汇或贷款偿付的方式。

（四）销售协议

销售协议（Sales Agreement）是指跨国公司利用东道国的销售机构来扩大自身的产品销售能力的方式。销售协议有以下三种形式：

（1）分销（Distributorship）。这是指跨国公司与东道国的商业机构签订协议，由后者按照跨国公司规定的价格在东道国销售其产品的方式。分销商从跨国公司进货时，获得有利可图的折扣优待。

（2）商业代理（Commercial Agency）。这是指跨国公司委托东道国的商业机构为其商品找寻买主的方式。代理商本身不直接从事该产品的购销活动，而是由卖方与买方直接成交，代理商按成交金额的一定比例收取佣金。

（3）寄售（Consignment）。这是指跨国公司将商品运交给东道国的商业机构，委托后者代为销售，直到该商品在市场出售以后再收回货款，佣金从货款中扣除的方式。

三、国际项目投资

国际项目投资是一种独特的集融资与投资于一体的国际直接投资方式。随着经济社会的发展，基础建设与基础产业投资所需的资金越来越大，各国政府却无力承担，国际项目投资由此出现，并逐渐发展。在发展过程中，国际项目依据各自项目的特点，出现了各种灵活的形式。但是，一般意义上来讲，国际项目投资需要满足一定的程序与组织方式。

（一）国际项目投资的程序

无论何种国际项目投资，都必须完整而严格地划分为投资准备阶段、投资执行阶段和投资后评价阶段，三个阶段缺一不可。这三个阶段还可进一步细分为若干子阶段，如图 6-1 所示。

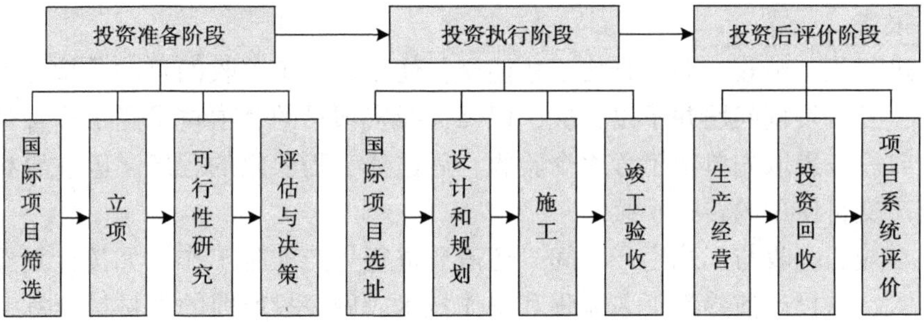

图 6-1 国际项目投资流程

1. 投资准备阶段

投资准备阶段是指从具有投资意向到国际项目的评估与决策这一阶段。该阶段主要是对国际项目的可行性进行研究和决策。国际项目是否成立、项目规模大小、产业类型、资金来源、技术与设备选择等重大问题都在这一阶段完成。该阶段可以分为以下几个步骤：

（1）国际项目筛选。进行国际项目投资的第一步就是要对项目投资方向提出原则设想，找准投资方向和领域，通过国别研究、部门研究和资源研究等多种研究方式，确定项目的投资机会，将项目意向变为概括的投资项目建议。

（2）进行立项工作，即撰写国际项目投资建议书。建议书应对申报的理由及其主要依据、国际项目的市场需求、生产建设条件、投资概算和简单的经济效益和社会效益情况做出概要叙述。

（3）进行可行性研究。可行性研究是投资准备阶段的中心环节，需要组织各方面专家和实际工作者，对项目进行科学的、详细的研究论证，提出项目的可行性研究报告。可行性研究是投资决策的基础，它可以为国际项目投资决策提供大量的数据、资料，以及有关政策和法律信息。

（4）进行评估与决策。项目评估是对可行性研究报告的评价，是项目决策的最后依据。

2. 投资执行阶段

投资执行阶段是指在国际项目决策后从项目选址到风险控制，再到竣工验收这一阶段。该阶段把构思设计变为现实，因此会面临许多不可控因素，需要进行科学的风险管理。该阶段主要包括以下几个步骤：

首先，进行国际项目选址。这就需要从产业层面考虑国家的生产力布局和发展规划，城市建设、环境保护、资源、交通等因素也需要着重考虑。项目选址正确与否对项目建设和以后的生产经营活动都有重大影响。

其次，进行国际项目的设计和规划。项目设计是对项目各项技术经济指标进行全面规划的重要环节，提供包括总体布局、工艺流程及设备选型、建设规模与产品方案、主要建筑物、劳动定员、“三废”处理、占地面积及征地数量、建设工期计划、总投资概算等在内的文字说明及图纸。设计完成后，需要将设计方案细分为几个建设周期，制定建设规划，以保证投资项目有计划、分阶段地平衡进行。

再次，进入施工阶段，这是把投资项目的设计变成现实的关键环节，施工质量如何直接影响到国际项目的建设。因此，为保证施工质量，在正式开工前要认真审查各施工条件并提出开工报告。

最后，进行竣工验收，完全合格了才能交付使用。竣工验收的目的是按照设计要求检查施工质量，及时发现问题并予以解决，以保证投资项目的各项技术经济指标达到设计要求。竣工验收一般采取先单项工程逐个验收，后整体工程验收的程序，验收合格后应及时办理固定资产交付使用的转账手续。

另外，在竣工验收与正式生产之间，还需要进行生产准备工作，如按计划要求培训管理人员和工人，在投产前熟悉工艺流程和操作技术，做好投产前的原材料准备工作。

3. 投资后评价阶段

国际项目在竣工验收后即可进入生产或使用时期，这时就可实现生产经营目标，归还贷款，最终回收投资。

实现生产经营目标，顺利回收投资是国际项目投资的最终目的所在。要实现生产经营目标，就需要严格控制生产成本，大力提高产品质量，强化产品营销，以及树立企业良好的公众形象。在生产经营转入正轨后，还需要建立一整套规章制度，加强对债务的管理，逐步回收投资，偿还贷款。

另外，工程竣工验收及运营一段时间后，需要对项目的立项决策、设计、施工、竣工验收、生产营运全过程进行系统评价，以达到肯定成绩、总结经验、研究问题、吸取教训、提高项目决策水平和投资效果的目的。

（二）国际项目投资的组织方式

1. 自营

项目建设的自营方式是指由项目建设主体自己设计或自行委托设计，自己组织施工力量，自己招募工人，自己购置或租赁施工机械，自己采购设备、建筑材料，自己组织施工，完成全部项目建设任务。

2. 外包

项目建设的外包方式是指项目的建设工作由建设主体外包给承包单位负责完成，双方签订经济合同，明确各自的职责、权利、义务和相互关系，保证完成商定的建设任务。按照外包工作的范围，外包方式可分为建设单项或多项工作外包，以及建设全过程外包。建设单项或多项工作外包是指对项目可行性研究、勘察、设计、建筑安装工程施工等一项工作或几项工作的外包。建设全过程外包是指将项目建设全部工作外包给工程承包公司，由工程承包公司对项目的可行性研究、勘察设计、设备选购、工程施工、材料供应、安装到竣工投产的全过程进行总承包。建设过程外包方式在国外比较盛行，又叫作一揽子承包。采用这种方式建设的工程叫作交钥匙工程。

3. 工程托管

工程托管是指项目建设单位将整个工程项目的全部工作委托给工程项目管理专业公司（工程承发包公司或项目管理咨询公司）。工程承发包公司或项目管理咨询公司先派出项目经理，再进行招标或组织有关专业公司共同完成整个建设项目。

4. 三角管理

三角管理是指由投资建设单位分别与承包单位和咨询公司签订合同，由咨询公司代表投资建设单位对承包单位进行管理。这是国际上通行的项目建设管理方式。

（三）国际项目投资的经济评价和财务评价

目前，国际上对投资项目的评价主要从两个方面进行：一是对国家进行盈利性评价，叫作经济评价；二是对项目本身进行盈利性评价，叫作财务评价。经济评价是一种宏观经济分析的方法，涉及投资结构、能源利用、经济效益等方面的问题。经济评价从国家整体的角度考察项目的效益和费用，分析和计算项目对国民经济的净贡献，评价项目的经济合理性。从分析方法的运用看，前者更适于对国家战略性投资进行的可行性评价，后者则适于项目企业对项目进行的可行性分析。国际项目投资往往与国家发展战略安排有关，因此，在一般性的财务指标评价基础上，更多会考虑运用前者进行投资评价。

1. 经济评价

（1）OECD（经济合作发展组织）法或 L-M 法。OECD 法或 L-M 法以国际价格的储蓄为计量单位。假定国内市场各种货物之间比价是合理的，当外汇的官方汇率能正确反映国际贸易中的外汇价值时，可以用官方汇率乘以净出口额，再减去国内投入物，就得到项目财务分析中第 t 年①的净收益。当国内市场货物价格与国际市场的货物比价不合理时，

① 投资期的任意一年。

就要用各种货物的价格转换系数将国内市场价格修正到国际市场价格上来，虽然计算结果都是以人民币元计价的，但项目的净效益是以国际市场价格为基础并以人民币元表示的，这一净效益就是 OECD 法或 L-M 法计算的净效益。

L-M 法认为，增加现在的消费会使储蓄和将来的消费减少，增加投资会减少现在的消费，但可以增加将来的消费，同量现在储蓄社会价值高于现在消费社会价值，因为增加投资就会增加就业和消费。

令 s 为单位投资的价值与现在消费价值之比，即投资的影子价格，c_t 为每个就业人员的消费水平，m_t 为每个就业人员使原所在部门减少的边际产出，n_t 为单位投资增加的就业人数，r_t 为单位投资在第 t 年的再投资增值额，i_t 为消费利率，则单位投资的影子价格为：

$$s = \sum_{t=1}^{\infty}(c_t - m_t)n_t\prod_{t-1}^{t}\frac{1+r_t}{1+i_t} \tag{6.1}$$

（2）ST 法。ST 法与 L-M 法的主要不同体现在它是用社会福利函数反映贫富之间分配问题的。ST 法的计量单位是可以自由用于各公共部门的实际资源价值。设 G_t 代表单位消费的福利，i_t 为消费利率，以外汇计算的单位投资产生的收益为 q，其中，s 用于再投资，1-s用于私人部门消费。投资的影子价格为：

$$r_0 = \sum_{t=0}^{\infty}\left[(1-s_t)q_tG_t\prod_{t-1}^{t}(1+s_tq_t)/\prod_{t}^{t=0}(1+i_t)\right] \tag{6.2}$$

（3）UNIDO 法。UNIDO 法是 1978 年世界银行经济学家汉森（Hansen）根据 1972 年实行的《项目评价准则》①（以下简称《准则》）的思想和原理，撰写出版的《项目估价实用指南》（以下简称《指南》）中提出的方法。《准则》和《指南》都以累积消费为目标，《准则》主张项目的全部投入物和产出物均用影子价格，而《指南》主张只对较重要的以及价格严重扭曲的资源使用影子价格，它们都以不变的本国货币为计算单位。UNIDO 法认为，投资的影子价格 P^{inv}是单位边际投资所产生的累积消费的流量。假设单位初始投资是通过减少当年消费而用于投资的，每年可以产生 q 的收益，其中，再投资倾向为 s，即 sq 用于再投资，（1-s）q 为消费，则单位投资第 t 年产生的累积再投资为 A_t，第 t 年的总收益为 $q\times A_t$，则投资的影子价格就是整个消费流量的现值：

$$p^{inv} = \sum_{t=0}^{\infty}\left[(1-s)qA_t/(1+i)^t\right] \tag{6.3}$$

（4）UNIDO-IDCAS 法。UNIDO-IDCAS 法认为，在发展中国家即使建立了能反映国家发展目标和经济环境的影子价格，但是当客观经济环境发生变化时就得重新调整影子价格，而发展中国家为进行项目评价，期望以满意的形式不断地调整影子价格是不现实的。因此 UNIDO-IDCAS 法主张只调整那些最重要且价格扭曲明显的投入和产出。具体调整方法是：对产出物，出口货物用实际 FOB，替代进口的用实际 CIF，国内市场销售的基本商品用实际市场价格和补助金，非基本商品取包括间接税金的实际市场价，基础服务行业取实际市场价和成本中的较高者；对投入物，进口用实际 CIF，国内生产可出口的取实际市

① 1972 年，联合国工业发展组织出版《项目评价准则》，系统地介绍了该组织所推荐的就工业项目编制和评价，以及进行社会效益分析的一整套分析方法和所积累的一整套实践经验，是针对发展中国家需要而制定的一整套准则。

场价和 CIF 中较高者，其他取实际市场价加上政府补贴。

进行项目经济评价的 OECD、ST、UNIDO、UNIDO-IDCAS 等一系列方法存在一些共性问题。以世界价格、外汇作为评价项目的标准，总括地强调外贸，对于发展中国家的项目是不太适合的。新方法内含了自由贸易的条件（因为它认为一种日用品的世界价格和国内价格主要差异来自贸易、外汇的管制，以及关税、税前和补贴等措施），实际上国际垄断价格同样存在。新方法程序复杂，需要数据采集难度大。其以单一综合数值指标作为项目价值根据，因而无法避免对大量未知量的估算，主观性较大。由于各种评价方法的理论基础和所考虑的国家目标不同，因而其评价方法也不同。评价方法的差异主要表现在国家参数及影子价格的定义和计算上。结合这些理论，同时考虑我国国情，我们认为选择合理的参数对于完善我国项目经济评价有重要的借鉴作用。

2. 财务评价

财务评价指标主要有以下几种。

（1）净现值（NPV）法。净现值是反映投资方案在计算期内获利能力的动态评价指标，是指基于同一个预期的基准收益率或折现率，分别把整个寿命期或计算期内各年所发生的净现金流量折现到建设期初的现值之和。以净现值法进行投资决策分析时，一般按以下步骤进行：预测投资方案的每年净现金流量，每年净现金流量等于每年现金流入量减去每年现金流出量，根据资金成本率或适当的收益率将以上净现金流量折算成现值。如果每年的净现金流量相等，按年金复利折成现值；如果每年的净现金流量不等，则按普通复利分别折算成现值加以合计。将方案的投资额也折算成现值。如果是一次性投入的，则原始投资即为现值；如果是分次投入的，则按年复利或普通复利折成现值。净现值的计算公式为：

$$NPV = \sum_{t=0}^{n} (CI - CO)_t (1 + i_c)^{-t} \tag{6.4}$$

式中：NPV 表示净现值；CI 表示现金流入；CO 表示现金流出；i_c 表示基准折现率或基准收益率；n 表示寿命期或计算期；t 表示现金流量发生的年份序号。

净现值法的判别应依据一定准则。对单方案的判别准则是：若净现值为正值，说明可接受此方案；若净现值为负值，则应拒绝此方案。对多方案比选时，基本步骤如下：①进行绝对效果检验，即考察各个方案自身的经济效果。分别计算各个方案的净现值，剔除 $NPV<0$ 的方案，保留 $NPV \geqslant 0$ 的方案。②进行相对效果检验，即考察哪个方案最优。在所有 $NPV \geqslant 0$ 的方案中比较净现值大小，根据经济效益最大化原则，净现值最大的方案即最优方案。净现值法是建立在资金的时间价值基础上的一种方法。如果选择 $NPV \leqslant 0$ 的投资方案，则企业的财富可能会减少；反之，如果采用 $NPV>0$ 的投资方案，则会使企业的财富增加。

净现值法在经济效果评价中应用很广，它考虑了资金的时间价值，并全面考虑了项目在整个计算期内的经济状况，得出项目盈利水平，判断直观，易于评价。净现值指标的不足之处在于：①必须先确定一个符合现实经济的基准收益率，而基准收益率的确定往往比较复杂；②在互斥方案评价时，净现值必须慎重考虑互斥方案的寿命，如果互斥方案寿命不等，必须构造一个相同的研究期，才能进行各个方案的比选；③净现值不能反映项目投资中单位投资的使用效率，不能直接说明项目运营期间各年的经营成果。

（2）投资回收期法。按照是否考虑资金时间效益，投资回收期（P_t）可分为静态投资回收期和动态投资回收期两种。

静态投资回收期是用项目各年的净收益来回收全部投资所需要的期限。其计算公式为：

$$\sum_{t=0}^{P_t}(CI - CO) = 0 \tag{6.5}$$

静态投资回收期可根据项目现金流量表计算，其具体计算分为以下两种情况：

其一，项目建成投产后各年的净收益均相同时，计算公式如下：

$$P_t = I/A \tag{6.6}$$

式中：P_t为投资回收期；I为项目投入的全部资金；A为每年的净现金流量。

其二，项目建成投产后各年的净收益不相同时，计算公式如下：

P_t＝累计净现金流量开始出现正值的年份数－1+

上年累计净现金流量的绝对值/当年的净现金流量

动态投资回收期是用项目各年的净现值来回收全部投资现值所需要的期限。其计算公式为：

$$\sum_{t=0}^{P_t}(CI - CO)(1 + i_c)^{-t} = 0 \tag{6.7}$$

其中：

P_t＝累计净现金流量开始出现正值的年份数－1+

上年累计净现金流量的绝对值/当年的净现金流量

投资回收期是评价投资项目经济价值的一种比较简单和常用的标准，越短越好。其概念清晰、简便，能反映项目的风险大小。决策时通常只把投资回收期当作一种时间期限，而不是当作直接的计量标准。各个企业对几种类型的项目都规定了它们各自最长的回收期，凡是回收期大于最长回收期的项目都将被否定。其缺点是，投资回收期忽略有些项目在回收期以后较长时期的现金流。

（3）内部收益率法。内部收益率（Internal Rate of Return，IRR）即净现值等于0时的收益率。其计算公式为：

$$\sum_{t=0}^{n}(CI - CO)_t(1 + IRR)^{-t} = 0 \tag{6.8}$$

我们一般用试算法来计算内部收益率。以内部收益率法作为评价准则，要看内部收益率是否高于企业的基准收益率或资金成本率。若高于基准收益率或资金成本率，就可接受该方案；否则，应该拒绝。若同时有几个可以接受的方案，以内部收益率最高的为优。该方法的不足之处在于：①内部收益率是随时间变化的未回收投资余额的折现率；②从内部收益率的定性和定量定义可以看出，对每年的净现金流量如何使用没有给出任何规定。

一个无约束条件的独立项目，可以运用以上指标去进行选择，但当出现约束条件时，运用以上指标就要受到严格的限制。因此，各种指标并不是在任何情况下都能适用的，通常会根据项目的具体情况，采用多个经济指标来分析评价项目的经济可行性。不同的评价指标反映了不同的经济含义，从不同角度体现建设项目的经济效果，因此，只有采用不同的经济评价指标分析项目的经济效果才更全面。

第三节　国际间接投资

国际间接投资，又称国际金融投资。随着国际金融市场上的金融创新工具层出不穷，国际金融投资方式呈现多元化趋势。本节重点阐述国际股票投资、国际债券投资、金融衍生工具投资和国际黄金市场投资。

一、国际股票投资

（一）国际股票概述

股票投资是最典型的直接金融投资形式。国际股票同国内股票在基本性质、特征与类别等方面基本相同。

1. 股票的基本性质

（1）股票为设权证券。股票作为所有权凭证，是一种表明已发生股权转移的证券，起到权利证书的作用。股票的发行以股份的存在为前提条件。股票的作用在于证明股东的权利，并不是创造股东的权利。

（2）股票是要式证券。股票必须按法律的要求记载一定事项，须由三名以上的董事签名盖章并经由主管机关或其核定发行登记机构批准后才能发行。股票的内容一般包括公司的名称和地址，公司设立登记和新股发行的批准文号，公司的股份总额、每股金额、发行的份数、发行时间等。现在的股票已经演变为电子股票，投资者看不到原始的股票票面，只能通过电子网络系统了解投资股份公司的股票信息。

（3）股票是有价值证券。股票与其代表的股东权利有着不可分离的关系。股票代表股东对公司资产的权利，这种资产是有一定价值的，否则其权利也就无从谈起。

（4）股票是虚拟资本。股票价格的波动常常脱离真实资本的运行，两者之间既有联系又有偏离。从长远来看，股票的市值能够反映股份公司的经营业绩；以短期来看，股票的市值常常偏离经营的实际状况。

2. 股票的特征

作为有价证券和一种权利的凭证，股票具有以下特点：

（1）盈利性。股份公司对投资者进行推介宣传，吸引投资者购买股票，投资者将来可能会获得收益。

（2）投资收益的不确定性。股票投资最大的特点就是风险性。股票在金融工具中属于风险较大的一种，投资者购买股票并不一定获利，但也恰恰表明是有可能获利的，这也是投资股票和投资债券的根本区别。

（3）股票投资的非返还性。投资者在购买股票以后，尤其是购买普通股之后，就不能再要求上市公司退回本金，其权利的转让和本金的赎回只能通过二级市场上其他投资者的购买来实现，而二级市场上的购买价格取决于市场对这种股票的需求。

（4）流动性。股票是一种流动性很强的有价证券，虽然它是一种无限期而且不能返还的证券，但在目前极度发达的二级市场上可随时出售给其他投资者，与此同时，股票还可以用于抵押等经济活动。

3. 股票的种类

不同的股票，股东享有的权利不同，在交易等方面也有诸多不同的特点。按股东承担的风险和享有的权益，可分为普通股和优先股；按股票是否记名，可分为记名股和无记名股；按股票有无面额，可分为面额股票和无面额股票；按照所在市场的不同，可分为国内股票和国际股票。

（二）国际股票投资的收益率

国际股票投资的收益率是指投资于国际股票所获得的收益总额与原始投资额的比率。股票得到投资者的青睐，是因为投资者看中了购买股票所带来的收益。一般来说，优先股股东的收益率是相对稳定的，而普通股股东的收益率是不稳定的。股票投资收益率有两种计算方法，即本期股票收益率和持有期股票收益率。

1. 本期股票收益率

本期股票收益率就是本期（年）股利占本期股票价格的比例。其计算公式为：

$$\text{本期股票收益率} = \frac{\text{本期股利}}{\text{本期股票价格}} \times 100\% \tag{6.9}$$

例如，某公司 1996 年 1 月 1 日发行股票，股票的购买者以 80 元一股购入，1997 年 1 月1 日购买者每股分得红利 20 元，本期股票收益率为：

$$\frac{20}{80} \times 100\% = 25\%$$

2. 持有期股票收益率

持有期股票收益率指的是投资者从购买股票开始到卖出时为止的收益率。其计算公式为：

$$\text{持有期股票收益率} = \frac{\text{出售价格} - \text{购入价格} + \text{现金股利}}{\text{购买价格}} \times 100\% \tag{6.10}$$

例如，某人购买了 120 元股票，以 156 元卖出，一年中所得红利为 10 元，其持有期股票收益率为：

$$\frac{156 - 120 + 10}{120} \times 100\% = 38\%$$

（三）国际股票的交易方式

国际股票按交易场所不同，分为在证券交易所内进行的场内交易和在证券交易所外进行的场外交易；按约定交货期限的不同，分为现货交易、期货交易、信用交易等多种方式。

1. 现货交易

股票的现货交易亦称现金交易，它是指股票的买卖双方达成交易以后，在短期内完成交割的一种买卖方式。现货交易的交割时间一般为成交的当天，但也可以是当地股票交易市场的习惯日，如美国股票交易所现货交易的交割时间为成交后的第五个营业日，东京股票交易所为成交后的第四个营业日。股票的现货交易是属于一手交钱一手交货的实物交易，即买方付出价款，卖方交付股票。1929 年金融危机爆发以前，股票市场上允许当天买入当天卖出，后来为了防止投机过度，许多金融市场都有不允许投资者当天买入当天卖出股票的规定。

2. 期货交易

股票的买卖双方达成协议以后，交割和清算按协议所规定的价格在未来某一时间进行，即股票期货交易的双方在签订交易合同之后，买方不用立即付款，卖方也不需即时交出股票，而是在双方约定的未来某一时间进行，这就是股票的期货交易。在实际操作中，股票的买卖双方往往都以相反的合同进行冲抵，只清算买卖差价。期货交易可以用来防范交易风险，起保值作用。

3. 信用交易

信用交易也称保证金交易、垫头交易，是指客户购买股票时，向经纪人支付一定数量的现款或股票，即保证金，其差额由经纪人或银行贷款进行交易的一种方式。从事该种交易的交易者是想利用股票价格在短期内的变动牟取暴利，即交易者在预测某种股价将要上涨时，便以保证金的形式购买股票，待股价上涨后再卖出。保证金交易属于多头或买空交易，它要求交易者有足够的信誉和实力。做保证金交易须先开设账户，在交易的过程中，客户用保证金购买的股票全部用于抵押，客户还要向经纪人支付垫款利息。1929 年的金融大危机就是由于保证金交易制度助长了投机，最终导致股市崩盘。

4. 期权交易

股票期权交易实际上是一种股票权利的买卖，即某种股票期权的购买者或出售者，可以在规定期限内的任何时候，不管股票市价的升降程度如何，分别向其股票的出售者或购买者，以期权合同规定好的价格购买或出售一定数量的某种股票。在股票市价波动很大时，可以同时买进看涨和看跌两种期权，即进行双向期权交易。当股票市价上涨时，可以行使看涨期权，放弃看跌期权；反之，则行使看跌期权，放弃看涨期权。如果股市在规定限期内先涨后跌，或者先跌后涨，则两种期权可以轮流行使，获利更大。即使股票市价涨落幅度较小，也可以在适当的时期行使一种期权，以减少损失。从理论上来讲，只要股票价格上涨或下跌的幅度超过期权费，则投资者稳赚。

5. 股票价格指数期货交易

在股票价格指数期货交易中，买进和卖出的均为股票期货合同。股票价格指数是由点来表示的，股票价格指数的升降以点数计算，点数代表一定数量的标准金额。投资者在对股票价格指数的升降进行准确的预测之后，就可以买进或卖出期货合同。在证券市场长期的实践中，股票价格指数基本上代表了股票市场上股票价格变动的趋势和幅度。

（四）国际股票市场定价

通常我们分析股票的内在价值时会运用以下几种模型和方法：

1. 贴现现金流模型

贴现现金流模型是运用收入的资本化定价方法来决定普通股股票内在价值的方法。根据收入的资本化定价方法，资产的内在价值是由持有这种资产的投资者在未来时期中所接受的现金流决定的，而现金流是未来时期的资产终值，因此必须按照一定的贴现率将其折成现值，即一种股票的内在价值等于预期现金流的贴现值。对于股票来说，这种预期的现金流即在未来时期支付的股利。因此，贴现现金流模型的公式为：

$$V = \sum_{t=1}^{\infty} \frac{D_t}{(1+k)^t} \tag{6.11}$$

式中：V 为股票在即期的内在价值；D_t 为未来时期 t 的现金股利；k 为一定风险程度下现金流的市场贴现率。

在这个模型中，假定贴现率在投资期内部发生变化。由该公式还可以进一步分析股票的净现值，即股票目前应该出售的价格。净现值（NPV）的计算公式为：

$$NPV = V - P = \left[\sum_{t=1}^{\infty} \frac{D_t}{(1+k)^t}\right] - P \tag{6.12}$$

式中：V 为股票在即期的内在价值；P 为 $t=0$ 时购买股票的成本。

当 $NPV>0$ 时，内在价值被低估，因此股票有升值空间；当 $NPV<0$ 时，内在价值被高估，股票价格有下跌的可能。

例如，某公司2004年1月16日发布的2003年年报显示，每股收益0.7元，当日每股价格为11.75元。

首先，按市场贴现率（K）为5.4%计算 V：

$$V=P_0/K=0.7/0.054=12.96$$

其次，计算 NPV：

$$NPV=V-P=12.96-11.75=1.21$$

结论：价值被低估，可以买进或持有。

2. 零增长模型

零增长模型假定股利增长率等于零，即 $G=0$，也就是说未来的股利按一个固定数量支付。其计算公式如下：

$$V = \sum_{t=1}^{\infty} \frac{D_t}{(1+k)^t} = D_0\left[\sum_{t=1}^{\infty} \frac{1}{(1+k)^t}\right] \tag{6.13}$$

式中：k 为到期收益率。

因为 $k>0$，根据数学知识得出：

$$V=\frac{D_0}{k} \tag{6.14}$$

式中：D_0 为未来支付的每股股利；V 为股票的内在价值。

假定某公司在未来无限时期支付的每股股利为9元，其公司的必要收益率为10%，可知一股该公司股票的价值为90元（9/0.10），而当时一股股票价格为75元，每股股票净现值为25元（90−75），因此该股票被低估25元，可以购买该种股票。

零增长模型的应用似乎受到相当的限制，因为假定某一种股票永远支付固定的股利是不合理的，这对于分析世界股票市场有些勉强和不切实际。但在特定的情况下，尤其是在决定优先股的内在价值时，因为大多数优先股支付的股利不会因每股收益的变化而发生改变，而且优先股没有固定的生命期，所以预期支付是能永远进行下去的。

3. 不变增长模型

不变增长模型又称戈登股利增长模型，它假定股利永远按照固定的增长率增长。不变增长模型有三个假定条件：①股息的支付在时间上是永久性的；②股息的增长速度是一个常数；③模型中的贴现率大于股息增长率。贴现现金流模型的计算公式如下：

$$V=\frac{D_1}{(1+k)^1}+\frac{D_2}{(1+k)^2}+\frac{D_3}{(1+k)^3}+\cdots+\frac{D_t}{(1+k)^t}+\cdots \quad (6.15)$$

式中：V 为股票的内在价值；D_t为在未来时期以现金形式表示的每股股利；k 为在一定风险程度下现金流的合适的贴现率。

如果我们假设股利永远按不变的增长率增长，那么就会建立不变增长模型。T 时点的股利为：

$$D_t=D_{t-1}(1+g)=D_0(1+g)^t$$

用 $D_t=D_0(1+g)^t$ 置换公式（6.15）中的分子 D_t，得出：

$$V=\sum_{t=1}^{\infty}\frac{D_0(1+g)^t}{(1+k)^t}=D_0\sum_{t=1}^{\infty}\frac{(1+g)^t}{(1+k)^t} \quad (6.16)$$

运用数学中无穷级数的性质，如果 $k>g$，可得：

$$\sum_{t=1}^{\infty}\frac{(1+g)^t}{(1+k)^t}=\frac{1+g}{k-g} \quad (6.17)$$

从而得出不变增长模型的价值：

$$V=D_0\frac{1+g}{k-g} \quad (6.18)$$

假如上一年某公司支付每股股利为 1.80 元，预计在未来日子里该公司股票的股利按每年 5%的速率增长。因此，预计下一年股利等于 1.89 元［1.80×（1+0.05）］。假定必要收益率是 11%，根据公式（6.18）可知，该公司的股票等于 31.5 元［1.80×（1+0.05）/（0.11-0.05）］。而当今每股股票价格是 40 元，因此股票被高估 8.50 元，建议当前持有该股票的投资者出售其股票。

4. 两阶段增长模型

两阶段增长模型假设企业增长呈现两个阶段：第一阶段为超常增长阶段，又称观测期，其增长率高于永续增长率；第二阶段是永续增长阶段，又称永续期，增长率为正常稳定的增长率。通常假设预测期是一个不稳定的发展期，即资本回报率与资本成本不相等。然而长久的竞争最终会使资本报酬率等于资本成本，也就是最终会达到稳定期，所以预测期的长短会间接影响企业价值的大小。因此，对达到稳定期前的预测期长度的估计非常重要。

两阶段增长模型适用于增长呈现两个阶段的企业。其计算公式如下：

股票价值=预测期现金流量现值+后续期现金流量现值

设超常的增长期为 1 至 n 期，n 期以后为永续增长期。将永续期起点视为第 n+1 年，其现金流量图可以用图 6-2 表示。

假设第 t 年股利为 D_t，P 为现值，F 为终值，股权资本成本为 R，T 为时间，第几年股利为 D_n，永续增长率为 g，则企业的股权价值 V 为：

$$V=\sum_{t=1}^{n-1}D_t\times\left(\frac{P}{F},R,T\right)+D_n\times\left(\frac{P}{F},R,T\right)+\frac{D_{n+1}}{R_t-g}\times\left(\frac{P}{F},R,T\right) \quad (6.19)$$

利用该模型计算企业股权价值的核心是正确区分观察期和永续期，并正确计算两个阶段的现金流量和折现系数。判断企业是否进入永续增长状态的标志有两个：①在永续增长

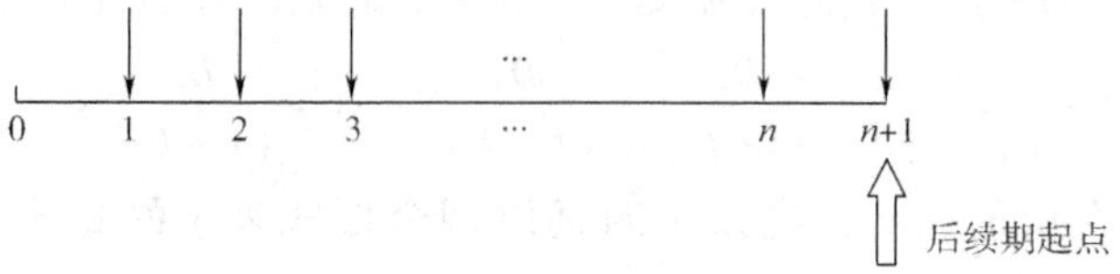

图 6-2　现金流量图

状态下，企业具有稳定的销售增长率，其大约等于宏观经济的名义增长率；②企业具有稳定的资本回报率，并与资本成本接近。

5. 三阶段增长模型

三阶段增长模型最早是由尼古拉斯·摩罗德乌斯基（Nicholas Molodvsky）、凯瑟琳·梅（Catherine May）和谢尔曼·切提讷（Sherman Chattiner）于 1965 年在《普通股定价——原则、目录和应用》一文中提出的。它假设所有的公司都经历与产品的生命周期的概念相同的三个阶段。在超常增长阶段，由于生产新产品并扩大市场份额，公司取获得快速的收益增长。在过渡阶段，公司收益继续增长，但增长速度放缓。在超常增长阶段，假设红利的增长率为常数 g_a；在过渡阶段，不妨假设红利增长率以线性的方式从 g_a 变化为 g_n；g_n是稳定阶段的红利增长率。如果 $g_a>g_n$，在过渡期表现为递减的红利增长率；反之，表现为递增的红利增长率。

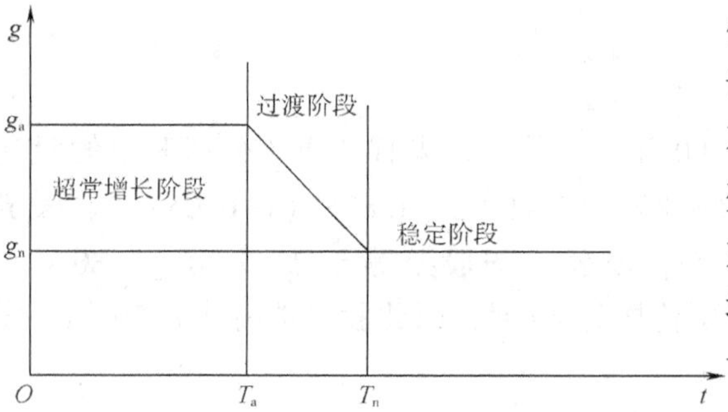

图 6-3　股票价值三阶段增长模型

股票价值三阶段增长模型可以用图 6-3表示。从图 6-3 能够看出：公司股票的价值是超常增长阶段、过渡阶段预期红利的现值和稳定阶段价格的现值总和。当 t 等于 T_a时，红利增长率等于 g_a；当 t 等于 T_n时，红利增长率等于 g_n。在过渡阶段任何时点上的红利增长率（根据假设）为：

$$g_t = g_a - (g_a - g_n)\frac{t-T_a}{T_n-T_a} \qquad (g_a>g_n) \tag{6.20}$$

如果再假定初期的红利水平为 D_0，写出三阶段增长模型的计算公式为：

$$P_0 = D_0\sum_{t=1}^{T_a}\left(\frac{1+g_a}{1+r}\right)^t + \sum_{t=T_a+1}^{T_n}\left[\frac{D_{t-1}(1+g_t)}{(1+r)^t}\right] + \frac{D_{T_n}(1+g_n)}{(1+r)^{T_n}(r-g_n)} \tag{6.21}$$

式中：r 为股权要求收益率（假定其不变，可以放宽该假设）。

三阶段增长模型反映了股票理论上的价格，还允许在高利润—高增长的公司同低利润—低增长的公司之间做比较；利用这个模型可以容易地处理增长公司的问题。但在实际估价中，使用三阶段模型也存在诸多困难，例如，存在许多输入变量和难以确定的股权收益率，过渡阶段现金流的计算比较复杂。

6. 多元增长模型

多元增长模型是被最普遍用来确定普通股股票内在价值的贴现现金流模型。这一模型假设股利的变动在一段时间 T 内并没有特定的模式可以预测，在此段时间以后，股利按不变增长模型进行变动。因此，现金流可以分为两个部分：

第一部分包括在股利无规则变化时期的所有预期股利的现值。用 V_{T-} 表示这一部分的现值，即：

$$V_{T-} = \sum_{t=1}^{T} \frac{D_t}{(1+k)^t} \tag{6.22}$$

第二部分包括从时点 T 来看的股利不变增长率时期的所有预期股利的现值。因此，该种股票在时间 T 的价值（V_T）可通过不变增长模型的方程 $V=\dfrac{D_1}{k-g}$求出：

$$V_T = D_{T+1} \times \frac{1}{k-g} \tag{6.23}$$

投资者是在 $t=0$ 时刻，而不是 $t=T$ 时刻来决定股票现金流的现值的。因此，在 T 时刻以后 $t=0$ 时的所有股利的贴现值 V_{T+} 为：

$$V_{T+} = V_T \times \frac{1}{(1+k)^T} = \frac{D_{T+1}}{(k-g)(1+k)^T} \tag{6.24}$$

根据方程（6.22）得出直到 T 时刻为止的所有股利的现值，根据方程（6.24）得出 T 时刻以后所有股利的现值，这两部分现值的总和就是这种股票的内在价值。其计算公式如下：

$$V = V_{T-} + V_{T+} = \sum_{t=1}^{T} \frac{D_t}{(1+k)^t} + \frac{D_{T+1}}{(k-g)(1+k)^T} \tag{6.25}$$

例如，假定某公司上年支付的每股股利为 0.75 元，下一年预期支付的每股股利为 2 元，因而：

$$g_1 = \frac{D_1 - D_0}{D_0} = \frac{2-0.75}{0.75} = 167\%$$

再下一年预期支付的每股股利为 3 元，即：

$$g_2 = \frac{D_2 - D_1}{D_1} = \frac{3-2}{2} = 50\%$$

从 $T=2$ 时，预期在未来无限时期，股利按每年 10%的速度增长，即

$$D_3 = D_2\ (1+0.10)\ = 3\times 1.1 = 3.3\ (\text{元})$$

假定必要收益率为 15%，可按下面的式子分别计算 V_{T-} 和 V_{T+}：

$$V_{T-} = \frac{2}{1+0.15} + \frac{3}{(1+0.15)^2} = 4.01$$

$$V_{T+} = \frac{3.3}{(0.15-0.10)\ (1+0.15)^2} = 49.91$$

则：

$$V_{T-} + V_{T+} = 4.01 + 49.91 = 53.92$$

股票的内在价值 53.92 元与目前每股股票价格 70 元相比较，似乎后者过高，即可以说，该股票有可能被高估，价格还应该下跌。

7. 市盈率估价方法

利用市盈率来分析股价的高低是目前市场上比较常用的方法之一。市盈率是某种股票每股市价（当前的）与每股盈利（可用最近一年的）的比值，也可用未来一年或几年的

预测盈利的比率表示。市盈率是估计普通股价值的最基本、最重要的指标之一。一般认为该比率保持在20~30是正常的，过小说明股价低，风险小，值得购买；过大则说明股价高，风险大，购买时应谨慎。但高市盈率股票多为热门股，低市盈率股票可能为冷门股。

市盈率指标计算简便，在股市评价分析中运用较为普遍。

二、国际债券投资

国际债券投资是间接投资的一种方式。与国际股票投资相比，投资国际债券的风险要小一些，收益固定，因此，许多投资者热衷于国际债券的投资。

（一）国际债券投资收益分析

国际债券的收益率有名义收益率、当期收益率和到期收益率之分。

名义收益率亦称票面收益率，即票面利息率。它是债券发行者向债券投资者支付利息的依据。

当期收益率反映购买债券时的行市，其计算公式为：

$$当期收益率=\frac{当年利息收入}{购买价格}\times 100\% \tag{6.26}$$

到期收益率是指从投资者持有债券时起至债券到期时止的年平均收益率。到期收益不仅包括每年的利息收益，而且包括债券买入价与面值之间的差额，能正确地反映投资者购买债券的实际收益。到期收益率的计算公式如下：

$$到期收益率=\frac{（面值-购买价格）+总利息}{购买价格\times 期限}\times 100\% \tag{6.27}$$

（二）国际债券的发行价格

大多数债券都标明按面值计算的固定利率或附有息票，以按此标准支付利息。这种债券称为固定收益证券。只有少数种类的债券按浮动利率支付利息。固定利率债券一般按面值发行，只有在少数情况下，如在发行前确定了利率，而市场利率发生了意外变动时，才采取溢价发行或折价发行。

折价发行是指以低于面额的价格出售新股，即按面额打一定折扣后发行股票。

溢价发行是指发行人按高于面额的价格发行股票，因此可使公司用较少的股份筹集到较多的资金，同时还可降低筹资成本。

平价发行也称等额发行或面额发行，是指发行人以票面金额作为发行价格。平价发行的优点是：发行者按事先规定的票面额获取发行收入，并按既定的票面额偿还本金。

（三）国际债券投资的风险

常见的国际债券投资风险表现为企业破产倒闭、利率上升、汇率波动、通货膨胀、不能按期还本付息等。这种不确定性可能会给投资者造成损失，如利息不能按期或如数得到支付，本金不能按期或如数收回等。这就是债券投资的风险。

1. 信用风险

信用风险是指债券发行者经营状况恶化、财务状况欠佳甚至破产，因而拖欠应支付的利息和本金，或者只能按一定的折扣甚至根本无力支付利息和偿还本金的风险。

2. 市场风险

市场风险是指受各种宏观因素和市场机制的影响，债券交易活动衰退，债券价格下降，给投资者造成损失的风险。

3. 利率风险

如果票面利率为固定利率，购买债券以后，投资者面临市场利率上升的风险；如果票面利率是浮动利率，投资者就面临市场利率下跌的风险。

4. 通货膨胀风险

通货膨胀风险又称购买力风险，即若某国的货币发行过多而导致货币贬值，即使以该种货币计值的债券的本息均未减少，以货币购买力来衡量时投资者仍会受损的风险。

5. 汇率风险

投资者在国际市场上购买以外币计值的债券，其收回的利息和本金最终要折算成本国货币来衡量，因此，投资者要承受一定的汇率风险。

（四）国际债券的评级

债券发行人的资信等级评定对于债券发行，特别是新债券的发行有着十分重要的意义。已经上市的债券对投资者是否有吸引力，新债券的发行能否获批准上市，都要视发行人资信等级评定结果而定。获得资信等级越高的发行人，将能以越低的成本筹措到所需资本。较为知名的债券信用评级表如表 6-1 和表 6-2 所示。

表 6-1　标准普尔公司债券信用评级表

等　级	说　明	备　　注
AAA	最高级	还本付息能力最强，投资风险最低
AA	高　级	还本付息能力很强，保证程度低于 A 级，投资风险略高于 AAA 级
A	中上级	还本付息能力较强，可能受环境和经济条件的不利影响
BBB	中　级	还本付息能力足够，环境和经济条件的不利变化可能导致偿付能力削弱
BB	中下级	还本付息能力有限，具有一定的投资风险
B	投机级	风险较高
CCC	完全投机级	风险很高
CC	最大投机级	风险最高
C	低级债券	一般表示未能付息的收益债券，规定盈利时付息但未能盈利付息
D	违约债券	违约，但尚有一些残余价值

表 6-2　穆迪投资服务公司长期债券资信评级表

等　级	说　明	备　　注
Aaa	最高质量	投资风险小，偿还本金保险程度最大，任何可预见的变化不会损害它的发行地位
Aa	高质量	保险系数略低于 Aaa 级，长期风险因素也大于 Aaa 级
A	中上等级	有很多有利于投资者的特点，有足够因素保证本息安全，但存在对偿还本息能力产生怀疑的因素

续表

等级	说明	备注
Baa	中等级	有一定程度的风险，当前保证利息的因素是足够的，但从长远看缺少一些保护性因素，带有某些投机性质
Ba	投机性因素	不能认为将来是有保证的，对本息保护有限
B	不值得投资	还本付息或履行合同的其他条件保证很小
Caa	可能违约	有危及本息安全的因素
Ca	高度投机性	经常违约，有明显缺点
C	最低级	前途无望，根本不能用来进行真正的投资

对国际债券进行评级，评级机构只就发行本次债券的还本付息能力进行评价，并不披露发行人每次还本付息违约的可能性。评级机构所做出的评级只是道义上的劝说，而不负法律上的责任。通过美国金融危机可以看出，许多评级机构出于商业目的，常常违心地做出评级，导致投资者损失惨重。

（五）国际债券的创新产品

1. 本息分离债券

本息分离债券是将付息债券的本金和利息分离并分别进行证券化的一种国际债券业务的创新。这种债券只有在到期时或出售时才能得到收益，其间没有收益，所以属于零息债券。这种利息收入的所有权和偿付本金的所有权的分离使得投资者可以对债券的本息分别进行投资和交易。其优点很突出：①期限结构多样化，可以满足投资者对零息债券期限的不同要求，并且可化解长期利率的风险，另外，不同期限的债券组合可以使预期收入最大化；②债券到期时才支付全部利息，将延迟支付利息税，其间投资者可以合法享用这一资金。

2. 次级债券

所谓次级，是指该债券在偿还次序上不如公司的一般债务，但优于公司股本权益。这种债券兼有债务和股权的双重特征，银行资本金中的二级资本就包括这种债券。由于存在清偿风险，该债券信用评级低于同一发行机构的高级债券。

3. 投资人选择权债券

投资人选择权债券是指投资人有权利在计划回售日按照面值将该类品种卖还给发行主体的债券。从实际操作角度来看，投资人卖还与否依然是借助于远期利率与票息的高低比较来判断。

4. 发行人选择权债券

发行人选择权债券是指发行人有权利在计划赎回日按照面值赎回该类品种的债券。该类债券的实际存续期存在不确定性。

5. 可转换债券

可转换债券通常为普通股可转换债券。在与股票交换过程中，可转换债券的持有者可能会获得资本收益。可转换债券类似于附加发行认股权证书的债券。认股权证书表明持有者能够按照法定价格购买股票，因此，如果股票价格上涨，认股权证书的持有者就会获得资本利息。可转换债券比不转让债券的票面利率低，但它可能给持有者带来更多的资本收益。

三、金融衍生工具投资

20世纪90年代以来，金融衍生工具已成为国际金融市场上频繁运用的交易手段，金融衍生工具市场已成为国际金融市场的主角。

（一）金融衍生工具的产生

衍生工具是相对原生工具而言的。金融原生工具主要是指股票、债券、外汇等。以这些金融工具为基础衍生出来的一些金融交易就是金融衍生工具的交易。金融衍生工具是在一定的客观背景中，在一系列因素的促动下产生和发展的。

1. 历史背景

金融衍生工具产生的动力主要来自金融市场上的价格风险。20世纪70年代以后，金融环境发生了很大的变化。

（1）汇率制度的变化导致汇率风险加大。以美元为中心的固定汇率制崩溃后，国际货币制度演变成浮动汇率制度，国际贸易主体面临更大的不确定性，为了防范风险，金融衍生交易应运而生。

（2）利率频繁波动，风险加大。20世纪60年代末开始，西方国家的利率开始上升，70年代的两次石油危机更是使国际金融市场的利率水平扶摇直上，把金融市场的投资者和借贷者暴露在高利率风险中。

2. 通信网络技术的推动

通信技术和电子计算机信息处理技术的飞速发展，金融业效率的不断提高，使得新技术应用到银行或交易所成为可能，也使全球24小时不间断的外汇交易、国际债券在不同市场上市交易成为可能。先进的通信手段使得投资者可以在全球各地投资、交易各种金融产品。

3. 金融机构迫于竞争压力不断推出新的金融产品

银行等金融机构在市场需求的推动下，不断开展各种金融创新服务，包括金融产品创新和服务创新，以提高自身的竞争力。

（二）金融衍生工具的特点

首先，金融衍生工具的性质复杂。因为对于基本衍生工具如期货、期权和互换的理解和运用已经不易，而当今国际金融市场的再衍生工具更是将期货、期权和互换进行组合，所以金融衍生工具的性质变得更为复杂。

其次，金融衍生工具的交易成本较低。金融衍生工具可以用较为低廉的交易成本来达到规避风险和投机的目的，这也是金融衍生工具为保值者、投机者所喜好并迅速发展的原因之一。

再次，金融衍生工具交易的杠杆效应常常放大收益和损失。金融衍生工具是一种高风险的投资工具。财务杠杆的作用在金融期货和金融期权中表现得非常明显。

最后，金融衍生工具可用于防范风险。防范风险是人们创立金融衍生工具的根本目的之一。现实中的各种金融衍生工具可进行投资组合以防范风险。

（三）金融期货交易

金融期货交易是标准化的合约交易，是指交易双方同意在将来确定的时间按照约定的条件（包括价格、交割地点和交割方式等）买入或卖出一定标准数量的某种金融资产的标准化合约。期货交易是从现货交易中的远期合同交易发展而来的。

1. 金融期货交易的特点

金融期货交易的特点如下：

（1）以小博大。期货交易只需交纳5%～10%的履约保证金就能完成数倍乃至数十倍的合约交易。

（2）双向交易。期货市场中可以先买后卖，也可以先卖后买，投资方式灵活。

（3）逐日盯市。期货交易实行逐日盯市制度，即实现每日无负债交割。所有期货交易都通过期货交易所进行结算，且交易所成为任何一个买者或卖者的交易对方，为每笔交易作担保。

（4）市场透明。期货交易信息完全公开，且交易采取公开竞价方式进行，使交易者可在平等的条件下公开竞争。这一特点也决定了期货交易的公平性。

（5）组织严密，效率高。期货交易是一种规范化的交易，有固定的交易程序和规则，一环扣一环，环环高效运作，一笔交易通常在几秒钟内即可完成。

（6）交易标准化。期货交易中每一份合约的金额、交易品种，以及交易所报价、交易清算等都有严格的规则制约。

2. 金融期货交易的流程

金融期货交易有口头交易和计算机撮合交易两种。计算机撮合交易是根据口头公开叫价方式的原理设计而成的一种交易方式。这种交易方式相对口头公开叫价交易来说具有准确、连续的特点。目前，我国的期货交易都使用计算机撮合交易系统。

指令下达方式包括当面委托方式、书面委托方式和电话委托方式。受令人有权利和义务审核客户的指令，包括审核保证金水平是否足够、指令是否超过有效期和指令内容是否齐全，从而确定指令的有效与无效。

金融期货交易的程序为：①经纪公司的交易指令中心在接到交易单后，在单上打上时间戳记并检查交易单有无疏漏，以电话方式迅速传给经纪公司在交易所的出市代表；②经纪公司的出市代表收到指令后以最快的速度将指令输入计算机内；③指令中心将反馈回来的成交结果记录在交易单上并打上时间戳记，按原程序反馈给客户。

原则上讲，客户每一笔交易的最终确认以结算公司或交易所的结算部门的最终确认为准。客户每一笔交易都由经纪公司记录存档，且保存期限一般低于5年。客户每成交一手合约（买或卖），经纪公司都要收取一定的佣金。

3. 金融期货交易的种类

随着布雷顿森林体系的崩溃，国际金融市场上利率、汇率频繁波动，导致进行国际贸易、国际投资的经济主体面临巨大的金融风险。在这种背景下，金融期货交易应运而生。到目前为止，使用比较广泛的金融期货交易主要有：

（1）货币期货。这是指澳大利亚元、英镑、加拿大元、德国马克、法国法郎、日元、瑞士法郎、欧洲美元和欧洲货币单位等的期货合约，主要交易场所有芝加哥商品交易所国际货币市场分部、中美商品交易所、费城期货交易所等。

（2）利率期货。利率期货包括美国短期国库券期货、美国中期国库券期货、美国长期国库券期货、市政债券期货、抵押担保有价证券期货等，主要交易场所有芝加哥期货交易所、芝加哥商品交易所国际货币市场分部、中美商品交易所。

（3）股票指数期货。股票指数期货包括标准普尔 500 种股票价格综合指数（S&P 500）、纽约证券交易所股票价格综合指数（NYCE Composite）、主要市场指数（MMI）、价值线综合股票价格平均指数（Value Line Composite Index）、日本的日经指数（NIKI）、香港的恒生指数（香港期货交易所）等的期货合约，主要交易场所有芝加哥期货交易所、芝加哥商品交易所、纽约证券交易所、堪萨斯市期货交易所。

4. 金融期货交易的定价原理

金融期货交易的种类主要包括货币期货、利率期货和股指期货。我国于 2010 年推出了股指期货交易，这里以其定价原理为代表进行介绍。远期和期货价格的持仓成本定价模型假设：①期货和远期合约是相同的；②对应的资产是可分的，也就是说股票可以是零股或分数；③现金股息是确定的；④借入和贷出的资金利率是相同的而且是已知的；⑤卖空现货没有限制，而且马上可以得到对应货款；⑥没有税收和交易成本；⑦现货价格已知；⑧对应的现货资产有足够的流动性。

金融期货交易定价模型是基于这样一个假设：期货合约是一个以后对应现货资产交易的临时替代物。期货合约不是真实的资产而是买卖双方之间的协议，双方同意在以后的某个时间进行现货交易，因此该协议开始的时候没有资金的易手。期货合约的卖方要以后才能交付对应现货得到现金，因此必须得到补偿来弥补因持有对应现货而放弃的马上到手资金所带来的收益。相反，期货合约的买方要以后才付出现金交收现货，必须支付使用资金头寸推迟现货支付的费用，因此期货价格必然要高于现货价格以反映这些融资或持仓成本（这个融资成本一般用这段时间的无风险利率表示），即：

期货价格 = 现货价格 + 融资成本

如果对应资产是一个支付现金股息的股票组合，那么购买期货合约的一方因没有马上持有这个股票组合而没有收到股息；相反，卖方因持有对应股票组合而收到了股息，因而减少了其持仓成本。因此，期货价格要以相当于股息的幅度向下调整。此时期货价格等于现货价格加上净持仓成本即融资成本减去股息收益，即：

期货价格 = 现货价格 + 融资成本 − 股息收益

5. 金融期货交易的投资分析

金融期货价格是指由交易双方约定的、在未来某个日期交割一定数量金融商品时所实际执行的价格。决定期货价格的方法主要有两种：一是根据现货价格和持有成本决定；二是由现货—持有套利来决定。

（1）持有成本与理论期货价格的决定。所谓持有成本，是指投资者为持有现货金融工具至期货合约到期日所必须支付的净成本，即人们因持有现货金融工具而取得的收益减去因购买现货金融工具而付出的融资成本以后所得的差额。其可用公式表示为：

$$C = S(y - r)t/360 \tag{6.28}$$

式中：C 代表持有成本；S 表示现货金融工具的价格；y 表示持有现货金融工具的收益率；

r 为融资利率；t 为持有时间。

（2）按现货—持有套利确定期货价格。所谓现货—持有套利，是指投资者在买进现货金融工具的同时，卖出以该金融工具为标的物的期货合约。如果人们预期基差将扩大，则做现货—持有套利；如果预期基差减小，则做反向现货—持有套利。

基差（B）是指金融现货价格（S）和金融期货理论价格（F）的差额，即：

$$B=S-F$$

（四）金融期权交易

1. 金融期权交易的概念

期权是一种选择权，期权的买方向卖方支付一定数额的权利金后，就获得这种权利，即拥有在一定时间内以一定的价格（执行价格）出售或购买一定数量的标的物（实物商品、证券或期货合约）的权利。期权的买方行使权利时，卖方必须按期权合约规定的内容履行义务。买方也可以放弃行使权利，此时买方只损失权利金，同时，卖方则赚取权利金。总之，期权的买方拥有执行期权的权利，无执行的义务；而期权的卖方只有履行期权的义务。

金融期权是指在规定期限内按约定的执行价格购买或出售一定数量标的金融资产的合约。期权交易买卖的标的物是未来交割与否的选择权利。期权合约从买卖方向角度来看主要有三种类型：看涨期权、看跌期权、双向期权。

2. 期权市场定价

（1）期权市场内在价值的确定。期权的价值是指内在价值加上时间价值。内在价值是期权买方行使期权可获得的收益。由于在对自己不利时可以选择不执行期权，因此期权的内在价值总是非负的。如果标的资产如股票到期日价格为 S，执行价格为 X，则到期日，看涨期权的内在价值为 $S-X$。内在价值为正的期权称为实值期权（In the Money），如果内在价值很大则称为深度实值。与之相对应，虚值期权（Out of the Money）是指内在价值为负的期权，平价期权（At the Money）是指内在价值为零的期权。内在价值是形成期权价格的基本要素之一。期权的时间价值反映期权交易期内的时间风险，也反映了市场价格波动程度的风险。

期权交易有两种，它们的定价基础为：

看涨期权的内在价值=（标的物价格-行权价）×行权比例数值

看跌期权的内在价值=（行权价-标的物价格）×行权比例数值

如果数值等于或小于零，表示此时对应的期权无内在价值。需要注意的是，虽然期权无内在价值，但在未到期之前，期权还具有时间价值，因此在期权约定的期限内重点分析它所对应的标的物在这一期间的价格走势是至关重要的。如果数值大于零，表示此时对应的期权有内在价值。期权的价格通常会高出其内在价值，其高出的部分即时间价值。

进行期权交易，可以使买方投资者获得将来交割与否的权利，与期货交易相比，未来的风险锁定。从理论上来说，买入期权能够达到获利空间无限、损失有限的效果。但期权卖方承担了较大的风险，因此，进行期权交易的金融品种相对较少。

（2）期权定价模型——布莱克—斯科尔斯期权定价模型。期权定价是所有金融应用领域最复杂的数学问题之一。第一个完整的期权定价模型由菲希尔·布莱克（Fischer Black）

和迈伦·斯科尔斯（Myron Scholes）创立并于1973年公之于世。

布莱克—斯科尔斯期权定价模型的基本假设为：基础金融资产价格的变化类似于对数正态分布；期权为欧式期权；没有税收、交易成本和保证金要求；借款和贷款均可以同样的无风险利率进行，而且采用连续复利；基础资产可以自由地买入或卖出；在期权到期之前，对基础资产不支付红利、股息或进行其他形式的分配；基础资产价格在考察期内是连续的，不存在跳跃性或非连续性；基础资产价格和利率的波动性（或称易变性）为常数。

布莱克—斯科尔斯期权定价模型中有五个自变量，所以计算期权的理论价值至少需要知道五个数据：期权的执行价格、期权的剩余到期时间、期权合约的目前价值、期权剩余期间的无风险利率、基础合约的价格波动率。如果我们知道这五个自变量的数值，将它们输入期权的定价模型中，就可以取得理论价值。

a. 执行价格。执行价格很容易取得，因为它是合约的一部分，在合约有效期内不变。

b. 到期日。跟执行价格一样，到期日也是固定不变的，是合约的一部分。但是需要注意的是，布莱克—斯科尔斯期权定价模型中的输入值都是要年度化的，如合约的剩余期间为91天，则应该输入0.25年。

c. 基础合约的价格。在任意时刻，基础合约的价格都有买进和卖出的价格，究竟采用何者呢？一般情况下，如果买入看涨期权或者卖出看跌期权，则输入模型的价格为当时的买进价格；相反，如果买入看跌期权或者卖出看涨期权，则输入模型的价格为当时的卖出价格。

d. 利率。利率的计算是以期权合约的剩余期间为基准的。在期权的理论价值中，利率既可能影响基础合约的远期价格，也可能影响期权的持有成本。在定价模型中通常采用的是无风险利率，如美国国债利率。

e. 价格波动率。在期权交易中，交易者不但要考虑行情的发展方向，还需考虑行情发展的速度。

3. 期权费的确定

在合约签订时，多头需要支付期权费给对方，但是，一份合约的期权费应该是多少呢？对于标的资产为不付红利的股票的欧式期权，假设没有交易费用和税收，允许卖空，所有证券都无限可分，不存在无风险套利机会，证券交易连续进行，股票价格的波动遵循一定的规律。按照布莱克—斯科尔斯期权定价模型，期权价格即期权费 c 为：

$$c = SN(d_1) - Xe^{-r(T-t)}N(d_2) \tag{6.29}$$

其中：

$$d_1 = \frac{\ln(S/X) + (r + \sigma^2/2)(T - t)}{\sigma\sqrt{T - t}} \tag{6.30}$$

$$d_2 = \frac{\ln(S/X) + (r - \sigma^2/2)(T - t)}{\sigma\sqrt{T - t}} = d_1 - \sigma\sqrt{T - t} \tag{6.31}$$

式中：S 为期权合约签订时的股票价格；X 为执行价格；r 为无风险利率；σ 为股票波动率的标准差；T 为期权到期日，t 为计算期权价格的时间点，因而（$T-t$）代表期权的有效期限；$N(d)$ 为标准正态分布变量的累积分布函数，其中 $N(d_1)$ 表示期权价格对股价的敏感性，$N(d_2)$ 表示期权被执行的可能性。

由上式可以看出，影响期权价格的因素多种多样，主要有标的价格和行权价格、标的股票价格的波动率（主要反映在 σ 上）、无风险利率大小，以及有效期限的长短等。

4. 金融期权交易策略

每一份期权都有两方：一方是期权多头头寸的持有者，即购买期权的一方；另一方是期权空头头寸的持有者，即出售期权的一方。以欧式看涨期权的多头为例，设 X 为执行价格，S_T为到期日标的资产的价格，c 为期权费。如果在到期日，$S_T<X$，则多头会选择执行期权，以 X 的价格买入一单位标的资产，从而期权净收益为 S_T-X。考虑到签订合约时，多头需要支付数额为 c 的期权费，因此整个合约期间的收益为 $S_T-(X+c)$。如果在到期日，$S_T \geqslant X$，则多头显然不会选择执行该合约，但是损失也仅仅是起初付的期权费 c。理论上说，股票价格有可能上涨到很高的水平，从而看涨期权多头的收益将会无限大，但是损失却是有限的。从这里也可以看出，在期权合约中，多头和空头两方在合约上具有很明显的不平等性，这也是多头需要支付一定数额的期权费给空头的原因。

投资者可以构造不同的期权头寸和标的证券的组合，不同组合具有不同的损益状态。这里讨论包括一个简单期权和一只股票的交易策略。其主要有以下四种简单情况：①一个股票多头+一个看涨期权空头；②一个股票空头+一个看涨期权多头；③一个股票多头+一个看跌期权多头；④一个股票空头+一个看跌期权空头。

组合①被称为出售有担保的看涨期权，由于持有股票，因此可以弥补由于股票价格急剧上升而带来的在看涨期权交易中的损失；而在组合②中，如果股票价格上升，则如果没有看涨期权多头，股票空头将会有亏损，但是看涨期权的持有者可以在未来以事先确定的价格买入标的股票，从而可以避免股票空头履约时带来的损失。

（五）互换交易

1. 互换交易概述

互换交易是指两个或两个以上的当事人按照商定条件，在约定的时间内交换一系列现金流的合约。互换交易可以用来防范投资者、筹资者的信用风险、利率风险、汇率风险等。如果一方希望申请固定利率的贷款，另一方希望申请浮动利率的贷款，双方得到的贷款利率和预想的不同，那么就可以去银行申请办理互换支付利率业务，利用互换交易，筹措到预期资金。

从某个角度来说，互换市场是最佳筹资市场。互换交易的开拓，不但为金融市场增添了新的保值工具，也为金融市场的运作开辟了新领域。

2. 互换交易的风险

（1）互换交易风险的承担者。互换交易风险的承担者包括以下几类：

a. 合同当事者双方，在互换交易中负担原有债务或新的债务，并实际进行债务交换。

b. 中介银行，在合同当事人双方的资金收付中充当中介角色。

c. 交易筹备者，其职责在于安排互换交易的整体规则，决定各当事者满意的互换条件，调解各种纠纷等。交易筹备者本身不是合同当事者，一般由投资银行、商人银行或证券公司担任，收取（一次性）一定的互换安排费用，通常为总额的 0.125%～0.375%。

（2）互换交易风险的类型。互换交易风险的类型如下：

a. 信用风险，即对方到交割期因为价格不力而放弃交割的风险。

b. 政府风险，即对方因国家政治原因而不能履行合约的风险。

c. 市场风险，即市场利率、汇率波动使得互换交易产生的风险。

3. 互换交易在国际交易中的主要作用

迄今为止，互换交易有货币互换、利率互换和交叉货币利率互换三种类型，此处着重阐述利率互换与货币互换的作用。

（1）利率互换。利率互换有以下作用：

a. 降低融资成本。出于各种原因，不同投资者在不同金融市场的资信等级不同，因此对同种货币的融资利率也不同，存在着相对的比较优势。利率互换可以利用这种相对比较优势进行互换套利以降低融资成本。

b. 进行资产负债管理。利率互换可将固定利率债券（债务）换成浮动利率债券(债务)。

c. 对利率风险保值。对一种货币来说，无论是固定利率还是浮动利率的持有者，都面临着利率变化的影响。对固定利率的债务人来说，如果利率的走势上升，其债务负担相对较高；对于浮动利率的债务人来说，如果利率的走势上升，则成本会增大。

（2）货币互换。货币互换有以下作用：

a. 套利。通过货币互换得到直接投资不能得到的级别、收益率的资产，或是得到比直接融资成本低的资金。

b. 进行资产、负债管理。与利率互换不同，货币互换主要是对资产和负债的币种进行搭配。

c. 对货币暴露保值。随着经济全球化程度的日益加深，许多经济活动开始向全世界扩展。一些企业的资产和负债开始以多种货币计价，货币互换可以使汇率风险最小化，对现存资产或负债予以保值，锁定收益或成本。

d. 规避外币管制。一些国家实行外汇管制，导致从这些国家汇款或向这些国家内部贷款的成本很高甚至是不可能的，货币互换可以解决此问题。

4. 互换交易的优缺点

（1）互换交易的优点。

首先，互换交易集外汇市场、证券市场、短期货币市场和长期资本市场业务于一身，既是融资的创新工具，也可运用于金融管理。

其次，互换交易能满足交易者对非标准化交易的要求，运用面广。用互换套期保值可以省却对其他金融衍生工具所需头寸的日常管理，使用简便且风险转移较快。互换交易期限灵活，最长可达几十年。

最后，互换交易的产生使银行成为互换的主体，所以互换市场的流动性较强。

（2）互换交易的缺点。互换交易本身也存在许多风险，信用风险是互换交易所面临的主要风险，是指互换方及中介机构可能违约拒付等不能履行合同的风险。另外，由于互换期限通常多达数年之久，对于买卖双方来说，还存在着互换利率的风险。

5. 互换交易运用举例

以固定利率和浮动利率之间的转换为例来讲，现实的情况可能是 A 公司在固定利率市场具有比较优势但该公司需要浮动利率，而 B 公司恰恰相反，因此，一份互换合约就可能产生了。具体做法是：A 公司在固定利率市场借款，B 公司在浮动利率市场借款，然后到期交换利息即可。

现在假设A、B两家公司都想借入1亿美元五年，各自借入利率如表6-3所示。只是A公司想借入以浮动利率计息的资金，而B公司想借入以固定利率计息的资金。

表6-3　A、B两家公司的融资成本

贷款利率	固定利率	浮动利率
A公司直接筹资	10%	6个月期LIBOR+0.5%
B公司直接筹资	13%	6个月期LIBOR+1.0%
绝对优势	A：3%	A：0.5%
比较优势	A	B

从表6-3可以看出，A公司不论在固定利率市场还是浮动利率市场都具有绝对优势，但是A公司在固定利率市场的优势更大一些，因此如果两家公司能够合作，可以同时降低成本。如果两家公司不合作，即不进行互换，A公司在浮动利率市场上融资，B公司在固定利率市场上融资，则两家公司总的融资成本为：

1×（LIBOR+0.5%+13%）=（LIBOR+13.5%）（亿美元）

如果两公司签订互换合约，分别在各自占有比较优势的市场融资，则总的成本为：

1×（10%+LIBOR+1.0%）=（LIBOR+11.0%）（亿美元）

比较可得，如果两家公司合作，则总共可以节省的成本为：

1×［（LIBOR+13.5%）-（LIBOR+11.0%）］=0.025（亿美元）

由于A公司总是有成本优势，这个结余不妨由A公司获得1.5%，由B公司获得1.0%，这样两家公司可以签订以下互换合约：A、B两家公司分别在固定利率和浮动利率市场借款，然后A公司向B公司支付利率等于LIBOR的利息，B公司向A公司支付11%的利息，这样一来，A公司的融资成本为LIBOR-1%。比原来单独融资减少了1.5%，B公司的融资成本为12%，比原来单独融资减少了1.0%。这是一个双赢的结果，双方都得到了自己需要的借款类型，且是以较低的成本。

事实上，在实际金融市场中，A、B两家公司并不会直接商议互换的事宜，而会由金融机构参与进来，并分享上例中2.5%的结余中的一部分，如0.5%，由A、B两家公司分享剩余的2%。这样，金融机构就签了两份互换合约，一份是与A公司，一份是与B公司，即使某一公司（如A公司）违约，金融机构仍要履行与另外一家公司（B公司）的合约，这样，A公司等于转嫁了违约风险，该风险由金融机构承担，这也是上例中金融机构要求享受其中的0.5%的原因。

（六）远期利率协议交易

1. 远期利率协议的概念

远期利率协议（Forward Rate Agreement，FRA）是指交易双方约定在未来某一日期，交换协议期间内一定名义本金基础上分别以合同利率和参考利率计算利息的金融合约。

2. 远期利率协议交易的特点

（1）协议条款具有灵活性。作为一种场外交易工具，远期利率协议的合同条款可以根据客户的要求“量身定做”，以满足个性化需求。

（2）利差支付和结算。尽管名义本金可能很大，但由于只是对以名义本金计算的利息的差额进行支付，因此实际结算量可能很小。在结算日前不必事先支付任何费用，只在结算日发生一次利息差额的支付。

（3）合同期利率锁定。金融机构使用远期利率协议可以对未来期限的利率进行锁定，即对参考利率进行保值。

远期利率合约结算日不是指交易的最后一天，恰恰相反，结算日是指合约期限的起息日。例如，一笔 6×9 的远期利率合约交易的结算日是该交易日 6 个月后的这一天，也就是该远期利率合约期限的起息日。为了降低结算风险，交易双方是以差额利息进行结算的。按国际惯例，远期利率合约的结算日是起息日，而非到期日，所以该差额利息是以现值方式进行结算的。

结算金额的计算公式如下：

$$结算金额=本金\times利差\times\frac{实际天数}{360\text{ 天或 }365\text{ 天}}\Big/\left[1+\left(市场利率\times\frac{实际天数}{360\text{ 天或 }365\text{ 天}}\right)\right] \tag{6.32}$$

双方当事人就将来某一段时期的借贷利率签订协议，一方希望防范未来利率上升的风险，另一方希望防范未来利率下跌的风险。在协议中规定有固定的利率，结算日双方将市场利率与协议利率对比折现，由损失的一方交获益的一方，协议双方对本金只定数不交换，到期使用现金清算协议利率与市场利率的差额。

3. 某银行远期利率合约

（1）合约购买者。为规避未来某段期间内的利率风险，合约购买者先行买入远期利率合约，约定在未来某段期间内按事先确定的“合约远期利率”从“合约卖出者”借入资金。其动机在于避免未来利率上升的风险。

（2）合约卖出者。合约卖出者是合约购买者的交易对家，其在未来某段期间按事先确定的合约远期利率把资金贷给合约购买者，其动机在于避免未来利率下降的风险。

（3）合约远期利率。合约远期利率，也称远期利率合约的价格。借贷关系确立后，由借贷双方签订远期借贷利率协议，约定起算利息日，并在起算利息日将约定的利率与银行同业拆借利率比较：若约定利率低于银行同业拆借利率，则由贷方将差额补给借方；若约定利率高于银行同业拆借利率，则由借方将差额补给贷方。

（4）名义本金。这是远期利率合约涉及的借贷本金，由于并不需要实际的本金交割，所以称为名义本金。

（5）交易日。这是指签订远期利率合约（也称买卖远期利率合约）的成交日。

（6）远期利率合约起始日。这是指协定期间的起始日。

（7）远期利率合约到期日。这是指协定期间的到期日。

（8）协定期间。其一般以 3 个月、6 个月、9 个月以及 1 年较为常见。

（9）基准利率。这是指用于远期利率合约结算损益的基准利率。如果协定期间为 6 个月，则通常选用 6 个月 LIBOR；如果协定期间为 3 个月，则通常选用 3 个月 LIBOR。

（10）基准利率厘定日。这里指观察基准利率的日子，一般在远期利率合约起始日前两天；但英镑除外，其与远期利率合约起始日在同一天。

（11）损益清算日。这是指远期利率合约损益的清算交割日，通常与远期利率合约起始日在同一天。

四、国际黄金市场投资

第一次世界大战以前，黄金曾经扮演过非常重要的角色，时至今日黄金仍然是非常重要的金融投资工具。尤其是经济波动或金融危机期间，国际投资者常常更热衷于进行黄金投资，以达到保值增值的目的。

（一）国际黄金市场概述

国际黄金市场的历史源远流长，伴随着黄金在国际货币体系中地位的不断变化，国际黄金市场不断演变与发展。早期黄金市场是中世纪既已形成的伦敦黄金市场。到 19 世纪初，伦敦已经成为世界上金条冶炼、黄金销售和金币兑换的中心。1919 年 9 月，伦敦黄金市场开始实行按日报价制度，成为一个体系健全、制度规范的世界黄金市场。直至第二次世界大战前，伦敦是世界上规模最大、最重要的黄金市场。第二次世界大战后，布雷顿森林会议决定成立国际货币基金组织，确立了黄金美元本位制。1976 年 1 月，国际货币基金组织达成“牙买加协定”，宣布黄金不再作为货币定值标准，自此，黄金迈上了非货币化道路。

黄金非货币化使世界黄金市场的性质发生了根本性的转变。完整意义上的国际黄金市场迅速发展起来。1988 年伦敦黄金市场重组，传统封闭的黄金经纪业务逐步向其他金融机构开放，通过各种形式使黄金市场和其他金融市场联系更为紧密。

世界主要的黄金市场包括伦敦黄金市场、苏黎世黄金市场、纽约黄金市场以及中国香港黄金市场，被称为国际著名的四大黄金市场。

1. 伦敦黄金市场

伦敦黄金市场历史悠久。1804 年，伦敦取代荷兰阿姆斯特丹成为世界黄金交易中心。1919 年 9 月 12 日伦敦黄金市场正式成立，在世界黄金市场上独领风骚。由于伦敦具有国际金融中心的各种有利条件，加之英国长期控制着占世界年产量 2/3 的黄金重要产地南非的黄金产销，因此伦敦黄金市场长期以来承担着世界黄金产销、转运、调剂的枢纽作用，黄金交易量最高时曾达到世界交易总量的 80%。多数外国中央银行都在伦敦进行黄金交易，它还是世界上报价商最多的黄金市场。伦敦市场的金价是世界黄金市场行情的“晴雨表”。

伦敦黄金市场的交易制度特色鲜明，具体如下：

（1）有独特的议价制度。议价委员会由五家公司的代表组成。定盘开始时，先由主席依据市场情况提出一个建议价格，各公司代表讨论通过，随即将该价格汇报给本公司，告知各自的客户可按此价格委托买卖。五家公司将接受的委托买卖快速汇总到议价场所。

（2）交易标的物标准化。伦敦黄金市场上交易最活跃的黄金必须满足相关规定，即重量为 350~430 盎司①，纯度为 99.5%，须有伦敦金市认可的熔铸者及化验者的烙印或证明。

---

① 1 盎司 = 28.349 5 克。

（3）市场交易是无形的。伦敦黄金市场没有设交易所，交易通过无形方式——各大金行的销售联络网完成。

（4）交易灵活性强。黄金的纯度、重量等都可以由客户选择。

（5）金商承担金价波动风险。在伦敦黄金市场交易中，金商代客户买卖黄金不收取佣金（定价时的买卖除外）。他们向某一客户买入黄金，立即售予其他客户或金商。若金商能以低价买入且高价卖出，便可赚取利润，否则会亏损。

（6）定价交易和差价交易同时并存。定价交易规定在每个交易日定价两次，由五家会员公司接受客户买卖委托。定价成交，买方缴纳交易总值 0.025%的手续费，卖方不必缴纳。差价交易又称跨期交易、跨价交易，其利用远近不同月份合约之间的差价获利。如买入一份某月交割合约，同时卖空一份相同数量另一个月份到期的合约，然后等待时机同时卖出、买入平仓。

2. 苏黎世黄金市场

苏黎世黄金市场的建立与发展与苏黎世作为金融中心的发展紧密相连。20 世纪 30 年代初，苏黎世就已成为世界上最重要的金币交易中心。第二次世界大战爆发后，伦敦黄金市场受战争影响关闭，而苏黎世黄金市场由于处于中立国瑞士，未受到影响，趁机崛起，发展成为世界性的自由黄金市场。

苏黎世黄金市场的特点如下：

（1）价格形成与波动完全市场化。在每个交易日任一特定时间，根据供需状况议定当日交易金价，这一价格为苏黎世黄金官价。全日金价在此基础上波动，无涨停板限制。标准金为 400 盎司的 99.5%纯金。

（2）市场上经营零售业务居多，大宗交易不常见。

（3）苏黎世黄金市场是一个无形市场，交易在一个自由的银行间市场上进行。

（4）苏黎世黄金市场是一个一级市场，实物交易量很大。

3. 纽约黄金市场

纽约是世界最大的金融中心。1977 年，美元贬值，唤起了人们对黄金的巨大兴趣，纽约黄金市场的规模迅速扩大，成为世界黄金市场的一支重要力量。纽约黄金市场是美国财政部和国际货币基金组织拍卖黄金的所在地，这使其在国际黄金市场中更具独特的地位。纽约黄金市场的交易以黄金期货交易为主。纽约黄金市场的交易量占全美黄金交易量的 2/3。黄金期货交易是生产者规避风险和投机商牟取利润的有效手段。

4. 中国香港黄金市场

中国香港黄金市场已有 90 多年的历史，其形成以香港金银贸易市场的成立为标志。中国香港黄金市场由三个市场组成：

（1）中国香港金银贸易市场。其以华资金商占优势，有固定的买卖场所，黄金以港元/两定价，交收标准金成色为 99%，主要交易的黄金规格为 5 个司马两①为一条的 99 标准金条。

（2）本地伦敦金市场。这是由外资金商组成、在伦敦交收的黄金市场。其同伦敦黄金

① 司马两：重量单位。

市场联系密切，没有固定交易场所。

（3）黄金期货市场。这是一个正规的市场，与美国的纽约以及芝加哥商品交易所、期货交易所的黄金期货性质相同，其交易方式正规，制度健全，可弥补金银贸易场的不足。

（二）国际黄金市场的类型

黄金市场是黄金供求双方买卖黄金、进行黄金交易的集中场所，是世界各国金融体系的重要组成部分。黄金市场的发展受到社会经济和国家政策的显著影响，而各国的经济与政策存在极大的差异，从而导致黄金交易市场呈现出各式各样的形态。

1. 按交易期限和交易类型，可分为黄金现货市场和黄金期货市场

（1）黄金现货市场是以黄金现货交易为主的市场。交易双方在成交后立即进行实物交割或在两个营业日内完成交割。交割指买卖双方钱货两清的行为。

（2）黄金期货市场是在黄金现货市场基础上产生和发展起来的一种高级市场形式。它的交易对象为高度标准化的期货合约。

2. 按交易场地和交易方式，可分为欧式、美式和亚式黄金市场

（1）欧式黄金市场。该市场没有专门的交易场所，在分散地点通过统一的计算机信息网络完成交易过程。它是伴随着市场不断发育和交易技术计算机化而出现的，可以完成远距离交易，大大降低了交易成本，扩大了黄金市场的服务空间，方便了客户。

（2）美式黄金市场。美式黄金市场实际上建立在典型的期货市场基础上，其交易类似于在该市场上进行的其他商品的交易。期货交易所作为一个非营利性机构，本身不参加交易，只是为交易提供场地、设备，同时制定有关法规，确保交易公平、公正地进行，并对交易进行严格监控。

（3）亚式黄金市场。亚式黄金交易有专门的黄金交易场所，实行会员制，只有达到一定要求的公司才能成为会员，并对会员的数量配额有极为严格的控制。虽然进入交易场内的会员数量较少，但是信誉极高。以中国香港金银业贸易场为例，其场内会员交易采用公开叫价、口头拍板的形式。由于场内的金商严守信用，很少发生违规之事。交易方式有现货交易和期货交易两种。

3. 按市场管制的程度，可分为黄金自由交易市场和黄金限制交易市场

（1）黄金自由交易市场。这是指没有外来干预，居民和非居民自愿进行交易，黄金可自由输出输入的市场。

（2）黄金限制交易市场。黄金限制交易主要有两种：一种是对黄金的进口不加限制而对出口加以限制，只允许本国居民自由买卖；另一种是限制黄金的进出口，只允许非居民自由买卖但不允许本国居民自由买卖。

4. 按黄金的功能，可分为商品黄金市场和金融黄金市场

（1）商品黄金市场。该市场是在黄金商品功能的基础上产生的，主要满足首饰业和制造业等部门对商品黄金的需求。

（2）金融黄金市场。该市场是在黄金货币功能与投资功能的基础上产生与发展起来的。

5. 按交易品种的发展，可分为黄金原生品市场和黄金衍生品市场

（1）黄金原生品市场。这是指实金交易市场，是黄金生产者、加工者与销售者进行交易的市场。

（2）黄金衍生品市场。这是在黄金原生品市场基础上衍生出来的市场形式。

（三）当今国际黄金市场的新特点

1. 国际黄金市场向全球化、区域化方向发展

随着现代化通信技术和电子技术手段的使用，全球黄金交易可以在 24 小时内不间断进行。伴随着金融自由化的发展，国际黄金市场进一步开放，新兴的区域化黄金交易中心迅速涌现。

2. 国际黄金市场交易方式相互交叉、相互渗透

20 世纪 70 年代以来，世界黄金市场的规模不断扩大，原先的黄金现货交易方式已经不能满足市场发展的需要，大力发展黄金期货交易成为大势所趋。各类黄金交易和融资业务、租赁业务、抵押业务、掉期业务交织在一起，形成种类齐全的运作体系。

3. 国际黄金市场的创新

国际黄金市场的创新主要体现为交易工具的创新。工具创新的核心是转移价格风险，转移信用风险，形成特定的风险收益组合，使交易双方有“双赢”的可能。创新交易工具包括：①以黄金为标的的衍生交易工具，包括黄金期货、黄金期权、黄金互换等；②银行为黄金客户提供的中间业务，包括黄金存款、黄金拆借、黄金抵押贷款等。这些创新交易工具为交易双方带来了极大的便利，为交易双方规避市场风险、实现套期保值、获取利润提供了更广阔的市场。

4. 国际黄金市场重心向“一带一路”转移

2000 年以来，南非、美国、澳大利亚的黄金产量逐年下降。与其形成对比的是中国、俄罗斯的黄金产量有增无减，占全球比重已经达到 1/4。2008 年金融危机以后，“一带一路”沿线国家的中央银行加速黄金储备，截至 2015 年年末，新增黄金储备超过 3 000 吨。2015 年全球黄金消费量数据显示，“一带一路”沿线国家黄金消费量超过 2 800 吨，占全球总需求的 80%。中国的黄金需求约占全球黄金市场需求量的 1/3。中国的黄金市场将有望与伦敦黄金市场、纽约黄金市场比肩，成为国际黄金市场的第三极①。

【本章小结】

1. 国际投资的内涵是：国际投资的资本形式具有多样性，国际投资的主体呈多元化，国际投资是国际资本的跨国经营活动。

2. 国际直接投资可分为股权投资和非股权投资两种方式。股权投资方式包括新建投资和跨国并购，非股权投资方式包括国际特许经营、国际租赁、工程承包、补偿贸易、销售协议等。

3. 国际上对投资项目的评价主要从两方面进行：一是对国家进行盈利性评价，称为

---

① 张伟超．中国建设银行首席经济学家黄志凌：国际黄金市场重心正向“一带一路”转移［N］．中国黄金报，2016-08-03.

经济评价；二是对项目本身进行盈利性评价，称为财务评价。其中，经济评价的方法包括OECD法或L-M法、ST法、UNIDO法、UNIDO-IDCAS法等，财务评价的方法包括净现值法、投资回收期法及内部收益率法。

4. 国际股票投资的收益率是指投资于国际股票所获得的收益总额与原始投资额的比率。股票之所以得到投资者的青睐，是因为投资者看中了购买股票所带来的收益。股票投资的交易方式有现货交易、期货交易、信用交易、期权交易和股票价格指数期货交易。

5. 国际债券投资的风险要小一些，收益固定。国际债券的收益率有名义收益率、当期收益率和到期收益率。国际债券投资的风险主要有信用风险、市场风险、利率风险、通货膨胀风险和汇率风险。

6. 金融衍生工具的特点主要有：金融衍生工具的性质复杂；金融衍生工具的交易成本较低；金融衍生工具交易的杠杆效应常常放大收益和损失；金融衍生工具可用于防范风险。

【思考题】

1. 简述国际投资的内涵、类型与特点。
2. 什么是国际直接投资？国际直接投资有哪几种形式？其中，股权投资和非股权投资有何异同？
3. 国际项目投资与一般的国际直接投资有区别吗？简述国际项目投资的程序和组织方式。
4. 国际项目投资的经济评价和财务评价有哪些？有何差异？
5. 国际股票的性质和特征是什么？其交易方式有哪些？
6. 进行国际债券投资有哪些风险？
7. 金融期货交易的特点是什么？其种类有哪些？
8. 简述互换交易在国际交易中的主要作用。
9. 简述国际黄金市场的类型。

【练习题】

1. 甲公司在3个月后需要筹集一笔金额为2 000万美元的3个月短期资金。甲公司预期市场利率不久将会上升，为了防止发生利率风险而增加成本，甲公司在市场上买进了3个月对6个月的远期利率协议，协议利率为6%。到交付日，市场利率果真上涨到8%。计算甲公司做远期利率协议获得的收益。

2. 表1是甲公司和乙公司分别从A银行和B银行能够申请到的银行贷款利率条件，甲公司希望使用浮动利率贷款，乙公司希望使用固定利率贷款，那么，如何进行利率互换交易使它们达到各自的目的？假设双方共需要支付给银行互换手续费用的比例为1%，计算互换后各自的实际利率，并将计算结果填入表1中。

表 1

	甲公司	乙公司	相对利率优势	
A 银行的贷款条件	4%	10%		
B 银行的贷款条件	LIBOR+1%	LIBOR+3%		
互换后的实际利率				
互换后所得收益				

3. 某投资者在股票市场上购买了某种股票，购买价格为每股 78 元，一年后以 89 元卖出，一年中所得红利为 9 元。计算投资者持有该股票期间的收益率。

4. 某国际债券的面值为 1 万美元，投资者在二级市场上购买该债券，购买价格为 9 900美元，票面利率为 8%，投资者持有 3 年直到该债券到期。计算投资者持有该债券的到期收益。

第七章　国际私募股权投资和国际风险投资

【学习目标】

◎掌握私募股权投资的内涵、特点及最新发展

◎理解国际私募股权投资的运作机制

◎了解国际私募股权投资在中国的发展概况及对中国经济的影响

◎掌握风险投资的含义、特点、功能及其运作机制

◎了解推动风险投资国际化的主要因素

◎理解并把握国际风险投资在我国迅速发展的主要原因，以及吸引外商进行风险投资的措施

【引导案例】

PE 和 VC 成就阿里巴巴

阿里巴巴的投资融合了风险投资和私募股权投资两种方式，并呈现出阶段性和联合性特征。投资阶段性体现在，在阿里巴巴发展的不同阶段，投资机构对阿里巴巴进行了三个阶段共四轮投资。其中：第一、二轮投资处于阿里巴巴发展的早期，投资风险最大；第三轮投资处于阿里巴巴的成长期，投资风险较小；第四轮投资处于阿里巴巴的扩张期，投资风险最小。投资联合性体现在：第一轮投资是由高盛领投，汇亚、新加坡政府科技发展基金、瑞典银瑞达集团和富达亚洲共同投资；第四轮投资是由软银主投，富达亚洲、GGV和新加坡政府科技发展基金共同参与投资。

第一轮投资

1999 年，阿里巴巴的飞速发展吸引了众多投资者。正是在这个时候瑞典银瑞达集团副总裁蔡崇信看到了阿里巴巴的前景，并决心加入阿里巴巴，就任阿里巴巴首席财务官（CFO）。蔡崇信利用自己的人脉为阿里巴巴吸引了高盛、富达亚洲和新加坡政府科技发展基金等的投资。在 1999 年 10 月，阿里巴巴获得由高盛牵头的投资公司共计 500 万美元的风险投资。

第二轮投资

在第一轮融资签约完成的第二天，马云遇到了对阿里巴巴发展极为重要的一个人——软银的孙正义。二人进行了秘密会谈，也促成了软银最成功的一次投资。通过这一轮融资阿里巴巴获得了软银 2 000 万美元的投资，为阿里巴巴日后的发展提供了有力的保障。

第三轮投资

新世纪伊始，互联网企业遭遇了“寒冬”，阿里巴巴相应地进行了战略调整，并让投资者再次看到阿里巴巴的广阔前景。2002 年，阿里巴巴吸引了日本亚洲投资公司 500 万美元的战略投资，并进军日本市场。

第四轮投资

经过不懈努力，阿里巴巴实现了稳定的发展。2003 年，马云设立淘宝网和支付宝，开启了新的发展。2004 年，以软银为主的由富达亚洲、GGV 和新加坡政府科技发展基金共同参与的投资者们再次为阿里巴巴提供了 8 200 万美元的投资。

资料来源：李晓峰．中国私募股权投资案例教程［M］．北京：清华大学出版社，2010：50-65.

第一节 国际私募股权投资

一、私募股权投资概述

（一）私募股权投资的内涵

1. 私募股权投资的定义

私募股权投资（Private Equity，PE）是指通过私募形式获得资金，以非上市企业作为投资对象，以持有被投资企业股份为条件，在交易运作过程中兼顾将来的退出机制，并以出售所持股份获利的投资方式。

广义的私募股权投资对处于种子期、初创期、发展期、扩展期、成熟期等各个时期的企业进行投资。根据资本投资侧重点不同，私募股权投资可分为创业投资（风险投资），提供发展资本（Development Capital）、并购基金（Buyout/Buy in Fund）、夹层资本（Mezzanine Capital）、重振资本（Turnaround Capital）、Pre-IPO 资本，以及其他如上市后私募投资（Private Investment in Public Equity，PIPE）、不良债权（Distressed Debt）投资和不动产投资（Real Estate）等。创业投资是指具备资金实力的投资家对具有专门技术并具备良好市场发展前景，但缺乏启动资金的创业家进行资助，并承担创业阶段投资失败风险的投资。对处于扩充阶段的企业，私募股权投资为其提供资金支持企业扩大规模，提高其自身竞争力。并购基金是专注于对目标企业进行并购的私募股权投资基金，并购基金选择的对象通常是成熟企业，通过重组和改造被并购企业，显著提升被并购企业的业绩，持有股权一定时期后再出售。夹层资本是杠杆收购特别是管理层收购（Management Buy-Outs，MBO）中的一种融资来源，是介于股权与债权之间的资金，其作用是填补在使用了股权融资、普通债权融资之后仍然存在的收购资金缺口。夹层资本本质上是一种借贷资金，它提供资金和收回资金的方式与普通贷款是一致的，但在企业偿债顺序中位于银行贷款之后，因此在并购融资中，银行贷款等有抵押的融资方式属于高级债权，夹层基金则属于次级债权。重振资本通常投资于困难期中的企业，这些企业可能由于管理不善、资金链断裂或债务水平过高而处于困境中，重振资本对这类企业提供资金及管理等援助，以期在企业状况改善后退出获利。Pre-IPO 资本投资于企业上市之前，或在预期企业可于近期上市时进行投资，待企业上市后，其从公开资本市场出售股票退出。同投资于初创期的风险投资不同，Pre-IPO 资本的投资时点在企业规模与盈收已达可上市水平时，甚至企业已经站在上市门口时。因此，Pre-IPO 资本的投资具有风险小、回收快的优点，并且如果企业股票上市后受到投资者追捧，则可获得较高的投资回报。

狭义的私募股权投资是指对已经形成一定规模并产生稳定现金流的成熟企业的投资，主要是指创业后期的投资。从这个层面看，私募股权投资行业起源于风险投资，在发展早期主要以中小企业的创业和扩张融资为主，因此风险投资在相当长的一段时间内成为私募股权投资的同义词。从 20 世纪 80 年代开始，大型并购基金与夹层资本的流行使得私募股权投资有了新的含义。风险投资和私募股权投资的主要区别在于投资领域，风险投资的投资对象限于初创期和扩张期融资的中小企业，私募股权投资的投资对象主要是那些已经形成一定规模并产生稳定现金流的成熟企业。

值得关注的是，私募股权投资与风险投资之间具有融合的趋势。在实际业务中很多风险投资机构介入私募股权投资业务，而传统上被认为专做私募股权投资业务的机构也参与风险投资项目。例如，著名的私募股权投资机构凯雷（Carlyle）对携程网、聚众传媒等的投资便属于风险投资形式的投资。

2. 私募股权投资的特点

总体来看，私募股权投资的主要特点为：

（1）资金筹集具有私募性与广泛性。私募股权投资的资金主要通过非公开方式面向少数机构投资者或个人募集，其销售、赎回都是通过私下与投资者协商进行的。私募股权投资的资金来源广泛，一般有富有的个人、风险基金、杠杆并购基金、战略投资者、养老基金、保险公司、大型企业和投资银行等。

（2）投资对象是具有发展潜力的非上市企业。私募股权投资的投资对象一般是私有企业即非上市企业，并且其项目选择的唯一标准是能否带来高额投资回报，而不拘泥于是否是高科技和新技术项目。因此，被投资的企业一般具有的特征是：无形资产优良，管理团队出色，产品的非替代性强，行业门槛高。

（3）对目标企业提供权益性的资金支持和管理支持。私募股权投资多采用权益投资方式，对被投资企业的决策管理享有一定的表决权。私募股权投资者通常参与企业的管理，主要形式有参与到企业的董事会中，策划追加投资和海外上市，帮助制定企业发展策略和营销计划，监控财务业绩和经营状况，协助处理企业危机事件。目前一些著名的私募股权投资基金有着丰富的行业经验与资源，可以为企业提供策略、融资、上市和人才方面的咨询和有效支持。

（4）属于流动性较差的中长期投资。私募股权投资期限较长，一般一个项目投资期限可达 3~5 年或更长，属中长期投资；投资流动性差，没有现成的市场供非上市企业股权的出让方与购买方直接达成交易。

需要说明的是，私募股权投资从全球范围寻找可投资项目，并不区分国际国内，根据本书的特点，我们将侧重介绍私募股权投资的跨国运作。

（二）私募股权投资的产生与发展

1. 私募股权投资的产生背景

1868 年英国的一些投资者共同出资成立“海外和殖民地政府信托”，委托熟悉海外经济的专家进行投资管理，把资金投入美洲大陆等地，被视作世界上最早的私募股权投资基金。

美国的私募股权投资可以追溯到 19 世纪末 20 世纪初期，当时一些私人银行家、富裕家族，通过律师、会计师的介绍和安排，直接将资金投资于一些他们认为具有前途的新兴产业中。这类投资完全由投资者个人自行决策，而不是通过专业的投资机构，被视为美国私募股权投资的雏形。

第二次世界大战后，随着各国经济的逐渐复苏，诞生了大量的创新型中小企业。但是，原有的融资方式难以适应市场的需要，无论是银行信贷、股票还是公司债券，其严格的要求对于刚刚诞生的中小企业来说都是很难满足的。而另一方面，创新型企业的发展对一国的经济增长和产业结构升级又具有重要作用。基于这种情况，美国许多专家、学者提出建议和方案，呼吁政府重视创新型企业的融资及发展。曾任联邦储备银行波士顿分行行长的拉尔夫·弗兰德斯（Ralph Flanders）和哈佛商学院教授乔治·多威特（Georges Doriot）提出了一套解决方案，认为建立一个私人机构来吸引机构投资者是一种可行的办法，这样做不仅可以给创新型企业以足够的资金支持，还可以为其提供管理服务，更可以促进风险资本职业管理者的发展。正是在这样的背景下，1946 年 6 月 6 日多威特和一批新英格兰地区的企业家成立了第一家具有现代意义的风险投资企业——美国研究与发展公司（American Research and Development Corporation），开创了现代风险投资业的先河。但是受当时条件的限制，风险投资在 20 世纪 50 年代以前的发展比较缓慢，真正兴起是从 70 年代后半期开始的。20 世纪 70 年代，为了实现有效激励和避免双重纳税，有限合伙形式私募股权投资基金开始兴起，并逐渐成为主流。于是，1973 年全美风险投资协会宣告成立，为美国风险投资业的蓬勃发展注入了新的活力。

可见，私募股权投资的产生是与战后经济增长及科技发展所产生的中小企业迫切的资金需求分不开的，它的出现也弥补了原有银行信贷、证券市场等资本市场在这一领域的真空。

2. 私募股权投资的发展历程

风险投资在美国兴起之后，在世界范围内产生了很大影响。1945 年英国诞生了全欧洲第一家风险投资企业——工商金融公司。欧洲的风险投资业虽然起步时间与美国相同，发展却很缓慢，直至 20 世纪 80 年代英国政府采取了一系列鼓励风险投资业发展的政策和措施后，风险投资业在英国才得以迅速发展。其他一些国家如法国、德国、加拿大的风险投资业随着新技术的发展和政府管制的放松，也在 80 年代有了相当程度的发展。1963 年，日本政府仿效美国的《小企业投资法案》（*Small Business Investment Act*），制定了《日本小型企业投资法》，并同时在东京、大阪、名古屋成立了“财团法人中小企业投资育成会社”，标志着日本私募股权投资基金的问世。

私募股权投资从 20 世纪 40 年代诞生，发展到今天已经有了 60 多年的历史。美国是私募股权投资发展最早和最成熟的国家。下面以美国私募股权投资为例，对私募股权投资的发展进行考察分析。

（1）起步阶段。美国私募股权投资起步阶段约为20世纪40年代中期至60年代末。这一阶段有两个标志性事件：一是前面提到的美国研究与发展公司成立。其成立目的在于从私人及机构投资者处融资，然后投资于具有发展潜力的科技型企业并提供管理上的咨询和帮助，以期将来获得高额回报。二是1958年《小企业投资法案》出台。该法案授权政府部门专门设立小企业管理局（Small Business Administration，SBA），用以审核和批准小企业投资公司（Small Business Investment Companies，SBIC）的建立。该法案规定小企业投资公司是专门从事创业投资的公司，可以获得政府低息贷款支持，并能享受特定的税收优惠。政府的鼓励措施使得这类小企业投资方式——私募股权投资获得了快速发展。

（2）摸索阶段。20世纪60年代末至80年代初，美国私人和政府都在探索最适合私募股权投资发展的组织形式和制度支持。有代表性的事件如下：

第一，有限合伙制组织形式出现。1940年的《投资公司法》（*Investment Company Act*）规定，基金管理人的回报和其经营业绩是不能挂钩的，他们只能得到固定的工资。这种体制使得基金管理人缺乏追求高回报的积极性，不愿意为风险高但也可能带来高收益的初创企业提供权益投资。基金管理人做的大部分业务都是将从SBA获得的低息贷款贷给那些有稳定的现金流的公司做债务融资，以获得利差。另外，基金管理人只获得固定工资，也使得这种体制很难吸引高素质的管理人才。20世纪60年代末70年代初，针对这些问题，美国诞生了新的风险投资组织形式——有限合伙制，从而克服了上述困难。

第二，1971年，全美证券交易商协会自动报价系统——纳斯达克（National Association of Security Dealers Automated Quotation，NASDAQ）证券市场建立。纳斯达克为不能在主板市场上市融资的中小企业开辟了新的融资渠道，同时也为私募股权投资资本退出提供了最佳通道。

第三，1978年，美国为促进私募股权投资的发展，将资本利得税最高税率由49%降为28%，1981年又将其降为20%。1979年，美国国会允许养老金在不影响整个投资组合的安全时，可投资于新兴企业，这使得养老金逐渐成为私募股权投资资本的重要来源。

（3）调整阶段。证券市场能为资本提供良好的退出场所，因此证券市场繁荣是私募股权投资得到高速发展的一大重要原因。20世纪80年代前期，私募资本退出的重要渠道是在证券市场上首次公开上市（IPO）。1987年股灾发生后的几年里，私募股权资本的新筹金额大幅度降低，美国的私募股权投资行业进入一个调整阶段。

调整阶段私募股权投资主要呈现两个特点：一是投资对象的变化。1980年私募股权投资资本投资于初创企业的占25%，1984年降为21%，1988年这一比例进一步降低为12.5%。同期投资于杠杆收购的私募股权投资资本却由1980年的根本没有激增至1988年的20%。二是专业化分工的形成。20世纪80年代之前，私募股权投资基金大多有足够时间认真地评估任何一类企业，以决定是否投资。20世纪80年代之后，私募股权投资资本规模迅速扩大，市场竞争激烈，促使基金管理者不得不进行专业化投资，以减少其决策时间，取得竞争优势。正是这些变化导致私募股权投资与风险投资的分野。对于风险投资在20世纪80年代以来的发展演进，第二节将展开具体分析。

（4）大发展阶段。步入20世纪90年代后，私募股权投资因网络技术等新兴科技的兴起而获得大发展。这一时期，私募股权投资的发展趋于完善：资金规模迅速增长，投资企业类型、投资手段多元化；私募股权投资的退出渠道也更加丰富，从而使得其对证券市场IPO的依赖减弱。

（5）成熟阶段。私募股权投资的高回报率吸引了越来越多的机构和个人投资者持续跟进，合伙人队伍日益壮大。但在2000年左右，互联网泡沫的破灭对美国实体经济造成了较大的冲击，美国股市急剧下滑，IPO市场大幅萎缩，私募股权投资的退出渠道受到严重阻碍，私募股权投资行业一度低迷。随着美国经济的恢复，私募股权投资再度活跃起来。随后而来的美国次贷危机，冲击了美国股市，私募股权投资行业也一度受挫。但在新兴市场的带动下，其复苏时间比以往更短，说明私募股权投资行业日趋成熟。美国证券交易委员会（SEC）2017年7月发布的统计报告显示，截至2016年第四季度注册登记的私募股权投资基金管理者计2 878家，已备案的私募股权投资基金有28 290只。

从美国的私募股权投资的发展可以看出，私募股权投资的产生、发展以市场为导向，但同时政府的政策制定和鼓励措施对其发展具有重要意义。美国私募股权投资行业对促进美国中小企业发展具有重要作用，尤其近20年对促进美国的高科技企业的成长产生了巨大作用。

（三）私募股权投资的最新发展趋势

经过多年的快速成长，私募股权投资行业已经具备相当大的规模，对企业决策和金融市场的投资行为正在发挥越来越重要的影响。据统计，国际私募股权投资行业在2017年从投资者处募集的资金创纪录地达到4 530亿美元。在私募股权投资的演化与国际化扩张进程中，私募股权投资经营范围的综合化趋势愈加明显，涵盖从股权投资到证券市场投资，甚至包括房地产投资在内的各个领域。

私募股权投资的最新发展具有以下特点：

第一，从事私募股权投资业务的机构逐步多样化。除了传统意义上的私募股权投资基金公司，很多商业银行、投资银行甚至保险公司都已通过设立直接投资部或者设立单独的资产管理公司等形式开展私募股权投资业务，如高盛、麦格理、汇丰银行等。除此之外，为服务于本公司的战略布局和投资组合，大型跨国公司也设立私募股权投资基金，资金来自跨国公司内部，如GE资本等。

第二，私募股权投资领域和投资策略逐步综合化。不同类型私募股权投资之间的界限逐步模糊。首先，私募股权投资不仅投资于非上市公司股权，同时也参与股票、债券及衍生工具交易等证券投资。其次，高科技行业已经不再是私募股权投资的主要投资领域，私募股权投资同时关注大消费、泛消费行业等传统行业。另外，私募股权投资的投资策略从对传统的非上市企业进行风险投资扩展到对上市企业并购和重组，投资策略趋向多元化。

第三，私募股权投资的投资视角国际化。1998年，美国瑞普勒伍德（Ripplewood）基金出资1亿美元收购了日本长期信用银行，将其改名为新生银行（Shinsei Bank）。随后，该基金通过改变放贷模式、引进信息系统等手段将新生银行培育成为一个全新的营利性机构，并于2004年在东京证券交易所成功上市，瑞普勒伍德基金当初投入的资金获得了10倍的回报。诸如此类的案例很多，显示出私募股权投资的投资视野更为宽广，开始在新兴市场国家寻找投资机会。

（四）私募股权投资的经济学分析

1. 私募股权投资有助于降低投资者的交易费用，提高投资效率

现代经济学契约理论认为，作为经济活动的基本单位，交易是有费用或成本的。肯尼斯·阿罗在1969年发表的《经济活动的组织：关于选择市场配置还是非市场配置的一些问题》一文中提出，所谓交易费用，“就是经济系统运作所需要付出的代价或费用”①。投资活动往往伴随着巨大风险和不确定性，使得投资者需要支付搜寻、评估、核实与监督等成本。私募股权投资作为一种集合投资方式，能够将交易成本在众多投资者之间分担，并且能够使投资者分享规模经济和范围经济。相对于直接投资，投资者采用私募股权投资方式能够获得交易成本分担机制带来的收益，提高投资效率，这是私募股权投资存在的根本原因。

2. 私募股权投资有利于解决信息不对称引发的逆向选择与道德风险问题

信息经济学认为，信息不对称与人类的有限理性和信息搜寻成本有关。它是指一方拥有与交易行为相关的信息而另一方不知道，并且不知情的另一方对他方的信息验证成本昂贵，导致在经济上不可行，从而影响准确决策。交易双方对信息占有的非对称性导致两种结果：事前发生的逆向选择和事后发生的道德风险。私募股权投资活动中存在严重的信息不对称，该问题贯穿于投资前的项目选择和投资后的监督控制各个环节中。私募股权投资基金作为专业化的投资中介，能够有效地解决信息不对称引发的逆向选择与道德风险。首先，私募股权投资基金的管理人通常由对特定行业具有相当丰富专业知识和经验的产业界和金融界的精英组成，对复杂的、不确定性的经营环境具有较强的计算能力和认知能力，能敏锐地洞察投资项目的风险概率分布，对投资项目前期的调研和投资项目后期的管理具有较强的信息搜寻、处理、加工和分析能力。私募股权投资基金的管理人作为特殊的外部人能最大限度地减少信息不对称，防范逆向选择风险。其次，私募股权投资的制度安排也有利于解决信息不对称带来的道德风险问题。私募股权投资基金最常见的组织形式是有限合伙公司，通常由普通合伙人和有限合伙人组成。私募股权投资基金的管理人能准确地知道企业的优势和潜在的问题，向企业提供一系列管理支持和顾问服务，最大限度地使企业增值并分享收益。这样，私募股权投资的制度安排比较有效地解决了委托—代理问题，这是私募股权投资得以快速发展的又一原因。

3. 私募股权投资能够发挥风险管理优势，提供价值增值

现代经济学认为，投资组合能够减少经济活动的非系统性风险，从而成为风险管理的重要手段。但对单个投资者来说，分散化投资会给投资者带来额外的成本。例如，投资者可能不得不减少在某个企业中的投资比例，从而使得投资者对该企业的控制减弱，或者投资者将不得不花费更多的精力和成本对不同的投资项目进行监督和管理。而私募股权投资采取的是集合投资方式，它可以通过对不同阶段的项目、不同产业的项目的投资来分散风险，因此投资者除了享受成本分担的收益外，还能够分享分散投资风险的好处，进而获得价值增值。

---

① 转引自威廉姆森．资本主义的经济制度：企业、市场与关系合约［M］．纽约：纽约自由出版社，1985.

4. 私募股权投资可以起到发现价格的作用

从发现价格进行资产定价的角度来看，私募股权投资市场通过私募股权投资基金的运作，可以对那些流动性弱的非上市公司的债权、股权等经营控制权进行交易，进而就可以在更大的市场空间内对企业的产权进行定价。

（五）国际私募股权投资对东道国与母国的影响

1. 国际私募股权投资对东道国的影响

国际私募股权投资对东道国会产生以下积极影响：

首先，有利于拓宽东道国企业资金来源和渠道，支持并推动其融资方式创新。国际私募股权投资基金的进入有利于拓宽东道国企业融资渠道，完善资本市场结构，填补银行信贷和证券市场未能覆盖的空白；专长于资本运作的国际私募股权投资基金在投资过程中往往使用新奇和复杂的交易工具，包括一系列高级和次级债务，以及其他衍生证券，从而将极大地推动融资方式的创新。

其次，有利于东道国企业的快速发展，推动经济增长。国际私募股权投资基金具有丰富的行业经验与资源，它们为被投资企业提供经营管理、咨询、顾问等服务，改善企业治理结构和财务结构，给企业带来管理、技术、市场和其他方面的专业技能，提高企业的竞争力。此外，国际私募股权投资基金对高科技企业的投资，有利于东道国高科技产业发展，促进技术创新，改善产业结构，推动经济增长方式的转变，进而促进东道国整体经济实力的提升。

最后，有助于减缓经济波动，尤其在低迷时期能起到调节作用。尽管国际私募股权投资基金所投资的公司和普通公司一样，会受到经济衰退的冲击，但相对而言，由于私募股权投资兼具金融性质和企业性质，所以其对经济周期的大起大落具有一定的调和能力。在低迷时期，一方面，下降的市场行情创造了购买机会，银根收紧、募资难等原因导致企业价格大幅缩水，为私募股权投资基金提供了购买时机，可使其以优惠价格买到优质资产；另一方面，市场流动性紧缩时，尽管国际私募股权投资等金融活动会受到一定影响，但私募股权投资基金可以将精力转向实业活动，专心打理所投资公司的业务，从而对经济复苏起到良性和温和的促进作用。

但同时，私募股权投资对东道国也可能带来一些负面影响，如对东道国投资控股企业的目标短期化问题和投资行业的市场垄断问题，都是值得高度关注和研究的课题。

总体来看，在适当、有效的监管条件下，国际私募股权投资对被投资国带来的正面收益要大于负面影响。

2. 国际私募股权投资对母国的影响

从母国角度分析，杠杆收购等大规模的私募股权投资一般需要通过银行或者抵押债务融资，这在市场透明度不高的情况下存在一定的系统风险。另外，国内资金的流出也可能对国内经济发展的资金需求带来一定的负面影响。但是，目前国际私募股权投资的资金流出国都是具有完善金融市场的发达国家，国际资本流动本身就处于一个动态过程中，并且私募股权投资资金在全球范围内寻找高利润的项目，其获得的收益也要远高于国内投资收益。最终，投资国将在税收和消费增长上获得巨大利益。

从全球范围来看，国际私募股权投资的发展，对资金在全球范围内的合理配置、促进全球经济的增长具有重要作用。

二、国际私募股权投资的运作机制

国际私募股权投资的运作程序基本包括三个阶段：一是募集资金成立私募股权投资基金；二是筛选、测评项目，做出投资决策，并对投资项目进行经营和管理投资；三是退出，以期获得高额的回报和收益。

（一）国际私募股权投资基金的设立

国际私募股权投资的前期工作是资金募集和组织设立。与公募基金相比，私募股权投资基金在资金来源和组织方式上都有其特别之处。

1. 国际私募股权投资基金的资金来源

私募股权投资基金既可以向社会不特定公众募集资金，也可以采取非公开发行方式，向特定机构或个人募集资金。其资金来源可归纳为以下几个方面：

（1）各种基金。这种资金通常投资于合伙制的私募股权投资基金，在美国最为盛行，主要有养老基金、各种非营利基金以及大学后备基金。

（2）银行资金。为了培养未来客户和增加利润，银行愿意通过私募股权投资间接投资于经营业绩优良、高成长性的企业。这种方式在欧洲和日本比较盛行。

（3）保险公司。为了追求理想的投资回报，保险公司也为国际私募股权投资提供资金。在欧洲10%以上的私募股权投资资金来源于保险公司。

（4）政府资金。私募股权投资的发展离不开本国政府的支持，政府通常将一些资金直接或间接投入到本国私募股权投资基金中。例如，著名的淡马锡控股公司（Temasek Holdings）即为新加坡政府全资拥有。

（5）企业资金。大型企业是私募股权投资资金的重要来源，在英国，许多国际私募股权投资机构本身就是由大企业控制的。

（6）个人投资者。这主要是指有一定风险辨别和承受能力的个人投资者。由于个人投资者稳定性差、容易受自身经济状况的影响，所以他们在国际私募股权投资资金来源中所占的比例一般不大。

在实践中，由于私募股权投资的投资期限较长，所以通常是采取非公开募集的方式向长期投资者募集资金。一般来说，私募股权投资的资金大量来自投资地域的机构投资者。在欧洲、美国的私募股权投资基金中，机构投资者的资金比例达到90%以上。

2. 私募股权投资基金的组织形式

国际私募股权投资基金的组织形式，主要有契约信托制、公司制和有限合伙制。

（1）契约信托制。契约信托制私募股权投资基金是指基于一定的信托契约而成立的基金，一般由基金管理公司（委托人）、基金保管人（受托人）和投资者（受益人）三方通过信托财产进行投资，基金保管人依照契约负责保管信托财产，投资者依照契约享受投资收益。契约型投资基金不具有法人资格，投资者的出资全部置于受托人的管理之下，并且信托财产名义上属于基金保管人，基金资产独立于基金保管人的自有资产，也独立于基金管理公司及投资者的固有财产。在发达国家中，部分私募股权投资基金采取契约信托制，这在法律不承认有限合伙制的国家尤为普遍。

（2）公司制。在公司制私募股权投资基金中，股东以其出资额为限对公司承担责任，公司以其全部资产对其债务承担责任。早期私募股权基金常采用该组织形式。

（3）有限合伙制。目前国际上绝大多数私募股权投资基金采用有限合伙制。依责任形式的不同将合伙人分为普通合伙人（General Partner，GP）与有限合伙人（Limited Partner，LP）两类，普通合伙人与有限合伙人可以为自然人或法人。普通合伙人对有限合伙企业的债务承担无限连带责任，对有限合伙企业享有管理权；而有限合伙人只以其出资为限对有限合伙企业的债务承担有限责任，对有限合伙企业无管理权。在以有限合伙形式组成的私募股权投资基金中，基金管理人（普通合伙人）一般只提供1%的资金，通常可获得固定比率为2.5%左右的管理费（management fee）收入和20%左右的资本利润提成。

在三种组织形式中，与另外两种形式相比，有限合伙制具有以下优势：

第一，无须缴纳公司所得税，法律规定只对投资人征收个人所得税，相比公司制避免了双重征税问题，大大降低了资金的营运成本。

第二，相比一般的合伙制能够降低有限合伙人（资金的提供者）的风险。

第三，可以更好地激励普通合伙人（基金管理人），使其全身心地投入工作，实现投资价值的最大化。

第四，在设立和运营中比公司制更具有操作灵活性与保密性。合伙制企业的信息披露标准比公司制企业宽松，而且受到的法律限制更少。

第五，资金分次募集，比较灵活，避免了资金闲置。

总的来看，在目前私募股权投资基金比较发达的国家和地区，公司制基金约占5%，契约信托制基金约占15%，有限合伙制基金高达80%。

（二）国际私募股权投资的操作程序

国际私募股权投资在完成基金募集和组织设立后，就进入投资操作阶段。投资操作分三个程序：一是投资项目的筛选和测评；二是确定投资方式以及投资的价格；三是对被投资企业进行经营和管理投资。

1. 投资项目的筛选和测评

国际私募股权投资涉及资本在国际的流动，是资本在各国间的不同行业、不同企业之间的二次配置。资本的逐利性以及私募股权投资高风险、高收益性质，使国际私募股权投资遵循一套对投资地域、投资项目筛选和测评的标准，以保证它的运作和发展。

（1）对投资地域的选择。

a. 政策环境。这主要是指投资地的经济、政治和社会稳定性以及政府的管理能力。稳定的宏观政治环境、高效的政府管理水平是一个国家吸引国际私募股权投资的前提条件。

b. 经济因素。这主要是指投资地市场的成长性、开放性，消费者的偏好，市场结构，公司的治理结构、现代化程度，以及资本市场的完善程度、汇率政策，等等。所有这些因素均直接决定跨国投资经营的成本与收益，进而影响国际私募股权投资基金的投资决策。

（2）对投资项目的选择。国际私募股权投资考察、评估、筛选投资项目的方法和手段有很多种，一般着重考察以下几个方面：

a. 项目企业管理水平。对项目企业管理水平的考评主要包括两个方面：一是管理团队的考评，特别是高层管理者的个人特质。管理者奉献和敬业精神、管理者远见和个人魅力、专业技术相互匹配度以及管理层制订的企业发展计划等都在考察的范围之内。二是管理制度的考评，包括项目企业治理结构、规章制度章程、股东会决议、董事会议事规则、董事会决议等。

b. 项目企业的核心竞争力。对核心竞争力的考察具体包括项目企业的产品技术特性、商业模式是否具有差异性优势和投资边际效益优势，项目企业是否存在较好的品牌优势，自主研发的知识产权是否形成竞争壁垒。这些都是保证项目企业低成本扩张、迅速成长的优势。

c. 项目企业的资产及财务情况。首先，审核项目企业的各项财产的权利是否有瑕疵，是否设定了各种担保以及权利的行使、转让是否有所限制等。其次，审查项目企业的各项债权的实现是否有保障，是否会变成不良债权等，以确保投资方取得的目标企业的财产关系清晰。另外，还要对重要交易合同进行审查，对目标企业是否存在重大诉讼或仲裁进行调查。

2. 投资方式和投资价格的确定

对于通过了筛选和测评的项目，国际私募股权投资基金管理人要设计投资方案并确定投资工具，对企业进行估价和基于以往业绩或未来盈利确定投资价格、投资金额和股份比例，并兼顾董事会席位、否决权及其他公司治理问题等，然后签订投资协议和认股合同。

国际私募股权投资基金的传统投资工具包括股权和债权。此外，为了提高收益同时规避风险，基金管理人还倾向于使用可转换成普通股或可认购普通股的债券，该投资工具一方面在企业经营不良时可以通过企业回购和清算来保护投资成本，另一方面在企业经营出色时可以通过转换成普通股并上市来获得超额的投资回报。

企业的估值对于国际私募股权投资来说关系重大。当前国际通行的是市盈率估值调整法，即根据企业现有的财务状况，以企业被投资当年的净利润乘以一个合适的倍数（即市盈率）作为企业的基准价格。然后，以基准价格为基础，根据企业的实际情况进行一定幅度的调整，在确定投资金额和所占股份比例后进行投资。

3. 参与项目企业经营管理

在对项目企业投资之后，私募股权投资基金为确保项目企业正常发展，以实现投资利润，会派出专家参与项目企业的经营管理，依托自身的资本聚合优势和资源整合优势，提升项目企业的管理、市场和财务水平，推进项目企业内在价值的提高。

国际私募股权投资基金的管理人一般具备企业管理运营经验，并与各行业专家有着广泛的联系，能够在营销、财务等方面对项目企业提供强有力的支持。另外，私募股权投资基金与金融机构关系密切，也为对项目企业追加融资提供了一定资金来源渠道。

（三）国际私募股权投资的退出机制

退出是国际私募股权投资运作过程的重要组成部分。国际私募股权投资运作的根本目的不是控制企业，而是通过转让所持的股份获得高额的投资回报。其投资成功与否最终取决于是否能将所持股权变现，顺利退出被投资企业。国际私募股权投资基金退出后，将继续寻找机会将收回的本金及增值部分投资于下一个项目企业，实现资本在时空组合上的良性循环。良好的退出机制是私募股权投资得以持续发展的保证。

国际私募股权投资基金的退出方式主要有以下几种：

1. 首次公开上市（IPO）

首次公开上市是指国际私募股权投资基金通过投资企业股份公开上市，将拥有的私人权益资本转换为公共股权资本，通过在证券交易市场变现以实现资本增值的方式。无论对于被投资企业来说，还是对于私募股权投资基金来说，直接上市都是实现双方利益最大化的最优途径。对于私募股权投资基金来说，股票市场所提供的高估价可以让其在投资几年后便获利退出，给基金的投资人以丰厚回报，而基金高收益率的良好声誉有利于其筹集新的基金，投资新的目标，从而获得进一步发展壮大。对于被投资企业而言，上市过程本身是一个融资的过程，股票市场成为被投资企业新的融资渠道，高估价、高流动性会降低企业融资成本，为企业的成长壮大带来广阔的融资通道及市场知名度等其他资源，因此上市无疑为企业增加了“一对可以腾飞的翅膀”。

企业公开上市通常有主板市场上市和创业板市场上市两种途径。主板市场上市条件较为严格，企业的上市门槛较高。而创业板市场定位于为具有高成长性的中小企业和高科技企业进行融资服务，是针对中小企业的资本市场。国际私募股权投资基金的投资对象主要是具有核心竞争力、高成长性的企业，因而创业板市场常常是国际私募股权投资成功退出的首选。

美国的纳斯达克市场是最成功的创业板市场，先后培育出微软、英特尔、苹果、戴尔等知名公司，对美国近年来经济的持续增长起到巨大的推动作用。在美国纳斯达克市场成功经验的引导下，许多国家为了促进本国中小企业的发展，同时为私募股权投资基金的退出提供通道以吸引国际私募股权投资基金的进入，纷纷设立证券主板市场之外的创业板市场。创业板市场在各国的广泛设立拓展了国际私募股权投资基金的空间，有利于它们在更广的地域内寻找合适的投资项目，同时减少了退出的后顾之忧。

2. 股权转让及回购

股权转让这种退出方式可以较快捷地将拥有的股权变现，和首次公开上市相比，该退出方式操作简单、费用低廉，适合各种规模的企业。在实践操作中，股权转让主要有两种具体方式，一是兼并和收购，二是股权回购。兼并和收购是指当项目企业发展到成熟阶段时，被国际私募股权投资基金包装后出售给战略投资者，实现投资退出，获得风险收益。股权回购是指被投资企业以一定的程序和价格，用现金、票据等有价证券将私募股权投资基金所持的股份购回，从而使得私募股权投资基金退出被投资企业的行为。根据回购的主体不同，股权回购可以分为管理层收购（MBO）和员工回购（EBO）等。管理者和员工作为企业内部人员，通常对企业都非常了解，当企业发展到一定阶段，资产达到一定规模、财务状况良好，但尚未达到公开上市的要求时，若管理者或员工对企业的预期较好，他们就会通过内部回购的方式购买私募股权投资基金的股份，于是私募股权投资基金得以退出。

3. 清算

清算是指企业因经营管理不善等原因解散或破产，进而对其财产、债权、债务进行清理与处置，使得国际私募股权投资基金不得不中途退出。清算是包括私募股权投资基金在内的各方都不愿意看到的结局，然而，由于运作不成功而进入清算程序的比例在国际私募股权投资市场上并不低。例如，美国的私募股权投资基金所投资的企业中会有相当一部分进入清算程序，其比例与能公开上市的投资企业数目大体相当。

三、国际私募股权投资基金在中国的发展

（一）国际私募股权投资基金在中国的发展概况

2000 年以来，以收购基金为主的国际私募股权投资基金开始通过各种渠道进入我国市场。业内公认的中国第一例国外私募股权投资案例是 2004 年美国私募股权投资基金新桥资本以 12.53 亿元人民币从深圳市政府手中收购深圳发展银行的 17.89%股权。在金融领域比较重大的投资案例有：2006 年 2 月新加坡淡马锡旗下私募股权投资基金动用 15 亿美元持有中国银行 5%的股权；2016 年 1 月美国红杉资本旗下的私募股权投资基金领投京东金融，募集资金 66.5 亿元。在非金融领域，比较重要的投资案例主要有高盛并购双汇、华平控股哈药、大摩投资蒙牛、黑石收购蓝星、KKR 注资青岛海尔等。我国国内私募股权投资基金起步较晚，无论从融资规模还是从投资金额来看，国际私募股权投资基金都占据了我国私募股权投资市场的主导地位。2018 年 4 月 17 日中国证券投资基金业协会公布的数据显示，截至 2018 年3 月底，基金业协会已登记私募基金管理人 23 400 家，私募股权投资基金规模达到 6.68 万亿元。

活跃在中国的国际私募股权投资基金具有以下特点：

第一，基金类型呈现多元化格局，成长型基金和并购型基金占据主导。以 2015 年为例，创业投资与私募股权研究顾问及投资机构清科集团发布的《2015 年中国股权投资年度研究报告》显示，该年度延续了 2014 年的热度，即使是在宏观经济低迷和二级市场震荡的环境下，基金募集、投资和退出等环节依旧稳中有升。2015 年私募股权投资基金可投资于中国内地的资本存量达到 10 232 亿元，增幅达 21.2%，私募股权投资基金机构新募基金计 2 249 只，共募集 5 649.54 亿元。在新募基金中成长基金依旧是主流，计 1 719 只，占比达 78%；并购基金增长迅速，有 245 只，占比达 11%。就募集金额来说，成长基金数额为 3 882.59 亿元，占比为 69%；并购基金为 744.62 亿元，占比为 13%。

第二，传统行业逐渐成为私募股权投资基金的重点领域。20 世纪 90 年代国际私募股权投资基金热衷于投资高科技行业。但近年来其投资重点逐渐转移到传统行业。2015 年传统行业共有 1 963 起私募股权投资，占年度投资案例总数的 69%；投资金额为 2 791.74 亿元，占年度投资总额的 72%。私募股权投资基金在传统行业的投资覆盖了材料、化工、能源、房地产、食品、汽车、机械制造和电子设备等诸多领域。其中，以房地产行业为主要的投资领域，吸引了 467.35 亿元的投资金额，占年度投资总额的 12%；生物/医药行业有 246 个项目，吸引的私募股权投资额达到 215.66 亿元；广义 IT 行业和其他高科技行业分别有 281 个和 481 个投资项目。

第三，私募股权投资基金热衷于采取成长资本策略，新三板和定增策略投入资金增大。2015 年私募股权投资基金总共发起了 2 448 个项目，投资额高达 2 309 亿元；发起并购 37 起，涉及金额达 112 亿元。

第四，对项目企业的投资方式是股权与衍生工具的组合。受我国政策限制等方面的原因影响，国际私募股权投资基金占被投资企业的股份通常不超过30%，为了减少对股份的稀释，还会采用可转换公司债券和可转换优先股之类的金融工具。此外，国外私募股权投资基金经常采用"卖出选择权"和转股条款等金融工具。卖出选择权要求被投资企业如果未能在约定的时间内上市，则必须以约定的价格回购私募股权投资基金所投资的那部分股权。转股条款是指私募股权投资基金可以在被投资企业上市时将优先股按一定比率转换成普通股，分享上市的成果。

此外，从项目企业的管理方面看，多数国际私募股权投资基金除了参与企业的重大战略决策外，一般不参与企业的日常经营和管理，它们通常在董事会占有至少一个席位，以保障其投资的基本利益，并且很多私募股权投资基金会以指派财务总监的方式加强对被投资企业的财务监管。

总体来看，在当前的中国私募股权投资基金市场，国内私募股权投资基金发展迅速，但外资及中外合资基金仍然占相当比例。对此，马丁·黑米格（Martin Haemmig）博士在《风险投资国际化》一书中这样解释：巨大的国内市场，强大的工业基础，高速发展的经济等，中国集中了几乎所有适合私募股权投资基金投资的因素。此外，在全球经济持续震荡的过程中，中国保持了稳定的中高速增长，大量的未上市成长型企业是其中的重要推动力，因此中国私募股权投资市场发展潜力巨大。

（二）国际私募股权投资基金在中国的进入与退出方式

1. 国际私募股权投资基金进入我国的渠道

国际私募股权投资基金进入我国主要以外商直接投资形式为主，即选择有潜力的境内企业进行参股或者收购部分原股东股权。对于房地产等特殊行业，其投资则通常采取和国内房地产开发商合作，成立合资公司的形式，在项目完成后撤销企业并分得盈利，或从国内开发商处直接购买商业楼盘，再通过租售等方式实现资本回收。

具体来说，国际私募股权投资基金进入我国的渠道有：一是外国投资者先在境外设立私募股权投资基金，再以境外投资者法人身份并购境内企业；二是外国投资者设立外商投资创业投资企业或一般外商投资企业，再通过该企业并购境内企业。投资方式主要包括增资扩股、原股东股权转让和收购资产等。增资扩股是指企业向要引入的私募股权投资基金增发新股，融资所得的资金全部进入企业。采用这种方式，企业进行了新的融资，有利于企业的进一步快速发展。原股东股权转让是指由原股东向引入的投资者转让其所持有的股份，满足其原股东变现退出的需要，同时引入私募股权投资基金。增资扩股和股权转让这两种方式也经常被混合使用。

鉴于我国的一些政策和法律限制，国际私募股权投资基金进入时，一般不选择直接投资于中国企业的本土实体，而是通过成立海外离岸公司或购买壳公司并将境内资产或权益注入壳公司的方式，使国内的实体企业成为离岸公司或壳公司的子公司，达到最终以离岸公司或壳公司的名义在海外证券市场上市的目的。利用这种方法，可以使投资和退出行为都发生在管制较为宽松的离岸市场。

2. 国际私募股权投资基金在我国的退出模式

国际私募股权投资基金在我国的退出方式主要有两种：一种是提升所投资企业价值，

然后转售其所持股份。通常情况下购买者都是希望借助收购打入中国市场或提升其在国内该行业中的竞争力。例如，摩根士丹利投资南孚电池，然后将其出售给吉列，在整个出售退出过程中，通常的做法是将交易安排在离岸市场。另一种是推动企业首次公开上市（IPO），然后通过二级市场逐渐退出。IPO 退出获利丰厚，因而是私募股权投资基金偏爱的退出方式。但是受制于监管机构的审查以及做空机构的攻击，IPO 可能会受到阻碍。以 2012 年为例，中国私募股权投资基金完成退出的案例有 177 笔，其中采用 IPO 退出方式的占比显著提升，占比达到七成左右。除上述两种主要方式之外，还存在部分私募股权投资基金先向内资企业增资或收购股权，企业获得资金后在约定时间内通过股权回购方式收购私募股权投资基金持有的股份，企业实现融资的目的，而私募股权投资基金借助投资名义获得一定的固定回报等方式。

境内企业海外上市一般有两种方式：一是海外直接 IPO，即注册在境内的企业在海外直接发行 H 股、N 股、S 股等股票或存托凭证，从而达到私募股权投资基金退出与企业上市融资的目的。这种方式路径安排相对直接，但上市过程、面临的监管相对复杂。二是通过红筹股形式曲线 IPO，即前面所述的设立离岸公司或壳公司，将境内资产或权益注入，以离岸公司或者壳公司名义在海外证券市场上市筹资。这种方式的优点是可以避开国内的一些监管和管制，也可以获得税收上的优惠，上市手续也相对简便。然而，2006 年商务部等六部委发布《关于外国投资者并购境内企业的规定》，对境外投资者参股或收购中方股权的行为进行规范，并规定由商务部牵头进行审批，上述以离岸公司或壳公司形式境外上市的公司需要由商务部和证监会双重批准，并设定了一年的上市期限，使得国际私募股权投资基金通过离岸公司或者壳公司形式境外上市退出的难度增大。

（三）国际私募股权投资基金对我国企业的影响

2000 年以来，国际私募股权投资基金针对我国企业进行了大量的投资和并购，其影响是多方面的。

1. 国际私募股权投资基金为中国企业注入增量金融资源，促进中国实体经济发展

首先，国际私募股权投资基金丰富了中国的金融资源。国际私募股权投资基金的进入，意味着国际增量资金的进入，有利于缓解企业资金困境，拓宽企业融资渠道。同时，国际私募股权投资基金采用新奇和复杂的投资工具和手段，极大地推动了我国融资方式的创新，有利于完善我国金融市场结构。

其次，国际私募股权投资基金有助于促进我国产业结构的调整。国际私募股权投资基金基于完全市场化的运作方式，其管理者以企业成长潜力和效率作为投资选择标准，将资金投给具有良好发展前景的产业及行业中的优秀企业，有助于推动新兴产业、朝阳产业的发展。与高科技成果的结合有利于促进中国高科技成果产业化，推动高新技术产业发展。

最后，国际私募股权投资基金促进所投资的项目企业成长，提高其竞争力。国际私募股权投资基金为企业提供长期股本支持和经营管理服务，能够改善企业财务结构和治理结构；协助企业制定战略规划，在企业早期、成长期、扩展期以及上市过程中都能发挥较大的推动作用；促进企业在产品市场与资本市场持续成长，提高企业的竞争力。

2. 国际私募股权投资基金在运作中也会带来不利的影响

首先，短期化的获利目标有时会使收购的目标企业难以适应。私募股权投资基金为实

现其通过IPO、售出等方式退出时的利润最大化，有时会过于追求短期业绩目标，而这可能和企业的长期利益追逐目标相违背。此外，其可能衍生的内部交易也容易损害中小投资者的利益。

其次，国际私募股权投资基金大规模的收购可能带来市场垄断问题。例如，高盛持有雨润食品集团13%的股权后，又与其合作伙伴鼎晖基金以20.1亿元的价格竞得双汇集团100%的股权，对我国的食品行业产生了巨大影响。

最后，企业境内资产转移至境外离岸公司，从而使得境内企业外资化，可能造成国有资产及税收的流失。

正是由于国际私募股权投资基金规模越来越大，重大的并购投资活动越来越多，各国政府监管部门开始警惕并关注其不良影响。例如，美国司法部曾调查是否由于私募股权投资基金的存在而产生妨碍市场竞争的行为；英国金融服务局曾于2006年11月初发布一份关于私募股权投资基金的研究报告，提出有必要对几家最大的收购公司及其投资者加大关注力度；德国政府也出台了相关的政策法规进行规制。我国政府也应该借鉴国际经验，积极防范国际私募股权投资基金产生的不良影响。

第二节　国际风险投资

伴随知识经济时代的到来，以高新技术产业为龙头的国际风险投资倍受各国青睐，成为传统投资以外的一种新型投资方式。

一、风险投资概述

（一）风险投资的含义

风险投资又称创业投资，国际上对风险投资的概念有着不同的解释。根据美国风险投资协会的定义，风险投资是指由职业金融家投入新兴的、迅速发展的、蕴含着巨大竞争潜力的企业中的一种权益性投资。欧洲风险投资协会将风险投资定义为一种由专门的投资公司向具有巨大发展潜力的成长型或重组型的未上市企业提供资金支持，并辅之以管理参与的投资行为。中国政府则将其定义为向科技型高成长性创业企业提供股权资本，并为其提供经营管理和咨询服务，以期在被投资企业发展成熟后，通过股权转让获取中长期资本增值收益的投资行为。

一般来说，风险投资可以定义为由投资者将资本投向新成立的或正在快速成长的未上市企业（主要是高科技企业），培育企业快速成长，然后通过企业上市、兼并或股权转让等方式退出投资，取得高额回报的一种新型投资方式。我们可以从广义和狭义两个角度来理解风险投资。广义的风险投资是指对所有开拓性、创造性经济活动的资金投入，包括对新兴工业及高科技产业的投资。狭义的风险投资仅指对高科技产业的投资。本章主要从狭义角度阐述风险投资。

（二）风险投资的产生和发展

如本章第一节所述，在产生与早期发展阶段，风险投资与私募股权投资是同义词，二者完全是一体的，只是到了20世纪80年代，二者才相互独立，形成各具特色的发展路径。由于前面对风险投资的早期发展进行了详细介绍，此处不再赘述。

20世纪80年代，美国风险投资业进入全新的发展阶段，即高科技风险投资阶段，风险投资总额增长迅速。20世纪70年代中期，美国每年的风险资本总额只有5 000万美元，到1980年为10亿美元，1982年为20亿美元，1983年超过40亿美元，1989年达334亿美元，高科技企业在风险投资的催化下得以在短期内上市，与此同时带来的是美国经济的繁荣和世界产业结构的优化。

20世纪90年代，随着高科技的迅速发展和网络时代的到来，美国风险资本市场在硅谷与纳斯达克的双重推动下，步入一个鼎盛时期，雅虎（Yahoo）、搜狐（SOHU）、新浪（SINA）、谷歌（Google）等便是这一时期的代表。

随着美国风险投资业的发展，欧洲国家在20世纪70年代末至80年代初也纷纷建立起本国的风险投资业。20世纪80年代中期以来，日本、加拿大、澳大利亚以及中国香港地区等国家和地区的风险投资业也相继建立，并对全球风险投资市场产生了一定的影响。欧洲风险资本协会公布的数据显示，2000年，世界风险资本投资总额创历史最高纪录，达2 060亿美元，其中，美国占有1 520亿美元，西欧占有320亿美元，亚太地区占有123亿美元。但到了2002年，世界风险资本投资总额减少了一半多，只有1 020亿美元，其中，美国占有643亿美元，西欧占有260亿美元，亚太地区占有90亿美元。目前风险投资已遍及所有发达国家、新兴工业国及部分发展中国家。受国际金融危机的影响，2008年全球风险投资总额为283亿美元，比2007年下跌了8%，之后进入复苏期。国际著名会计师事务所毕马威的报告显示，2017年全球风险投资金额达到1 550亿美元，为近10年最高。

（三）风险投资的特点

风险投资与其他投资方式相比，具有以下明显的特征：

1. 风险投资具有高风险、高收益

风险投资有别于一般投资，它是一种高风险的投资行为，特别是高新技术企业的风险投资存在技术和市场的双重风险，同时这种投资具有相当高的潜在收益。投资者将资金以股权形式投入到高新技术企业的创业过程中，并参与企业管理，帮助企业成长，最终获取高新技术企业成功发展的高额回报。因此，风险投资是一种将资金、技术和企业有机结合在一起的投资机制。

2. 风险投资是一种权益投资

风险投资者通常占有被投资企业15%~20%的股权，但投资者投资的目标不在于控制股权，而是着眼于企业收益的增长和资产的增值。风险企业在初始阶段的经营业绩常常是亏损的，但风险投资者考虑的不是短期经营利润，他们更关注的是企业的价值及未来收益。

3. 风险投资是一种组合投资

由于风险投资具有高风险性，为了分散风险，投资者通常投资于一个包含10个以上项目的高新技术项目群，利用成功项目所取得的高收益回报来抵补失败项目的损失并获取风险投资收益。

4. 风险投资属于中长期投资

将一项科研成果转化为新技术产品一般要经过研发、试验、正式投产、扩大生产、销

售等阶段，当企业成长到一定阶段时，可以通过上市、出售等方式收回投资并获取收益，这一过程的投资期较长，一般为3~7年，有时长达10年，属于中长期投资。

5. 风险投资的对象是风险企业

风险企业是指技术密集、人才密集、资金密集、经营管理高效化的从事高技术产品开发的风险性科研型企业。风险企业的特征有：创新强，风险大，成功率低；成功后经济效益巨大；知识密集，人才荟萃；需要大量资金支持和良好的生产环境条件。风险企业的灵魂人物是具有创新精神的风险企业家。

6. 风险投资具有再循环性

风险投资是以"投入—回报—再投入"的资金运行方式为特征的。投资者将其投资重点放在风险企业的开拓阶段，而不是成熟阶段。一旦创业成功，他们便会获得高额利润，并借机收回投资，之后寻找新的创业投资机会，扶植新的高新技术企业，从而带动高新技术产业化的进程，实现科技创新和产业升级。

7. 风险投资体现资金和监管的结合

风险投资是金融与科技、资金和管理相结合的专业性投资。高新技术行业产品的附加值和收益远远高于传统的资本或劳动密集型的行业，因而对风险投资者具有很强的吸引力。正是风险资本与高新技术两种要素相互作用，推动风险投资业的迅猛发展。风险投资者在为企业注入资金的同时还参与到企业的经营管理中，尽力帮助企业获得成功。

（四）风险投资的作用及功能

1. 风险投资的作用

（1）促进高新技术成果的转化，加速高新技术产业化发展。高新技术产业是一种全新的产业，在其发展过程中存在较大风险，这些风险主要体现在技术风险和市场风险等方面。在美国，风险投资已经造就了无数高新技术企业，包括美国数据设备公司（DEC）、苹果（Apple）、英特尔（Intel）、雅虎（Yahoo）等，这些公司在创业之初都默默无闻，后来一跃成为全球瞩目的高新技术企业。风险投资为高新技术企业注入了活力，促进了高科技成果的转化，同时高新技术企业的发展也为风险投资创造了广阔的施展空间。

（2）拓宽中小型高新技术企业的融资渠道。资金是推动高新技术产业化的重要因素，高新技术企业在起步和创业阶段都有资金短缺的困难。中小型高新技术企业单凭自有资金，要在短期内落实企业发展大计，机会微乎其微，但风险基金却让这些有创意、有潜力的企业抓住了创业先机。同时，高新技术产业化有着"高风险、高收益"的特征，高新技术企业在成立初期一般既没有资产可抵押，也很难找到合适的担保，因此通过传统的银行信贷、发行债券等融资渠道难以取得所需要的资金。风险投资以其灵活独特的投资方式，为中小企业尤其是高新技术中小企业的成立及成长开辟了新的融资渠道。

（3）增强一国科技实力和国际竞争力。风险投资通过对高新技术企业提供资金支持，带动了新产品、新技术、新工艺的推广与应用，增强了一国的科技实力，为科技尽快转化为现实生产力创造了条件。风险投资在促进技术创新的同时，也增强了一国的国际竞争力。据统计，发达国家科学技术对国民经济增长的贡献率已由21世纪初的5%~20%上升到目前的60%~80%，科学技术对经济增长的贡献已经明显超出了资本和劳动的作用，成为经济发展的主要推动力。

2. 风险投资的功能

（1）资金集聚功能。风险投资资金的来源由最初的以富商、私人银行家为主转向各种风险投资基金、投资机构，这些基金和机构主要包括养老基金、捐赠基金、保险公司、投资银行等。风险投资企业将社会各类投资主体的资金集聚起来，投入具有高风险、高收益的中小企业中，尤其是投入中小高新技术企业中，有利于充分利用社会资源，发挥资金集聚功能。

（2）技术转化功能。风险投资的重要领域是高新技术产业，这一领域风险大、投资周期长，所需资金较多，风险投资填补了高新技术产业化过程中的重大资金缺口，为新技术、新产品、新工艺转化为实际成果起到了重要作用，使风险投资成为当今高新技术产业化的最佳投融资方式。

（3）风险管理功能。风险投资企业投入的不仅仅是资金，还包括其卓越的风险管理能力。由于对极具成长潜力的中小型高新技术企业的投资具有极大风险，面临较大的失败可能性，风险投资企业一般会委派技术专家、财务专家、企业管理专家、法律专家等对投资项目进行科学的调查、评估与论证，对项目产品的未来市场前景进行分析与预测，充分考虑投资的技术风险、市场风险、政治风险、企业管理风险，综合权衡成本与收益并做出投资决策。为分散风险，投资者往往同时投资于10个以上的项目，并参与企业管理，帮助企业迅速成长，以获取高额回报。

（4）企业孵化功能。高新技术企业在成立之初只具备技术优势，风险投资企业通过提供资金、企业管理、市场研究、经营战略制定等方面的支持，使高新技术企业得以成立、成长并逐步走向大规模经营。风险投资者从产品创意到研发直至生产管理和市场销售的全方位扶持，大大降低了高新技术企业的创业风险，提高了高新技术企业成功的可能性。

二、风险投资的运作机制

风险投资是一种新型投融资活动，其运行机制比较复杂，大体概括为三个阶段：融资阶段、运用阶段和退出阶段。以下分别介绍风险投资的运作过程。

（一）风险投资的融资阶段

风险投资的融资阶段是风险投资的形成阶段，即筹资阶段。风险投资者主要包括私人风险投资者和风险投资企业，其中，风险投资企业构成筹资主体。

风险投资的资金来源主要有以下几个方面：

1. 养老基金

养老基金是指通过发行基金股份或受益凭证，募集社会上的养老保险资金，委托专业基金管理机构用于各类投资中，以实现保值增值目的的一种基金形式。在发达国家，养老基金是最重要的风险资本来源，约占风险资本的总额1/2左右。20世纪80年代初期，美国等西方国家政府放松了对养老基金投资的限制，允许养老基金进入风险投资领域，使得养老基金为追逐高额利润逐步成为风险投资的主要资金来源。

2. 捐赠基金

捐赠基金是风险投资的最早资金来源渠道之一，它的形式包括私人资本和合伙制。除一些大学及科研院所可以通过捐赠基金向本单位的研究项目提供投资外，捐赠基金大多通过合伙制来进行投资，其投资规模一般不大。

3. 银行控股公司

银行控股公司早在20世纪80年代就成为风险投资的最大私人直接投资者。在美国等发达国家，商业银行为规避金融法律管制，通过成立专门的银行控股公司及其附属机构进行风险投资，以获取商业银行传统业务以外的更高投资回报。

4. 富有阶层

富有阶层的直接投资也是风险投资的早期资金来源渠道之一。富人群体拥有大量闲置资金，他们除了购买股票、债券等进行投资外，还把资金投入有较高风险的风险投资领域，以赚取更高的收益。这些富人群体既包括退休的首席执行官（CEO），又包括具有敏锐投资眼光的、富有的企业经理和银行的富有客户。

5. 投资银行

投资银行是典型的投资性金融机构，它一般通过投资于自身合伙人的合伙公司，特别是风险投资合伙公司来介入风险投资领域。投资银行只对已成立的合伙公司进行风险投资或追加投资。一般来说，投资银行不会不通过合伙公司进行直接投资。

6. 保险公司

保险公司是资本市场的主要机构投资者之一。20世纪80年代以来，一些保险公司成立自己的私人资本合伙公司，后发展为与外部资金相结合进行有限合伙制的风险投资。随着保险公司的保险资金数量越来越大，其对较高收益的投资渠道进行投资的要求也越来越强烈，而平均回报高达30%的风险投资对这些资金无疑有着相当的吸引力，这也为中小型高新技术企业筹集风险投资资金开辟了更多的资金来源渠道。

7. 非银行金融机构

除上面所提到的各类金融机构外，一些非银行金融机构如信托公司、融资租赁公司、财务公司等也是风险资本市场的主要支持者。它们不是通过有限合伙制形式，而是通过设立一些专门的附属机构进行直接风险投资。

（二）风险投资的运用阶段

风险投资的运用阶段如下：

1. 选择合适的投资项目

选择投资项目时，着重考察以下几个方面：

第一，创业者的个人素质。创业者在其所从事的领域内必须具备敏锐的洞察力，能够及时掌握市场变化的特点和方向，能够运用自身能力和各种方法使企业摆脱困境。创业者的经营理念、综合管理能力、管理经验等都会影响企业发展。此外，创业者的身体素质、知识技能和人格魅力也是考察创业者自身素质的重要方面。

第二，技术创新性。风险投资的主要领域是高新技术产业，不少项目最初只是一项发明创造，有的还只是一个想法和概念。风险投资者要具备敏锐的判断力和前瞻性思维能力，对项目的技术创新性和可行性做出评估和判断。

第三，市场发展潜力。风险投资属于创业投资，其产品市场尚未形成，对项目产品的市场规模、销售前景以及可持续竞争优势进行分析和预测是风险投资企业必须做的工作。

第四，财务状况。风险投资项目的投资规模、生产成本、投资利润、税收等财务指标也是风险投资企业关注的主要方面，它将直接影响到风险投资者能否获得对该项目投资的高额回报。

第五，投资风险。高新技术领域的风险投资具有较大的风险，主要包括技术风险、市场风险、政治风险、信用风险、企业管理风险等，为规避风险，风险投资企业不会将资金全部投入一个项目中，而是投入一个项目群中，这就需要风险投资者寻找一个好的投资项目组合，以成功项目的高额回报来补偿失败项目的投资损失。

第六，专业领域。随着风险投资业的分工趋于细化，有些风险投资企业会侧重于投资某些擅长的领域。

2. 选择恰当的投资时机

风险投资企业发展的不同阶段对风险资本有不同的需求。风险投资企业大体要经历以下四个发展阶段：

第一阶段：种子期（Seed Stage）。种子期是指技术的酝酿与发明阶段，这一时期的资金需求量很少，这个时期的风险投资资金被称作种子资本（Seed Capital），其来源主要有个人积蓄、家庭财产、朋友借款，以及申请的自然科学基金，如果还不够，则会寻找专门的风险投资者。这一阶段的资金是风险投资企业的启动资金，由于仅有产品的构想，难以确定产品技术和市场的可行性并且存在较大的管理风险，它的失败概率超过70%，即大部分风险投资企业在种子期就被淘汰了。

第二阶段：导入期（Start-up Stage）。导入期是指进行技术创新和生产出产品的阶段，它是风险投资的关键时期。导入期企业的主要任务是通过技术创新开发和生产出新产品，并为这种产品找到市场销路。这一阶段企业的风险主要是技术风险和市场风险，所投资金称作创业资本，资金投入显著增加，且大多由风险投资者提供。这一阶段一方面要进一步解决技术问题，排除技术风险；另一方面要进入市场试销，听取市场意见。这一阶段虽已完成了产品原型和制订了企业经营计划，但产品仍未批量上市，管理机制尚不健全。

第三阶段：成长期（Expansion Stage）。成长期是指技术发展和生产扩大阶段。这一阶段对资金的需求相对前两个阶段有所增加，资金一方面用于扩大生产，另一方面用于开拓市场、增加营销投入，直至企业达到基本生产规模。这一阶段的资金称作成长资本（Expansion Capital），其资金来源有所扩大，包括原有风险投资者的增资、新的风险投资者的进入、利润再投资、银行贷款等。这一阶段的风险主要是管理风险，而技术风险和市场风险大大降低，但利润率也在下降，企业正逐步由小企业向大中型企业过渡，风险投资者在帮助增加企业价值的同时，也应着手准备退出。

第四阶段：成熟期（Mature Stage）。成熟期是指技术成熟和产品进入大工业生产的阶段，这一阶段的资金称作成熟资本（Mature Capital）。这一阶段企业产品的销售量和市场份额已达到一定规模并具有相对稳定的现金流，现代企业管理制度已基本形成，企业进入一个相对稳定的发展时期。企业风险的大小已经接近传统产业，市场前景广阔，资金需求量很大，但风险资本已很少再增加投资了，企业已有足够的资信能力去吸引银行借款、发行债券或发行股票。成熟期既是风险投资者获取高额回报的阶段，也是其退出的时期。

3. 培育风险企业

风险投资者一方面将资金投入风险企业，另一方面要和创业者建立密切联系，帮助企业在产品设计、市场定位、人才选择与培训、融资策划、企业管理机制、利益机制等方面取得进展。风险投资者与风险企业创立者要不断地审时度势，根据市场变化和企业自身的实际情况调整发展战略，增强科技创新能力，使企业尽快成长壮大，企业价值不断提升，只有这样风险投资才能最终获得成功。

（三）风险投资的退出阶段

尽管风险投资是一种权益投资，但风险投资的目的并不是长期持有企业股份，而是最终通过退出机制从风险企业中撤出投资，从而获取丰厚的投资利润，以进行下一轮投资活动。风险资本的退出一般有以下五种方式：

1. 公开上市

公开上市被认为是最佳的风险投资退出机制，包括首次公开上市和买壳上市两种方式。风险投资者借助被投资企业的首次公开上市，在一定的禁售期后通过出售所持的股份获取高额回报并退出。首次公开上市通常在二板市场进行，如美国的纳斯达克（NASDAQ）市场成就了雅虎（Yahoo）、微软（Microsoft）、英特尔（Intel）等世界著名企业。买壳上市是指非上市公司购买一家上市公司一定比例的股权来取得上市的地位，然后注入自己有关业务及资产，实现间接上市的目的。

2. 并购

并购包括兼并和收购两种形式。兼并是指由一家优势企业吸收一家或者多家企业合并组成一家新企业。收购是指一家企业购买另一家企业的股票或者资产，以获得对该企业的全部或部分控制权。近年来，随着美国和欧洲第五次并购浪潮的发展，并购在风险投资退出方式中的比重越来越大。风险企业发展到成长期的后期，风险投资者已不愿再追加投资，即可通过并购方式将股份转卖给其他企业，实现风险投资的成功退出。

3. 二次出售或转让

二次出售或转让是指当风险企业发展到一定阶段时，由于风险投资基金存续期到期，或者风险投资企业为进行其他投资而急需获利变现，或者风险投资企业与风险企业关系破裂等原因，风险投资企业将其所持股份转手出售给另一个或几个风险投资者，从而退出风险投资。

4. 回购

回购是风险投资企业将手中的股票全部返还给所投企业的一种退出机制。回购包括管理层收购和企业回购两种类型。所谓管理层收购，指的是企业的经理和管理人员利用借贷所融资本或股权交易收购风险投资者手中所持企业股份的一种行为，企业的经营者变成了企业的所有者，风险投资企业收回投资并获取高额收益。企业回购是风险投资企业与风险企业事先约定，在该项投资不很成功或由于其他原因需要收回投资的情况下，风险投资企业可以要求风险企业购回股份。

5. 破产清算

风险投资的成功比例一般比较低，相当大部分的风险投资都将面临失败。据统计，在美国只有5%~10%的风险资本支持的创业企业可获得成功。因此，对于风险投资企业来说，一旦确认风险企业失去发展的可能性或不能获得预期的高额回报，就应果断退出。尽管破产清算是件痛苦的事，但如不能及时抽身而出，只会带来更大的损失，收回的资金可进行下一个投资循环。

我们用图 7-1 来表示风险投资的运行机制。

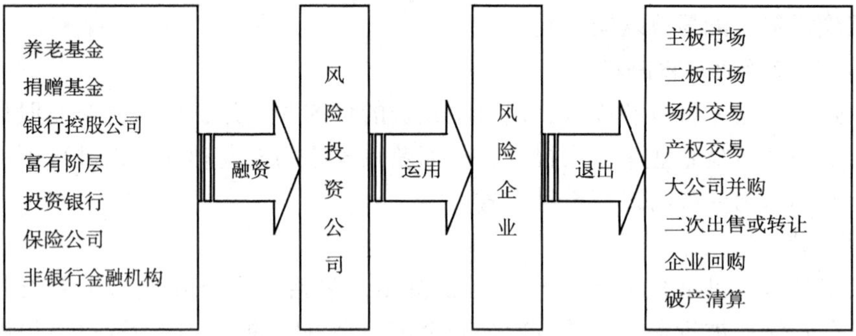

图 7-1　风险投资的运行机制

三、风险投资的国际化

（一）金融全球化与风险投资国际化

进入 21 世纪，金融全球化已成为经济全球化的主要标志，成为全球经济发展的重要推动力。金融是现代经济的核心与命脉，没有金融全球化，经济全球化就无从谈起。金融全球化为世界范围内的资源配置发挥了极为重要的作用。2017 年，全球外国直接投资金额为 1. 52 万亿美元，比 2016 年的 1. 81 万亿美元下降了 16%。全球外国直接投资回落可能是由于全球经济不景气，所以各国采取了一定的资本管制措施。

金融全球化具体表现为金融市场的一体化、资本在国际的转移、国际投资总额中私人资本投资比例提高、跨国银行的海外扩张与金融创新的不断发展等。此外，金融全球化也极大地推进了发展中国家的金融深化进程。但金融全球化也加深了世界各国金融体系的不稳定性。20 世纪 90 年代以来频繁爆发的金融危机和货币危机都与金融全球化有着不可割裂的联系。

虽然金融全球化会带来种种弊端，但其对世界经济发展的贡献是巨大的，全球化的大趋势是不可逆转的。一方面，发达国家以其雄厚的金融资本、完善的金融体系、健全的金融市场、先进的基础服务设施、规模庞大的跨国金融机构，在金融全球化进程中处于主导地位。另一方面，金融全球化也有利于发展中国家从国际市场引入外资。随着金融全球化领域的拓展，相当多的资金流向发展中国家和地区，在一定程度上填补了这些国家和地区经济发展的资金缺口，并带动了技术的扩散和人力资源的交流，有利于发展中国家和地区学习发达国家金融运作的先进经验，利用金融创新减少交易成本，提高自身的金融运作效率。

随着金融全球化的发展，国际风险投资也成为国际投资的一种重要方式。所有发达国家、新兴市场国家和一些发展中国家都已从事风险投资，并逐步实现风险投资的国际化。对于新兴市场国家来说，为寻求较好的高新技术投资项目，其风险投资企业只有走向世界寻找更大的市场。在一些发达国家，国内不断增加的竞争压力加上外国先进技术的吸引力，促使风险投资企业将风险投资引向国外。

（二）国际风险投资的产生和发展

最初的风险投资全球化浪潮发生在20世纪70年代末80年代初，一些著名的风险投资企业，如安宏资本（Advent International）、安佰深（Apax）、花旗风险投资公司（Citicorp Venture Capital）等都将业务拓展至国外。最先进入亚洲的风险投资企业大多是来自美国西海岸的企业。20世纪90年代中期，西方国家在亚洲的风险投资规模有了较快增长，也获得了很好的回报。

亚洲风险投资较发达的国家是日本，日本政府于1951年成立了“风险企业开发银行”，负责向风险企业提供低息贷款，由此揭开了日本风险投资发展的序幕。日本对外广泛开展国际运作的风险投资企业集富（Japan Associated Finance Co.，Ltd.，JAFCO）是日本最大的中介公司野村证券（Nomura Securities）的附属公司，已在旧金山（1984）、伦敦（1986）和纽约（1987）设立了办事处。另一家参与全球化的日本风险投资企业是立邦投融资公司（Nippon Investment and Finance Co.，Ltd.）。立邦投融资公司与集富的策略不同，它是通过在海外设立合资企业的方式开展风险投资活动的。

据统计，一些发达国家的风险投资者对境外的风险投资甚至超过了对本土的投资。例如，英国和德国在美国的风险投资比重比较大，同时，美国也对欧洲进行了大量风险投资，主要是对英国和法国进行风险投资。

除了发达国家和地区的成熟市场外，中国、印度、俄罗斯等新兴市场国家的风险投资也快速升温。以2014年为例，虽然美国在数量和交易额上分别占全球的51%和50.8%，但中国是全球并购活动最活跃的国家，并购占比近40%。风险投资者越来越多地愿意到中国、印度等新兴市场国家寻找投资机会。新兴市场国家也同样进行风险投资的海外发展，如亚洲国家的风险投资者也积极在以色列的高新技术行业寻找投资机会。

（三）风险投资国际化的主要优势

发达国家及新兴市场国家进行风险投资国际化的主要优势有：

1. 高新技术产业化优势

风险资本主要投向高新技术领域，一国对高新技术研发投入越多，其新技术、新产品的创新能力就越强，就越能吸引来自全球的风险资本。当然，仅有高新技术远远不够，还要有相关技术产业化的市场，才能成为风险资本青睐的投资场所。当前世界上正在兴起一场以量子技术和大数据处理技术为导向，包括航天技术、新能源技术、新材料技术、生物技术和海洋技术在内的新技术的开发和利用为标志的技术革命。各国在技术创新方面展开激烈的竞争，风险投资者通过对高新技术产业的投资，为许多国家的经济发展提供了巨大的推动力，同样技术的进步也为风险投资者提供了投资机会。

2. 区位优势

区位优势是指跨国公司在投资区位上所具有的选择优势，也就是说可供投资地区是否在某些方面较国内具有优势。区位优势主要体现在自然资源、劳动力、技术、人才、市场、交通、基础设施等方面。风险投资企业可以利用东道国投资区位上的综合优势建立分支机构，或以与当地风险投资企业建立合资企业的形式进行投资，从而分享国外经济发展的收益，获得比在国内投资更高的回报。

3. 内部化优势

内部化优势是指风险投资企业通过投资于国外风险企业帮助其母公司实现战略的内部化，或者风险企业借助国际风险投资机构的力量走向国际市场。内部化优势的实现有两种途径：一是跨国公司通过设立专门的风险投资机构进行风险投资（也称为公司型风险投资），实现母公司的国际发展战略目标，即产业资本参与风险投资。二是高新技术企业与国际风险投资机构合作。正处于导入期或成长期的高新技术企业，技术尚未成熟，国内市场较小，如果获得国际风险资本的支持，同时利用国际风险投资机构的全球化管理经验和遍布全球的销售网络，就能够开拓国际市场，实现全球化战略。

4. 环境优势

（1）完备的法律制度。东道国是否具有完备的外商投资法律法规也是国际风险投资的先决条件。风险投资的相关法律法规主要包括知识产权保护法、劳动法、公司法、税法、破产法、投资基金法等。风险投资企业应充分考察东道国相关法律法规的制定与完善，以维护投资者权益，保障在法律许可的框架下进行风险投资。

（2）发达的金融市场。东道国金融市场的发达程度主要体现在中介机构是否完善以及市场退出机制的有效性方面。随着风险投资的专业化发展，风险投资者和创业者越来越需要一些专业化的中介机构为它们提供技术、财务、法律等方面的服务。这些中介机构主要包括会计师事务所、律师事务所、咨询公司、投资银行机构等。此外，东道国还必须有较发达的资本市场，包括主板市场、二板市场、场外交易市场（OTC）、产权市场等；有完善的市场退出机制，也有利于吸引外商进行风险投资。

（3）政府的政策扶持。高科技型创业企业具有投资大、风险大、投资周期长等特点，单靠风险投资企业和风险企业的力量，可能无法完成从产品研发到产业化的全部过程，这就需要东道国政府给予帮助，帮助其建立科技孵化器并创造有利于风险投资的经济环境，这对增强东道国科技实力和经济发展都是不可或缺的。各国政府对风险投资的政策扶持力度和方式不尽相同，主要有允许养老基金、保险金等用于风险投资，提供税收优惠、财政资助与信贷担保，采取鼓励出口措施、产业扶持政策，制定引进外资的相关法律法规等，为风险投资者的对外投资提供政策保障。

（4）先进的企业文化。文化因素也是风险投资国际化的重要因素。企业的先进文化理念，包括创业精神、创新意识、信用观念、合作意识、开放思维等，是企业从诞生到发展壮大的主要精神支柱，也是吸引国外风险投资者进行风险投资的重要方面。

四、利用外资发展我国的风险投资

（一）中国风险投资的发展概况

中国的风险投资业自20世纪80年代起步，已经有30多年的历史了。在市场经济的大潮中，中国的风险投资业取得了较大的发展。

1985年，中共中央在《关于科学技术体制改革的决定》中指出“对于变化迅速、风险较大的高技术开发工作，可以设立创业投资给予支持”。这使我国高技术风险投资的开展得到了政策上的保证。1985年9月，国务院批准成立我国第一家风险投资企业——中国新技术创业投资公司，它是一家专营风险投资的全国性金融机构，其创立得到了科技部和中国人民银行的大力支持。1988年，科技部成立了第一支风险投资基金——火炬基金，并在新加坡上市，募集资金1亿美元，用于中国新技术企业的发展。

1992年，我国开始了利用外资发展风险投资的尝试。由美国国际数据集团（IDG）下属的太平洋技术风险投资基金（PTVC）在中国设立技术风险投资企业，将风险投资引入中国。

2003年我国各地纷纷设立技术产权交易机构，2004年深圳证券交易所启动了中小企业板市场，2009年建立了创业板市场，退出机制逐步完善。伴随着这些制度的建立，风险投资有了长足发展，2007年投资额达到了398.04亿元，项目数也高达741个。2008年受金融危机的影响，投资项目与金额比2007年均有下降，分别降至506个项目和339.45亿元。但随后风险投资业进入恢复期并再次高速发展，2016年项目数高达5 734个，投资额达到了1 434.97亿元。

从风险投资领域来看，20世纪90年代，国际风险投资者在中国所投资的企业几乎全部都是互联网企业，如新浪、搜狐、阿里巴巴等。但由于当前整个网络经济进入低谷，外国风险投资者在中国的投资还没有获得相当大的回报，但它们认为中国的市场潜力是巨大的。

2016年风险投资的主要领域依然是互联网和IT产业，移动互联网、制造业、医疗健康等行业也受到了投资机构的较大关注。普华永道2017年公布的数据显示，自2008年金融危机以来，开放平台、云计算、社交移动的应用使创业成本降低，产业周期不断缩短，使创业活动掀起新一轮发展热潮。在具体细分领域，投资机构有自己的偏好及经验，相应的投资也有不同的侧重。O2O、教育、制造、物流、社交、互联网金融、电商、手游等细分领域都有投资机构涉及，尤其是可以通过互联网和移动互联网进行改变的传统行业一致被业内看好。除此之外，海外风险投资企业也对我国具有发展潜力的中小企业表现出极大兴趣，尤其看好特许经营企业。特许经营的复制性以及国内市场的广阔发展空间，吸引了众多海外风险投资企业。

（二）国际风险投资在我国迅速发展的主要原因

1. 经济全球化带来的国际风险资本的迅速增加

20世纪80年代以来，世界经济发生了根本性的变化，几乎所有的国家都被纳入世界经济的整体运行体系之中，经济运行时间大大缩短，空间和范围不断扩展，世界经济进入全球化发展的新时代。其特点主要体现在跨国公司的全球性扩张、世界贸易额的快速增长、国际金融市场的一体化发展、世界范围信息技术革命的巨大发展以及国际性金融风险的加剧等。

近30年来，在知识经济、信息经济发展的推动下，跨国公司的国际投资行为和投资经营理念发生深刻变革，逐渐由投资于劳动力、土地、自然资源、资本等传统性生产要素转向投资于新型生产要素——知识和技术。知识密集型产业的投资成为未来跨国公司国际投资的主导。跨国公司一方面加大高新技术研究与开发的投资规模，另一方面建立风险投资机制，促进高新技术产业化。风险投资企业和风险投资基金的成立，风险投资市场退出机制的完善，有力推动了风险投资的发展，使国际风险资本总额迅速增加。

2. 中国高新技术产业发展加大了对国际风险资本的需求

改革开放以来，我国政府十分重视发展高新技术产业。1986 年 3 月，中共中央批准实施“863 计划”。这是一项国家高技术研究发展计划，它从世界高技术发展的趋势和中国的需要与实际可能出发，选择生物技术、航天技术、信息技术、激光技术、自动化技术、能源技术和新材料 7 个高技术领域作为我国高技术研究发展的重点（1996 年增加了海洋技术领域）。国家每年都要为“863 计划”投入千亿元人民币以上的巨资。但由于我国科技总体水平低于发达国家，所以科技成果转化率低，高新技术研发资金投入不足，产权保护执法力度低。我国企业创新活跃程度高，创业企业对资金的需求大，但我国政府的财力有限，仅依靠国家财政资金的支持远远不能满足科技发展的需要。相关研究指出，我国通过市场化渠道进行高新技术产业投资在所有渠道中的比重依然低于发达国家，因此，要想发展我国的高新技术产业，提高其对国民经济的贡献率，就必须努力拓宽高新技术产业的资金来源渠道。

3. 中国区位环境优势的拉动效应

（1）现代企业制度的形成。现代企业制度是指适应社会化大生产和市场经济要求的现代企业产权制度和组织管理制度，它是我国企业走向国际化的重要前提。党的十四届三中全会明确了建立现代企业制度的国有企业改革方向，党的十五大和十五届四中全会决议结合我国国情明确提出了“产权清晰、权责明确、政企分开、管理科学”的现代企业制度建设的总体要求。现代企业制度的核心是建立现代企业产权制度，具体来说就是建立起产权明晰的股份制企业，这为我国吸引国外风险资本投资于高风险企业创造了条件。

（2）风险投资人才不断增加。近年来，我国积极引进国外风险投资人才，同时积极鼓励海外留学人员回国创业，并制定了一系列优惠措施。改革开放以来，中国已有数以百万计的留学人员赴发达国家学习。吸引海外留学人员回国创业有利于引进人才、技术和国际风险投资资金。据教育部网站消息，截至 2017 年，出国留学人数累计达 519.49 万人，仅 2017 年中国出国留学人数就高达 60.84 万人；留学回国人数也在逐步上升，从 1978 到 2017 年有 313.20 万留学生回国发展，党的十八大以来留学回国人数更是持续攀升，有 231.36 万人回国。他们取得了一大批拥有核心技术和自主知识产权的科研成果，带回了国际先进的管理经验，创办了一批前景广阔的高新技术企业，推动了我国先进生产力的发展，扩大了我国与其他国家各个领域的交流与合作。

（3）高新技术产业开发区的建设。改革开放以来，中国建设的国家级高新技术产业开发区越来越多，高新技术产业开发区的总收入及利润增长迅速，带动了经济发展，优化了产业结构，推进了城市化进程，造就和吸纳了一大批国内外优秀人才，加快了体制创新，成为全国产出最高、拉动力最强、示范效应最明显的区域之一，并为国家创造了众多就业岗位。各省市高科技产业园区也蓬勃发展，成为带动地方经济和企业发展的重要引擎。高新技术产业开发区成为培育风险投资的沃土，应通过一系列优惠政策积极引进国际风险资本投资到开发区。

（4）资本市场的进一步完善。风险投资离不开较为发达的资本市场。由于风险投资具有极高的风险性，因此，风险投资市场应该具备较完善的市场进入和市场退出机制，而资本市场的发展为风险资本的进出创造了条件。资本市场是风险投资的创生“土壤”和运行载体，风险投资业的发展必须依托成熟的多层次资本市场的支持。借鉴发达国家的经验，我国应完善包括主板市场、创业板市场、场外交易市场在内的资本市场结构体系，推动风险投资业的迅速发展，吸引外商投资于我国的风险投资业。

（5）政策、法律的大力扶持。我国在政策、法律等方面给予国际风险投资者极大的优惠。2002 年 4 月 1 日，我国开始实行《指导外商投资方向规定》，把外商投资项目分为鼓励、允许、限制和禁止四类，并将高新技术项目列入鼓励外商投资的项目之一，而高新技术项目也是外商风险投资的主要领域，是国家产业政策扶持的重点之一。同时，国家也采取优惠政策引导和鼓励外商将风险资本投向中西部地区，对外商风险投资企业实行低税收政策，对不同行业和地区实行差别税收优惠，进一步改善对国际风险投资企业的管理和服务，加大金融扶持力度。

（三）如何进一步吸引外商进行风险投资

近年来，我国政府采取多种政策措施积极吸引外商投资于我国的高新技术产业，并取得了令人瞩目的成就，不仅引进了先进技术、各类人才、风险资金，而且引进了国际先进的经营理念和成熟的管理经验，对我国风险投资市场和高科技产业的发展无疑起到了积极的推动作用。但是，由于我国风险投资业起步较晚，缺乏实践经验和风险防范意识，在引进外资方面的政策法规有待进一步修改和完善，应考虑从以下几个方面加以改进，从而进一步吸引外商进行风险投资。

1. 加快我国的技术创新，推动高新技术的产业化发展

科技是经济发展的核心动力。当前世界经济发展已步入知识经济时代，技术密集型产业已成为各类产业的核心，是一国取得长期竞争优势的决定性因素。从长远的角度看，技术投入将超越资本与劳动力的投入，技术进步已成为经济可持续性增长的关键推动力量。1970—1990 年的 20 年间，亚洲新兴工业化国家不同生产要素对经济增长的贡献度分别为资本 73%、劳动力 17%、技术进步 10%，同期美国这三项指标分别为 28%、19%和 53%。因此，我国目前除海洋产业和部分电子信息产业类的技术外，整体技术水平和科研能力较低，限制了发展的后劲。因此我国应建立一套高效的技术创新机制，为风险投资业提供充足的技术供给。首先，应建立企业与高校及科研机构的联系，推进它们的合作与知识交流，为技术创新搭建平台。其次，应扩大技术创新基金规模，为技术创新提供资金支持。再次，应建立和完善技术评估、转让机制及合理的利益分配制度，为创新者提供一个提高收入和改善科研条件的机会，增加创新的积极性。最后，应借鉴国际先进、尖端的技术经验，走自主创新的道路，努力利用外资实现高新技术的产业化和市场化发展。

2. 强化风险投资意识

对风险投资的正确认识是风险投资业发展的前提。从前面的分析可以看出，风险投资是一种蕴含风险的权益投资，其通过分散的组合投资方式，从成功项目投资中获取丰厚回报来补偿失败项目的投资损失。风险投资从投入到退出，一般要 3~7 年，而且要不断追加投资，其成功的概率很低，一旦成功，收益是极高的。我们不能简单地把风险投资看作风险企业的圈钱行为，风险投资与直接投资不同，它最终的目的不是控制企业，而是获利

退出。因此，是否存在良好的市场退出机制是决定外商是否投资我国风险企业的先决条件。

3. 继续发展有限合伙制的风险投资组织形式

在美国，有限合伙制已成为风险投资企业的基本组织形式，采取有限合伙制是其风险投资成功的主要经验之一。由于美国税法规定合伙关系投资收益不需交纳公司税，只需交纳个人所得税，故美国的风险投资企业多半采用有限合伙的方式组成。有限合伙制最大的特点是风险投资者作为合伙人，要投入占总量至少1%的资金，同时作为管理者，他还要负无限责任。西方发达国家的资本来源主要是私人资本。我国风险投资的资本来源主要是外国资本和国有资本，在继续吸引外国资本的过程中也要注意培育我国民间资本，继续发展有限合伙制是其必要条件。

4. 健全风险投资企业的人才激励机制

人才激励是风险投资成功的关键。首先，风险投资者要在某一专业领域具备较高学识和丰富的管理经验。他们不仅要凭其学识和经验从成百上千个项目中仔细筛选出有希望成功的项目，做出投资决策，而且要参加其所投资企业的董事会，帮助该企业建立一个强有力的管理核心，包括总裁、技术总监、财务总监以及主管销售的副总裁等。其次，制定优惠措施鼓励和吸纳高精尖技术人才和高层次管理人才，给予他们优厚的工资和奖金待遇。完善收入分配制度，充分调动企业员工的生产和创新积极性。通过出国深造和国内培训等方式提高员工业务素质。建立市场机制鼓励人才的自由流动。最后，在风险投资基金管理者、风险投资者与风险企业各相关主体之间，通过产权制度安排设计利益分配机制。提高风险企业管理水平，控制管理风险。建立完善的评估制度和多层次系统决策体系，实现各主体收益的合理分配。

5. 发挥政府的引导作用

尽管风险投资属于商业性行为，但离不开政府的政策引导作用。美国、新加坡等国政府对于本国风险企业同样给予一定的优惠政策支持。我国政府在吸引外商投资国内风险企业中的作用主要体现在：

（1）税收优惠政策。我国目前对高新技术企业实行税收减免、税收返回、降低税率、费用处理等税收优惠政策，对外商投资的风险企业给予更优惠的税收政策，并对国家鼓励投资的行业和地区实行差别税收优惠。今后可考虑：让风险投资机构与高新技术企业享受同样的税收优惠；免征风险投资者的收益所得税；允许减免盈利项目的所得税以补偿其他风险项目的投资损失；等等。

（2）政府补贴。政府补贴也是国际上通行的政府鼓励风险投资和风险创业的一种做法。1982年，美国政府颁布《小企业发展法》，规定研究发展经费超过1亿美元的部门，要将财政预算的1.3%用于支持小企业发展。英国也于20世纪70年代推出了“对创新方式的资助计划”，给符合条件、低于2.5万英镑的小企业项目以1/3~1/2的项目经费补贴。我国政府虽然已经设立了国家自然科学基金、企业科技进步基金，以及推出“863计划”“火炬计划”“星火计划”等，对促进高新技术的研究和开发起到了一定的作用，但政府补贴的范围有限，规模不大，仍需要大力发展。

（3）政府担保作用。世界许多国家的政府都普遍设立了信用担保机构和实施相关计划，如美国的中小企业管理局、日本的研究开发型企业培植中心，以及英国政府实施的“信贷担保计划”等，它们的主要任务都是为风险企业向金融机构借款提供债务担保。我国当前正处于向市场经济过渡的时期，整个社会的信用体系很不完善，因此我们一方面要建立健全社会信用体系，另一方面要尽快建立健全政府对风险投资的担保，以推动中国的风险投资，促进中小型高新技术企业的发展，也为风险投资企业的经营活动提供风险担保支持。

（4）政府监管职能。政府必须加强对风险投资的监管，以保护风险企业、风险投资者等各方面的利益。政府的监管主要体现在：①在获得政府的优惠以后，70%～80%的风险资本要投向高科技企业；②保证一部分风险资本投向导入期；③健全会计审计制度，定期公开风险投资企业的财务状况，防止违法违规行为；④明确风险投资企业对风险企业的权责；⑤加强对外国风险资本的监管，既要保护外国风险资本的合法权益，又要防止外国风险资本垄断核心技术，扰乱我国金融市场秩序；等等。

除政府政策引导作用外，我国立法机构应在充分论证的基础上积极推进、加快风险投资的立法进程，健全相关法律法规，其主要包括《公司法》《税法》《信托法》《担保法》《专利法》《合资企业法》等，尽快通过《投资基金法》，在条件成熟时制定《风险投资法》，制定优惠政策吸引国际风险投资者，加大科研投入，提高科研能力和科技水平，培育和发展高科技风险投资企业，推动资本市场进一步发展。做到这些，我国的风险投资业必将逐步成熟、走向世界。

【本章小结】

1. 私募股权投资是指通过私募形式获得资金，以非上市企业作为投资对象，以持有被投资企业股份为条件，在交易运作过程中兼顾将来的退出机制，以出售所持股份获利的投资方式。广义的私募股权投资对处于种子期、初创期、发展期、扩展期、成熟期等各个时期的企业进行投资。根据资本投资侧重点不同，私募股权投资可分为创业投资（风险投资），提供发展资本、并购基金、夹层资本、重振资本、Pre-IPO 资本，以及其他如上市后私募投资、不良债权投资和不动产投资等。狭义的私募股权投资主要是指对已经形成一定规模并产生稳定现金流的成熟企业的投资，即主要是指创业后期的投资。

2. 私募股权投资的主要特点有：资金筹集具有私募性与广泛性；投资对象是具有发展潜力的非上市企业；对目标企业提供权益性的资金支持和管理支持；属于流动性较差的中长期投资。

3. 私募股权投资的经济学分析：私募股权投资有助于降低投资者的交易费用，提高投资效率；私募股权投资有利于解决信息不对称引发的逆向选择与道德风险问题；私募股权投资能够发挥风险管理优势，提供价值增值。

4. 国际私募股权投资运作程序基本包括三个阶段：首先，募集资金成立私募股权投资基金；其次，筛选、测评项目，做出投资决策，并对投资项目进行经营和管理；最后，退出，以期获得高额的回报和收益。

5. 风险投资又称创业投资。20 世纪 80 年代后，风险投资在世界范围内迅速发展。风险投资有别于一般投资，它具有高风险、高收益、权益投资、组合投资等特征。风险投资可以促进高新技术成果转化，拓宽中小高新技术企业的融资渠道，增强企业科技实力和国际竞争力。风险投资的功能主要表现在资金集聚、技术转化、风险管理和企业孵化等方面。

6. 风险投资是一种新型投融资活动，其运行机制比较复杂，大体概括为三个阶段：融资、运用和退出阶段。风险投资的资金来源主要有：养老基金、捐赠基金、银行控股公司、富有阶层、投资银行、保险公司、非银行金融机构。风险投资企业大体经历了种子期、导入期、成长期和成熟期四个阶段，不同阶段对风险资本有不同的需求。风险资本的退出方式一般包括公开上市、并购、二次出售或转让、回购和破产清算五种。

7. 随着金融全球化的发展，所有发达国家、新兴市场国家和一些发展中国家都已开始发展风险投资，并逐步实现风险投资的国际化。最初的风险投资国际化发生在 20 世纪 70 年代末 80 年代初，主要优势有高新技术产业化优势、区位优势、内部化优势和环境优势等。改革开放以来，我国政府采取多种政策措施积极吸引外商投资我国的高新技术产业，并取得了令人瞩目的成就。但是，由于我国风险投资业起步较晚，缺乏实践经验和风险防范意识，在引进外资方面的政策法规有待进一步修改和完善。

【思考题】

1. 什么是国际私募股权投资？其有何特点？
2. 简述国际私募股权投资的基本运作机制。
3. 私募股权投资的最新趋势是什么？
4. 国际私募股权投资对东道国与母国经济分别有何影响？
5. 简述风险投资的含义、特点、作用及功能。
6. 风险投资国际化的主要优势是什么？
7. 试分析国际风险投资在我国迅速发展的主要原因。
8. 我国应如何进一步吸引外商进行风险投资？

第八章　跨国并购投融资

【学习目标】

◎掌握跨国并购的含义及动因

◎了解跨国并购的类型及所面临的环境特点

◎熟悉跨国并购融资的途径及支付方式

◎掌握跨国并购的多种投资方式

◎熟练运用理论来设计并实施跨国并购方案

【引导案例】

以小博大的海外并购——联想并购IBM的PC业务

1981年国际商用机器公司（IBM）发布了其历史上第一台个人计算机（PC），并建立起PC行业开放兼容的新规范和新标准，一举成为全球PC行业领导者。然而1994年以后，IBM的PC业务被企业的咨询与软件服务业务所取代，IBM逐渐失去PC的战略地位。2003年，IBM开始寻求PC业务买家。而此时联想开始专注于PC业务，并尝试走国际化道路。并购IBM的PC业务可以提高联想的核心技术，强化其管理能力，并减少成本。于是联想展开了这场以小博大的海外并购，并于2004年12月宣布以12.5亿美元的价格收购IBM的PC业务。

2003年年底，联想开始进行尽职调查，聘请麦肯锡指导此次并购。2004年年初，联想聘请高盛作为财务顾问。2004年3月，联想在高度保密的情况下与IBM展开实质性谈判。2004年12月8日，联想正式宣布收购IBM的PC业务。至2005年5月1日，联想完成此次并购。

根据协议，联想向IBM支付6.5亿美元现金和价值6亿美元的联想集团普通股，另外还承担IBM PC部门5亿美元的债务，同时联想将无偿使用IBM品牌5年，永久保留使用全球著名的“Think”商标的权利。

并购后的联想将总部设在了纽约，并在北京和罗利设立两个主要的运营中心，以中国为主要生产基地，拥有约19 500名员工（其中约9 500名原IBM PC部门的员工）。并购后联想的PC业务规模增长了4倍，一跃成为居戴尔和惠普之后的全球第三大PC企业。

经历了“整合组织架构、职能平台和供应链”→“整合产品、销售、渠道和研发”→“整合品牌”三个阶段，到2008年年底，联想ThinkPad以其坚固可靠的品质在业界享受盛誉，并获得其他品牌无法比拟的3 500多项业界大奖。联想借此提高了品牌的知名度和美誉度。在国内，联想品牌的市场占有率也一度高达40%。

资料来源：何志毅，柯银斌，等．中国企业跨国并购10大案例［M］．上海：上海交通大学出版社，2010：114-139.

第一节　跨国并购概述

一、跨国并购的含义

并购是兼并和收购的总称，是指两家或者更多的独立企业合并成为一家企业，并且由一家占有优势的企业吸收一家或更多企业的行为。跨国并购是跨国兼并和跨国收购的总称，是指一国企业旨在取得另一国企业的经营控制权，通过一定的渠道和支付手段，购买该企业的所有资产或足以行使运营活动股份的投资行为。跨国并购涉及两个或两个以上国家的企业，其中“一国企业”是并购企业，或称并购方，“另一国企业”是被并购企业，也叫目标企业。

联合国贸易和发展会议（UNCTAD）在确认跨国并购时，一般是以直接母国公司或直接东道国为标准的，如图8-1所示。

在图8-1中，关于收购的股权比例也给出了一种参考，即：收购100%为全额收购；收购50%~99%为多数股权收购；收购10%~49%为少数股权收购；收购在10%以内时不列为收购范畴。这里的划分在多数情况下是适用的。值得商榷的是，所购买股权小于10%时是否就不能列为收购，需要区别对待。当一家公司的股权极为分散，购买该公司10%以内的股权即可成为实际控制人时，也应该列为收购范畴。

二、跨国并购的动因

跨国并购的动因通常有以下几种：

第一，时差效应。跨国并购能使企业更快捷地向国外市场渗透。投资新建一家企业往往涉及谈判、审批、动工建设、安装调试等多个阶段，手续繁杂，耗时较多；而并购是购买一个已经存在的企业，所需的时间相对来说要少。这两种方式存在三四年的“时差”。在风云多变的国际市场中，这种“时差”不仅缩短了投资回收期，而且使自己比竞争者“领先一步”，提高了在竞争中的获胜概率。

第二，成本效应。跨国并购的成本效应主要表现在并购企业能够以更低成本进入国外市场。相比其他国际投资方式，跨国并购能降低有壁垒和陌生环境所带来的进入成本和经营成本。其具体表现在几个方面：①企业在国外进行新建投资势必遭到当地竞争者的激烈反抗，为应对这些反抗竞争，企业将消耗大量资金，这无疑提高了企业进入另一国家市场的进入成本。相反，跨国并购并没有给东道国市场增添新的生产能力，自然不会遭到当地

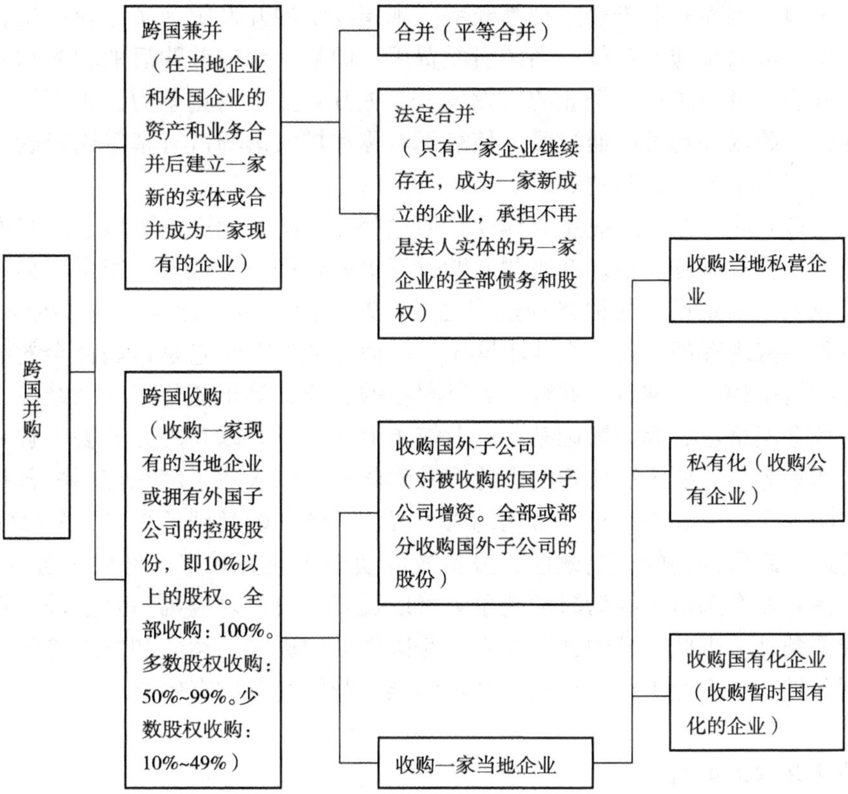

图 8-1　跨国并购的形成

资料来源：联合国贸易和发展会议 . 2000 年世界投资报告：跨国并购与发展［M］. 冼国明，等，译 . 北京：中国财政经济出版社，2001：116.

竞争者的强烈反抗，也就不会产生巨大的进入成本。②企业跨国并购多采用在外国证券市场上买壳上市的方式。这种方式在成本方面的优势表现在：首先，股份流通性强，能以较少的资金控制较大的资本；其次，在资本市场发达的国家，“杠杆收购”等并购方式能够得以实施，而且能充分利用另一国的资本市场融资以降低并购成本；最后，跨国并购常常选择在东道国股市较低迷的时候进行，此时目标企业资产和市值通常被低估，因而使得并购较为经济。③一家企业在并购另一家企业的同时，也获得很多其他有价值的资产（主要包括目标企业的无形资产、生产能力、市场经验、销售渠道、原料来源、市场和品牌等），一方面可以节省购买这些资产所需的资金，另一方面可以有效减少经营的不确定性，降低风险成本。

第三，竞争效应。在降低信息不对称方面，跨国并购为企业提供接近国外创新型竞争者研发基础设施、知识中心和研发成果的平台，也为企业提供机会掌握全球消费者的偏好、产品标准和未来创新趋势等信息。上述信息以技术或非技术的渠道传导给企业，在全球竞争日益激烈的压力下，企业势必扩大研发投入，整合内流的国外知识和技术，从而提升自身的技术能力和生产效率。因此，跨国并购可以帮助企业学习到国外的先进管理技术和竞争策略，从而提升企业生产率。在扩大市场占有率方面，跨国并购有助于开拓东道国市场和扩大出口，因而有助于开发规模经济。规模经济的开发扩大了企业产出，降低了产品的平均成本，因而分摊了单位产品的研发费用，而且，跨国并购后的利润返回可能增加企业的边际利润，进一步提高企业的研发投入，提升企业市场竞争力，进而扩大企业市场占有率。因此，跨国并购可以通过降低信息不对称和扩大市场占有率等途径确立企业的优势，使企业在竞争中处于有利地位。

第四，窗口效应。窗口效应主要体现在通过跨国并购，能更深入地了解东道国的投资环境，为以后的投资做好准备。在跨国并购过程中要咨询投资银行、律师、会计师、资产评估师等专业人士的意见，这种咨询过程也是对东道国环境进行全面、系统学习的过程。并购的对象是一家现存的企业，企业不同于一般商品之处在于它是该国社会的缩影，并且是该国社会网络中的一个结点。并购一家已存在的企业，等于抓住了一个结点，直接融入了东道国的社会网络或者成为该国某一产业链条上的一节。以并购方式去了解一国的各种环境是直接调查等方式所无法比拟的，跨国并购能够更深入地了解东道国的各种情况。因此，跨国并购为企业以后在东道国市场的再投资、后续并购起到了很好的窗口效应。

综上所述，跨国并购的时差效应、成本效应使得企业高效率、低成本进入外国市场，竞争效应使得企业在东道国经营时的竞争力得以提高，窗口效应则为企业进一步在东道国的投资创造了条件。因此，跨国并购在企业跨国经营的进入、运营和发展诸阶段都为企业创造了有利条件，是企业扩大海外投资规模和推进跨国经营的有效方式。

三、跨国并购的类型

从不同的归类角度，跨国并购投资可分为多种类型。

（一）按照跨国并购双方行业关系，划分为横向并购、纵向并购和混合并购

横向并购又称水平式并购，是指发生在两个或两个以上国家生产或销售相同或相似产品的企业之间的并购。横向并购的目的主要是实现规模经济效应和管理协同效应，以节约成本，追求世界市场份额和市场势力，从而获得超额利润。由于横向并购双方生产的产品相似，生产工艺相近，并购后双方企业比较容易整合。

纵向并购又称垂直式并购，是指发生在两个或两个以上国家的生产相同或相似产品但又处于不同生产阶段的企业之间的并购。通过纵向并购，并购企业在获得被并购企业的同时，可以获得所需的上下游资源，也可以达到进入另一行业的目的，完成企业的产业扩张。由于这类并购是在生产工艺或经营方式上有前后关联的企业之间进行的，因此并购双方对于对方的生产情况比较熟悉，并购后比较容易融合在一起。

混合并购又称复合式并购，是指发生在两个或两个以上国家不同行业的企业之间的并购。混合并购可以分散企业的经营风险，优化企业经营组合，同时也给予企业进入其他行业的机会。由于这种并购的企业处于不同领域，产品属于不同市场，且各自的产业部门之间不存在特别的生产技术联系，所以这类并购企业间的整合更为复杂；然而，也正是由于存在这些因素，所以被并购企业有可能从并购企业那里获得更多更大的经营自主权，并购后的结果也有可能是最好的。

（二）按照持股对象是否确定，划分为要约收购和协议收购

要约并购是指并购企业在持有另一家企业 30%的股份后，依法向该企业所有股东公开

发出收购要约，按符合法律的价格以货币付款方式购买股票，获取目标企业股权的收购方式。要约收购直接在股票市场中进行，受到市场规则的严格限制，风险较大，往往被视为恶意收购行为，但自主性强，速战速决。

协议收购是指并购企业不通过二级股票市场，而直接与目标企业取得联系，经过谈判、协商达成共同协议，据以实现目标企业股权转移的收购方式。协议收购易取得目标企业的理解与合作，有利于降低收购行为的风险与成本，但谈判过程中的契约成本比较高。

四、跨国并购投融资面临环境的特点

（一）经营环境的复杂性

跨国并购投融资面临着各东道国的自然、文化、政治、法律和经济等诸多因素相互作用、相互交叉形成的错综复杂的国际环境。首先，在政治体制不同、经济发展水平高低不同的各东道国进行生产经营活动，可能会面临不同的政治风险。其次，跨国并购所面临的金融环境远比国内金融环境复杂，其资金筹集不仅受一个国家金融政策的影响，而且还受国际金融环境的影响，面临的金融政策、利率、汇率和外汇管制程度都远比国内企业复杂得多。最后，跨国并购不仅受母国法律制约，又受诸多东道国法律制约，有时还受国际法律的约束。

（二）财务目标的全球性

现代企业追求的目标是收益和财富最大化。围绕该目标进行跨国并购的企业在做出重大业务决策时考虑的是企业的最大利益，为此有时甚至需要牺牲某个海外子公司的局部利益。在跨国并购活动中，生产、销售、采购或资本转移都要以企业集团的最大利益为核心，保证企业集团取得最佳经济效益。例如，在跨国并购活动中可以实行资金集中管理制度，建立现金结算中心，实行双边或多边净额结算，及时调动资金，降低现金持有成本，提高资本使用效益；在产品销售时实行转移价格策略，最大限度地减少税赋和外汇风险，增加整个公司的利润。

（三）风险的多样性

跨国并购环境的复杂性决定跨国并购企业的风险与国内企业有很大区别，除须面临国内企业所面临的风险外，还面临国际社会政治、经济变化等各种风险，例如，在经济方面面临外汇风险、利率风险等，在政治方面面临政权变更风险、战争风险、法律和政策变动风险。这就要求认真研究和分析风险，采用科学的方法规避和防范风险，减少风险损失，提高管理水平。

（四）资金筹集方式的多样性

与国内企业相比，跨国并购企业既可以从母公司国内市场筹集资金，又可以在国际市场筹集资金；既可以从企业内部调拨资金，又可以在国际股票市场、国际债券市场和国际信贷市场筹集资金。

五、跨国并购的发展趋势

（一）呈现快速发展趋势

20 世纪 90 年代之前，跨国并购在整个对外直接投资中的比重一般在 50%～60%，近年来这一比重呈现快速上升趋势。从统计数据看，1996 年开始的全球并购规模大体上呈现快速上涨态势。受到 2001 年“9·11”事件以及 2008 年次贷危机的影响，全球暂时性的经济增速下降，使得全球跨国并购趋势出现了局部减缓的迹象，但从中长期的发展趋势来看，跨国并购得到了继续发展。据联合国贸易和发展会议（UNCTAD）统计，2016 年全球跨国并购总值达到 8 686.47 亿美元（见表 8-1），创历史新高。

表 8-1　全球跨国并购总值　　单位：亿美元

年份	2010	2011	2012	2013	2014	2015	2016
金额	3 470.94	5 534.42	3 282.24	2 625.17	4 281.26	7 351.26	8 686.47

资料来源：联合国贸易和发展会议（UNCTAD）《2017 年世界投资报告》。

从 2003 年正式提出“走出去”战略以来，我国对外直接投资实现了 13 年的连续增长。到 2015 年我国对外直接投资金额达 1 456.7 亿美元，首次位列全球第二。金融危机后全球掀起并购热潮，2008 年中国的对外跨国并购额一度高达 302 亿美元，2012 年之后跨国并购额均保持在 400 亿美元以上。因此，自 2012 年起中国对外直接投资进入快速增长阶段。近年来，我国政府审时度势，提出“一带一路”倡议、成立亚洲基础设施投资银行和丝路基金等，以前所未有的力度扩大对外开放。在这一背景下，对外直接投资获得极大发展，跨国并购方兴未艾。2016 年成为近年来中国企业对外投资并购最为活跃的年份，共实施完成并购项目 765 起，涉及 74 个国家（地区），实际交易总额达 1 353.3 亿美元（见表 8-2）。同时，跨国并购占对外直接投资的比例也达到了 69.0%。

表 8-2　中国跨国并购总值　　单位：亿美元

年份	2005	2006	2007	2008	2009	2010
金额	65	82.5	63	302	192	297
年份	2011	2012	2013	2014	2015	2016
金额	272	434	529	569	544.4	1 353.3

资料来源：中华人民共和国商务部：《2016 年度中国对外直接投资统计公报》（2017 年）。

从全球和中国跨国并购的发展速度来看，跨国并购已经成为对外直接投资的主要形式，且跨国并购呈现出快速发展的态势。

（二）呈现全球化发展态势

20 世纪初到第二次世界大战之前的并购主要是在以美国为主的少数国家内展开的。20 世纪 90 年代以来，发达国家仍是跨国并购的主战场。

但是，在新的跨国并购浪潮中，发展中国家吸引的并购投资在明显增加，亚洲、拉丁美洲等新兴市场日益成为发达国家跨国并购的重点，并购已呈全球化态势。从并购交易的数量看，发展中国家的比例已从 1987 年的 5%上升到了 90 年代末的 19%，由发展中国家的公司作为购买方进行的跨国并购总额从 1987 年的 30 亿美元上升到了 1999 年的 410 亿美元。从联合国贸易和发展会议的最新统计数据中我们发现：截至 2016 年年底，发展中国家的公司作为购买方进行的跨国并购总额已经达到了 693.15 亿美元。

跨国并购虽然在发展中国家刚刚兴起，但新的并购浪潮使得发展中国家的跨国并购额占全部并购额的比例不断上升，全球化发展态势十分明显。2008 年金融危机以来，发达经济体经济增长持续不振，以中国为代表的发展中国家抓住机遇，积极改善内部发展环境，适应并改变外部发展环境，为跨国并购创造了条件。尤其是近年来，中国政府提出的“一带一路”倡议得到了众多国家，尤其是发展中国家的广泛支持。张辉等（2017）运用复杂网络对全球并购交易分析库（Zephyr）中 2010 年以来的 2 867 个跨国交易数据进行研究分析发现：英美等发达经济体在全球并购网络中依然处于骨干地位，但在“一带一路”沿线国家中，中国和东盟地区在高端设备业中正在积极进行产业升级；此外，东盟和西亚地区正在承接传统高竞争产业的转移，西亚地区石油化工行业产业转移最为活跃，东盟与之类似。这也从一个侧面说明，跨国并购越来越呈现出全球化发展的态势。

（三）采掘行业、服务业和制造业等战略性行业的并购强势发展

20 世纪 90 年代以来出现的跨国并购浪潮，是在经济全球化和信息化步伐不断加快的过程中掀起的，大规模的跨国界并购活动不再呈现为对抗和竞争，而是将重点放在全球范围的资源配置和整合上，以构造全球生产体系，是一种着眼于长期竞争的战略驱动型经济活动。强强并购和战略性并购成为跨国并购获得竞争优势的主要手段。

近年来，跨国并购主要表现在采掘行业、服务业和制造业等战略性行业的强势发展上。据联合国贸易和发展会议 2017 年的报告，采掘行业在绝大部分国家的经济中发挥着突出的作用，采掘行业的并购甚至占发展中国家外国直接投资存量的 20%～30%。荷兰皇家壳牌有限公司收购英国天然气集团公司，成为 2016 年第二大跨境并购交易。另外，制造业依然是全球并购集中的部门。近年来，制造业的并购受到一些大型交易的推动。在服务行业中，经营和储存、娱乐和娱乐活动以及建筑业的跨境并购活动激增，增幅分别为 34%、71%和 116%。相比之下，在制药领域，并购交易放缓，化工产品价格下降。

（四）受到政策的极大影响

一方面，尽管跨国并购取得了迅猛发展，但是近年来受到诸如英国退出欧盟、美国放弃泛太平洋伙伴关系（TPP）并重新修订北美自由贸易协定（NAFTA）等关键贸易事件的影响，地缘政治风险和政策不确定性上升。在过去几年里，低商品价格严重影响了外国直接投资流入初级部门，降低了外国直接投资的份额，这在非洲、拉丁美洲和西亚等国家中表现更加明显。

另一方面，以中国为主的新兴市场国家抓住机遇，积极推动建设“一带一路”和成立亚投行，促进区域经济合作发展，给“一带一路”沿线国家的跨国并购发展带来极大的促进作用。中国在传统产能富余产业不断进行产业升级，并逐步向产业转移阶段过渡。中国政府目前以基础设施建设为切入点，采取援建合资等方式，将中国在钢铁等行业的富余产能推向东盟和西亚。此外，东盟和西亚对石油化工行业的收购最为活跃，且远远超过其他区域，说明东盟和西亚在承接石油化工行业的产业转移。“一带一路”倡议的实施使得沿线各国通过并购实现产能的跨国配置、资源的优势互补和产业链的协同升级成为现实。

第二节　跨国并购的融资途径及支付方式

一、跨国并购融资的战略设计

跨国并购常常会涉及巨额资金的筹措及支付问题，管理层首先设计融资战略，以确定长期财务目标，然后选择不同的路径达到目标。在进行融资的初期，跨国并购企业通常聘请知名的投资银行作为自己的融资顾问，这些投资银行的银行家们与外国潜在投资者接触密切，了解他们的投资需求，了解不同国家的融资制度和障碍因素。图 8-2显示了跨国并购全球融资的顺序。

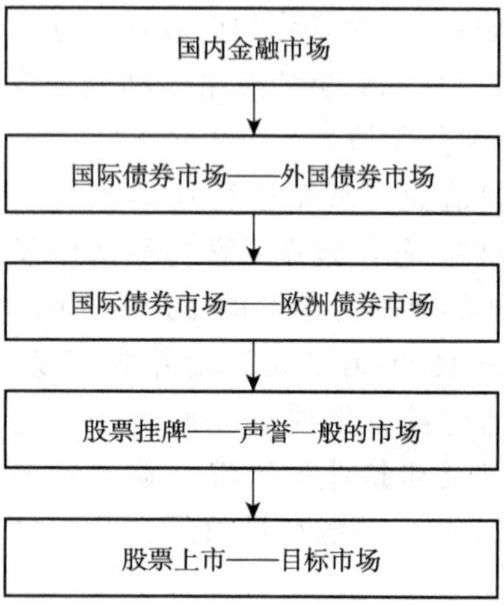

图 8-2　跨国并购企业在国际资本市场筹集资金的顺序

一般情况下，跨国并购企业首先考虑在国内资本市场筹集资金，在国内市场筹集资金不足的情况下，再考虑进入国际资本市场。如果企业此前从未在国际资本市场活动过，知名度不高，可能不足以吸引外国投资者，这时，国际投资银行的银行家可以通过宣传和协调，为企业在国际资本市场筹集资金创造机会。依据国际资本市场筹集资金要求的严格程度，跨国并购企业在国际资本市场筹集资金一般会遵循以下顺序：

第一，通过在声誉一般的国际债券市场发行外国债券筹集资金。

第二，在著名的或主要的国际债券市场发行欧洲债券。

第三，在声誉一般的市场挂牌上市或发行股票，以吸引国际投资者的注意。

第四，在高度流动性的外国股票市场，如纳斯达克挂牌。

第五，选择声誉高的目标市场直接上市融资。

二、跨国并购的融资途径

（一）内部融资

进行跨国并购，内部资金是重要来源，而且，内部资金筹集的成本也低于外部资金筹集。进行跨国并购时，母公司在内部筹集资金时应发挥领导作用。无论是母公司还是海外子公司，当生产经营扩张需要资金支持时，应该首先考虑从集团内部筹集资金。

图 8-3 显示了跨国并购中某海外子公司缺乏资金，跨国公司集团内部向其提供资金的途径。

内部筹资有以下四种情况：

第一，如果母公司拥有闲置资金，可以动用自身的资金增加对海外子公司的投资或者向该子公司提供贷款，使资金流向子公司，从而加强对子公司的控制。

第二，如果母公司无法运用自己的资金向海外子公司注资，可以调查其他海外子公司的财务状况，将有资金盈余的海外子公司的资金集结起来，投资到资金缺乏的子公司。

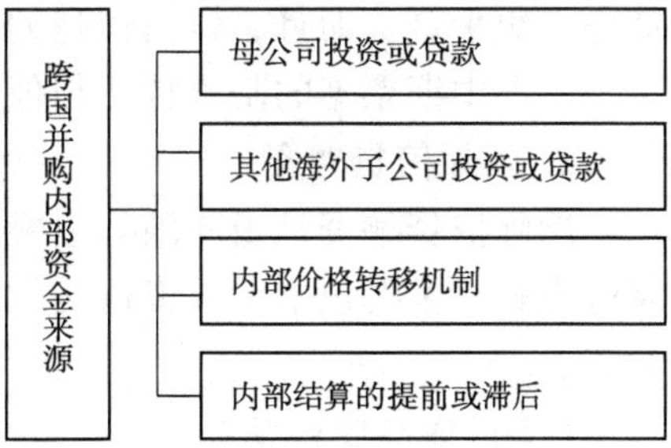

图 8-3　跨国并购内部资金来源

第三，母公司可以运用内部价格转移机制为海外子公司筹集资金。母公司可以自身或要求其他子公司在向资金缺乏的海外子公司销售产品时，降低产品销售价格，从而为其提供现金流。

第四，母公司可以自身或要求其他子公司在同资金缺乏的海外子公司进行业务来往时，对该子公司的应收账款滞后收取，而对该子公司的应付账款提前支付，从而缓解该子公司现金流紧张的局面。

（二）国际债务融资

1. 国际债券融资

国际债券是指国际金融机构、一国政府以及该国的金融机构、企事业单位，在国际资本市场上发行的以外国货币为标价货币的债券。对借款者来说，发行国际债券可筹集长期资金。由于发行债券对公司资信要求较高，能够发行国际债券也是信誉较好的一种象征。对投资者来说，购买该类债券将获得投资收益。该类债券因变现迅速而拥有较高的流动性。

国际债务市场给跨国并购提供了多种不同期限、不同还款结构和不同币种的筹资工具。

（1）欧洲债券市场。对跨国并购而言，发行欧洲债券的最大好处是成本低廉。与国内市场相比，欧洲债券市场的手续费和其他费用较低，因为欧洲债券市场不存在法规管制。另外，由于欧洲债券能为投资者带来好处，如以不记名方式发行，二级市场较发达以及在税收方面提供优惠等，所以投资者愿意接受较低的收益率。

（2）欧洲票据市场。欧洲票据市场是跨国并购活动筹集国际债务资本的中短期工具市场。欧洲票据的发行大致可以划分为两类：公开承销发行便利与非公开承销发行便利。前者主要是指欧洲票据的发行，后者包括欧洲商业票据和欧洲中期票据的发行。

欧洲票据的发行主要是通过各种发行便利安排进行的。这种便利是指由发行公司与若干银行组成的银团达成承销协议，允许发行者在今后几年随时通过发行本票而筹措短期资本，每次发行由银团承销。如果票据没有完全销售出去，承销商有买进未售出票据的义务。从投资者角度而言，发行欧洲票据可以增加证券组合投资手段，而且投资风险并不比欧洲货币大额定期存单高。

欧洲商业票据由企业直接对外发行，不需要承销，可节省不少承销费用。跨国并购企业是欧洲商业票据的主要发行者。欧洲商业票据市场给跨国并购提供了一个非常好的国际债务筹集平台，而且，资信较高的跨国并购企业可以以很低的利率筹措到所需资金。

欧洲中期票据的基本特征与债券相似，有固定的面值、到期日和利率。

2. 国际信贷融资

国际信贷融资是指向国际金融机构、国际商业银行或国际上其他经济组织借款的一种筹资方式，主要包括世界银行贷款、亚洲开发银行贷款、国际商业银行贷款和国际银团贷款等。

（三）国际股权融资

1. 国际股权融资的含义

国际股权融资是指在另一个国家发行股票筹集跨国并购所需资金的融资形式。国际股权融资筹集的是长期性资本。随着20世纪80年代融资证券化趋势的出现，国际股权融资在国际融资渠道中的地位逐渐上升。跨国并购通过国际股票市场筹集资金，具有以下优点：

（1）为跨国并购提供一条源源不断的融资渠道。国际股票市场为那些正处于成熟发展阶段的企业提供重要资金来源，企业在境外首次公开上市不仅能获得生产经营所需的巨额资金，而且上市后还可通过向老股东配股、发行可转换债券和认股权证等其他与股权相关的派生形式从国际资本市场上直接筹资。

（2）有利于上市公司在境外树立形象。境外上市为跨国并购企业提供许多宣传的机会，如新股发行时的推荐宣传、交易所挂牌、年度业绩报告及重大事项披露等，可以大大提高企业在境外市场的知名度。

（3）改善企业的资产负债结构。境外上市可以使企业改善资本结构，降低资产负债率。同时，在跨国并购时，可以使用在国际股票市场筹集的资金收购其他企业，拓展业务领域。

2. 国际股权融资的可选工具

20世纪70年代以来，国际资本市场一体化趋势逐渐加强，这主要是由于各国政府管制的减少和信息技术的发展，使得国际多样化组合投资的效率和收益不断提高，为跨国并购提供了在国际股票市场筹集资金的渠道。跨国并购在国际市场筹集股本的可选工具大致有以下几种：

（1）发行美国存托凭证。在美国股票市场，外国股票通常通过一种称为美国存托凭证（American Depositary Receipt，ADR）的形式上市交易。ADR代表外国公司的股票，由美国的一家托管银行发行，发行后完全像一般美国股票那样在股票市场买卖、登记与转让。

国外股票在美国托管分为委托和非委托两种方式。委托是指由希望上市的国外企业委托美国托管银行发行股票，企业要付给托管银行一定的托管费。目前，新发行的所有ADR都是委托发行的。历史上早期发行的ADR中，有些是非委托的，即国外企业没有主动要求美国银行发行代表该企业股票的ADR，但为满足美国投资者的需要，美国银行主动推出该国外企业的ADR，这时，国外企业不需要付给美国托管银行托管费，而是由美国投资者付托管费。

ADR上市有三种不同层次。表8-3分别列出了这三种层次。

第一层次是在柜台市场（Over the Counter，OTC）上市。这一层次的好处是门槛低，国外企业不需要按照美国通用会计准则（GAAP）准备财务报表，也不需要向美国证券交易委员会（SEC）注册登记和披露信息，但这种方式却不能发行新股票，市场流动性弱。

第二层次是在美国三大主要股票交易所挂牌。这种方式只能将国外企业现有的流通股票以 ADR 形式在美国上市，不能在美国股票市场发行新股。而且，国外企业必须按美国通用财务会计准则准备财务报表，按时向美国证券交易委员会注册登记和披露信息。

第三层次不仅可以将现在企业发行的股票以 ADR 的形式在美国三大股票交易所挂牌流通，而且可以再发行新股筹集资金。这对于国外企业而言非常有吸引力，是国外企业在美国股票交易所上市融资的主要途径。

表 8-3 在美国发行三个层次的 ADR

层次	第一层次	第二层次	第三层次
交易场所	柜台交易	NYSE、AMEX、NASDAQ	NYSE、AMEX、NASDAQ
会计准则	母国	美国通用会计准则	美国通用会计准则
SEC 注册登记	免	注册登记	注册登记
新股发行	不能	不能	能
需要时间	10 周	10 周	14 周
费用情况	25 000 美元	20 万~70 万美元	50 万~200 万美元

资料来源：www. adrbny. com。

（2）私下募股。私下募股又称私募，是指将股份出售给一部分有资格的机构投资者，这种机构投资者一般是指保险公司、基金公司和投资公司，而不是普通公众。机构投资者购买股票后，一般会长期持有。现阶段，大多数国家都存在私募行为。1990 年 4 月，美国证券交易委员会通过了 144A 规则，允许合格的机构投资者（Qualified Institutional Investors）不必遵守股份持有时间限制，也不必在证券交易委员会登记注册。144A 规则允许国外企业在不经过美国证券交易委员会登记和审批的情况下，直接在美国私募市场募集资金。证券交易商全国协会（National Association of Securities Dealers，NASD）建立了 PORTAL 屏幕自动交易系统，以支持这些未注册的私募股份建立流通的二级市场。

美国证券交易委员会颁布的 144A 规则扫除了外国投资者在美国筹集资金必须在美国证券交易委员会注册登记的障碍，为跨国并购企业在美国市场筹集资金提供了便利。

（3）私人股权投资。全球新兴市场有很多民营企业或家族企业无法在本国资本市场筹集发展所需资金。尽管这些企业拥有良好的发展前景，但企业处于成长阶段，风险较高，在本国市场筹集资金会很困难或成本高昂，而且这些企业规模一般较小，外国投资者并不了解此类企业的实际经营情况，因此通过第三层的 ADR 方式在美国股票市场发行新股筹集资金的可能性太小。私人股权投资可以给这些拥有良好发展前景的民营或家族企业提供机会。

一般由一些资本市场比较发达的国家机构投资者或富商组成的有限责任公司或合伙企业进行私人股权投资。该企业将流动性强的资本市场机构投资者和富商资金筹集起来，通过私人股权投资形式向新兴市场上的民营或家族企业注资，对其进行重组并为其提供现代化的管理经验和技术，帮助其在新兴市场加强竞争力，使其获得快速发展。

（4）买壳上市融资。从本质上来说，这种方式实际上就是指非上市公司利用上市公司的壳取得绝对控股地位，然后进行资产及业务重组，利用壳公司的法律上市地位，采取合法的公司变更手续，使自己成为上市公司。

对于众多买壳上市的跨国并购来说，买壳的目的在于通过壳公司登陆境外资本市场，吸纳资本，融入资金。买壳上市的公司不仅重视短期效益，更注重其长期发展，所以进行成本分析是非常必要的。

（5）造壳上市融资。造壳上市是指先在海外注册一家公司控股跨国公司或其子公司，然后由这家在海外的控股公司在海外证券市场上市，所筹资金用于支付跨国并购费用，从而达到海外间接上市的目的。海外控股公司同跨国公司或子公司在产权和人事关系方面有紧密的联系，并且海外控股公司注册地一般在拟上市地或者与拟上市地有着相似的政治、经济、文化和法律等背景的国家或地区，以便取得上市地位。海外控股公司取得上市地位后，跨国公司或子公司就可以通过壳公司进行融资和支付。这种方式是介于首次公开上市和买壳上市方式之间的一种相当便利的上市方式。与上述两种方式相比，它的优点在于：一是跨国公司或子公司能够造出一个比较满意的壳公司并且不用支付壳公司的收购成本，也不用承担收购失败的风险；二是可以避免遇到与拟上市地的法律和相关规定相抵触的问题；三是由于跨国公司是境外法人，比较容易获得海外上市资格，上市成本较低，在海外注册并受相应的法律管辖，实行当地的会计制度，遵守当地公司规定、上市规则等，还可免去烦琐的审批手续。

（四）特殊融资方式

杠杆收购（Leverage Buy-Out，LBO）是指通过增加并购企业的财务杠杆完成并购交易的一种特殊融资方式。在这种方式下，通常并购企业投资设立一家直接收购企业，该企业以其资本及未来买下的目标企业的资产和收益为担保进行举债，如向银行贷款、发行债券、向公开市场借贷等，以借贷的资本获得目标企业的股权或资产，完成对目标企业的收购，并用目标企业的现金流偿还负债。杠杆收购通过精心的财务设计，可以使并购中的资本投入降到全部收购价格的5%以下，也就是说，杠杆收购的债务融资额可以高达交易成本的95%。其突出特点是并购企业不需要投入全部资金即可完成并购，然而，整个并购行为具有很高的风险。

按目标企业经理层是否参与对本企业的并购杠杆收购，可以分为管理层收购和非管理层收购。虽然因大量举债而使收购具有很大的风险性，但又因为收购人为目标企业的管理层人员，他们熟悉企业内部的情况，所以一般具有应对风险的措施和避免风险的把握。

在西方发达的资本市场上，融资结构的安排充分发挥了融资多样化的特点，呈现多层次的融资结构，这样可以吸引各种投资者的参与。一般来说，最顶层的是对企业资产具有最高求偿权的银行贷款，约占收购资金的50%~60%；中间层是被统称为垃圾债券的从属债务，约占收购资金的20%~30%；最底层的则是收购企业的自有资金，约占收购资金的10%~20%。

三、跨国并购的支付方式

（一）现金购买资产支付方式

现金购买资产支付方式是指收购企业通过使用现款购买目标企业的资产以实现对目标

企业的控制，并购完成后，目标企业成为有现金无生产资源的空壳。其优点是等价交换，交易清楚，不会产生纠纷。该支付方式主要适用于产权清晰、债权债务明确的目标企业。

（二）现金购买股票支付方式

现金购买股票支付方式是指收购企业以现金在股票市场上购买目标企业的股票以实现对目标企业的控制。这是一种简便易行的支付方式，但要受有关证券法规信息披露制度的制约，而且公开收购价格较高，会增加收购成本。

（三）股票购买资产支付方式

股票购买资产支付方式是指收购企业通过向目标企业发行自己的股票来交换目标企业的资产，以实现对目标企业的控制。目标企业通常会定向发行收购企业的股票。目标企业一般在并购完成后解散，收购企业以目标企业的资产重新组建新的企业。

（四）股票交换股票支付方式

股票交换股票又称换股。股票交换股票支付方式一般是指收购企业直接向目标企业的股东发行股票，以交换目标企业的股票。收购完成后，目标企业仍然存在。采取这种支付方式可以减少现金支出，还可以利用收购企业较高的股价以较低的成本收购其他企业。

第三节 跨国并购的投资方式

一、跨国并购投资的影响因素

跨国并购投资决策受跨国并购战略目标、经营状况、核心竞争力、东道国政策以及母国与东道国关系等诸多因素的影响，因此，跨国并购投资决策必须在考虑内外部因素的基础上进行综合权衡。

（一）母公司状况

母公司自身的技术、资金和管理等方面的状况是影响企业选择投资方式的基本因素。

1. 技术状况

技术状况对企业的跨国并购活动具有特别重要的影响。如果母公司具有较强的研发能力，且技术先进，则既可选择技术授权方式，又可将技术契约转化为股权，走合资之路。

2. 资金状况

母公司若有巨额资金，可以选择独资经营方式；若有技术而无资金，则只好走“技术授权”之路。

3. 管理能力与要求

母公司若想接近市场或顾客，可选择合资或独资的途径，反之，则可选择技术授权的途径；母公司若想囊括子公司的全部利润或敢冒风险，可选择独资的途径，反之，则选择合资途径；母公司若在管理上要求高度统一，掌握决策权，则要选择多数股权合资或独资途径，反之，可选择少数股权合资或其他途径；母公司若不愿派主管人员去不同文化背景的国家，即使技术、资金和管理等条件优越，也不适宜选择独资或多数股权合资的途径；母公司虽技术与资金条件均好，但缺乏管理子公司的能力，最好选用少数股权合资或技术授权等方式。

4. 保守秘密要求

一些高技术或拥有独特产品的跨国并购企业，为保持其独占的优势（技术或商业秘密），往往选择对其海外分支机构全资拥有。但如果这些秘密已经扩散，出现了一些竞争者，为有利于同其他对手竞争，跨国并购企业往往愿意与东道国合营或将技术有偿转让出去。

5. 文化背景

文化背景和价值观的差异必然影响投资方式的选择。美国和英国的企业一般不愿意与东道国企业共享资产所有权。它们认为，当地合伙人只对怎样尽快从合资企业谋利感兴趣，在处理企业收益时追求增加红利，不愿再增加投资，这会影响合资企业的长期利益。所以，美国和英国的企业更愿以独资、多数股权合资或技术授权等方式进行跨国并购。日本的企业则多以少数股权投资进行跨国并购，并认为这样风险小，可获得当地政府的优惠与支持。

6. 对东道国环境的了解程度和适应能力

如果企业熟悉东道国的环境，并有能力快速适应环境，进行跨国并购时就不必在东道国寻找合作伙伴，此时独资等股权投资成为主要的进入方式。如果情况相反，则可以寻找一个当地伙伴充当投资企业的利益保护者，此时合资等股权投资成为主要的进入方式。

（二）东道国状况

东道国对跨国并购的政策、法律法规以及东道国的政治与经济状况是影响企业进行跨国并购时选择投资方式的又一重要因素。

1. 对外国投资者的股权规定

有些国家在法律上对外国投资者在当地企业拥有的股权比例没有限制，企业进行跨国并购时便可以根据自身的需要自由地选择投资方式。有些国家出于国家安全和利益的考虑，禁止外国企业兴办全资拥有的企业，或者在某些特定的部门禁止外国企业进入，或者确定外资的出资比例，此时进行跨国并购就只能采取合营方式。

2. 公众的民族意识和开放意识

东道国的民族意识和开放意识与民族文化传统、民族的历史经历（如是否受到过外来侵略、奴役）有一定关系，但更重要的是商品经济的发达程度对意识形态带来的影响。在一个公众对外来资本存有严重戒心甚至敌意的国家里，即使该国政府允许外国投资者兴办全资拥有的企业，这样的企业在开展业务时也会遇到许多矛盾或阻力，有时政府还可能在公众的压力下改变政策，从而增加了企业被征用或没收的风险。选择与当地人合营，不仅可以减少这类风险，也可能在业务上获得许多方便。

3. 合伙人能力

与当地人合营通常是跨国并购企业初次进入某个东道国时的首选之策。在这种情况下，合伙人的能力便成为影响跨国并购决策的一个重要因素。合伙人在当地的社会形象、资金实力、管理能力以及处理各种关系的能力都会影响到跨国并购决策。如果合伙人具有非凡的处理各种社会关系的能力和管理能力，就能促进并购尽快正常运转，增加投资收益。如果合伙人实力雄厚，在当地具有强大的影响力，就可以很好地保护投资人的利益。反之，投资人的利益将无法得到保障。

4. 资金配套能力

虽然有的东道国宁愿与外国投资者合营办企业，而不鼓励外商独资经营，但由于合营中仅以土地折价入股，一般难以达到股权比例的要求，所以就需要东道国企业提供部分配套的货币资金。东道国，特别是发展中东道国的资金一般都较短缺，如果正逢东道国的财政和信贷紧缩，那么获取配套资金就更加困难。此时，独资就成为跨国并购的唯一选择。

5. 其他因素

东道国的经济体制、竞争情况对跨国并购的投资方式选择也有着重要的影响。在一个原材料、电力等计划配给的国家里，拥有当地的合作伙伴就比单干要方便很多。在没有竞争对手的情况下，企业可采取自愿的投资方式。但在有竞争对手介入的情况下，如果竞争对手采取了较灵活的态度，企业有时也不得不随机应变。

二、跨国并购的股权投资方式

（一）股权投资的特点

股权即所有权，它是支配企业的关键。股权投资方式是指以所有权为基础，以持股并掌握经营权为途径，实现对企业或项目有效控制的直接投资方式。按跨国并购持股程度的不同，股权投资有两种方式：全部股权投资方式（母公司拥有子公司股权在95%以上）和部分股权投资方式。后者又可以分为多数股权投资方式（拥有子公司51%～94%的股权）、对等股权投资方式（拥有子公司50%的股权）和少数股权投资方式（拥有子公司49%以下的股权）。

在跨国并购过程中，持有目标企业的股权比重越高，对目标企业经营活动的控制能力就越强。所以，企业进行跨国并购时一般都力图通过占有全部股权或多数股权，达到对国外子公司进行直接控制的目的，从而把子公司完全纳入其全球经营体系。

在早期的国际投资中，进行跨国并购的企业大多选择股权投资方式进入国外市场，其主要原因在于：①控制简单。投资者持有股权后，即可通过股权控制企业，而不用事必躬亲。这样既可以有效控制企业，又可以地减少负担，达到“四两拨千斤”的效果。②方式灵活。这主要表现在两个方面：一是参股比例灵活，可以根据自己的需要灵活处理在目标企业的股权比例；二是股权投资的具体方式灵活，既可以选择绿地投资的方式投资，也可以选择并购方式投资，从而形成不同的参股比例，在适应东道国要求的同时满足跨国并购的发展需要。

（二）股权投资的基本形式

1. 全部股权投资方式

全部股权投资方式又称独资方式，是指在东道国境内通过独立投资而控制全部股权的一种投资方式。采用全部股权投资方式的子公司成为跨国公司的全资子公司。一般来说，那些生产规模大、技术水平高、在国际市场中处于优势地位的大型跨国公司倾向于通过全部股权投资，即独资方式对外直接投资。全部股权投资方式作为跨国并购传统、典型的形态，曾经被投资者在国际范围内广泛采用。不过，这种方式的优缺点都非常明显。

全部股权投资方式的主要优点有：①经营灵活。多数国家没有规范的独资企业法，对独资企业的限制主要集中在业务范围方面，因此，独资经营企业受政府控制少。由于独资经营管理大权掌握在跨国并购企业手中，所以企业经营管理灵活而主动。②易于保守秘密。独资企业除了填写所得税表格中规定的项目外，不必像合资企业那样事无巨细定期向股东汇报。秘密，特别是技术秘密、财务秘密，往往对企业的生存发展影响极大，因此，具有好的私密性是跨国并购企业选择该投资方式的重要原因之一。③合理避税。因为内部交易可以为跨国并购节约成本费用，所以，内部交易国际化是跨国并购的一个显著特点。在全部股权投资方式下，跨国并购企业可以利用东道国政府在所得税制度上的差异，随意确定内部交易产品和劳务的价格，充分发挥其所有权和经营权独占、产供销渠道独家掌握、财务资料无须公开的优势，轻而易举地制定并实施“转移价格”，从而达到避税的目的。④独享利润。在全部股权投资方式下，由于子公司的全部资产都是跨国并购企业单独投资形成的，因此，子公司通过生产产品及提供服务产生的国外收益，理所当然全部归跨国并购企业所拥有而不会被分享。

全部股权投资方式的主要缺点有：①风险较大。当独资企业为无限公司时，要对其全部债务承担无限责任；当企业资不抵债时，所有资产（包括母公司或个人的财产）都有负债义务。所以，采用全部股权投资方式的企业进行跨国并购承担的风险较多，甚至可能为此付出巨大代价。②经营受限。独资企业不能采用股权筹资等方式利用他人资金，而只能采用利润积累和借贷方式扩大再生产，从资金来源方面受到一定限制。更为重要的是，有些国家还设置各种障碍限制外国投资者创办独资企业，限制独资企业经营范围和领域等。③难度大。选择独资方式意味着没有现成的生产基地、缺乏合作伙伴、难以与有影响的政府机构发展联系等，从而给企业的进入带来了一定的难度。

2. 部分股权投资方式

部分股权投资方式是指在东道国境内通过建立合营企业等途径，拥有目标企业部分股权的国际直接投资方式。采用这种投资方式的企业在我国又被称为合资企业或合资经营企业。合营双方除可以用现金投资外，还可以用机器设备、厂房等实物资产以及技术、专利、土地使用权、商标等无形资产作价后作为投入，共同出资组成一个具有法人资格的经济实体。其基本特点是和东道国投资者共同投资、共同经营、共享利润并共担风险。

采用部分股权投资方式时应注意以下重点问题：

（1）出资比例。部分股权投资按股权比例的多少，可以分为多数股权、对等股权和少数股权等类型，表现在外国投资者和东道国投资者的出资比例上，一般来说有“外国过半”“本国过半”“各占一半”三种形式。对于出资比例，不同国家、地区、行业以及不同时期均有明确规定。经济发达国家一般实行资本自由化的开放政策，不限制出资比例。这是经济发达国家兴办独资经营企业较多的原因。但是，在电信、电报、航空及内河航运、广播电视、金融保险及被认为外资比重不宜过大的部门和行业，发达国家也会限制外资比例。发展中国家对部分股权投资的外资比重均有限制性的规定。这些规定大体有以下形式：一是从控制部分股权投资企业经营权的角度考虑。规定外资不得超过股权比重的49%，本国投资比重必须在51%以上。二是从控制部分股权投资企业市场方面考虑。如果是外向型企业及其产品，则外资所占比重可以大一些；反之，对于依靠当地资源且以国内市场销售为主的企业，外资的比重就可以小一些。三是从对资金需求程度上考虑。资金密集型和技术密集型的企业，外资的比重可以高一些；除此之外，外资的比重仍被限制在较低水平上。

（2）出资方式。部分股权投资的出资方式实际上与股本结构密切相关。一般来说，部分股权投资中的资本包括有形资产和无形资产两大方面，而无形资产和有形资产出资又可进一步细分为：

a. 现金出资。合资企业在生产经营中需要的现金一般由两部分组成：一是按照规定的比例由双方共同投入，有些国家还明确规定现金在外资股金中至少占一半以上；二是向银行贷款，此部分主要用于部分股权投资企业中的流动资金部分。

b. 实物出资。实物指有形物，是既能看得见又可摸得到的东西。实物出资一般是指以机器设备、原材料、零部件、建筑物、厂房等作为出资。建筑物与土地通常是东道国实物出资的主要形式。机器设备是否作为出资形式通常视部分股权投资企业是新建企业，还是以东道国原有企业为基础的状况而定。一般来说，前者的机器设备主要由技术先进方提供，并按设备的先进程度，参考市场价格作价；而后者的原有设备也要作价。

c. 工业产权出资。工业产权是指商标、专利和专有技术。专利作为公开的技术知识，受法律保护。专有技术作为未公开的技术知识和商业秘密，不受法律保护。前者因不可擅自和无偿使用，故能无条件地折算为出资。后者虽不受法律保护，但由于它以技术诀窍、技术资料、工艺流程和关键参数的形式出现，若不实行有偿使用，其所有者便不会将这些专有技术公开出来，所以这部分也能折算为出资。至于对工业产权的折算，可由双方协商确定，也可由双方均同意的第三方估算。

部分股权投资形式具有以下优势：①减少或避免政治风险。由于部分股权投资方式下的企业有东道国资本参加并且由二者共同经营，可望减少东道国政策的变化或征用等风险。②占领新市场。一方面，通过与当地合营者合营，可以在当地推销一部分产品，因为合资企业的产品往往是东道国需要进口或当地市场紧俏的产品，所以可以取得一部分新的市场。另一方面，还可以带动跨国并购贸易的增长。例如，如果以机器设备、工业产权、专利技术、管理知识作为股本投资，实际上是输出了“产品”，是进行贸易替代性投资。如果合资企业生产中使用的原材料需要进口，则外国投资者又可以获得原料商品的优先供应权。③获取多重优惠。采取部分股权投资方式，外国投资者既可以享受东道国给予的外资优惠，又可以获得东道国给予本国投资者的优惠，有时还可以得到母国政府给予的优惠。④增强竞争优势。一方面，外国投资者可以利用当地合伙人理解东道国政治、经济、社会和文化等优势，取得企业经营所需的信息资源。另一方面，通过与当地合伙者的关系，外国投资者可以获得当地财政贷款、资金融通、物资供应、产品销售等优惠，从而增强企业的竞争优势，提高企业的经济效益。

从东道国，尤其是发展中东道国来看，采用部分股权投资方式引进跨国并购投资的好处有：①弥补资金不足。资金不足是东道国特别是发展中国家在经济发展过程中面临的重要问题之一，部分股权投资可以弥补东道国建设资金的不足。外资能否收回并增值，主要取决于企业本身的经济效益，不会形成国家的外债负担。②引进先进技术。由于投资双方共同投资、共同经营、共负盈亏，经营的成败直接关系到外国投资者的利益，所以，外国投资者出于本身利益的考虑，会不断地提供真正先进而适用的技术和设备，并同当地合伙人密切合作，促使引进的技术有效地形成生产力。此外，引进先进技术还可以填补东道国国内技术空白，使东道国能够发展短线生产部门，促进企业的技术改造和产品的更新换代。③扩大出口，增加外汇收入。合资企业的产品能否进入国际市场，能否创汇，直接关系到合资企业的外汇平衡，关系到外资本息的外汇支付问题，因此，外国投资者通常会愿意提供销售渠道。由于合资企业利用了外国投资者的销售渠道，所以其产品可以顺利并快速地进入国际市场，增加出口创汇。④获得先进的管理理念和方法，如组织管理、人力资源管理、市场营销等方面的先进思想和方法。此外，部分股权投资还有利于带动东道国相关产业的发展，增加当地的产值，促进产业结构调整和产业升级。

当然，部分股权投资方式也有缺点，具体表现为：①合资双方可能在投资、生产、市场营销以及利润的再使用等方面发生争执；②双方观念上的差异，也会导致双方在企业战略决策方面发生分歧；③不利于实施对合营企业的绝对控制，可能面临技术流失、商业机密泄露等问题。

【本章小结】

1. 跨国并购通常是指涉及两个或两个以上国家企业并购的投资经营活动。联合国贸易和发展会议（UNCTAD）在确认跨国并购时，一般以直接母国公司或直接东道国为标准。其中，收购股权比例达到100%时为全额收购，50%~99%为多数股权收购，10%~49%为少数股权收购，10%以内时一般不列为收购范畴。但在股权高度分散时，如果能够拿到控股权，也可列为收购范畴。

2. 跨国并购的动因有时差效应、成本效应、竞争效应和窗口效应。其中，时差效应和成本效应使企业进入外国市场时实现高效率、低成本，竞争效应使企业在东道国经营时减少竞争阻力，而窗口效应则为企业进一步在东道国的投资创造了条件。

3. 跨国并购可以从不同角度进行分类。按跨国并购双方行业关系，可以分为横向并购、纵向并购和混合并购；按持股对象是否确定，可以分为要约收购和协议收购。

4. 跨国并购会涉及巨额资产的筹措及支付问题，跨国并购应首先设计融资战略，以确定长期财务目标，然后选择不同的路径达到目标。

5. 跨国并购企业在国际资本市场筹资一般会遵循以下顺序：第一，通过声誉一般的国际债务市场发行外国债券筹集资金；第二，在著名的或主要的国际债券市场发行欧洲债券，第三，在声誉一般的市场挂牌上市或发行股票，以吸引国际投资者的注意；第四，在高度流动性的外国股票市场，如纳斯达克挂牌；第五，选择声誉高的目标市场直接上市融资。

6. 采用债券融资方式进行跨国并购融资可以采取两种途径：一是通过发行国际债券进行融资，即通过国际金融机构及政府组织发行以外国货币为标价货币的债券进行融资。国际债务市场给跨国并购提供了多种不同期限、不同还款结构和不同币种的筹资工具。二是通过国际信贷进行融资，即向国际金融机构、国际商业银行或国际上其他经济组织借款融资。除此之外，20世纪80年代后，国际并购融资也利用杠杆融资的方式获得并购所需的资金支持，比如发行低等级债券融资。

7. 采用股权融资方式进行跨国并购融资，是指通过在另一个国家发行股票的方式筹集跨国并购所需资金。国际股权融资筹集的是长期性资本。股权融资有三种渠道：一是发行美国存托凭证。在美国股票市场，外国股票通常通过美国存托凭证的形式上市交易。二是通过私募股权融资。三是通过买壳或造壳上市融资。

8. 跨国并购的股权投资方式有两种：一是全部股权投资方式，即在东道国境内通过独立投资而控制全部股权的投资方式；二是部分股权投资方式，即在东道国境内通过建立合营企业等途径，拥有目标企业部分股权的国际直接投资方式。这两种投资方式都有利有弊，需要根据并购的实际情况灵活运用。

【思考题】

1. 国际投资中采用跨国并购方式的目的是什么？与绿地投资相比，跨国并购投资的利弊有哪些？
2. 跨国并购的类型有哪些？如何评价不同类型的并购绩效？
3. 跨国并购的债券融资方式与股权融资方式分别具有哪些特征？
4. 跨国并购投资有哪几种类型？其优缺点分别是什么？
5. 跨国并购的支付方式有哪几种？如何运用这些支付方式完成并购交易？
6. 跨国并购的新趋势有哪些？

第九章　国际投融资环境评价与测度

【学习目标】

◎掌握投融资环境的概念及特点

◎掌握构成和影响投融资环境的因素及其作用机理

◎熟悉投融资环境评价指标体系的构建原则和方法

◎掌握投融资环境评价与测度的方法

◎熟练运用投融资环境评价的理论对案例进行分析

【引导案例】

CAFE 项目的可持续评价

星巴克自 1998 年就开始与国际保护基金会（Conservation International，CI）进行合作，在采购咖啡的过程中实现可持续发展。在合作过程中，它们主要通过咖啡和农民权益项目（Coffee and Farmer Equity，CAFE）衡量农场的环境、社会和经济影响，对每一项可持续发展指标打分，获得高分的农场将成为星巴克的优先供应商。该项目不仅为星巴克在拉丁美洲的供应商带来环境与社会效益，也提高了星巴克的品牌、降低了风险。

星巴克与 CI 初步合作时，就开始关注农场及周边地区生物多样性的保护。CAFE 项目建立后，多种环境因素被纳入评分系统中，包括生物多样性、水和土壤等。例如，所有农场都需要在水源处建立堤岸以保护水体免受养分流失、农药和废弃物影响。另一组指标对农场的土壤管理技术进行评定，主要在于防止水土流失。

除环境保护外，CAFE 项目通过各项评分指标来确保农场员工的权益得到适当的保证，这些评分指标包括：员工工资不低于国家或当地的最低工资，不雇佣童工（14 岁及以下），农场管理符合国际劳工组织第 111 号非歧视准则，等等。此外，中、大型农场需要对员工提供医疗补偿或服务。若农场的评分较低，星巴克将减小或取消采购额度。

经过 20 年的发展，CAFE 项目已经彻底改变了星巴克的商业模式。作为首家将可持续发展整合入采购的大型咖啡公司，星巴克已经成为咖啡行业在该方面的标杆。如今，多家跨国公司，包括雀巢和麦当劳在内，开始寻求咖啡的可持续供给地。

资料来源：胡涛，赵颖臻，周李焕，等．对外投资中的环境与社会影响案例研究：国际经验与教训［D］．华盛顿：世界资源研究所，2013.

第一节　国际投融资环境概述及评价意义

一、投融资环境的概念及其理论基础

投融资环境是指影响和制约投资活动及其结果的一切外部条件的总和。它包括与一定项目投资相关的政治、经济、自然、社会、宗教、文化等诸因素，是这些因素相互作用、相互影响、相互制约而形成的有机体，并通过一定的经济制度和社会制度表现出来。

投融资环境概念的产生和发展与国际资本流动理论和实践活动的发展和不断趋于成熟密切相关。区域经济学认为，区域产业结构的演化，生产和经济活动在空间有规律的转移，使区域社会经济得到协调发展，解决了区域问题，也使整个地区达到普遍繁荣。区域经济理论的创立和发展，对国际经济理论的研究和拓展有着重要的推动作用，特别是对于国际资本流动的有关理论给予了更为深刻和丰富的诠释，因而也带动了投融资环境理论的研究。

对于投融资环境而言，区域经济大系统决定了投融资环境的各种要素组成，区域经济的发展变化影响着投融资环境的形态和特征，区域经济带动了主导产业群的继起和发展，进而带动了整个区域的经济发展，由此引起区域空间网络系统的变迁。根据区域经济学理论，区域经济的发展呈现出梯度运动规律，即区域经济以主导产业生命周期循环而形成的不同经济技术梯度为特征。高梯度经济发展区成为知识、技术、资本的高度密集区。但是，低梯度地区的成本优势，促使经济活动从高梯度地区向低梯度地区扩散，在一定时期内也带动和影响了资本向这个区域流动。投融资环境客观上也存在着梯度问题，不同梯度的投融资环境具有不同的性质与特征。区域发展梯度与投融资环境梯度会在一定的条件下转化。当一个地区的经济具备了发展的能力时，就会不断地积累有利因素，获得规模效益和聚集效益，以正反馈的形式迅速成长，打破原有的区域结构，进行新的组合；或者将已经积累的部分发展要素通过与周边经济技术的联系扩散出去，形成带动发展的效应，进行区域架构的重新组合。这就是所谓的极化效应和扩散效应。投融资主体研究投融资环境时必须面对现实的投融资环境，着眼于未来的投融资环境变化。

二、投融资环境的特点

投融资环境在其发展和完善过程中，主要具有以下特点。

（一）综合性

企业投融资活动总是在一定的时间和空间进行的，必然受到多种因素的制约与影响。投融资环境是由诸多影响投融资决策的政治、经济、自然、社会、文化等因素交织而成的一个矛盾综合体。在这些众多的因素中，有的因素对投融资项目的落地起主导作用，有的因素则起次要或补充作用，但无论作用大小，它们都是构成完整的投融

资环境所必需的。因此，投资方在进行投资决策时，必须综合考虑各种环境因素的影响，以做出最有利的决策；受资方在进行投融资环境建设时，也要进行综合把握，有效协调各个因素之间的优劣，抓住对投资项目成败起关键作用的主要因素，兼顾次要因素，全面考察各方面条件。

（二）整体性

投融资环境是由众多环境要素构成的一个复杂整体。这些环境要素之间相互作用、相互影响，其最终形成一个综合体，决定着投融资环境的优劣。任何一个环境因素的改变都可能导致其他因素随之而变，从而引起整个投融资环境的改变。例如，如果一个国家政治稳定性出现问题，那么该国的经济、对外政策都将受到影响，从而使该国的整体投融资环境发生变化。如果一个国家的某个环境因素朝有利方向改变了，相应地也会带动其他环境因素发生有利改变，从而使该国的整体投融资环境变好。

在评价投融资环境或进行投融资决策时，不能孤立地看待某一个或几个环境因素的好坏，而应该用整体、系统的眼光去进行综合评价。

（三）动态性

投融资环境的动态性是指投融资环境将会随着时间或某个环境要素的变化而不断变化。例如，某一地区基础设施的改善或某个投资优惠政策的颁布，将会使该地区的投融资环境整体变好，而如果某一地区开发投资过度，破坏了原有的生态环境，那么该地区的投融资环境将会恶化。

人们对投融资环境的评价标准，也会随着科技或社会的发展而发生变化。例如，随着科学技术的进步，原来更注重低廉劳动力成本的企业转而注重劳动力素质，从而将原来在落后国家的投资转向发达国家。

投融资环境的动态性，使受资方在进行投融资环境的建设和改善时不断改进各投融资环境要素，并且促使受资方重视预测未来投融资环境标准的改变，从而使投融资环境的建设具有相对的超前性。

（四）相对性

投融资环境的相对性是指对于不同类型的投融资项目，同样一个投融资环境会显示不同的优劣性。这是因为各种投融资活动差别很大，不同的投融资活动对投融资环境的偏好不同，对于某些投融资项目来说较好的投融资环境，对于另外一些项目而言可能是较差的。例如，银行、保险、证券等资本密集型投资项目，对当地经济尤其是金融业的发展水平极为敏感；而钢铁厂、化工厂等资源密集型项目，则对当地资源条件要求很严苛。因此，受资方不应照搬其他地区的产业政策和引资战略，而应认真分析本地区的优势条件，找出自己的相对优势，从而制定相关政策，发挥主导产业的作用，为需要自己环境优势的产业做好服务。

（五）区域性

区域经济的存在，使投融资环境总是针对某一地区而言的。区域经济是社会劳动分工的具体表现，随着科学技术进步和社会劳动生产力的发展而发展。由于各地区发展生产的有利条件不同，逐渐形成了具有不同主导产业的区域经济。

一方面，投融资环境的区域性表现在行政区域上。因为不同国家或同一国家的不同省份，对外部进入的投资往往会有不同的政策、措施，而且不同的国家或省份的地理位置、自然条件、经济水平、经济结构、风俗习惯等也不尽相同，所以它们的投资环境是不同的。另一方面，投融资环境的区域性还表现在经济区域上，由经济联系的密切程度，以及经济制度、模式的相似性等决定。

三、投融资环境的分类

投融资环境是一个动态的、多层次、多因素的大系统，各系统之间、各子系统中的因素之间，都是相互联系、相互制约的。因此，对投融资环境的分类方法有多种。

（一）按投融资环境的层次分类

按投融资环境的层次，可以将投融资环境分为宏观投融资环境、中观投融资环境和微观投融资环境。

宏观投融资环境是指影响整个社会资本运动的社会的、经济的、文化的各种要素的组合，它所涉及的变量参数是国民经济运行指标、社会发展指标、一国或一地的人文情况、政治法律制度以及地缘关系等。宏观投融资环境决定了社会总体投融资流向、投融资总量，以及投融资规模与结构。

中观投融资环境是指企业涉入行业状态、所处地域条件及相关业务关系等外在要素的集合。中观投融资环境中的产业投融资环境是指一定行业中有关投融资的外部条件，如行业发展规模及水平，行业产品的市场容量及竞争状况，行业优惠政策，行业所需主要设备、原材料和能源的供应情况等，是从产业和行业的角度研究资本投向哪一个产业、哪一个部门的。

微观投融资环境是指在社会经济个体水平上影响投融资主体的具体投融资行为的各种要素的组合。微观投融资环境与微观社会经济运行的联系表现为两个方面：在企业层面上，表现为投融资主体对投融资目标地的选择；在区域发展层面上，则反映了投融资主体充分利用区位优势参与资源配置的过程。宏观投融资环境的质量，构成微观投融资环境的基础，但也必须承认，微观投融资环境有其自身的发展运行规律，而且微观投融资环境的评价标准，也会因地域投融资的特点不同而不完全一致。所以，对投融资行为产生更直接影响作用的是微观投融资环境。

（二）按投融资环境要素的特征分类

按投融资环境要素的特征，可将投融资环境分为投融资的硬环境和投融资的软环境。投融资的硬环境是指与投融资活动直接相关的物质条件，是有形要素的总和，通常包括一个地区的物质环境和区位环境，它既包括投融资目标地的基础设施，也包括生活服务设施，是自然环境和经济环境的结合。投融资的软环境是与投资目标地的社会和人文环境有关的环境要素的总和，包括政府与政策、社会风气和治安状况，法律制度的建设和执行，与文化有关的观念、信仰、风俗习惯，等等。在以往投融资环境的研究中，一般更多关注投融资目标地的硬环境条件，以及改善的程度。但随着社会的进步和科学技术的发展，投融资主体对软环境的要求已经极为普遍和深入，甚至在部分投融资领域里，投融资主体对投融资的软环境的要求超过了对硬环境的要求。

从制度经济学的角度研究环境经济学，可以观察到“制度”对社会经济的影响是具有根本性的。制度经济学认为，“制度被理解为与具体行为集有关的规范体系。依据诺斯（North，1989）的定义，制度从根本上说是由非正式的约束、正式规则和这两者的实施特征组成的。制度是经济发展的关键因素，因为它们管制个人的社会行为，虽然这种管制可能是不完善的”①。因此，在研究投融资环境问题时，特别是研究投融资的软环境问题时，我们实际所面对的是投融资的制度因素和制度环境。一般说来，投融资的硬环境问题可以通过加大政府的投资力度、改善基础设施加以解决，而投融资的软环境的改善时间要长一些，难度也要大得多，特别是观念的改变难度更大。即使经济发达了，某些问题也仍然会存在一段较长时间。对投融资软环境的研究将是投融资环境研究的一个重要课题。

（三）按投融资环境研究的对象分类

按环境要素的研究对象，可以分为政治环境、经济环境、法律环境、科技环境、人文社会环境和区位环境等。在进行投融资环境的可行性分析时，可以将上述分类进一步细化。例如：政治环境可以细分为政治形势、地方政府的政策偏好、政府机构的设置和工作效率、社会各个政治集团，以及社会阶层对地方经济的影响等；经济环境可分为经济政策、经济制度、经济结构和经济发展水平、经济增长与产业结构、资源与其他生产要素、市场及消费特征等；法律环境可分为法律制度、法治程度、社会安全等；科技环境可分为技术引进和消化吸收的能力、人力资源的配置状况、技术创新的环境和条件等；人文社会环境则涵盖的内容较广，包括与地域文化紧密相连的伦理、意识、风俗、信仰等，可以说一切与文化有关的因素都应纳入研究的范围；区位环境是指一定投融资区域内的自然、经济、生活条件，如地区对外开放程度、地区经济发展水平、地方政府的管理水平和办事效率等，是从地区的角度探讨投融资环境要素的定向分布、组合及其变化对资本运动的影响和决定作用的，解决的是投融资区域特点的选择问题。

四、投融资环境评价的意义

投融资环境评价无论是对于投资方还是受资方，都具有十分重要的作用。

对于投资方而言，投融资环境评价将影响投资方的投资决策，投资项目的地点选择、投资方式、投资规模、投资时序的安排都有赖于投资方对于投资环境进行科学系统的评价后做出决定。投融资环境评价进一步影响着投资方的投资效益。一方面，投融资环境提供了厂商生产经营所需的各种要素，规定了厂商获取这些要素的可能性、质量、数量、种类、成本等问题。另一方面，投融资环境在税收政策、股权比例、利润汇出等政策法规方面也直接或间接地影响着企业的投资收益。因此，投融资环境评价是投资者投资前必须做的工作。

对于受资方而言，投融资环境评价则影响着吸引外资的规模、速度和结构。如果投融资环境被专家团队或专业机构评判为良好，则该地区对于外资就具有较大的吸引力。另

---

① 菲吕博顿，瑞切特．新制度经济学［M］．上海：上海财经大学出版社，1998：2.

外，由于各个产业的投资都会选择适合自身发展的环境，不同产业发展需要的投资环境也有差别，所以对于当地投融资环境的科学评价有助于该地区正确认识自身的优势与不足，进一步科学完善自身投融资环境以及有针对性地吸引投融资项目。最后，投融资环境对于受资方能够产生广泛的综合效益。例如，受资方在引进外资时，也引进了国外的先进技术和管理经验，通过区内外人员交流推动了企业的技术进步和管理水平的提高，促进了本地区的经济发展和人员素质的提高。因此，科学、系统地评价投融资环境也是受资方经济工作的重要基础环节。

第二节　国际投融资环境评价指标体系

一、投融资环境评价指标体系的构建原则

投融资环境评价指标体系的设置与建立必须综合考虑国内外的各种影响和制约因素，全面、客观、准确地评价投融资环境。具体来讲，构建投融资环境指标体系时，应遵循三个原则。

（一）系统性原则

投融资环境是由政治、经济、法律、自然地理、社会文化和物质基础等诸多因素构成的一个多层次的动态系统，这些环境要素之间相互作用、相互影响，其最终形成的综合体决定着投融资环境的优劣。因此，对投融资环境的认识和评价，应该以这种系统理论的思路作为基本出发点，投融资环境评价指标体系的设置和建立也应遵循系统性原则。首先，投融资环境评价指标体系必须充分体现投融资环境的设立目标，即在构建指标体系时，既要考虑到投资者资本增值的需要，又要考虑到受资方利用外资促进地方经济良性循环的目的，缩小二者的差距，寻求双方的协调点。其次，投融资环境评价指标体系必须从利用外资的全过程出发，全面反映影响投融资环境的各种因素，尽力满足投融资环境的综合性要求。指标体系既要反映物质环境，又要反映人文环境；既要反映经济因素，又要反映政治体制、社会文化等方面的因素。最后，投融资环境评价指标体系还必须重视投融资环境的要素相关性和层次性要求，对不同的指标赋予不同的权重。

（二）可比性原则

由于不同国家的政治体制不同，自然资源禀赋各有特色，政治经济发展不平衡，对投资方实施优惠的领域不尽相同，所以设置和建立投融资环境评价指标体系必须遵循可比性原则，否则，它对投资者和受资方的帮助和指导作用将会变得很微弱。此外，随着受资方利用外资工作的逐步深入，吸引和利用外资的规模和种类等将有大幅度上升，投融资环境的效果也将有一个明显的改善，这就要求评价指标体系能反映出这类变化，因此要求各个时期的投融资环境评价指标也具有可比性。总之，投融资环境评价指标要保持相对稳定性，口径基本统一，以便于纵向的年度比较和横向的国际或区域间比较。

（三）可操作性原则

投融资环境评价指标的选取应努力做到理论与实践相结合、需要与可能相统一，并力

求指标含义明确、统计手段灵活、计算方法简便，在基本满足评价要求和给出决策需要信息的前提下，应尽量减少指标个数，使得整个指标体系具有较高的使用价值和实际操作可行性，并能科学引导各级政府和职能部门努力改善投融资环境。

二、投融资环境评价指标体系的构建方法

投融资环境是由涉及人文的社会环境以及它所处的自然和物质环境两方面组成的。作为一个系统，它呈现为一个无所不包的整体，因而只能在一定程度上加以分析和评价。在上述基本原则的指导下，根据投融资环境的评价目标、被评价对象的一般性质、决策要求，以及拥有的有关基础资料，可以将投融资环境分成七个子系统，在此基础上再细分为若干个指标项，以便监测投融资环境所发生的变化，从而构成一个评价指标体系。

（一）自然条件子系统

自然地理环境是一个难以改变的环境要素，但对投资者却有极大的影响。判别其优劣，一般应考虑以下几个方面：①地理位置是否优越，主要看交通是否方便，与市场和原材料供应地的距离，经济腹地的大小等；②自然资源拥有量，主要看石油、天然气、原煤、金属及非金属材料等的储量，开采的难易程度等；③气候适宜性，主要看年、日平均气温及平均降雨量等。

（二）政治条件子系统

政治条件主要包括政治体制的有效程度、政治稳定性、政策连续性、国际关系等。政治环境对其他环境有重要的影响，是环境评价的一个重要指标。

1. 政治体制的有效程度

政治体制是由经济基础决定的，政治体制又会反作用于经济基础，对经济基础产生影响。考察一国的政治体制有效性主要看政权的基础、权力的制衡关系、政权交替的方式、政府的意识形态等。

2. 政局的稳定程度

政局稳定程度主要看政权是否稳定，是否得到大多数人的拥护，主要领导人是否有经常性、非常规性更换，是否有现实的和潜在的政治冲突，民族矛盾、宗教矛盾是否尖锐，军队、警察对执政党的看法等。

3. 政策的连续性

政策的连续性是指政权更迭时，上届政权制定的政策为下一届政权继承和发展的情况。政策的连续性与政治稳定性直接相关，政治越稳定，政策越有可能连续。政策的连续性与政治制度也有很大的关系，一般而言，政治制度越民主，政策连续性越好。

4. 国际关系的紧张程度

国际关系主要指与其他国家的关系。如果该国与其他国家关系紧张，往往有经济制裁、贸易壁垒甚至战争的风险。

此外，在考察一国的政治环境时，还必须对可能发生的动乱、内战、恐怖主义等保持高度的警觉。

(三) 社会基础设施子系统

社会基础设施是保证生产经营顺利进行的必要条件，其优劣程度对投资的成本、工作效率、效益有着重大的影响。社会基础设施涉及的范围很广，主要包括七个方面：①年能源供应设施，主要包括煤气、热、电等动力燃料的供应设施；②给排水设施；③交通设施，主要考查指标包括港口货物吞吐量、铁路营业里程、公路通车里程、内河航运里程等；④邮电通信设施；⑤防灾系统；⑥环境系统，主要是指环境美化和保护设施；⑦生活服务设施，包括住宅、商店、医院、旅馆、学校和其他一些服务设施等。

(四) 经济条件子系统

作为一项经济活动，投融资必然同当地的经济直接发生这样或那样的关系，因此，在投融资评价指标体系的构建中，经济条件是一个很重要的指标。经济条件子系统主要包括：

1. 经济发展状况

经济发展状况主要包括经济发展水平、经济发展速度和经济安全程度等几个方面。经济发展水平是指一国经济实力达到的程度，一般可用国民生产总值或人均国民生产总值来反映。经济发展速度则以动态形式反映一国经济的情况，发展速度越快，市场扩大也就越快，从而使需求增长，增多投资机会，加大投资获利机会。经济安全程度是指经济上出现大起大落的可能性，可以用币值、汇率、股指的稳定性和外债情况以及银行的不良资产、资本充足率等加以测定。

2. 经济体制状况

与政治体制相对应，经济体制主要是指国家或地方组织管理经济活动的制度、方式和方法的总称，主要包括商品流通体制、金融体制、财税体制、投资体制、工商管理体制、对外经贸体制、物资管理体制等。

3. 市场体系的完善程度

市场体系的完善程度决定了投资者获得经营资源的难易程度和成本的高低，从而影响到经济效益。评判该项指标，首先要看劳动力市场、技术市场、投资品市场、资本市场等各类市场是否都具备，其次要看各类市场的运作是否规范以及效率高低。

4. 技术与管理水平

技术与管理水平标志着当地生产力质量的高低，对投资项目的投入产出影响很大。可以从三个方面衡量技术与管理水平：一是劳动者文化素质和技术熟练程度；二是管理人员的经营管理水平；三是当地的协作配套能力。

(五) 政策条件子系统

政策条件子系统主要是指国家或地方对某类经济活动在一定期间内的要求和规定，是对经济进行干预的重要手段。其主要包括以下政策：

1. 外资政策

外资政策由受资方对外资的投资方式、投资领域、经营管理、资本和利润汇出等的特殊规定组成。外资政策集中反映了受资方对外资的态度，直接影响外资进入的可能性、收益性，对外资影响非常大。

2. 产业政策

产业政策由产业结构政策、产业组织政策、产业技术政策和产业布局政策组成。了解产业政策，有助于投资者了解该国产业发展的意图，从而大大降低投资风险。

3. 税收政策

税收政策直接影响投资者的投资收益，包括公司所得税率、个人所得税率、税收优惠、税收抵免等内容。往往税收负担较轻的地方比较受青睐。

4. 外汇政策

外汇政策主要包括货币是否可自由兑换、外汇汇出有无限制等。由于投资收益大多以东道国货币形式实现，投资者需要将东道国货币换成外币，因此外汇政策对投资收益的影响不容小觑。

5. 贸易政策

贸易政策主要看是否存在地方保护主义、进口限制、返销率等。

6. 工资政策

投资者要在当地投资建厂，必然要招募一部分当地员工，当地的工资政策如最低工资线标准、休假日、加班加点工资的计算等将直接影响到人工成本。

7. 价格政策

价格政策主要看物价是管制的还是由市场供求决定的。

（六）法律条件子系统

法律条件主要包括当地人的法制观念、法律的完备性、执法的公正性。投资者到一个陌生的地方进行投资活动，必须要了解当地人对待法律的态度，以及合法权利受到侵害时能否得到当地司法部门的帮助。

1. 当地人的法制观念

投资者在投资项目建设及运营过程中，必然会与当地人发生各种关系，如建设工厂、雇佣员工、购买材料、销售产品等。如果当地人法制观念强，知法守法，不必要的纠纷就会少很多，即使发生纠纷，也容易通过法律途径解决；反之，如果当地人蔑视法律，那么正常的投资活动将难以进行，这也是许多投资者不愿到落后国家或地区投资的原因。

2. 法律的完备性

法律的完备性主要是指与投资相关的法律法规如《公司法》《合同法》《知识产权保护法》等是否完备齐全，投资者在投资活动中是否处处有法可依。

3. 执法的公正性

法律最终还需要人来执行，而且许多诉讼、仲裁需要在当地进行，因此，如果当地执法机构腐败，法律再完备也是一纸空文，投资者权益依然无法得到保证。

（七）社会文化条件子系统

由于投资者必然要与当地居民发生联系，所以两者文化上的差异性对投资活动的顺利进行必定会产生一定的影响。社会文化环境的优劣主要由以下几点来评判：①国民的精神风貌；②国民的价值观念；③历史文化传统；④主要风俗习惯；⑤国民对外资的态度；⑥人口素质；等等。

以上列出了投融资环境评价指标的七个子系统，需要指出的是，投融资环境评价指标体系不是一成不变的。

一方面，投融资环境是一个不断运动发展和扩张的系统，而系统边界不是恒定的。随着对外开放程度的提高，投融资环境系统会向国内和国际两个方向延伸扩展，由沿海延伸到内陆，从较少国家和地区延伸到较多国家和地区，由工业、服务业延伸到其他产业，而且在国民经济的生产、流通、分配、消费等领域吸引和利用外资的成分也在不断增加。因此，在评价投融资环境时，要重视合理确定一定时期系统的边界范围，科学合理地设置与建立评价指标体系。

另一方面，各个行业投融资环境的制约因素不同，有些指标适用于大多数行业，如政治体制、交通设施等；有些指标则因行业的特点而具有独特的内容，如非生产性的旅游业要考虑旅游资源，资源开发型项目要考虑自然资源，而制造业则要考虑生产要素的供应、市场开发等。各个行业的制约因素是不完全相同的，指标体系的确定方式往往因投融资环境的结构性差异而有所不同。

第三节　国际投融资环境评价与测度方法

投融资环境评价与测度方法选择与投融资环境的评价标准有关，而投融资环境的评价标准通常又与投资者对投资预期目标的选择相关。在一般项目投资中，投资者在对投融资环境进行考察时，更多地注重对投资硬环境状况的分析，特别是注重对基础设施和公共配套设施的考察，如道路交通状况、通信设备及其服务能力、能源配置、生活服务设施的完善程度，以及获取这些资源使用权的成本等，而对软环境的要求却相对较低。对于高科技产业的项目，投资者对软环境的要求则较高。尽管不同的投资者对环境的要求有所不同，但在利益最大化、保证资金安全性与服务的完善性等一些基本原则上却是一致的。

目前国内外对投融资环境评价与测度的方法有很多，如国别“冷热”比较法、雷达图分析法、投资环境等级评分法等，这些方法主要分为宏观、中观和微观三个层面。

一、宏观层面上的投融资环境评价方法

宏观层面上的投融资环境评价的目的在于为投资者的宏观决策提供科学依据，即选择哪个国家或大的区域进行投资。

（一）国别“冷热”比较法

投融资环境是投资者在一国进行投资活动时各种条件的综合体，是关系跨国投资成败的关键[①]。美国的伊尔·利特法克（Isiah Litvak）和彼得·班廷（Peter Banting）通过对美国和加拿大等国大批工商业人士的调查，在《国际商业安排的概念框架》一文中提出了投

① 费清，卢爱珍．中亚国家投融资环境现状及对策研究［J］．西伯利亚研究，2015（2）．

融资环境的国别“冷热”比较法。他们列举了影响一国投融资环境的七大因素，具体包括：

1. 政治稳定性

政治稳定体现为：有一个由全国各阶层代表所组成的、为广大人民群众所拥护的政府，这个政府能够鼓励和促进企业发展，创造出良好的适宜企业长期经营的外部环境。若一国的政治稳定性高，则这一因素被称为“热”因素；反之，则被称为“冷”因素。

2. 市场机会

市场机会是指：有广大的顾客，对外国投资生产的产品或提供的劳务有尚没有满足的需求，并且具有切实的购买力。若市场机会大，则为“热”因素；反之，则为“冷”因素。

3. 经济发展和成就

若一国经济发展速度快，经济运行良好，则为“热”因素；反之，则为“冷”因素。

4. 文化一元化

一国国内各阶层民众的相互关系、处世哲学、人生观、价值观都要受到其传统文化的影响。若一元化程度高，则为“热”因素；反之，则为“冷”因素。

5. 法规阻碍

若东道国法律过于繁杂，有过多的限制，就会形成对资金流入的阻碍。若法规阻碍小，则为“热”因素；反之，则为“冷”因素。

6. 实质阻碍

实质阻碍是指自然、地理环境的优劣。这是关系到企业经营成败的重要因素。如果实质性阻碍小，则为“热”因素；反之，则为“冷”因素。

7. 地理和文化差距

投资方所在国与东道国之间距离的远近、文化差异的大小、观念上的差别也会影响投资方的投资决策。如果地理和文化差距小，则为“热”因素；反之，则为“冷”因素。

在这七大因素中，以冷热因素所占比重大小，来决定一国在投资环境方面是“冷国”还是“热国”。一般来说，“热国”对外商投资的吸引力要大于“冷国”。

国别“冷热”比较法被认为是最早的一种投资环境评估方法，这种方法简明、方便，但是指标非常粗，而且只能反映宏观因素对投资的影响，对微观因素考虑很少。不过，它或多或少地为后来的评估方法提供了思路和框架。

（二）等级尺度评分法

等级尺度评分法是由美国经济学家罗伯特·斯托伯（Robert Stobaugh）于1969年9月在《哈佛商业评论》杂志上发表的《怎样分析外国投资气候》一文中提出的。该方法成为目前国际上最流行的一种目标市场分析法。

等级尺度评分法将影响投融资环境的因素分为几类，主要考察资本抽回限制、外商股权比例、对外商的管制和歧视程度、币值稳定、政治稳定、给予关税保护的态度、当地资本供应能力、近五年的通货膨胀率等八大因素，其中每个因素又分成若干子因素；然后根据各个子因素对投融资环境的有利程度进行评分，满分为100分，其中又依八大因素各自在投融资环境中的作用大小确定不同的分数，总分范围为8~100分。分值越高，表明投融资环境越好；反之，则表示投融资环境越差。详细情况见表 9-1。

表 9-1　等级尺度评分法的主要因素和评分标准

投融资环境因素	评分	投融资环境因素	评分
一、资本回收	0~12	五、政治稳定性	0~12
无限制	12	长期稳定	12
只有时间上的限制	8	稳定但因人而治	10
对资本有限制	6	内部分裂但政府掌权	8
对资本和红利都有限制	4	国内外有强大的反对力量	4
限制繁多	2	有政变或动荡的可能	2
禁止资本抽回	0	不稳定，政变或动荡极可能发生	0
二、外资股权	0~12		
准许并欢迎全部外资股权	12	六、给予关税保护的意愿	2~8
准许全部外资股权但不欢迎	10	给予充分保护	8
准许外资占大部分股权	8	给予相当保护但以新工业为主	6
外资所占股权最多不超过股权半数	6	给予少许保护且以新工业为主	4
只许外资占少部分股权	4	很少或不保护	2
外资所占股权不得超过股权三成	2		
不准外资控制股权	0		
		七、当地资本的可供程度	
三、对外商的管理程度	0~12	成熟的资本市场，有公开的证券交	0~10
外商与本国企业一视同仁	12	易所	10
对外商略有限制但无管制	8	少许当地资本，有投机性的证券交	8
对外商有少许管制	6	易所	6
对外商有限制并严加管制	4	当地资本有限，外来资本不多	4
对外商严加限制和管制	2	短期资本极其有限	2
禁止外商投资	0	资本管制很严	0
		高度的资本外流	
		八、近五年的通货膨胀率	2~14
四、货币稳定性	4~20	小于 1	14
完全自由兑换	20	1~3	12
黑币与官价差距在一成之内	18	3~7	10
黑币与官价差距在一至四成之间	14	7~10	8
黑币与官价差距在四成与一倍之间	8	10~15	6
黑币与官价差距在一倍以上	4	15~35	4
		35 以上	2

等级尺度评分法通过评分使投融资环境的某些主要因素数量化，而且根据各因素在投融资环境中作用大小确定不同的分数，从而避免了对不同因素的均等看待问题。采用这种方法，投资者可以较容易地对不同的投融资环境进行较合理的评价。该方法使定性分析具有一定的数量化内容。鉴于以上优点，等级尺度评分法使用较为普遍。

（三）多因素系统分析法

多因素系统分析法由香港中文大学教授闵建蜀提出，它将所有影响因素进行系统归类，形成层次结构。先根据大的影响因素分为11类，即政治环境、经济环境、财务环境、市场环境、基础设施、技术条件、辅助工业、法律制度、行政效率、文化环境和竞争环境；在大类环境中再逐层将具体环境要素进行细分，以达到综合、全方位地评价投融资环境的目的。详细情况见表9-2。

表9-2　多因素系统分析法

影响因素	子因素
1. 政治环境	政治稳定性，国有化可能性，当地政府的外资政策，等等
2. 经济环境	经济增长，物价水平，等等
3. 财务环境	资本与利润外调，汇率水平，融资的可能性，等等
4. 市场环境	市场规模，分销网点，营销的辅助机构，地理位置，等等
5. 基础设施	通信，交通运输，外部经济，等等
6. 技术条件	科技水平，适合工资的劳动生产力，专业人才的供应，等等
7. 辅助工业	辅助工业的发展水平、配套情况，等等
8. 法律制度	商法、劳工法、专利法等各项法律是否健全，执法是否公正，等等
9. 行政效率	机构的设置，办事程序，工作人员的素质，等等
10. 文化环境	当地社会是否接纳外资公司及对其的信任与合作程度，外资公司是否适应当地社会风俗，等等
11. 竞争环境	当地竞争对手的强弱，同类产品进口额在当地市场所占份额，等等

在评价投资环境时，先有专家对各类因素的子因素做出综合评价，然后据此对该类因素做出优、良、中、可、差的判断，最后按下列公式计算投资环境总分：

$$E = \sum_{i=1}^{n} W_i(5a_i + 4b_i + 3c_i + 2d_i + e_i)$$

式中：W_i 为第 i 类因素的权重；a_i、b_i、c_i、d_i、e_i 分别是第 i 类因素被评为优、良、中、可、差的百分比，且 $a_i+b_i+c_i+d_i+e_i=1$ （$i=1, 2, 3, \cdots, n$）。

投融资环境总分的取值范围在1~5：越接近5，说明投融资环境越好；越接近1，说明投融资环境越差。多因素系统分析法考虑的因素比较细致全面，但对各个因素的权重设定需要随项目而定。

（四）准数分析法

准数分析法是由我国学者林应桐提出的。他按各种投融资环境因素的相关性对其进行分类：投资环境激励系数 K，城市规划完善因子 P，税利因子 S，劳动生产率因子 L，地区基础因子 B，效率因子 T，市场因子 M，管理权因子 F，并把每一类因子分成若干子因子，再对子因子进行类似于多因素评估法的加权评分，求和得到该类因子的总分。为了反映各因子处于一个系统之中，相互存在着有机联系，他提出了投资环境准数数群的概念。详细情况见表9-3。

表 9-3　投资环境准数数群参照表

项目要素代号	内　涵	评分
投资环境激励系数 K	1. 政治稳定性；2. 资本汇出自由；3. 投资外交完善程度；4. 优惠政策；5. 对外资兴趣程度；6. 币值稳定程度	0~10
城市规划完善因子 P	1. 整体经济发展战略；2. 吸引外资中长期计划；3. 总体布局配套性	0~1
税利因子 S	1. 税收标准；2. 合理收费；3. 金融市场	0.5~2
劳动生产率因子 L	1. 工人劳动素质与文化修养；2. 技术工人数量；3. 社会平均文化素质	0~1
地区基础因子 B	1. 基础设施；2. 工业用地；3. 制造业基础；4. 科技水平；5. 外汇资金充裕程度；6. 自然条件；7. 第三产业水平	2~10
效率因子 T	1. 政府机构管理科学化程度；2. 有无完善的生活服务体系；3. 咨询体系；4. 管理手续简化程度；5. 信息资料提供系统；6. 配套服务系统；7. 生活环境	0.5~2
市场因子 M	1. 市场规模；2. 产品市场占有率；3. 进出口限制；4. 人、财、物供需市场开放度	0~2
管理权因子 F	1. 开放城市管理权范围；2. 三资企业外资股权限额；3. 三资企业经营自主权程度	0~2

投资环境准数（N）的公式如下：

$$N = \frac{K \times B}{S \times T}(P + L + M + F) + X$$

式中：X 表示其他机会因素，可正可负，对 N 起修正作用。

N 值越大，表明投融环境越好。这种方法评价的因素较为全面，既有宏观因素，也有微观因素，综合性比较强，能较好地反映投融资环境的全貌。

（五）动态评价法

由于投融资环境始终处于发展变化过程中，在评价投融资环境时，不仅要看现在时点投融资环境的状态，还要估计今后有可能发生的变化，以便确定这些变化在一定时期内对投融资活动的影响。美国道氏化学公司发明的一套投融资环境的动态评价方法具有一定的参考价值。

该方法认为，投资者面临的风险可以分为两类：一是正常企业风险或称竞争风险，如竞争对手可能会生产出性价比更好的产品；另一类是环境风险，即政治、经济和社会因素，这些因素往往会改变企业所处的环境、企业经营所遵循的规则、企业经营所采取的方式，并且这些因素对企业的利弊影响是不确定的。

该方法评价过程如下：

首先，评估现存对企业生产经营活动有影响的一些因素，主要包括实际经济增长率、能否获得当地资产、价格控制、基础设施、利润汇出规定、再投资自由、劳动力技术水平、劳动力稳定性、投资刺激以及对外国人的态度等共计 40 个因素。

其次，评估可能有变化并对上述现存因素产生影响的社会、政治、经济因素，主要包括国际收支结构及趋势、被外界冲击时易受损害的程度、经济增长相对预期、舆论界领袖观点的变化趋势、领导层的稳定性、与邻国的关系、恐怖主义骚乱、经济和社会进步的平衡、人口构成和人口趋势、对外国人和外国投资的态度等。

再次，对前两项进行评价后，从中挑出 8~10 个在某个国家的某个项目能获得成功的关键因素，这些关键因素将成为不断查核的指数或继续做国家评估的基础。

最后，提出四套国家（项目）预测方案，以供决策参考。这四套方案分别为：①未来七年中关键因素造成的“最可能”方案；②如果情况比预期的好，会好多少；③如果情况比预期的糟，会如何糟；④会使公司遭遇困难的方案。

（六）雷达图分析法

投融资环境雷达图以其形似雷达指引方向而得名。雷达图的编制办法是：先画三个同心圆，均分为五个区域，分别代表投融资环境的流动性、安全性、成长性、优惠性和收益性（见图 9-1）。同心圆中最小的环代表地区投融资环境较差的状况；中间环代表投融资环境的平均水平，称为标准线；最大环代表投融资环境的最佳状态。在每个区内标出相应的放射线，分别代表每个指标体系的存在状态，在每个放射线上方分别标出待评估的投融资环境的具体指标，然后把这些点连在一起，形成无规则的闭环，即可清楚地反映出投融资环境的状态，并通过与参照系相比较进行分析和评价。根据有关专家的研究和归纳共设计出八种类型图，分别是稳定理想型、保守型、成长型、特殊型、积极扩大型、消极安全型、活动型和均衡缩小型的投融资环境评价图（见图 9-2~图 9-9）。

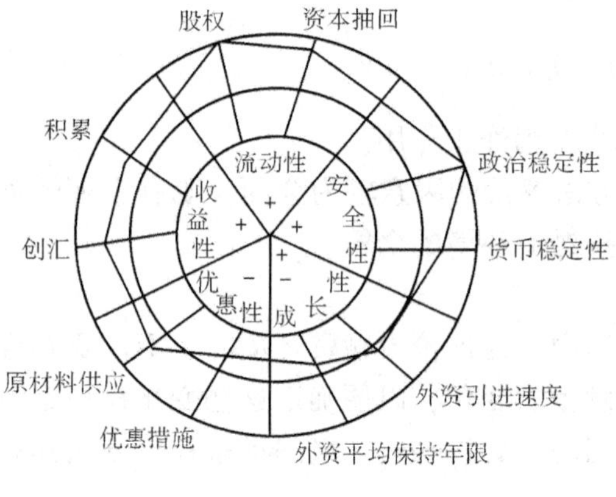

图 9-1　雷达图

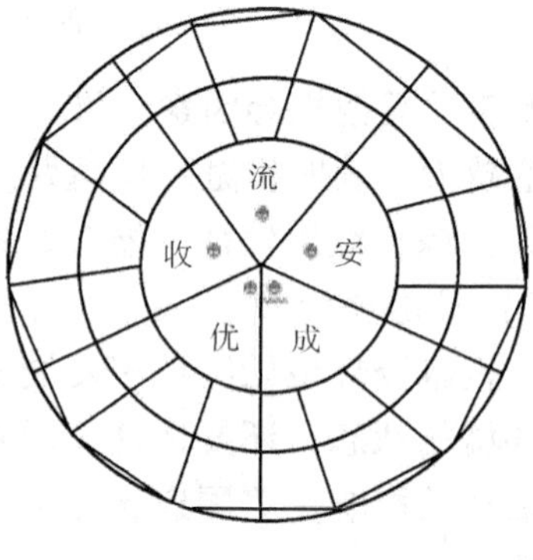

图 9-2　稳定理想型

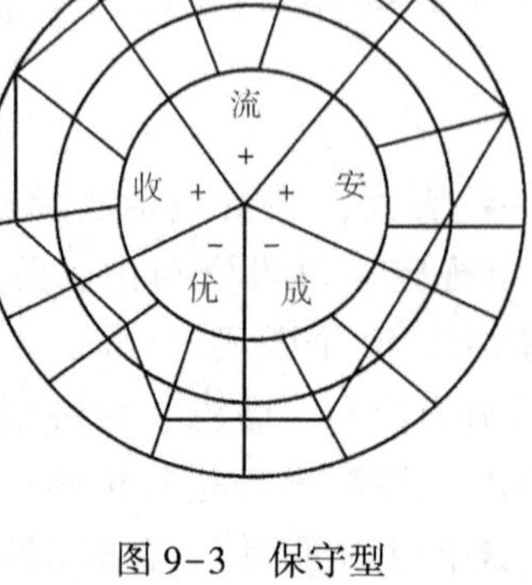

图 9-3　保守型

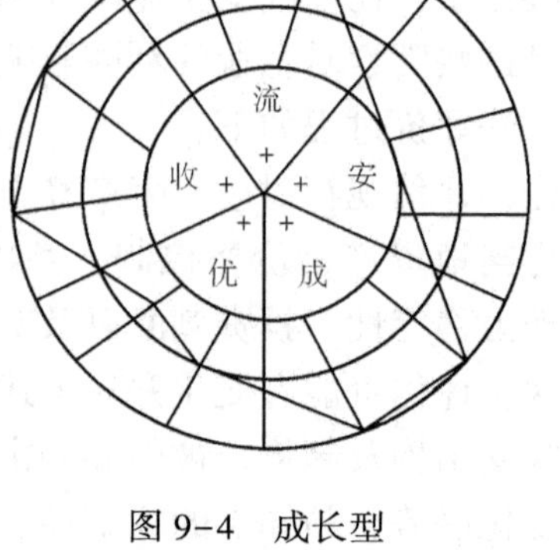

图 9-4　成长型

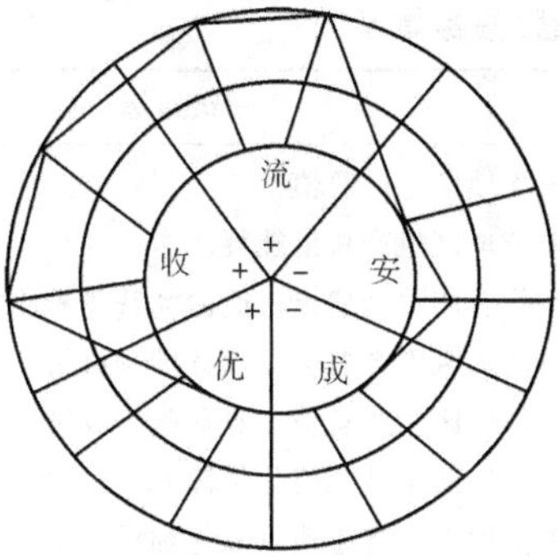

图 9-5 特殊型

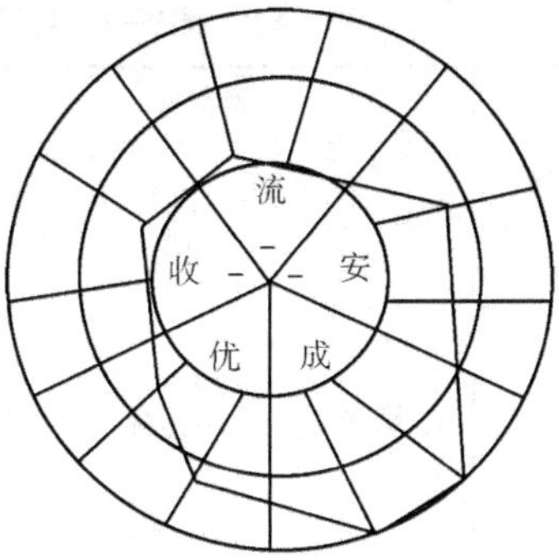

图 9-6 积极扩大型

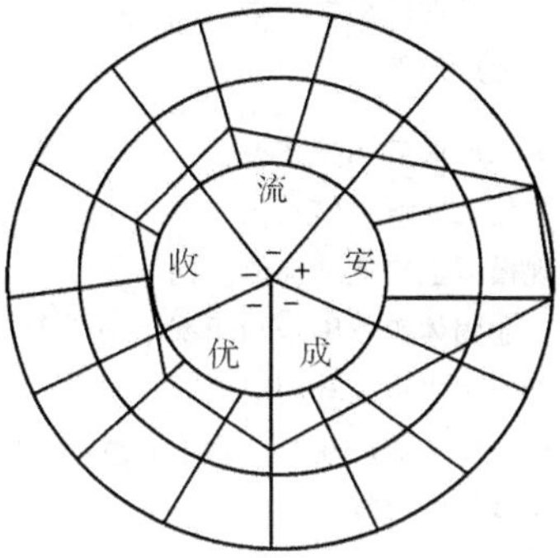

图 9-7 消极安全型

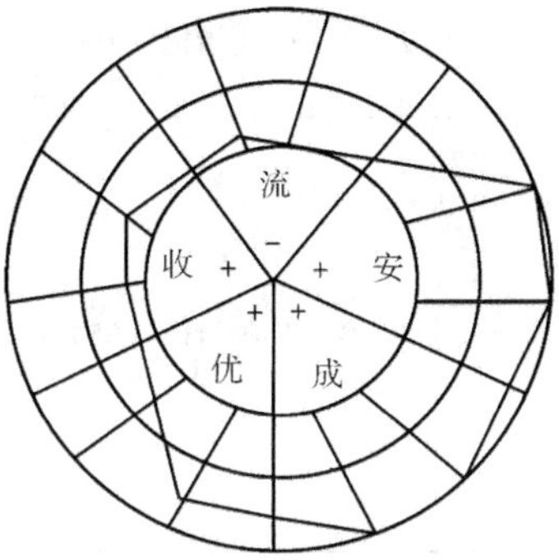

图 9-8 活动型

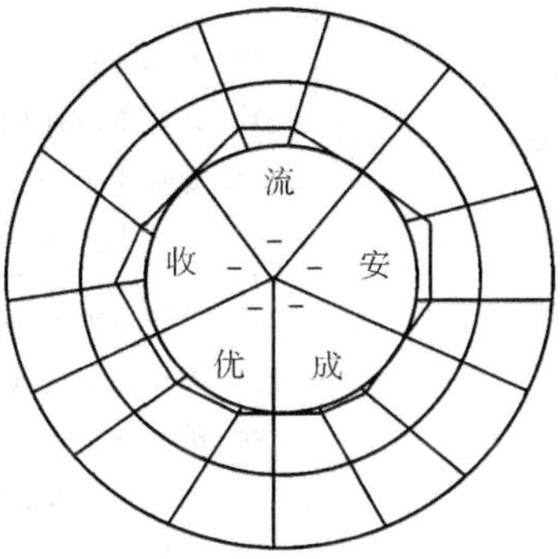

图 9-9 均衡缩小型

（七）绿色发展指数法

绿色发展指数法是由李晓西等学者在 2011 年提出的①，他们在比较分析各类评价方法基础上，结合中国实际，提出了编制中国绿色发展指数体系的思路，构造了一个包括 3 个一级指标、9 个二级指标和 55 个三级指标的结构体系，并简要阐释了测算方法，具体指标见表 9-4。

① 李晓西．中国绿色发展指数的编制［J］．经济研究参考，2011（2）．

表 9-4 绿色发展指数指标体系

一级指标	二级指标	三级指标
经济增长绿化度（30%）	1. 绿色增长效率指标（40%）	(1) 人均地区生产总值 (2) 单位地区生产总值能耗 (3) 非化石能源消费量占能源消费量的比重 (4) 单位地区生产总值二氧化碳排放量 (5) 单位地区生产总值二氧化硫排放量 (6) 单位地区生产总值化学需氧量排放量 (7) 单位地区生产总值氮氧化物排放量 (8) 单位地区生产总值氨氮排放量 (9) 单位地区生产总值工业固体废物排放量
	2. 第一产业指标（10%）	(10) 第一产业劳动生产率 (11) 土地产出率
	3. 第二产业指标（35%）	(12) 第二产业劳动生产率 (13) 单位工业增加值水耗 (14) 规模以上工业增加值能耗 (15) 工业固体废物综合利用率 (16) 工业用水重复利用率 (17) 高载能工业产品产值占工业总产值比重 (18) 火电供电煤耗
	4. 第三产业指标（15%）	(19) 第三产业劳动生产率 (20) 第三产业增加值比重 (21) 第三产业从业人员比重
资源环境承载潜力（45%）	5. 资源与生态保护指标（20%）	(22) 人均当地水资源量 (23) 人均森林面积 (24) 森林覆盖率 (25) 自然保护区面积占辖区面积比重
	6. 环境与气候变化指标（80%）	(26) 单位土地面积二氧化碳排放量 (27) 人均二氧化碳排放量 (28) 单位土地面积二氧化硫排放量 (29) 人均二氧化硫排放量 (30) 单位土地面积化学需氧量排放量 (31) 人均化学需氧量排放量 (32) 单位土地面积氮氧化物排放量 (33) 人均氮氧化物排放量 (34) 单位土地面积氨氮排放量 (35) 人均氨氮排放量 (36) 单位土地面积工业固体废物排放量 (37) 人均工业固体废物排放量 (38) 单位耕地面积化肥施用量 (39) 单位耕地面积农药使用量

续表

一级指标	二级指标	三级指标
政府政策支持度（25%）	7. 绿色投资指标（40%）	（40）环境保护支出占财政支出比重 （41）环境污染治理投资占地区生产总值比重 （42）农村人均改水、改厕的政府投资 （43）单位耕地面积退耕还林投资完成额 （44）科教文卫支出占财政支出比重
	8. 基础设施和城市管理指标（30%）	（45）城市人均绿地面积 （46）城市用水普及率 （47）城市污水处理率 （48）城市生活垃圾无害化处理率 （49）城市每万人拥有公交车辆
	9. 环境治理指标（30%）	（50）矿区生态环境恢复治理率 （51）人均造林面积 （52）工业二氧化硫去除率 （53）工业化学需氧量去除率 （54）工业氮氧化物去除率 （55）工业氨氮去除率

由表 9-4 可见，绿色发展指数体系有 3 个一级指标，分别是经济增长绿化度、资源环境承载潜力和政府政策支持度。经济增长绿化度反映的是生产对资源消耗以及对环境的影响程度；资源环境承载潜力体现的是自然资源与环境所能承载的潜力；政府政策支持度反映的是社会组织者处理和解决资源、环境与经济发展矛盾的水平与力度。

绿色发展指数体系有 9 个二级指标，分别是绿色增长效率指标、第一产业指标、第二产业指标、第三产业指标、资源与生态保护指标、环境与气候变化指标、绿色投资指标、基础设施和城市管理指标以及环境治理指标。二级指标的确定采取的方法是两次归类、适度调整，即在确定了一级指标和选择三级指标后，三级指标先按一级指标指向归类，然后，一级指标内的众多三级指标按其性质接近程度再归类。

绿色发展指数体系有 55 个三级指标，这些指标或与经济增长绿化度、或与资源环境承载潜力、或与政府政策支持度有重要的联系，对二级指标的形成有实质性的贡献。此外，三级指标的选取有典型性或代表性，比如，在电力能耗的指标上，选择火电供电煤耗，原因是火电在供电比重中最大，火电耗煤量大小是各个地区普遍面临的问题。

二、中观层面上的投融资环境评价方法

以上介绍的几种方法主要是为跨国或跨地区投融资决策提供依据。就投资而言，在确定了某个投资国家或地区后，进一步要考虑在该国或该地区的哪座城市进行投资，一般基础良好、发展势头强劲、前景广阔的城市将成为投资者的首选之地。这时就要用到中观层面的投融资环境评价方法。

（一）相似度法

相似度法是以若干地区（城市）的相对指标为统一尺度，运用模糊综合评判原理，确定评价标准值，得出一个地区（城市）在诸指标上与标准值的相似度，据以评判该地区（城市）投融资环境优劣的一种方法。

运用相似度法评价某一地区的投融资环境，一般要确定并采用以下指标：

1. 投资系数（H）

投资系数即投资额与在一定时间内所获得的利润额之比。若投资额为 T，利润为 P，则 $H=P/T$。投资系数 H 越大，投资效果就越好。

2. 投资乘数（C）

投资乘数即投资增量与获利增量的比率。以一个社会为总体来考虑时，C 也可用居民收入与投资的比例来表示。投资乘数越大，投资环境越好。

3. 边际消费倾向（B）

边际消费倾向即消费增加额与收益增加额的比率。居民的边际消费倾向越大，投资环境越好。

4. 投资饱和度（D）

投资饱和度是指某一投资领域已投入的资金与该领域投资容量的比值。

5. 基础设施适应度（J）

假定各项基础设施完全适应投资项目需要时定位 1，则

$$J=\frac{k_1a_1+k_2a_2+\cdots+k_na_n}{n}$$

式中：k_i 为各项基础设施的权重；a_i 为各项基础设施与 1 对比的适应程度；n 为基础设施项目个数。

6. 投资风险（F）

投资风险即对投资风险的估计。它的确定方法是：①先确定各风险因素；②依据来自各方面的信息，拟订若干假设方案和估计值；③进行敏感度分析，逐个变换风险因素的假设估计值，看会引起什么样的变化结果；④求出各种假设方案的数学期望，最大的数学期望与最小的数学期望之比即投资风险度。各种假设方案的数学期望之间差别越小，说明投资风险度越小，表明投资环境越稳定；反之，则表明投资环境越不稳定。

7. 有效需求率（Y）

有效需求率的计算公式为：

$$Y=\text{社会平均利润或利息}/(\text{销售收入}-\text{成本})$$

8. 国民消费水平（G）

国民消费水平即当地国民收入与居民储蓄额之间的比值，即：

$$G=\text{国民收入}/\text{居民储蓄额}$$

9. 资源增值率（Z）

资源增值率即生产技术与管理在资源转换与增值中的作用大小，其计算公式为：

$$Z=\text{资源加工产品价值总额}/\text{资源初级产品价值总额}$$

10. 优化商品率（S）

优化商品率即当地的商品总数中创地方、国家、国际名优商品总数所占比重，综合反

映了生产竞争能力。

计算出以上指标后，采用模糊综合评判原理，选择公认的投融资环境好的地方的同类指标，求出所研究的环境与公认投融资环境好的地区（城市）的相似度。两者越相似，表明所研究的投融资环境越好；反之，则表明所研究的投融资环境越差。

相似度法采用了数量分析的方法，试图以尽量少的相对指标为客观尺度来进行定量评价，是对投融资环境评价方法的一种创新。然而，由于此方法在指标体系的设置上有着一些缺陷，比如指标过于笼统，没有包容国际投资者普遍重视的政治、社会文化、外资政策及相关法律因素等指标，而且引入了一些主观性强的指标，因此，相似度法一般适用于中观层面的一国国内城市或地区的投融资环境的评价。

（二）城市投融资环境评价法

城市投融资环境评价方法由同济大学教授石忆邵提出①，目的是为已做出在某国或某一地区投资的宏观决策后的投资者服务。

城市投融资环境评价法选择人均铺装道路、每万人拥有公共汽电车、人均邮电业务总量、每百人拥有电话机数、人均生活用水及用电量、人均住房使用面积、工业废水排放达标率、人均园林绿地面积等 9 个硬环境指标，以及每万人拥有高等学校在校学生数、人均教育事业费支出、每十万人拥有医生数、每十万人拥有医院床位数、每百万人拥有影剧院数、居民储蓄年末余额、人均社会消费品零售总额、GDP 增长率、人均利税总额 9 个软环境指标组成投融资环境评价指标体系。

城市投融资环境评价法对各座城市原始指标数据进行归一化处理后，运用主成分分析方法和原理进行数量分析和建模。根据所得出的评价结果，运用坐标图示方法对各年度城市投资环境进行分类，划分出四种类型：第一类是软硬环境互动发展型；第二类是硬环境滞后发展型；第三类是软环境滞后发展型；第四类是软硬环境缓慢发展型。

三、微观层面上的投融资环境评价方法

在宏观和中观决策的基础上，在进行项目投资时，还要对具体的投资场所的适宜性和投资潜力进行比较分析和评价，以便为投资者的投资决策提供科学依据。这就需要用到微观层面上的投融资环境评价方法。由于微观层面评价方法主要是从投资项目、投资时机和投资方式等方面来进行场址选择，涉及投融资环境具体的细节问题，因此目前还没有普遍适用的方法。在此介绍石忆邵教授所提出的微观投资环境评价法。

进行投资场所的适宜性评价时，应根据重工业、轻工业、高新技术产业和服务业等不同产业对自然、经济、技术、环境等条件的个性要求来选择和构建评价指标体系。在自然条件和环境条件方面，应综合考虑海拔高度、地面坡度、地基承载力、水质、大气质量、绿化覆盖率、洪水淹没的概率、地震烈度、外方职员子女的教育问题、“三乱现象”等因素。在经济和技术条件方面，应综合考虑的因素有：距车站、机场、港口等主要交通节点的距离，土地成本和租税，水、电、气的供应及成本，离市级商业中心的距离，当地的支

---

① 石忆邵，洪琳，张洪武．中国投资环境评价方法论研究［J］．同济大学学报：社会科学版，2003（4）．

持产业和辅助性工业的配套程度，劳动力技术水准，资源禀赋，现有的产品网络和相关的服务业网络，个人和企业的信用状况，等等。

投资场所评价的具体方法有：①专家决策法，即根据所选取的场址特征指标值进行评判和加权，以场址综合得分最高者为最优选址；②匹配法，即根据用户需求和可选择的场址之间的最佳匹配程度来选择最优场址；③层次分析法，即在可能性选择中运用层次分析方法来确定最优场址。

【本章小结】

1. 投融资环境是指影响和制约投资活动及其结果的一切外部条件的总和。它包括与一定项目投资相关的政治、经济、自然、社会、宗教、文化等诸因素，是这些因素相互作用、相互影响、相互制约而形成的有机体，并通过一定的经济制度和社会制度表现出来。投融资环境在其发展和完善过程中，呈现出综合性、整体性、动态性、相对性、区域性等特点。

2. 投融资环境是一个动态的、多层次、多因素的大系统，各系统之间，各子系统中的因素之间，都是相互联系、相互制约的。按投融资环境的层次分类，可以将投融资环境分为宏观投融资环境和微观投融资环境；按投融资环境要素的特征分类，可分为投融资的硬环境和软环境；按投融资环境研究的对象分类，可分为政治环境、经济环境、法律环境、科技环境、人文社会环境和区位环境等。

3. 投融资环境评价指标体系的设置与建立必须综合考虑国内外的各种影响和制约因素，全面、客观、准确地评价投融资环境。在构建投融资环境指标体系时，应遵循系统性原则、可比性原则及可操作性原则。

4. 在对投融资环境进行评价时，可以将其分为七个子系统，在此基础上再逐一细分为若干个指标项，以便监测投融资环境所发生的变化，从而构成一个评价指标体系。这七个子系统分别是自然条件子系统、政治条件子系统、社会基础设施子系统、经济条件子系统、政策条件子系统、法律条件子系统及社会文化条件子系统。

5. 投融资环境评价与测度方法选择与投融资环境的评价标准有关，而投融资环境的评价标准通常又与投资者对投资预期目标的选择相关。目前国内外对投融资环境评价与测度的方法有很多，如国别“冷热”比较法、雷达图分析法、投资环境等级评分法等，这些方法主要分为宏观、中观和微观三个层面。宏观层面上的投融资环境评价的目的在于为投资者的宏观决策提供科学依据，中观层面上的投融资环境评价为在该国或该地区的具体区域进行投融资提供科学依据，微观层面上的投融资环境评价主要是从投资项目、投资时机和投资方式等方面对投融资环境进行考察。

【思考题】

1. 什么是投融资环境？为什么要对投融资环境进行评价和测度？

2. 投融资环境的优劣为什么会影响到国际投融资活动？

3. 影响和制约投融资环境的因素有哪些？简述其相互作用的机理。

4. 对投融资环境进行分类的依据有哪些？依据这些标准可以将投融资环境分为哪几

种类型？

5. 投融资环境评价指标体系应该以什么样的原则进行构建？

6. 投融资环境评价指标体系一般分为哪几个子系统？简述各个子系统指标的构成及其作用。

7. 评价与测度投融资环境的方法有哪些？哪些因素构成测度的重要因子？

8. 在运用相似度法评价某一地区的投融资环境时，一般要确定并采用哪些评价因子？如何运用测度结果对投融资环境进行评价？

第十章　国际投融资风险管理

【学习目标】

◎了解企业和金融机构在进行国际投融资时会面临的风险

◎了解企业和金融机构可以从哪些方面控制国际投融资风险，政府和中央银行能提供哪些政策

◎掌握进行国际投融资时可以使用的控制风险的工具

【引导案例】

1998 年长期资本管理公司（LTCM）危机与俄罗斯债务违约

1998 年 8 月 17 日，俄罗斯政府宣布将延期偿还所欠的所有债务。俄罗斯政府决定优先支付工人的工资，而将偿还给西方债权人的钱延期支付，这意味着卢布将得不到支持，俄罗斯政府任其贬值。对相当一部分到期债务来说，俄罗斯政府违约了。几天后俄罗斯政府再度宣布将延期偿还相当于 135 亿卢布的到期债务。在最初时刻，市场反应还是一片静寂。但很快，墨西哥和巴西债券市场行情应声而跌，且日本和其他新兴金融市场的地位被进一步动摇。俄罗斯金融危机发生后的第三天，清醒过来的投资者纷纷从新兴市场大举抽身，并开始从任何被怀疑有可能出现风险的市场上撤离。1998 年 8 月 21 日星期五，亚洲和欧洲股票价格大幅下降，美国道琼斯指数重挫 280 点。市场波动幅度如此之大，在很短时间内就使长期资本管理基金蒙受了数以千万美元计的巨大损失。

然而，这一事件对市场信用造成的打击，远比看到的损失大。国库券价格出现巨幅上涨，而这种巨幅上涨，很明显不是因为恐慌本身，而是由投资者焦躁不安的心理驱动的。仅仅在几个月之前，投资者对不同债券之间的风险差异还不甚在意，现在却成为他们考虑问题的唯一出发点。就这样，在俄罗斯金融危机、日本紧急衰退的连续打击和影响下，在全世界每一个市场上，投资者只要一样东西，那就是安全性最高的债券：在美国，就是 30 年期国库券；在德国，就是 10 年期政府公债。由于全世界的投资者只想要安全的债券（越安全的债券，也就是收益率越低越好），只想迫不及待地抛售掉所有不安全的债券（越不安全的债券，也就是收益率越高的债券），从而导致市场信用利差越来越大，甚至达到前所未有的程度。于是，长期资本基金每时每刻都在发生巨额亏损，亏损的数额每分钟以百万美元计。

资料来源：罗文斯坦．赌金者：长期资本管理公司（LTCM）的升腾与陨落［M］．上海：上海远东出版社，2006：175-177.

第一节　国际投融资风险管理概述

国际投融资面临各种不确定因素，企业投融资的成本和收益暴露在风险中。如何减少和避免这些风险带来的损失，是跨国投融资企业必须认真对待的问题。国际投融资风险是指在国际投融资过程中，各种不确定因素的存在，使参与主体的实际收益与预期收益发生一定的偏差，从而有蒙受损失和获得额外收益的可能性。

国际投融资风险集中体现为价格及汇率的风险。汇率波动会从两个方面影响国际投融资收益：一是会使企业筹资成本即投资成本增加，而使投资的净收益减少；二是以外币表示的投资收益在转换为本币时也可能因外币贬值但名义收益不变而使实际收益减少。国际投融资还需要面对国家政治变动的风险，如战争、强制国有化、外汇管制政策等，这些风险可能给国际投资项目造成重大损失。例如，债务国的政治风险可能导致债务人无法履行或拒绝履行偿付义务，从而给债权人带来风险。

一、国际投融资的主要风险来源

根据国际投融资形式识别国际投融资风险，有以下分类。

（一）国别风险

国别风险是指一个主权国家由于经济困境、外汇管制、政府更迭、政策法规变化等原因，不愿或无力偿还外国债务，而给国外债权人造成的风险。20 世纪 80 年代，中南美洲国家发生不能偿还国际债务的危机。随后，波兰等国由于政治动荡也出现债务危机。1998 年俄罗斯拒绝偿还到期债务，引发了美国长期资本管理公司危机。所以，在国际投融资活动中始终存在着一国无力清偿外债所带来的风险。在 20 世纪 80 年代，正是由于债务国无法偿还到期债务，导致美国债券发行银行大量倒闭，使美国银行业受到重创引发国际债务危机。

（二）直接投资中的融资风险

在跨国直接投融资中，国际银行面临的风险主要来自三个方面：一是所投资产业的状况及国家所持有的产业政策的变化，包括所有权结构、技术水平，以及市场竞争的秩序与成熟度；二是所投资国家和地区市场的自然环境及基础设施建设的水平，包括交通、通信、地理、水质、气候等条件的影响；三是所投资国家的文化及宗教等与市场供求直接相关的因素，包括当地居民的消费理念、风俗习惯、信仰及社会组织对市场的影响程度等。

（三）国际金融投资的风险

在国际金融市场，对不同产品进行投资的风险水平有很大差异。在直接金融投资中，投资世界银行债券、发达国家的国债类金融产品的风险水平相对较低，而投资银行金融债券和企业债券的风险则相对较高。金融产品的衍生程度越高，蕴含风险的可能性越大，因为任何来自利率、汇率、股价、债价的波动都会直接引发金融市场的风险，尤其在金融全球化的背景下，一些国际游资极易借助金融衍生品的创新特点进行高投机性活动，从而造成金融市场的波动。

从借款人的角度分析，有两个方面的风险应予以重点关注：一是债务人自身以及所处环境的风险，特别是来自目标国或地区资本市场的风险以及由信息不对称引发的金融资产价格、法律制度、税收政策等方面的风险。二是外债偿还的风险。借款人可能将借来资金用于生产经营，也可能用于市场投资或是转借他人。借款人必须用借来的钱获得收益，才能有偿还能力。因此，在资金运用的过程中，如果不能如期产生收益，借款银行就不能按期偿还本息。如果贷款人停付外债，就会失信于市场，也会引来存款人的挤兑。另外，在借款期内，货币利率上升、汇率上浮，也会增加借款人的债务负担。

（四）项目贷款风险

项目贷款是指银行对一个开发项目、建设项目、技术改造项目、社会项目以及各类扶持与推广计划项目等发放的贷款。国际银行发放项目贷款而产生的项目风险原则上由债权人承担，因此在项目执行过程中的任何风险都将转化成为放贷机构的经营风险，包括超支风险、高管责任风险、项目的产品销售风险、效益预期下降风险等。

二、国际投融资风险的防范措施

基于国际投融资风险管理的国际经验，我们将国际投融资风险的防范划分为宏观和微观两个层面来阐述。

（一）国际投融资风险的国家或国际组织防范措施

从宏观层面来讲，主要通过国家间政策、行为的协调，努力为跨国投融资活动创造一个较好的政治、经济大环境，从而防范、控制和减少国际投融资风险，促进世界各国经济稳定发展。

1. 国际多边和双边投融资保护

多年来，联合国及一些区域性组织和专业性组织，均在积极地协调各国的投融资管理政策，加强各国在投资鼓励与限制方面的合作；力图通过多边条约建立国际投资保证机构，防范和控制国际投融资风险。世界银行在 1985 年的年会上正式通过了《多边投资保证机构公约》，该公约成为该方面具有标志性、国际性的制度安排。国际多边投资保护措施的制定体现了广泛性、一般性原则。

为有效地促进海外投资和利用外资活动的发展，投资国政府与东道国政府之间往往通过协商，根据两国具体实情，结合国际投融资管理惯例，签订双边投资保护协定，使跨国公司的投融资活动具有法律上的保障。国家双边投资条约一般包含两国间双边投资者的待遇、政治风险的规定、投资争议的处理等内容。

2. 资本输出国的海外投资保护和东道国对外资保护

国家政府间制定投融资风险防范措施是从宏观层面上进行考虑的，除非有专项保护，一般不针对某个企业或特定项目。在国际投融资活动中，东道国可能与投资国签订过投资保护的双边或多边协议，也可能没有签订这样的协议。但是鉴于东道国的政治、经济形势在不稳定期时可能出现的不确定因素较多，而各类企业在生产、经营、进出口中遭遇的风险及风险程度不同，因而投融资主体风险的自我控制与化解显得更为重要。

（二）国际投融资风险的一般控制手段

从微观层面来讲，国际投融资风险的防范措施有以下几种：

1. 风险回避

风险回避是指事先估计出风险产生的可能程度，判断导致其出现的条件和因素，并在行动中尽可能地避免，或改变行动的方向。例如，可放弃对风险较大国家的投资和贷款计划等。风险回避是风险控制中最根本的措施，也是持保守态度时采取的策略与手段。但采取风险回避策略的同时，也会失去参与国际竞争和获取盈利的机会。因此，该策略的选择与运用通常存在一定的前提条件：一是特定风险所导致的损失频率和损失幅度相当高，超过可能的风险承担预期；二是实施风险管理的成本远远高于其所产生的效益。这两个前提条件中的任意一个存在时，可选择实施风险回避。

2. 风险控制

风险控制是指投融资主体在分析风险的基础上实施对抗风险的措施，以维持原有决策，减少风险出现的可能性和经济损失的程度。例如，当东道国发生内乱或种族冲突时，经分析认为并不严重时，可增派人员进行驻地保卫，以防止受骚乱的冲击。以控制的时间为依据，风险控制可分为事前控制和事后控制。事前控制，就是在损失发生前消除或减少可能引起损失的各种因素，如在进行投资时仔细分析东道国的风险，通过若干手段改善与东道国政府、企业和消费者的关系，以降低发生政治风险的可能性；事后控制是指在损失发生后尽可能地降低损失程度。

3. 风险自留

风险自留是指对一些无法避免、无法转移的风险采取内部化的处理措施，运用机构对风险的控制能力降低对投资人可能形成的风险冲击。风险自留是一种较为积极务实的风险控制手段。该方法适用的情形是：一是处理风险的成本非常高时；二是风险可能造成的损失在企业的承受范围之内时；三是风险不可转移时。风险自留的能力取决于两点：一是投融资主体分析风险、控制风险的能力；二是投融资主体自身的经济能力。前者反映出企业不论大小，均能通过风险自留过程来降低风险的冲击力；后者则反映出不同机构在风险自留中的损失承担能力。一般跨国公司都储备了数量相当大的风险准备金，以在风险发生时应对可能的冲击影响。

4. 风险集合

风险集合是指在大量同类风险发生的环境下，行为人联合起来分散风险损失，并降低因防止风险而产生的经济成本。例如，为解决债务偿付中的风险，可建立国际合作性质的多边担保机构。该担保机构可提供“搭桥贷款”，帮助债务国或债权国银行渡过危机。目前国际上盛行的“联台融资”就是通过风险集合手段来减轻风险损失的。

5. 风险转移

风险转移是指某风险承担者通过某些技术或经济手段将风险转移给其他主体承担。保险是一种最常见的风险转移技术，很多国家为了保护其跨国公司的利益，针对战争、征收、汇兑限制等政治风险为企业提供政策性保险，而且还有大量的商业保险根据不同风险的发生情况及可能造成的损失提供风险转移路径。除保险外，还有其他技术途径也可以产生风险转移的效果，如租赁合同、转包合同、各种金融或金融衍生工具等。

上述五种风险防范措施在内容、使用方式、作用上不尽相同，故在实践中，进行国际投融资活动的企业必须根据自身所处风险的位置、投融资进行的深入程度，采取不同的手段单独或组合进行风险控制与化解。

三、国际投融资风险管理的程序

在国际投融资风险管理研究的文献中，一般把风险管理程序简要概述为风险识别、风险估测、开发并选择处理技术、组织和实施、监督和评价五个步骤。

（一）风险识别

风险识别是指通过一定的方法和途径认知各种风险的存在情况，采用合适的方法对所面临的风险进行分析、归类、整理和鉴定，以便了解风险的类型、性质、形成机制与传导路径等。概括地说，从事国际投融资的企业面临三类风险：第一类是价格风险。价格风险是指输出商品和要素价格或者输入商品和要素价格发生变化，所引发的企业现金流量的变化。因此，价格风险划分为商品和要素价格风险、汇率风险和利率风险。第二类是信用风险。当企业的客户和当事人不能履行所承诺的支付时，企业就面临着信用风险。绝大多数企业在应收账款上都面临着一定程度的信用风险。如果企业向外借债，那么在使贷款人陷入信用风险之中的同时，企业自身也面临着因无法偿还债务而被迫倒闭的风险，以及因存在信用风险而迫使企业再次借债导致成本增加的风险。第三类是纯粹风险。这种风险包括四种类型：一是物理损坏、被盗以及政府征收而引起的财产损失的风险；二是给客户、供应商、股东以及其他团体带来人身伤害或者财产损失而必须承担的法律责任风险；三是对雇员造成人身伤害而必须进行赔偿的风险；四是按照雇员福利计划，雇员死亡、生病以及伤残而引起的必须给予支付的风险，也包括养老和退休计划中企业所承担的责任。

（二）风险估测

对各种已识别出的风险应该进行评价。一般的风险估测包括两个方面的内容：一是风险发生的频率估测；二是风险可能造成的损失程度估测。风险估测既要考虑所有可能发生损失的规模，又要考虑可能发生的损失最大会达到多少。风险估测相当困难，即使是一些大的企业集团，因受其所在行业因素的限制，也不具备足够多的独立风险估测能力。所以，国际投融资中的风险估测通常由专门从事风险管理研究的单位或部门进行。

（三）开发并选择处理技术

风险处理方法概括起来主要有控制型和财务型两种类型，各种类型中又有若干具体方式。控制型风险处理法致力于消除、回避或减少风险发生的频率，限制风险损失的扩大及其危害程度等。财务型风险处理法的重点在于解决为潜在的损失融资的问题，要求事先做好吸纳风险成本的财务安排，力求以较低的风险处理成本取得较大的安全保障。

（四）组织和实施

这里的组织与实施是指如何落实风险管理方案。落实风险管理方案效果的好坏直接影响风险管理能否达到预期的管理目标。其基本步骤是：

第一，设计跨国公司的风险管理组织架构。根据东道国的政治、经济、文化、技术条件，以及企业自身的风险目标、经营环境、规模和发展阶段等，进行合理的制度设计，达到有效预防风险、转嫁风险的目的。

第二，制订合理的授权计划，规定各级管理人员的操作权限，并赋予其相应的责任。

第三，进行高效的领导和协调。在进行风险管理时，企业领导者应该具有高度的创造性思维能力、良好的合作能力以及采取果断行动的魄力。由于跨国公司的文化差异显著，所以风险管理策略实施中的协调问题非常重要。

（五）监督和评价

影响国际投融资的因素是不断变化的，对各种风险的动态管理也需要进行持续的评估与监督。其中，既包括对风险管理方法的评估，也包括对风险管理战略实施情况的评价与监督。风险监督工作强调的是对正在执行的业务及其风险管理进行实时跟踪、评估和纠正，监管与评价的基本内容包括：风险管理的指导思想是否合适，风险识别是否存在重大遗漏，风险管理策略是否适当，风险管理的成本收益是否偏离预期，风险管理流程是否合理，等等。通过上述评估工作，发现问题并改进，不断完善风险管理工作。

第二节　外汇风险及其管理

一、外汇风险的概念与影响因素

外汇风险有广义和狭义之分。广义的外汇风险是指汇率及其变化、交易者到期违约以及外国政府实行外汇管制可能给外汇交易者带来的经济损失或经济收益，包括一切以外币计价的经济活动中产生的信用风险、结算风险、国家风险、交易员作弊风险、流动性风险和汇率风险。狭义的外汇风险是指在国际经济贸易、金融活动中，以外币调价的收付款项、资产与负债因汇率变动而蒙受损失或获得意外收益，因此又称汇率风险。本书仅讨论狭义的外汇风险。从静态来看，影响汇率变动的因素主要有以下几种：

（一）国际收支差额

国际收支是指一国在一定时期内全部对外经济往来中所发生的收入和支出。国际收支差额与汇率之间存在相互影响关系。国际收支差额既受汇率影响，又影响汇率的供求变化。在国际收支差额中，贸易收支差额是影响汇率变化的重要因素。当一国存在国际收支顺差时，本国外汇收入比外汇支出多，外汇的供给大于外汇的需求，则外币贬值，本币升值；反之，当一国有国际收支逆差时，外汇的供给小于外汇的需求，则本币贬值，外币升值。

（二）不同国家间的利率波动

在开放经济和市场经济条件下，利率变化将通过资本流动的变化引起汇率变化。当一国提高利率水平，造成本国利率高于外国利率时，会引起外国资本流入该国，造成外币供过于求，外币贬值，本币升值；反之，如果一国降低利率水平，造成本国利率低于外国利率，则会引起资本从该国流出，造成外币供不应求，外币升值，本币贬值。

（三）不同国家间相对通货膨胀率的影响

货币对外价值的基础是其内在价值。如果货币内在价值降低，则对外价值的表现形式汇率也将随之下降。自从纸币在全世界范围内取代金属铸币流通后，通货膨胀率几乎在各国都不同程度地发生。因此，考察通货膨胀率对汇率的影响时，要考察相对通货膨胀率。一般来说，相对通货膨胀率持续较高的国家，其货币的内在价值将下降，其汇率也会随之下降。

（四）国家的经济实力

稳定的经济增长率、低通货膨胀水平、良好的国际收支状况、充足的外汇储备以及合理的经济结构和贸易结构等都标志着较强的经济实力，为本国货币币值稳定提供了物质基础，有助于加强外汇市场投资者对本国货币的信心，保持本国货币坚挺。

（五）宏观经济政策变化

市场开放条件下，一国政府为协调宏观经济而采取的货币政策和财政政策，将会对该国货币汇率产生影响。实行扩张性货币政策，将导致货币供应量增加，利率下调，大量资本外流，使外汇市场对本国货币的需求下降，从而使本国货币汇率下降；实行扩张性财政政策，将直接导致需求膨胀，进口增加，使外汇市场对外国货币的需求增加，从而使本国货币汇率下降。

（六）其他因素

在金融自由化和金融深化发展的背景下，国际金融市场运行的内涵在发生变化，汇率对投机资本的冲击、政府干预政策的变化、政治因素等非常敏感。一些重要的证券市场，以及大宗商品期货（如石油市场）的价格波动对汇率也有重要影响。

二、外汇风险的类型

根据外汇风险的作用对象及其表现形式，可以将外汇风险划分为交易风险、会计风险和经济风险三类。

（一）交易风险

交易风险也称兑换风险、头寸风险，是指一个经济实体在其以外币计价的跨国交易中因签约日和履约日之间汇率变动而导致应收资产或应付债务的价值发生变动的风险，即汇率变动对将来现金流量的直接影响而引起外汇损失的可能性。可能产生交易风险的经营活动是以外币标价进行的、协议成交与实际交割不是同时完成的外币业务。

（二）会计风险

会计风险也称折算风险。从会计角度出发，外汇风险主要是指汇率变动对企业资产负债表的影响，这类风险基于账面价值，主要反映汇率波动带来的实际损失和会计处理中出现的账面损失。会计风险的大小由国外子公司的资产负债结构、收入支出结构和母公司进行折算时采用的折算方法决定。折算风险造成的损失或收益通常不会真正实现，即不会影响企业未来的现金流量，只会改变企业合并财务报表或外币换算财务报表上所反映的经营成果和财务状况，但这些账面上的损益会影响到企业向股东和社会公开营业报告书的结果。

（三）经济风险

经济风险也称经营风险，是指意料之外的汇率变化对企业未来国际经营的盈利能力和现金流量产生影响的一种潜在风险。相对于交易风险与会计风险对跨国公司的经营效果和现金流量所产生的短期的、一次性的风险来说，经济风险可谓“实际发生的深度风险”，对跨国经营产生的影响最大。

三、外汇风险的管理

在国际投融资中，企业通常要在国际范围内收付大量外汇，或拥有以外币表示的债权与债务，或以外币标示其资产与负债的价值。各国使用的货币不同，加上国际汇率频繁波动，会给外汇持有者或使用外汇者带来不确定性，即带来外汇风险。而利率的波动所造成的外汇风险，有可能导致国际投融资的失败，并影响企业的信用等级，因此在国际投融资中进行外汇风险管理是非常必要的。

（一）交易风险的识别与管理

在企业管理中，交易风险的识别与管理方法通常有以下两种：

（1）识别净交易风险暴露与货币保值。识别各种货币的净交易风险暴露，是跨国公司做出任何有关保值决策的首要条件。只有在此基础上，跨国公司才能在整体上预测和掌握在未来的确定时期内每种货币预期的净头寸。但跨国公司所采取的整个保值措施，旨在消除子公司间的头寸地位，从而减少甚至抵消交易风险，因此不需要对单个子公司的资金投放进行保值。

（2）消除交易风险暴露的保值措施。跨国公司采取的任何可以完全或部分消除外汇风险的技术都为保值措施。外汇市场上各种形式的风险管理工具为跨国公司的交易风险暴露提供了现成的技术，包括远期合同法、期货合同法、货币市场保值、货币期权保值、货币互换、提前与滞后策略、交叉保值、转移定价调整、计价支付货币的调整选择、搭配和配对以及货币多样化组合等。其中，前五类为消除交易风险的保值措施，后几类为减少交易风险的保值措施。

（二）会计风险的防范与管理

在企业管理中，会计风险的防范与管理方法通常有三种：

（1）调整现金流量。资金调整包括改变母公司或子公司预期现金流量的数量币种，以减少企业当地货币换算风险。在预期当地货币贬值时，直接的资金调整方法有出口用硬币定价，进口用当地货币定价，投资硬币证券，以及用当地货币贷款替代硬币贷款；间接的方法包括调整子公司间货物销售的专一价格，加速股利、服务费、使用费等的支付。

（2）进行远期外汇交易。远期外汇交易是外汇市场上进行远期外汇买卖的一种交易行为，通常由经营外汇交易的外汇银行与外汇经纪人经营。远期外汇交易一般由买卖双方先订立买卖合同，规定外汇买卖的数量、期限和汇率等，到约定日期才按合约规定的汇率进行交割。

（3）风险对冲。风险对冲主要用于有一种以上外币资金头寸或需用同种货币冲销原先头寸的情况，一般要求跨国公司进行多种货币风险的对冲。通常对冲的方法包括：用一种货币的空头抵消同种货币的多头；对两种高度正相关的货币，用一种货币的空头抵消另一种货币的多头；对两种负相关的货币，以它们的空头或多头进行相互抵消。

（三）经济风险的规避与管理

能否避免经济风险在很大程度上取决于企业的预测能力，预测的准确程度将直接影响企业在生产、销售和融资等方面的战略决策。经济风险对企业的影响比交易风险和会计风险大，不但影响企业在国内的经济行为与效益，还直接影响企业的涉外经营效益和投资效益。经济风险的管理方法有以下几种：

（1）调整经营战略与营销策略。针对汇率的长期性改变，跨国公司可以调整经营战略与营销策略，通过改变产品市场结构等途径来维持竞争力。汇率变化对市场份额的影响是通过影响成本和价格实施的。在国际市场上，子公司所在地货币贬值，会使子公司产品在国际市场上的价格相对下降，使子公司在定价策略上有较大的灵活性和在出口市场上有较强的竞争实力。

（2）调整生产管理战略。针对暂时性的汇率失衡，跨国公司可以调整原材料、零部件和制成品的采购渠道，当本国货币贬值时，公司应根据比较价格和替代可能性来寻找用国内投入替代进口投入的途径，从而使其生产成本稳定在原有水平上。

（3）制定全球经营多元化战略。首先，实行经营地域多元化。在国际经营中要避免使企业的海外商务活动过于集中在某一个国家或地区，要使经营活动不断向其他国家或地区拓展，使海外生产点的产销活动尽量本土化。其次，实行产品结构的多元化。这可以避免企业的生产经营过分依赖于某种或某类产品，减少市场竞争突然加剧或市场突然萎缩带来的不利影响。最后，实行融资结构的多元化。融资结构的多元化包括积极开展国际证券的投融资，保持资金的来源及其投放在币种、期限上相互匹配并形成合理的结构等方面。

综上所述，无论运用哪一种策略来防范外汇风险，都必须付出一定的代价和成本。因此，在多大程度上调整风险管理策略取决于成本效益估算。只有进行风险管理所获得的收益大于所付出的成本，风险管理才是有效率的。

第三节　利率风险及其管理

一、利率风险的产生与影响

利率风险是指不同类型的不确定因素引起的利率变化直接或间接造成融资成本增加或投资收益降低的风险。

（一）利率波动原因分析

在市场经济发达国家中，利率是调节经济活动的重要手段之一，政府通过提高或降低利率来干预宏观经济，进行经济结构和产业结构的调整。频繁的利率变动常常使得一些国家竞相调整利率，从而使国际投融资活动可能遭受意外损失。

1. 通货膨胀对利率变化的直接影响

社会物价水平上涨、货币贬值的结果，是实际利率水平下降。实际利率水平下降又导致货币投放增加和信贷供应增加，形成进一步的通货膨胀。这种相互推进式的影响直接导致利率的波动，并带来风险。除此之外，各国政府为了控制通货膨胀，在一定时期内采取的调整利率的紧缩措施，也会导致利率的波动，并带来风险。

2. 国际货币市场利率变化的影响

国际货币市场作为一个开放的商业竞争场所，其市场利率的变化是经常性的。一些主要发达国家为了提高本国经济的国际竞争能力和改善国际收支状况，往往通过提高利率的办法达到降低通货膨胀率和吸引外国资金的目的。这种竞争成为国际货币市场利率变动的重要原因。

（二）利率波动对国际投融资的影响

1. 利率波动对国际融资利息成本的影响

如果借款时采用固定利率，那么当借款所使用货币的市场利率水平在这期间内下降，但债务人仍需按规定的较高利率水平支付利息时，债务人的实际借款成本就会增加；反之，债务人的实际借款成本就会下降。如果借款采用浮动利率，即债务人支付的利息水平会随着市场利率的变化而变化，则市场利率的上升会直接造成借款利息增加，债务人的借款成本就会提高；反之，市场利率下降，债务人的借款成本就会下降。

2. 利率波动对国际间接投资收益的影响

一般性规律显示，债券价格与市场利率呈反方向的变化。当市场利率上升时，债券价格下跌，如果这时投资者出售债券，将遭受利息损失。当企业发行新债券时，市场利率上升，新债券的利率随之提高，投资者对原来已经发行的债券的投资就会受到影响，因此原来发行的利率较低的债券价格必将出现波动，从而影响投资者的收益。最后，当市场利率提高时，企业的融资成本相应增加，可能导致经营效益下降。

二、利率风险管理

利率风险管理的基本原则是将未来的不确定性降低到可承受的范围之内。现代金融衍生市场的发展为利率管理提供了众多金融工具。

（一）利率互换

利率互换是指交易双方在债务（或资产）币种相同的情况下，相互交换不同形式利率的一种预约业务。常见的利率互换有固定利率对浮动利率的互换、不同期限浮动利率之间的互换以及不同基准利率之间的互换。利率互换其实就是改变一家借贷机构因利率变动面临的风险敞口并以较低成本借款的一种方式，它运用了比较成本优势的原理，使得即使互换一方比另一方无论在哪个市场上都更具有优势却仍可从互换中获利。

互换双方可以把利率从固定的转化为浮动的或从浮动的转化为固定的，使之与资产、负债的期限更匹配（互换还可以调整久期），但互换双方并没发生实际借贷关系。金融中介作为安排互换的中间人，可以从中挣得中介费；如果金融中介同意提供担保，保证互换合约的顺利履行，客户还必须向其支付一笔额外的费用。利率互换使用最广泛的短期浮动利率包括 LIBOR、美国长短期国债利率、美国优惠利率、联邦基金利率和银行存单等。我国使用的是 SHIBOR。

利率互换的优势有：成本相对较低，程序简单。利率互换的缺点为：要承担大量经纪人佣金，面临信用风险、基差风险及利率风险。

（二）远期利率协议

远期利率协议是一种事先由双方协定某种利率，在结算日按特定的期限支付某一存款利息的合约。合约的“买方”选择远期利率协议是想对在将来某个时候收到的存款在今天确定利率。合约的“卖方”选择远期利率协议则是为了预防在将来某一时候利率下降的风险，“卖方”出售一笔远期利率协议就等于发放一笔远期支付的贷款。双方在结算日根据当时市场利率与约定利率结算利差。这一利差乘以商定利率，就是远期利率协议的“买方”从“卖方”得到的差额付款。如果结算日的市场利率低于商定利率，则“卖方”得到差额付款。

与利率期货相比，远期利率协议更为简便、灵活，不需要在交易所内成交，无须缴保证金，没有固定的交割月份和标准的金额，只需买卖双方就合约的各项具体事项进行协商并达成协议即可成交。

（三）利率期货

金融期货交易的目的是未来将利率波动风险从风险厌恶型投资者（如银行和保险公司）身上转移到愿意接受风险并可能从风险中获利的投资者身上。金融期货合约可以在交易所里进行交易，也可以进行柜台交易（OTC）。柜台交易虽然更为经济，但通常会面临更大的风险。

利率期货和外汇期货、股票指数期货等一样，是商品期货交易发展到一定阶段的产物。利率期货是金融期货的重要组成部分，是指买卖双方在有组织的交易所内，通过公款竞价达成的，在未来某一时期内按成交价格交收标准数量的特定金融资产的协议。这种利率期货买卖契约不仅规定了买卖金融商品的质量、价格的上下波动幅度、交割月份、交易时间，而且规定了每份合约的标准数量。买卖双方进行交易时，主要商定的是成交价格和确定买卖契约的份数。利率期货的套期保值是指金融市场上的借贷者以与其现货市场合约地位相对立的地位买卖利率期货，确定现在拥有或将要拥有或将要买卖的金融资产的价格，避免因利率波动而造成损失。

投资者根据市场利率下跌时各种金融资产的价格将会升高，利率上涨时各种金融资产的价格将会下跌的原理来从事套期保值操作。但是如果利率变化的方向不是向套期保值者所估计的那样，而是向不利于自己的方向发展，则投资者可能因进行套期保值而失掉盈利的机会。

（四）利率期权

期权又称选择权，是一种买卖合约。这种合约赋予期权买方要求期权卖方依据合约规定的条款和协议价格购买或出售一定数量金融资产的权利。期权交易可分为两种：①买方期权。买方期权又称看涨期权，是指期权的买方有权在期权的有效期内按协议价格购买一定数量的资产。看涨期权的买方有权利而没有义务，但必须支付一定的期权费。②卖方期权。卖方期权又称看跌期权，是指期权的卖方有权在期权的有效期内按协议价格出售一定数量的资产。看跌期权的买方有权利而没有义务，但必须支付一定的期权费。

对于利率变动而产生的投融资风险，可利用看跌期权抵消利率上升的影响，也可利用看涨期权抵消利率下降的影响。利用看跌期权抵消利率上升的影响时，期权买方从期权卖方处获得在某一具体日期按合约规定的协定价格向卖方出售与交割证券、贷款或期货合约的权利，为此买方需向期权卖方付费（期权费）。如果利率上升，期权中涉及的证券、贷款或期货合约的市值会下降，此时执行看跌期权买方会受益。利用看涨期权抵消利率下降的影响时，期权买方从期权卖方处获得在某一具体到期日当日或此前按双方均认可的协定价格从该卖方处购买证券、贷款或期货合约的权利，为此买方需向期权卖方付费（期权费）。如果利率下降，期权中涉及的证券、贷款或期货合约的市值会上升，此时执行看涨期权买方会受益。

近年来国际金融市场上出现了回溯期权、循环期权、价差期权、最小/最大期权、平均价期权、“权中权”期权等，这些期权为交易提供了更多的方便和更大的灵活性。

金融商品的期权交易使期权买卖双方面临着“不对称的风险”。如果市场利率朝有利于买方的方向发展，则买方将具有无限的潜在盈利的机会；反之，如果市场利率朝不利于买方的方向发展，则买方的风险仅限于期权费的损失。

第四节 政治风险及其管理

国际投融资的政治风险是指企业在国际投融资活动中，所在国的政治环境发生变化导致企业处于劣势地位或遭受经济损失的可能性。相对其他风险而言，投资者在选择投资目标国时会对该国政治环境做充分考察，尽量避免在投资期出现政治风险。从这个角度来看，在投资期出现政治风险的可能性较小，除非出现突发事件。但近一二十年，由国家经济改革或局部民族纷争而引发的政治风险时有发生，因此，对于国际投融资活动的政治风险的化解也正日益成为政府和投资机构更加关注的问题。

一、政治风险的形式

政治风险的具体形式有三类。

（一）经营性限制

经营性限制是指跨国公司所在国政府对跨国公司的生产经营所施加的限制，如跨国公司雇用外国员工与当地员工比例的限制，当地所有权的限制，产品品种规格的限制，它导致企业难以正常地进行生产经营。以外汇管制为例，具体包括：对外汇供求的管制；对外汇汇率的管制，包括实行多种汇率制度、外汇转让制度及混合汇率制度等；对贸易与非贸易的管制，包括进口管制、出口管制和非贸易管制等；对资本输出与输入的管制；等等。

（二）歧视性限制

歧视性限制是指跨国公司所在国政府针对外国企业及其子公司（分支机构）而规定的

具有歧视性的限制政策。这类限制大致包括：增加税收，以削弱外国企业及其子公司的控制能力；为使当地投资者能够占有一定地位而强制性地要求外国企业及其子公司放弃部分或全部所有权或控制权；对外国企业及其子公司进口某种产品征收特殊关税；要求外国企业及其子公司使用厂房设施时支付较高的使用费；要求外国企业及其子公司为当地职工支付较高的工资待遇；等等。

（三）剥夺性政策措施

当所在国发生重大政治、经济体制变革时，其政府可能对外国企业实施属于国家主权行为的剥夺性措施。其形式主要有以下四种：

（1）强制收购或出售。这是指所在国政府通过行政或法律手段强行以低价收购外国企业，或者所在国政府迫使外国企业向当地居民或经济组织以低价出售其股票或其他财产。

（2）征用。这是指所在国政府占有或控制外国资产，进行部分或全部征用，给予一定的名义补偿。根据国际法的规定，所在国在征用外国资产时，应给予外国企业及时而足够的补偿，所补偿的必须是可以兑换的货币。但在大多数情况下，补偿金额远远低于被征用资产的市价。

（3）没收。当两国政府关系严重恶化时，跨国公司所在国政府可以强制性地无偿没收和接管外国企业的资产和收入，而不给予任何补偿，从而使跨国公司遭受巨大损失。

（4）国有化。这是指整个产业或行业由私人所有转为国家所有。国有化的过程往往与征用和没收交织在一起，从而形成较为复杂的政治环境，由此给跨国公司造成政治风险和损失。同时，在自然资源生产业、金融服务行业和公共事业领域都出现过国有化过程中的征用。

二、政治风险的来源

除了某些国别因素外，国际投融资中的政治风险主要由三大原因引致。

（一）各国产业结构调整和升级中的政策变化

为了提高国际竞争地位，世界各国都制定和适时调整产业政策、区域发展政策以及相应的对外开放政策，加紧推进产业结构调整和升级，由此带来的政策变化成为当今国际投融资政治风险的主要根源。从国际投资的角度来看，有关国家的产业调整政策改变了投资项目运作的政策环境：一是对外资关闭或开放的部门与领域发生变化；二是对外资关闭或开放的地区发生变化；三是对外资的鼓励条件与优惠措施发生变化。这三类变化都可能对已实施的投资项目原有的投资选择优势产生重大影响，既可能使已实施项目所享受的优惠条件或待遇不复存在，也可能使政策重点支持产业转为限制发展产业。因此，在投资决策中要对这类风险有所预见，并且将其纳入现金流量的分析中，以防范并有准备地化解危机。

（二）区域集团化发展

20 世纪 80 年代中期以来，世界经济区域集团化趋势日益明显。这是两极世界格局消失后经济实力较量的表现，也是主要发达国家经济发展不均衡，力图通过联合，增强各自经济实力和提高国际竞争地位的结果。由于区域外的国家不能享受区域内国家相互给予的优惠待遇，造成实事上的“对内自由，对外保护”的结果。区域经济一体化程度越高，这种保护的外部性的影响就越大。从国际投资角度来看，区域组织的下列行动将会带来一定的政治风险。

（1）区域内部的保护。区域保护对国际投资的影响有两种基本情形：其一，原非区域组织国家成立或加入区域组织，使企业与这些国家原有国际贸易关系变得不利或相对不利；其二，区域集团国家的结帮行动提高了它们对外抗衡的实力，使之有条件对外采取更强硬的贸易措施和行动。

（2）经济报复和政治报复。当一区域集团主动地或被动地对其他区域集团采取经济报复甚至政治报复的时候，就会影响到国际投融资。

（3）区域内国家间的协调行动。区域组织为了内部利益而进行的内部协调行动，可能打乱区域内外资企业的经营步伐，也可能使区域外的企业在区域内的其他业务活动受到负面影响。区域内部协调的力度越来越大，甚至涉及成员国财政政策与金融政策的改变、经济战略的调整以及相互之间产业的重新配置。这些调整不仅直接影响区域内的外资企业和与区域内国家有经济往来的区域外企业的生产、营销、财务、人事等，而且会通过改变区域内资源流动、产业转移、增长及变动而影响这些企业的外协关系。

（三）民族主义和宗教因素

当两极世界格局结束后，民族主义和宗教因素上升为意识形态领域的主要力量。从国际投融资的角度来讲，这类事件带来的政治风险也需要关注与评估。

三、政治风险评估

（一）风险分析

在海外投资决策阶段，预测国家政治风险对东道国选择投资项目及计划落实十分重要。鉴于目前国际投融资政治风险的特点，在整个过程中，分析重点必须放在那些难以预测并可能使经营环境大为改变的各种主要政治力量上，尤其是放在国内的主要利益集团、民族与宗教集团以及该国与区域国家的关系上。考虑到政策变化风险是当今政治风险的主要形式，还需要特别关注有关领域未来政策变化的可能性与方向。在一般情况下，东道国对外资项目的态度取决于有关项目对当地国民经济的贡献，东道国对投资项目贡献的评估与给予的优惠政策通常会挂钩。在国际投资中，特别需要防范的是项目在实施过程中东道国态度的转变。对于东道国态度转变所带来的政治风险，弗雷姆认为，外资项目的政治风险与该项目对东道国的“看中价值”呈反向关系[①]。所谓看中价值，即该项目为东道国所需要的程度。动态地看，“看中价值”会随着技术领先程度的降低和其他跨国公司竞争的加强而逐渐下降。决定投资项目价值的主要因素如表 10-1 所示。

---

① 弗雷姆．组织机构中的项目管理：如何最有效地利用时间、技术和人力［M］．北京：世界图书出版公司，2000.

表 10-1 决定投资项目价值的主要因素

1	投资项目所属产业	项目越属于对当地经济贡献大的产业，则越具有“看中价值”；反之，则“看中价值”越低
2	该产业中当地公司的数量	同一产业中当地企业的数量越多，表明外国企业与当地企业在相同领域的竞争越激烈，外资项目的评估价值就越低
3	该产业占当地企业市场份额	此份额越大，表明当地企业的重要性越大，外资项目的价值就相应越低
4	该投资项目占当地市场的份额	此份额越大，投资项目的价值就越高
5	国民经济计划中该产业的优先发展地位	如巴西将重要的计算机产业划作巴西本地企业的“保留市场”，外资企业在这样的市场中经营就会受到诸多限制
6	该项目的创新与技术领先程度	该项因素修正第 5 项因素的作用，即使是在优先发展的产业中，如果外资项目能充分满足该产业优先发展需要，外资项目就会为当地所需要
7	该项目在出口中的作用	项目出口能力越强，越受当地欢迎
8	同产业中其他国籍跨国公司的数量	数量越多，东道国挑选其他国籍外国公司的余地越大，越不倚重某一项目，本项目的需要价值越小
9	获得非跨国公司技术的容易程度	某同类技术有多种渠道取得，则满足了东道国技术来源多样化的需要
10	本公司的形象	形象越佳，投资越受欢迎
11	符合东道国进入管理制度	如能满足当地投入需要、加速本土化、遵守当地税收与法律规定，则受东道国欢迎

（二）风险评估

在项目评估中纳入对有关国家政治风险的分析和预测，可以提高风险防控及保险能力。在国际投资中风险评估通常采用的方法有这样几种：①缩短最低回收期；②提高应得投资收益率；③在现金流量中打入降低风险所需成本；④调整现金流量，以反映特定风险的影响；⑤用确定性等值代替预期现金流量。前两种方法由于过于笼统，没有分析特定风险在特定时期对特定业务的影响，一般会在整体分析中采用。当要求尽量准确和深入地分析海外投资的政治风险时，会考虑选择后三种方法。

对于我国的对外投资企业而言，在投资项目的政治风险评估中，需特别注意这样几个问题：其一，项目类型。例如，资本和技术密集型的项目，就既有固定资产的暴露，也有现金流量的暴露，各种类型的政治风险都有可能发生，其风险评估就需深入细致。其二，东道国经济发展速度与产业调整。对于新兴工业化国家而言，由于其经济现代化所凭借的技术已今非昔比，某一投资项目对它们的吸引力会下降很快，投资项目后续现金流入不可估计得过于乐观，特别是在项目能享受当地政策优惠的情况下更是如此。对于发达国家而言，由区域一体化或维持国际地位等因素决定的产业结构调整与产业转移政策变化也会影响投资项目的政策环境，并影响项目运转中外部条件的变化。其三，海外项目的国际采购和销售。这类项目的运转依赖多国环境，区域一体化和国际关系的变化无疑有可能使之面临多重风险，故在评估中需适当提高折现系数或较保守地估计现金流量。

四、政治风险管理

对政治风险的管理分为事前管理、事中管理与事后管理。

（一）事前管理

事前管理是指当跨国公司处于投资前的评估阶段，尚未决定项目是否实施时进行的风险评估与管理。事前风险管理可供选择的对策有：

1. 回避

回避的原则是：除非投资前该国或地区已经发生战争、暴乱、征用财产、国有化等极端状况，出现禁止投资风险，否则不应轻易停止投资计划的实施；对于其他的政治风险，则采取有限度的回避和容忍的态度，设法从其他方面获得相应的补偿，以抵消政治风险带来的部分损失。跨国公司应该认清能够承受的政治风险水平，以及承受这一风险能够得到的补偿。

2. 保险

对外投资保险承保的政治风险包括国有化风险、战争风险和转移风险三类。一般程序是：投资者向保险机构提出保险申请，保险机构经过调查认可后接受申请并与之签订保险单。投资者有义务不断报告其投资的变更情况、损失发生状况，且每年定期支付费用。

3. 协商

协商是指投资者与东道国政府进行主动接触，就投资有关事宜进行协商谈判，在双方的权利和责任等方面达成必要的协议，即特许协定。特许协定是双方在投资项目有关内容上达成的共识，双方均应该遵守。协商要求东道国政府讲信誉和保持相对稳定，但对于一些政权更迭频繁的第三世界国家，跨国公司应采取更积极主动的政治风险管理手段。

4. 技术性安排

技术性安排是指跨国公司在决定向某一国投资后，通过在投资方案中加入一些特别的防范政治风险的措施，以使项目因政治风险而产生的损失尽可能减少。其具体做法是通过调整企业生产、后勤、出口和技术转让等领域的经营策略，将国外经营项目与本公司的风险管理结合起来，保持海外项目对本公司总体市场和产品的依赖性以及提高东道国政府征用资产的成本，由此减轻可能的政治风险。跨国公司还可以利用集中研究开发设施和技术，控制专利、商标和专有技术，控制货运、销售市场与原材料供应等方法来提高东道国国有化的成本。

（二）事中管理

跨国公司一旦将其投资计划付诸实施，就意味着它对政治风险的防范能力比投资前大大削弱，但公司依然可以采取一些措施来减少发生政治风险可能造成的损失。

1. 有计划地放弃权益

如果面临政治风险的潜在威胁，跨国公司可以按照事先制订的计划，在一定时期内逐渐将投资项目的股权全部或大部分转售给当地投资者。

2. 短期利润最大化

短期利润最大化，一方面是指跨国公司常常试图在尽可能短的时间内，从当地经营中提取最大数量的现金；另一方面是指在东道国政府采取敌对行动的情况下，用进攻性战术从受到威胁的附属公司提取尽可能多的资金，使跨国公司与该国的未来交易失败。面对可能发生的资产被征收的危险，跨国公司可以调整其对外投资项目的经营目标，相应的手段有：推迟设备大修、保养，新投资维持在保证原有正常生产所需的最低水平上，削减营销费用，取消培训计划，加速折旧，等等。

3. 改变收益与成本利率

改变收益与成本利率是指在政府征用目标合理可行，即获得的经济利益超过成本补偿时，跨国公司采取一系列计划来减少当地所有者预期的收益，从而减少和消除当地政府对外国投资者的排斥。在减少征收收益方面可以采取的措施有：为子公司产品开发出口市场，在当地建立研发机构，为当地培训工人和管理人员，生产进口零星替代产品，等等。另外，跨国公司可以采取一些使征收成本提高的措施，如对出口市场、技术、商标、原材料等实行严格的控制，关键零部件由其他子公司限额供应，等等。这样就使得东道国政府在进行有关决策时有所顾忌。

4. 发展当地利益关系

发展当地利益关系是一项比较积极的策略。如果东道国当地的个人或团体对子公司能否继续作为跨国公司的一部分存在产生了利害关系，则可以切实削弱被征用的风险。潜在的既得利益者包括消费者、原材料供应者、公司的当地雇员，以及关注征用对跨国公司子公司的现金流量和债务清偿影响的当地银行。与当地私人投资者合伙经营也可以获得一定的保护。

5. 做适应性调整

做适应性调整是指不试图抵制潜在的征用，而是把征用看成是不可避免的，同时一旦发生征用即改用特许证和管理合同的方式来从公司的资源中获利。所有权的丧失并不一定意味着利润来源的中断。由于跨国公司在技术、生产和管理上拥有专属优势，当地政府在获得其子公司的全部股权以后，往往不得不继续留用或聘请有关的技术专家和管理人员。这样，通过签订技术转让协定、管理合同和生产许可合同，跨国公司仍然可以从原项目中取得一定的利润。

（三）事后管理

东道国政府在决定征收外国公司资产时，一般会事先通知有关跨国公司。在收到这一通知后，跨国公司可按照资产征收行动的进程，分阶段采取对策。

1. 进行理性谈判

一方面，公司应阐明该项目的正常经营将会给东道国带来经济收益；另一方面，公司还应讲清资产被征收后将给东道国造成的不利后果，希望通过阐明利害关系，使对方有可能重新考虑决策。

2. 调动各种力量

如果理性谈判无法实现预期的目的，跨国公司接下来的选择就是调动自身可聚集的政治力量和经济力量与东道国抗衡，以使损失降到最小。政治力量方面，可以争取东道国反对党的支持，或者向母国政府寻求帮助；经济力量方面，则可采取如停止关键零部件的供应、关闭产品出口市场、中止技术和管理支持等措施。

3. 采取法律补偿措施

跨国公司在采取上述两种对策的同时，或者当上述对策不能奏效时，还可以采取相应的法律行动来寻求补偿。公司可以从东道国法律上找到法律依据，在此路不通时，公司才需避开当地的法庭而向本国或国际法庭提出申诉。

4. 管理妥协

当前面三种对策都无效时，跨国公司只好放弃继续持有产权的努力，力争获得较高的补偿以及通过合同方式继续从被征用的企业中获利。因此，所有权的放弃并不等于盈利机会的丧失，关键是要有运用现有资产创造现金流量的能力。

【本章小结】

1. 国际投融资风险是指在国际投融资过程中，各种不确定因素的存在，使参与主体的实际收益与预期收益发生一定的偏差，从而有蒙受损失和获得额外收益的可能性。国际投融资的主要风险来源包括国别风险、直接投资中的融资风险、国际金融投资的风险和项目贷款风险等。

2. 国际投融资风险的防范可以分为宏观和微观两个层面。宏观层面的措施是指国际投融资风险的国家或国际组织防范措施，主要通过国际多边和双边投融资提供保护。微观层面的措施包括风险回避、风险控制、风险自留、风险集合和风险转移这五种一般性的风险防范措施。

3. 国际投融资风险管理程序可以简要概括为风险识别、风险估测、开发并选择处理技术、组织和实施、监督和评价五个步骤。

4. 狭义的外汇风险是指在国际经济贸易、金融活动中，以外币调价的收付款项、资产与负债因汇率变动而蒙受损失或获得意外收益，又称汇率风险。影响汇率变动的因素主要有国际收支差额、不同国家间的利率波动、不同国家间相对通货膨胀率的影响、国家的经济实力、宏观经济政策变化以及其他因素。

5. 根据外汇风险的作用对象及其表现形式，外汇风险可以划分为交易风险、会计风险和经济风险三类。交易风险管理方法通常包括识别净交易风险暴露与货币保值和消除交易风险暴露的保值措施两种。会计风险管理方法通常包括调整现金流量、进行远期外汇交易和风险对冲三种。经济风险管理方法有调整经营战略与营销策略、调整生产管理战略和制定全球经营多元化战略。

6. 利率风险是指不同类型的不确定因素引起的利率变化直接或间接造成融资成本增加或投资收益降低的风险。可以通过利率互换、远期利率协议、利率期货和利率期权等金融工具来进行利率管理。

7. 国际投融资的政治风险是指企业在国际投融资活动中，所在国的政治环境发生变化导致企业处于劣势地位或遭受经济损失的可能性。政治风险的具体形式有经营性限制、歧视性限制和剥夺性政策措施三类。

8. 政治风险主要来源于各国产业结构调整和升级中的政策变化、区域集团化发展和民族主义与宗教因素。对政治风险，需要进行充分和认真的评估，并采取相应的防范和管理措施。政治风险管理措施包括事前管理、事中管理和事后管理三个方面。

【思考题】

1. 国际投融资存在哪些风险？请简要阐述。
2. 请系统分析从哪些方面控制国际投融资风险？
3. 国际投融资为什么会面临利率风险？如何规避利率风险？
4. 什么是利率互换？如何运用利率互换进行风险控制？
5. 什么是远期利率协议？如何运用远期利率协议进行风险控制？
6. 什么是利率期货？如何运用利率期货进行风险控制？
7. 什么是利率期权？如何运用利率期权进行风险控制？

第十一章 国际资本监管体系与制度

【学习目标】

◎了解国际资本流动的概念与类型，了解国际短期资本流动性对一国经济的影响

◎了解国际资本流动监管的发展经验

◎了解宏观审慎监管与传统金融监管

◎了解宏观审慎监管的主要指标

◎了解宏观审慎监管在时间维度和行业维度上的监管工具

【引导案例】

G20 加强全球金融监管合作 持续推进宏观审慎框架

2008 年国际金融危机爆发后，国际社会深刻认识到原有的金融监管体系主要关注单个金融机构的稳健运营，未能从系统性、逆周期的视角防范金融风险的积累和传播。因此，世界主要经济体纷纷改革国内金融监管体制，加强宏观审慎管理。2016 年，中国作为二十国集团（G20）轮值主席国，要求国际货币基金组织（IMF）、国际金融稳定委员会（FSB）和国际清算银行（BIS）总结各国有效宏观审慎政策的核心要素和良好实践经验。为此，三个组织联合撰写了报告《有效宏观审慎政策要素：国际经验与教训》，对宏观审慎政策的内涵、目标、组织结构安排以及政策工具等进行系统研究和分析，为各国建立和完善有效的宏观审慎政策框架提供指引。虽然各国宏观审慎政策框架的差异说明并没有一个“放之四海而皆准”的模式，但目前公认，应该将宏观审慎管理职能明确赋予某一决策机构，确定其政策目标和权力。

2016 年 9 月 4 日至 5 日，G20 杭州峰会成功举办，中国与 G20 各方同心协力，在推动金融部门改革方面形成丰富成果。一是 G20 各国就建立开放且具有抗风险能力的金融体系达成共识。各国将继续及时、全面、一致地落实已达成一致的改革，包括《巴塞尔协议Ⅲ》和总损失吸收能力标准，同时继续密切监测金融体系中的新风险和脆弱性。二是总结宏观审慎政策的基本要素。全球金融危机后，宏观审慎政策被广泛讨论和使用。在 G20 推动下，相关国际组织全面、系统地总结了各国的经验和教训，为下一步建立有效的宏观审慎政策框架打下坚实基础，也为中国金融监管改革提供了有益借鉴。三是加强金融市场基础设施建设。推动 G20 成员全面落实《金融市场基础设施原则》，支持 FSB 与国际组织在提高中央对手抗风险能力等方面的工作，防范系统性风险，保障金融市场安全稳定运行。四是大力推动普惠金

融。推动制定《G20数字普惠金融高级原则》，这是该领域的第一份国际性指引文件；更新G20普惠金融指标体系，使该体系更加科学和完善。

资料来源：相关新闻材料（经整理）。

第一节 国际资本监管实践的发展

一、国际资本流动与国际资本监管

（一）国际资本流动的概念和类型

国际资本流动是指资本在国际的转移，或者说，资本在不同国家或地区之间做单向、双向或多向流动，具体包括贷款、援助、输出、输入、投资、债务的增加、债权的取得、利息收支、买方信贷、卖方信贷、外汇买卖、证券发行与流通等。随着金融自由化浪潮的推进，各国对资本管制逐渐放松，金融创新产品大量开发和使用，推动国际资本流动加速。

国际资本流动按照不同的标志可以划分为不同类型。传统的国际金融理论按资本的使用期限长短将其分为长期资本流动和短期资本流动两大类。国际长期资本流动是指使用期限在一年以上或未规定使用期限的资本流动，它包括国际直接投资、国际证券投资和国际贷款三种主要方式。国际短期资本流动是指一年或一年以下期限的各种金融资产，包括现金、活期存款以及大多数货币市场金融工具在国际的流动转移。但是这种划分方法受到现实挑战，根据一年的合同期限来划分长短期资产和负债的传统做法，仅适用于实际期限比较固定的贸易信贷、贷款、货币和存款以及各种应收款和应付款，对于许多国际性投融资活动而言，这一界限已毫无意义。李翀（2004）等学者探讨和重新界定了国际短期资本流动的内涵：流入一个国家后从性质上来说在一年内难以逆转的资本可以看作流动性弱的资本，就可以视作长期资本；流入一个国家后从性质上来说在一年内可逆转的资本可以看作流动性强的资本，就可以视作短期资本。另外，在具体形式上，跨国资本流动不仅指短期资本流入或流出一个国家的国境或者关境，还指居民和非居民之间的资金借贷或者金融资产的交易。例如，非居民在一个国家取得了短期贷款，尽管这项贷款没有流出这个国家的国境，但它仍属于跨国的短期资本流动。

具有很高投机性的国际短期资本，称作游资。国际短期资产是指为追逐高额利润而经常在各金融市场之间移动的短期资产，包括现金、活期和短期存款、短期政府债券、商业票据、衍生产品、各种基金以及其他流动性很强的资产，是全球经济和金融自由化、国际化的产物。国际资本在各国监管相对宽松的条件下，在具有良好的短期投资机会的时候，会迅速转化为流动性很强的资本。在发展中国家金融市场开放程度较低，市场管制比较严格的情况下，国际资本不容易实现资金期限结构的转变。在实现资金的兑换与转移的渠道还很缺乏的情况下，这些国际资本还比较容易控制。但是随着发展中国家证券、房地产等虚拟经济部门迅速发展，这些资产的定价往往很容易脱离实际成本，在国内外投资者的预期和投机行为推动下而高涨起来。虽然在虚拟经济部门发展初期，还对国外资金有着严格的限制，但是在经常项目下，以及在外资直接投资的名义下，大量的外资悄悄地以各种形式从直接投资转移投向这些虚拟经济部门，从而会在危机期间成为对发展中国家虚拟经济发展产生重要影响的因素。

在经济、金融全球化发展的背景下，各国实施的对国际资本的管制和监管对一国金融、经济的安全与稳定具有重要影响。各国建立相关法律和法规、方针和政策，采取各种管理措施，对国际资本流动进行直接管理和严格的金融监管，有利于确保正常的国际资本流动，控制过度投机引发的风险。

（二）国际资本监管

国际资本监管随着国际政治、经济环境，以及人们对资本流动认识的变化而变化。世界范围内的战争与和平、经济危机与繁荣、国际货币体系变革等因素都会影响各国对国际资本流动的态度，进而使各国对资本流动实施监管或放松的措施，最终则反映在国际资本流动规模的变化上。从整个金融发展史来看，金融监管经历了金融监管水平较低的自由银行时期和初步管制时期、金融监管水平有一定提高的全面监管时期、金融监管水平有较大改进的金融自由化时期等几个变化时期。

在当代国际资本监管方面，不同国家在国际金融和贸易体系中所处地位的不同，各国采取的发展模式及经济发展所处阶段的不同，决定了各国对金融市场开放和国际资本流动管理的认识存在很大差异，在国际资本监管和管理方面就存在很大不同。在国际上，目前还不存在统一的监管机构和机制，国际货币基金组织、世界银行、国际清算银行、世界贸易组织等国际金融、贸易组织，都具有一定的国际资本流动管理职能，但并没有形成统一和具有权威的国际资本管理机构。

二、现代国际资本监管的演进

国际资本流动最初是伴随着国际贸易的发展而进行的，所以国际资本流动的监管也就可以追溯到早期重商主义时期。值得说明的是，从这个时期一直到第二次世界大战前国际资本流动的监管主要涉及一些发达国家。

20 世纪 40—70 年代，西方许多发达国家对外汇、贸易和资本都实行了严格管制，以便能够限制经常账户和资本账户的可兑换及其居民的国外资产与负债净值。1961 年，西欧各国根据《国际货币基金组织协定》第八条正式恢复了经常账户可兑换。1964 年，日本也实行了经常账户可兑换。法国、意大利等国家直到 20 世纪 80 年代才最后取消了主要的资本管制。在这个时期，发展中国家由于经济发展需要大量的外部资金支持，所以多以“多流入、少流出、不流出”为国际资本流动监管的核心目标，采取的是有选择性的、“有松有紧”的国际资本流动监管政策。

20 世纪 70 年代初，限制国际资本自由流动的布雷顿森林体系崩溃，随之全球建立了相对自由、多样化的国际货币体系——牙买加体系。20 世纪 70 年代，美国等一些主要的资本主义国家陷入高通胀与高失业并存的“滞胀”困境，凯恩斯主义的传统国家干预理论失效，自由放任和自由竞争的新古典主义思想开始流行。此外，经济合作与发展组织

（OECD）通过了资本流动自由化法案，也积极倡导资本项目的自由化。这些因素都促进了经济全球化和金融自由化的发展，也就暗示着国际资本流动的监管进入相对宽松的时代。

20 世纪 80 年代以来，世界上的一些主要发达国家开始放松各种管制，主张经济自由经营，以期从西欧的管制放松中获得经济上的高效率，对国际资本流动的监管也逐步放松。从整体上看，这一时期，美国、英国等主要发达国家实行的是自由化的国际资本流动监管政策，它们从这种自由化的监管政策中获得了巨大的收益。受西方国家金融自由化浪潮的影响，20 世纪 80 年代以来，大多数发展中国家也加快了资本自由化的进程，尤其是亚洲和拉丁美洲的一些发展中国家。20 世纪 80 年代，亚洲的印度尼西亚、马来西亚、泰国以及韩国等国都对资本流动实施了相对自由的监管政策；到 20 世纪 90 年代，东南亚金融危机的爆发使得东南亚一些国家改变或调整了其原有的监管政策，与此同时中国、印度等一些长期实施资本管制的国家则逐步开始了谨慎性的资本开放。20 世纪 80 年代，在拉丁美洲的债务危机期间，发生危机的国家大都对资本的流动实施严格管制，而智利等国家在 20 世纪 80 年代中后期则继续推进了其始于 20 世纪 70 年代的激进式的国际资本项目开放政策；20 世纪 90 年代以来，大多数拉丁美洲国家对资本项目的开放进行了谨慎性尝试。总体上看，20 世纪 80 年代以来，国际上对资本流动的监管政策是逐渐放松的（见表 11-1）。尽管放松管制的趋势是相同的，但各个国家的自由化程度以及自由化的进程不尽相同。

表 11-1 部分发达国家放开资本管制的时间表

国别	资本流出限制		资本流入限制（直接投资和不动产投资除外）
	资本交易	旅游外汇	
澳大利亚	直到 1983 年		20 世纪 70 年代初期至 80 年代中期
奥地利	直到 80 年代后期		
加拿大	直到 1951 年		
丹麦	长期证券到 1978 年，短期金融信贷到 1988 年		长期证券到 1971 年，短期交易到 1988 年
芬兰	到 80 年代中期	到 1985 年	证券直到 1979 年，信贷直到 1986 年
法国	直到 1986 年	直到 1958 年	信贷为 1971—1974 年，其他交易到 1986 年
德国	直到 1958 年	直到 50 年代中期	直到 1959 年
希腊	长期交易到 1992 年，短期交易仍旧管制	直到 1992 年	信贷到 1987 年，短期交易仍旧管制
日本	直到 1980 年	直到 1964 年	
瑞典	直到 1989 年	直到 50 年代	直到 80 年代末期
英国	直到 1979 年	直到 1977 年	
美国	1963—1973 年的利息平衡税		

资料来源：经济合作与发展组织“汇兑管理政策”（1996 年）。

国际资本监管放松对世界各国带来的收益和风险是不对称的。对于那些市场相对完善、金融体系健全的发达国家尤其是那些国际货币的发行国而言，国际资本流动为其在全球范围内配置资源、分散风险、追逐高利润提供了机会。对于发展中国家或新兴市场国家而言，国际资本流入在一定程度上为其提供了资金支持，促进了其国内经济的发展，与此同时，发展中国家落后的金融体制在金融过快开放的背景下暴露出了更大的隐患。1984 年和 1994 年墨西哥债务危机、1997 年东南亚金融危机、1998 年俄罗斯金融危机、2001 年拉丁美洲金融危机、2008 年全球金融危机，从不同层面揭示了国际货币金融体系不均衡存在的系统性风险，也反映了各国国际资本监管协调的缺失和不足。

第二节　2008 年金融危机后金融监管的重大变化

一、微观审慎监管的局限

2008 年金融危机之前，有关银行和其他金融机构的监管框架的主要问题在于，金融监管过多地关注金融机构个体的风险而忽略了金融体系作为一个整体的风险，因此造成审慎监管太过注重微观层面。2008 年的全球金融危机已经很清楚地表明，金融监管应该更侧重宏观层面，关注金融体系的整体风险，包括金融失衡的累积、金融部门之间和金融实体部门的负外部性。换句话说，审慎监管的改进方向就是关注系统性风险。

微观审慎监管关注的是单家金融机构对风险的反应，将风险看成是外生的，没有包括内生风险，并且微观审慎监管忽视了集体行为的系统意涵。具体地说，它是一种通过跟踪资本充足率、拨备覆盖率、不良贷款率等一系列监管指标的发展变化来监测和发现每个金融机构存在的风险，并通过非现场监管和现场检查的方式促进金融机构建设，只针对单个金融机构的稳健运营而进行的监管。

微观审慎监管的理念基于一个逻辑，即只要每个金融机构安全稳健，那么整个金融体系就安全稳健。有效的微观审慎政策能够使系统性风险处于较低水平，因为如果金融体系中的每个金融机构都是稳健的，那么理论上整个金融体系就应该更有恢复力。然而情况并非如此。从 20 世纪 80 年代起，为防止银行倒闭，监管机构使用的主要手段是以最低资本要求进行银行资本监管。但是，最近一次危机的发生表明这一方法并不足以阻止代价高昂的金融危机。在现行资本监管要求下，资本充足率水平的确立所基于的隐含假设是，银行个体通过资本缓冲来吸收意外冲击后，整个金融体系会更加安全。然而，银行和其他金融中介机构仅基于个体利益来应对资本监管，其行为方式可能会损害作为一个整体的金融体系。因此，对系统性金融机构的资本充足要求应该更高。此类金融机构往往规模较大，与其他金融机构或者实体经济部门的联系紧密，它们一旦破产，将使金融和实体经济部门面临更大的外部性。微观审慎监管忽略了横截面这一维度。

针对银行的现行监管框架的另一个相关问题是其过度的顺周期性问题，即系统性风险的时间维度。在经济大繁荣时期，整个社会风险偏好增大，且资产价值上涨，银行会通过拓展业务和增加杠杆来消化资本过剩现象。相反，当经济不再繁荣，资产价格暴跌，测度到的风险增加时，银行试图通过缩减其资产负债来维持资本充足率，而同时资本已经变得昂贵，所以只能减少企业和居民融资供给，结果银行信贷周期倾向于紧跟着经济周期而变化。本质上属于微观审慎监管的《巴塞尔协议Ⅱ》更是加大了这一问题的严重性：因为在危机时期风险很高，更难达到资本要求，所以资本监管要求会放大银行业的信贷周期和过度的顺周期性。《巴塞尔协议Ⅲ》尝试体现更多的宏观审慎性，并且资本充足要求（至少部分）具有逆周期性。

综上，微观审慎监管忽视了两个方面的内容：一是金融体系存在的系统性风险。多家金融机构共同行为可能导致合成谬误问题，没有注重机构与机构之间存在的关联性。二是微观审慎监管框架下的一系列监管指标的顺周期效应。微观审慎监管旨在使银行个体的资本水平与其自身的风险敞口相一致，却无法在经济上行期抑制银行扩张和系统性风险集聚，也没能在整个金融体系趋向崩溃时起到阻止作用。《巴塞尔协议Ⅱ》的强顺周期性放大了经济波动：因为风险在经济繁荣时期明显较低，在经济低迷时期较高，银行的资本充足率变换又具有顺周期性，所以金融部门的行为更加顺周期，从而使得系统性风险增加。

二、宏观审慎监管的理论基础

宏观审慎监管是与微观审慎监管相对的一个概念，可以说是微观审慎监管的延伸，2000 年 10 月，时任国际清算银行总裁的克罗克特（Crockett，2000）指出："微观和宏观审慎性监管的最大差别在于影响经济的方式和实现的目标不同，与实现这些目标所使用的工具无关。"他认为，宏观审慎监管着眼于金融体系整体，目标是限制金融危机的成本；而微观审慎监管的目标是控制单个银行倒闭的风险，最佳的衡量指标是对储户和投资者的保护，且微观审慎监管排除了在个体理性前提下的集体不理性的可能。宏观审慎监管应关注两个方面：一是风险如何随时间的推移而不断演变（即"时间维度"）；二是风险在金融体系内部在任何时点是如何分布的（即"行业维度"）。要关注系统内具有相似风险的金融机构，尤其是具有系统重要性的金融机构。

微观审慎监管本身蕴含着一个非常重要的假设，即只要单个金融机构是稳健的，则整个金融体系就是稳健的（Crockett，2000）。而宏观审慎监管否定了这一假设，认为对单个金融主体安全和稳健的监管不能充分保证整个金融系统的稳定。金融体系以及整个经济系统是一个极其复杂的非线性系统，它存在着混沌效应。从微观层面看对单个金融机构是审慎理性的行为，如果成为金融机构的一致行动，在宏观层面反而可能影响金融系统的稳定。特别是在混业经营模式下，金融机构为分散风险而兼营不同地域、行业或类型的业务，然而，同质化经营带来的高度相关的风险敞口会导致系统性风险（Haldane & Alessandri，2009）。因此，只有微观审慎监管，是无法防范系统风险的（Brown et al，2009）。

区别于微观审慎监管，宏观审慎监管重在维持金融稳定，其存在的理论基础就在于金融系统存在不稳定性。与之相关的模型有三种，即由外生冲击所产生的自我实现均衡的模型、具有异质或系统性负面冲击的模型、内生周期性金融不稳定模型。可以看到相关研究均提出与金融不稳定性紧密相关的是金融体系存在的系统性风险，从而宏观审慎监管分析的核心是金融体系的系统性风险。

金融体系系统性风险有两个来源：一是大型金融机构的相互关联性和同质性引发的风险，即行业维度的网络风险（network risk），包括金融传染风险和宏观冲击风险。金融传染风险是指，基于金融机构之间的相关性，单个金融机构陷入困境时，会通过资产负债表之间的相互联系将风险传导至其他金融机构而形成的系统性风险。宏观冲击风险是指，金融机构的同质性，会使外生的冲击会对金融机构和市场同时产生不利影响。即使单个金融机构的个体性风险被充分分散，不同金融机构行为的趋同性也可能增加对共同风险因素的暴露，致使不可分散的系统性风险增加。当所有金融机构都采取审慎行动时，就会形成拥挤交易，削弱资产价格，并共同作用于金融体系，导致系统性风险爆发。宏观冲击风险往往伴随着金融传染，并会加剧风险传染。二是随时间不断积累的失衡引发的风险，即时间维度的总体风险（aggregate risk）（Bank of England，2009）。时间维度的风险主要表现为金融体系的顺周期性风险。

从20世纪80年代早期金融自由化开始出现，混业经营模式及大量的结构性衍生产品兴起，金融机构之间的相关性及同质性增强，金融体系行业维度的网络风险大幅增加。同时这种模式利用金融工程技术推出名目繁多的结构性金融衍生产品，从贷款的发放到贷款到达最终的投资者之间长而复杂的链条使相关的责任分散，相关各方为了各自的利益不愿使风险充分暴露。在风险承担的积聚时期即经济相对繁荣时期，这种模式会导致风险资产定价过低，推动资产价格，相应地投资者的融资能力增强，进而导致对资金的需求进一步增加。资金供给越多，最终产生的对资金的需求也越多。这种由于金融创新带来的杠杆放大了金融体系的顺周期性，使得整个金融体系的时间维度也增大。

在高杠杆的金融体系中，金融危机率往往先从流动性问题开始。由于金融机构之间具有关联度，所以金融机构之间高相似度的经营战略及资产抛售行为会产生严重的负外部性。金融机构在管理自己流动性风险的时候，不会考虑对整个系统风险的影响，而金融体系的总体风险大于单个金融机构风险的简单加总。因此，在金融体系存在内生的系统性风险时，对流动性进行宏观审慎监管对于金融系统的稳定非常重要。

三、宏观审慎政策工具

宏观审慎政策工具是对系统性风险进行防范、规避或者化解的一系列工具，是宏观审慎政策最重要的组成部分。2011年2月14日，金融稳定理事会在向二十国集团（G20）提交的报告《宏观审慎政策工具和框架》中，将此类工具分为两类——化解时间维度风险的工具和化解行业维度风险的工具。化解时间维度风险的工具旨在化解随时间推移而演变的风险，即顺周期性带来的风险；化解行业维度风险的工具旨在解决给定时点上个体金融机构相互联系的行为带来的系统性风险积聚。

（一）化解时间维度风险的工具

化解时间维度风险的关键在于解决金融系统的顺周期性问题，顺周期性是金融机构行为同质性的根源。顺周期性风险的通常表现是：在经济上升阶段积累，在经济衰退期爆发。在经济上升阶段，以价格为衡量基准的资产价值上升，而以价格衡量的风险下降，金融机构的利润增加。大多数金融机构利用短期融资手段从货币市场获得资金支撑其扩张，并提高杠杆率。与之相反，当周期逆转时，资产价格下跌，整个金融系统陷于困境，伴随着短期融资和信贷受损、高杠杆收缩，危机进一步被放大。许多现有的制度政策不仅无法实现逆周期缓冲，反而会加大经济波动幅度，加剧这种顺周期性。

解决顺周期性问题，要建立有效的逆周期对冲机制，防范和化解系统性风险的累积和扩散。宏观审慎政策工具可以在经济繁荣期建立缓冲以弥补经济下行期的缺口，对经济衰退期流动性枯竭、杠杆过度收缩的问题起到遏制作用，减少金融周期的波动性。《巴塞尔协议Ⅲ》在推进时间维度工具的发展上做出了突出贡献，其中包括制定一系列抑制顺周期性的条款，建立起动态的资本监管框架。

1. 建立逆周期的资本缓冲制度

逆周期资本缓冲的规定主要是针对银行的，《巴塞尔协议Ⅱ》中关于资本的规定助长了顺周期性，其弊端在2008年金融危机中暴露无遗。当经济处于扩张期的时候，银行资产的质量得到提高，数量得到增加，在资本充足率规定不变的情况下，银行可以轻易满足资本金的配置要求，将扣除留存资本金之外的闲置资金投放市场，进一步刺激经济扩张，助长了经济过热；在经济衰退期，银行的资产负债表状况恶化，而衰退期的资本金要求与经济繁荣期相同，银行难以满足资本金配置要求，通常不得不减少向企业投放贷款的总量，市场可获得资金减少，加剧了衰退。为此，巴塞尔委员会提出建立逆周期资本缓冲要求，即在经济繁荣期银行需额外划拨0~2.5%的资本以作逆周期缓冲之用，这部分资本可由普通股和其他可吸收亏损的高质量资本构成。逆周期资本缓冲的建立旨在通过经济上行周期时计提资本缓冲以防止信贷过度增长，并在经济衰退期帮助吸收亏损风险，降低损失。《巴塞尔协议Ⅲ》规定，全球商业银行的一级资本充足率下限从4%上调至6%，核心一级资本占银行风险资产比例的下限从2%提高至4.5%。此外银行需保留不低于银行风险资产2.5%的资本缓冲资金，用于危机发生时不依赖政府救助独自处理危机。资本充足率的提高、资本留存缓冲和逆周期资本缓冲规定的引入，将提高银行应对风险的能力，使银行在经济困境时有较多的资本应对，减轻周期波动性。

2. 对杠杆率的控制

2008年金融危机爆发的重要原因之一是金融机构的表内外杠杆率过高。因此，将杠杆率纳入监管体系，作为衡量金融机构行为的重要标准之一，是宏观审慎政策工具设计的重要内容。对杠杆率的控制即为其杠杆率确定底线，控制经济繁荣期金融机构借助杠杆率过度扩张，防止危机爆发时过度去杠杆化对经济带来的负面影响。《巴塞尔协议Ⅲ》首次将杠杆率纳入监管框架，规定全球银行业杠杆率的最低标准为3%，即银行的总资产不得超过其一级资本的33倍，以其作为资本充足率要求的补充，以控制金融体系过高的杠杆率，形成有效的资本约束。

3. 对流动性的管理

市场的流动性情况体现出强烈的顺周期性。在经济高涨期，流动性过度泛滥，加剧了泡沫；在经济衰退期，流动性过度收缩甚至枯竭，进一步恶化了经济状况。宏观审慎政策工具应将流动性纳入框架，平抑其顺周期性，保证经济平稳运行。除对流动性的最低标准做出规定外，对流动性的管理还涉及两个方面：一是持续监控国际和国内的金融市场状况，关注资本的流向和流量，避免流动性泛滥或枯竭为资本市场带来流动性危机；二是关注银行资产负债表中资产与负债期限的匹配度，减少错配，以控制流动性风险。

《巴塞尔协议Ⅲ》设计了流动性覆盖比率（LCR），以其作为流动性的国际标准，加强对银行流动性的管理，防止 2008 年金融危机再次爆发。流动性覆盖比率主要用来衡量银行的短期流动性水平，监测资产的现金流入与负债的现金流出，要求银行拥有足够无障碍变现的优质资产，以应对短期内（30 天）可能出现的现金流需求。《巴塞尔协议Ⅲ》对流动性覆盖率的规定是有弹性的，其制定的新流动性规则规定银行在危机时期可以利用其流动性资产，流动性覆盖比率可以暂时低于最低标准，以减轻银行的资金压力，避免重陷 2008 年金融危机的现金流困境。流动性覆盖率于 2015 年正式实行，各国银行已于 2011 年进入指标观察期。

《巴塞尔协议Ⅲ》还使用了净稳定资金比率（NSFR），以应对较长期限内的流动性错配问题。净稳定资金比率，即可用的稳定资金同业务所需的稳定资金量之比，用于度量银行负债和权益类业务等提供的较长期限内可使用的稳定资金，及其对表内外资产业务发展的支持能力。净稳定资金比率旨在确保表外业务、证券化资产、投行类产品及其他类型的融资具有满足其最低限额的稳定资金来源，能够与它们的流动性风险状况相匹配。协议规定，净稳定资金比率需大于 100%。净稳定资金比率覆盖整个资产负债表的表内和表外业务，是流动性覆盖率的补充指标，两者配合使用，以保证银行在长短期内均有充足稳定的资金来源。净稳定资金率于 2018 年正式实行，各国银行于 2012 年进入指标观察期。

4. 拨备新制度的提出

贷款损失拨备是银行应对危机、吸收损失的另一重要途径，但是以往的拨备制度存在着缺陷——将金融周期的效应进一步放大了。银行拨备制度采取已发生损失的原则，只有在银行确认贷款发生损失后，才会在会计上计提贷款损失拨备。当经济高涨时，银行信贷状况良好，贷款损失少，计提拨备减少，更多的资金被投放市场，助长了经济过热；当金融危机爆发时，经济状况恶化，企业偿还贷款的能力下降，信贷违约率增加，而按照拨备制度的规定，银行此时发生贷款损失，需要大量计提贷款拨备，导致银行资本进一步紧缩，可投放市场的信贷资金减少，银行的信贷能力被进一步遏制，致使危机恶化。在 2008 年金融危机中，以往拨备制度的滞后性和顺周期性暴露无遗，为解决这些问题，监管当局提出了前瞻性拨备和动态拨备两种新制度。前瞻性拨备是一种跨周期的拨备计提方法：经济上行期风险积累，银行可以多计提拨备，应对预期损失和非预期损失；在经济下行期风险爆发时，银行可以利用已有拨备抵御贷款损失风险，从而减轻顺周期性带来的经济波动。前瞻性拨备在经济过热时起到收缩信贷的作用，在经济衰退时能避免因增加拨备而恶化经济状况。动态拨备的作用机制与此相似，西班牙在 2000—2004 年已经采用可动态拨备制度。

5. 会计准则的设置

许多评论家认为，会计准则的设置是 2008 年金融危机过后应当关注的核心问题之一。公允价值的会计准则加剧了经济周期的波动性：在正常时期，公允价值能够对资产和负债灵活地进行实时估值；但在非常时期，公允价值会计的存在会使经济状况进一步恶化。在正常时期，资产和负债的市场价格同其未来收益现金流的折现值十分接近；但在危机时期，其市场价格暴跌，远远低于折现价值，公允价值以市场价值为基础，当已经出现资产价格下跌的情况时，按照此时的公允价值进行交易已经偏离了资产的折现价值，刺激价格进一步下跌。同时在流动性较低的市场中，当市场参与者大量出售资产变现时，资产价格的形成并不合理，会计主体被迫按照不合理的价格对资产进行公允值估量，加大了会计主体的损失，金融机构持有资产价值的缩水助长了资产价格下跌的市场预期，导致资产价格进一步下跌，形成负面的循环机制。对此，有研究提出将市场价格和未来现金流折现价值结合起来，以权重的方式形成新的评估价格，这个新的价格能更准确地评估资产价值，并抑制金融机构短期融资的动机，使其寻求长期资金来源，提高资产和负债的匹配度，促使流动性低的资产由具有长期资金来源的机构持有。

（二）化解行业维度风险的工具

风险在行业维度的蔓延有两种途径：一是单个金融机构陷入困境时，通过资产负债表之间的相互联系将风险传导至其他金融机构；二是当市场机构的关联度极高，即每家金融机构通过复杂的信用链同其他机构具有间接的关联性时，一旦市场受到风险冲击，相似的应对危机的行为反应会产生共同的风险，此时金融机构得到分散，系统风险加大。当市场面临共同的风险冲击时，单个机构出售资产是化解自身风险的谨慎选择，但是市场所有机构的相似行为会导致资产价格崩溃，市场的共同风险暴露增加。针对风险在某个时点在金融体系内的分布，首要的对策是进行系统性行为管理，考虑适合持有此种风险的机构，并考察这类机构是否具有持有此类风险的动机，将各种机构、各种资产区分开来，有针对性地做出处理，避免过去“一刀切”的做法，是化解行业维度风险的主要原则。《巴塞尔协议Ⅱ》的相关规定的一大弊端是对投放给私人公司的贷款采取一样的权重，而无论借款公司本身是高风险的还是低风险的，这就导致对安全的资本监管要求过高，而对高风险的资本监管要求不足。宏观审慎监管应当根据单个机构对于系统性风险的边际贡献情况采用差别化的监管方式，具体的政策工具有区分具有系统重要性的机构、差别化征税、衍生品市场改革、治理影子银行体系和减少对评级机构的依赖等。

1. 区分具有系统重要性的机构

宏观审慎在行业维度的监管应当将具有系统性的金融机构区分出来。每家金融机构对于系统风险的贡献程度是不同的，其中一些机构因自身规模较大、同其他机构关联程度较高而会对金融系统造成重大影响，一旦其陷入困境，会通过前述路径传导将风险扩散至整个市场。这类机构一旦倒闭，会对金融体系造成巨大的伤害，即它们是“大而不能倒”的机构。监管当局应当列出本国具有系统重要性的金融机构名单，对其采取特别监管，监管的目标是降低其与市场其他机构的关联性和自身倒闭的可能性。监管当局可以通过隔离的方式降低系统重要性机构同其他机构的相互关联性，如美国提出“沃尔克规则”，限制银行业的自营交易，将其自营交易业务与商业银行业务分离，减少可能引发危机的风险投资行为，如对私募股权投资基金和对冲基金的投资。监管当局可以对系统重要性机构提出特别的监管资本要求，增强其吸收损失的能力，使其监管要求同其对系统性风险的影响相匹配。对已经陷入困境的系统重要性机构，可以进行有序的重组或撤销，将其对金融体系的负面影响减轻到最低。

2. 差别化征税

税收作为强制性手段，可以运用于宏观审慎监管。可以采取差别化的征税方式，通过对非核心资金和负债征收额外的补偿税来协调激励机制。通过差别化征税，可以将非核心资金同支持金融市场正常运营的核心资金区别开来，只对非核心资金部分进行调节，提高非核心资金的运用成本，减少其对金融体系带来的外部性。非核心资金反映了金融周期的阶段以及金融体系内价格扭曲的程度，对非核心资金征税可以减轻价格扭曲程度，防止金融机构的资产和负债过度增长。非核心资金通常是独立于信贷资金的，其融资和使用会牵涉到大量相关联的机构，故对其征收差别税还可以抑制金融机构之间的关联度。对核心资金征收补偿税具有多种可取之处，其主要目的是对金融机构的经济活动进行调节，由此得到税收收入反而是次要问题。差别化征税能有效降低金融系统的脆弱性，减少系统性风险的累积。此外，对非核心资金的征税基础是随金融周期的变动而变动的：繁荣期金融机构表现活跃，非核心资金数量增加；衰退期金融机构运营遇到困难，相应的非核心资金减少。即使税率本身保持不变，征税基础也能够随经济周期变动自发调节，平抑周期的波动性，减少市场中资金的顺周期性问题。

3. 衍生品市场改革

金融衍生品具有两面性，既可以分散风险，也可以放大风险。衍生品市场的不透明、不完善是2008年金融危机蔓延的重要原因之一。衍生品的高杠杆将风险大幅放大。为防止危机，需对衍生品市场进行深化改革。宏观审慎监管要加强对衍生品市场的监管，完善衍生品市场的基础设施，减少监管盲区，提高衍生品市场的透明度，从事后监管向事前监管过渡，强化功能监管，对衍生品市场上的同种业务采取统一的监管标准，防止衍生品市场泛滥。2010年10月，二十国集团（G20）成员签署了金融理事稳定会提交的建议书，完善衍生品市场的基础设施建设，推进衍生品市场改革，对衍生品采用场外清算机制，建立集中的清算系统，改变传统的双边清算交收模式，采用中央对手方机制，实行以中央对手方为核心的多边清算交收模式，买方和卖方面对同一交收方，中央对手方介入交易，承担对结算参与人的履约义务，在一方违约时先对另一方履约再对违约方进行处置，降低违约损失，控制市场信用风险，提高金融稳定性；同时致力于在各国之间搭建统一的标准化衍生品交易平台，推动衍生品市场的进一步改革，将衍生品市场纳入有效监管的框架内。

4. 治理影子银行体系

宏观审慎监管只针对银行等金融机构是不够的，许多非银行金融机构虽然没有利用储户存款进行融资，但也会对整体经济运行产生影响，这类机构包括对冲基金、私募股权投资基金、特殊目的实体等，统称为影子银行体系，其中具有代表性的机构是贝尔斯登和雷曼兄弟。传统的监管忽视了对影子银行的监管，而这类机构本身透明度较低，自身杠杆率较高，又缺乏有效的监管，一旦爆发危机，会对经济带来巨大的扰动。影子银行大多持有资产抵押债券，通过短期债务进行融资，当资产抵押债券市场崩溃时，其投资者无力偿还短期债务，不得不动用银行存款，从而带来潜在的挤兑隐患，将风险传导至整个市场。对影子银行体系进行监管的原则是确保对一个信贷品种做出相同的资本要求，不管其持有者是银行、共同基金还是特殊目的实体。这个原则可以通过对资产抵押债券的估值折扣实施更广泛的监管得到执行。这样的监管可以协调不同组织形式的监管，抑制贷款向影子银行部门迁移的动机，对于影子银行作为最终持有者的那部分资产，可以抑制其不稳定性。估值折扣设置过低，会导致其在危机发生时陡然升高，形成强制性的资产抛售压力，在危机发生前对估值折扣设定较高的要求可以弱化资产抛售的循环。

5. 减少对评级机构的依赖

当金融危机爆发时，评级机构对相关机构评级的降级处理只能进一步恶化市场状况，无法对危机发出预警信号，随着对危机的深入思考，越来越多的研究开始质疑评级机构的透明度和可靠性。宏观审慎框架中也涉及对评级机构的改革，主要原则是减少对评级机构的依赖，投资者和市场主体对持有资产应做出独立判断，不完全依赖评级机构，监管部门也应降低对评级机构的依赖度。对评级机构改革的另一关键点在于打破评级机构的垄断，引入新的竞争者，鼓励良性竞争，提高评级机构的透明度，必要时削弱评级机构的权力。

四、微观审慎监管与宏观审慎监管的比较

微观审慎监管主要考虑的是单个银行破产的风险，只有较少的涉及银行破产的社会成本因素会被考虑进来。宏观审慎监管度量和监测的是银行体系整体的风险水平，必须直面和识别风险的来源，如金融传染、金融市场的溢出效应和被风险管理人员所忽视的一些资产泡沫，而这些在单个银行层面的风险模型中是看不见的。

微观审慎监管和宏观审慎监管的区别是复杂的，而且是多维度的，两者在目标、关注点、外部性类别和需要的输入变量上都有所不同。

第一，目标不同。根据定义，微观审慎监管关注的是银行个体的倒闭风险及其结果，而宏观审慎监管关注的是系统的整体风险。

第二，关注点不同。微观审慎监管关注的是局部均衡框架，由于银行破产的社会成本是可以被预期到的，所以考虑了可能的金融传染和银行客户的外部性，却忽视了对价格和市场（包括可能的市场暴跌）的影响。与之相反，宏观审慎监管关注一般均衡的问题，避免犯合成谬误（composition fallacy），即在个体层面是有效率的则在集体层面也是有效率的。

第三，视角不同。微观审慎监管视角考虑的是单个银行倒闭的社会成本，但没有考虑间接的后果。宏观审慎监管视角则考虑的是银行倒闭对资产价格和经济活动的影响，以及对银行风险的反馈作用，所以这和商业周期相关，“金融加速器”通过不完全的金融市场、银行战略（依赖于银行监管）的顺周期性和资产价格的变动放大了商业周期。

第四，必要的输入变量不同。微观审慎监管是基于外生给定的资产价格的概率分布（在完全严格的模型中包括资金成本或者负债的价格）以及价格之间的相关性的。宏观审慎方法基于完全不同的视角，因为至少有一部分风险是内生的。例如，微观审慎监管可以把房地产价格视为给定的，而宏观审慎监管则要考虑均衡价格，该价格由羊群效应和泡沫的积累决定。

五、《巴塞尔协议Ⅲ》下的宏观审慎监管

自 2009 年以来，巴塞尔银行监管委员会（BCBS）针对 2008 年金融危机中出现的问

题，发布了大量的修订方案和征求意见稿。其内容涉及银行稳健性、流动性风险管理、市场风险管理、交易账户新增风险、逆周期资本缓冲建议、监管成本与收益的对比等各个方面。2010 年 9 月，巴塞尔银行监管委员会正式提出《巴塞尔协议Ⅲ》，并于 2010 年 12 月公布了《巴塞尔协议Ⅲ》，这是对银行资本与流动性要求的全面修正。

较之《巴塞尔协议Ⅱ》，《巴塞尔协议Ⅲ》主要从以下几个方面对银行风险监管做了补充和加强：一是提高了最低资本要求并对资本定义进行了修改，扩大了资本覆盖风险的范围（见表 11-2）；二是加强银行流动性监管，建立全球一致的流动性监管指标；三是引入逆周期资本缓冲以及资本留存等宏观审慎性质的监管指标；四是引入杠杆率指标要求。巴塞尔银行监管委员会要求从 2013 年起开始多项监管指标的并行安排，过渡期将于 2018 年年底结束，2019 年开始全面实行《巴塞尔协议Ⅲ》的各项监管要求。

表 11-2 《巴塞尔协议Ⅱ》与《巴塞尔协议Ⅲ》的资本要求标准对比

风险加权资产百分比	资本最低要求			资本额外要求		
	普通股	一级资本	总资本	资本留存附加	逆周期资本缓冲附加	系统重要性银行的额外吸收损失要求
				在普通股中实现	在普通股或其他可吸收损失的资本中实现	在普通股中实现
《巴塞尔协议Ⅱ》	2	4	8	—	—	—
《巴塞尔协议Ⅲ》	4.5	6	8	2.5	0~2.5	1~2.5（3.5）

资料来源：巴塞尔银行监管委员会。

《巴塞尔协议Ⅲ》的整套监管和国家层面的立法改革（比如美国制定《多德—弗兰克法案》）一起，共同推进宏观审慎政策工具的使用，以抑制系统性风险。这些政策的重点在于增加系统重要性金融机构的资本缓冲，以及管理交易对手方风险和金融体系中的相互关联性（国际货币基金组织，2011b）。被称为兼具微观审慎性和宏观审慎性作用的《巴塞尔协议Ⅲ》对资本和流动性制定了新标准。新标准要求金融机构持有更高的资本缓冲，以减少它们的风险承担行为，进而降低其违约概率，弱化破产引发的溢出效应。

《巴塞尔协议Ⅲ》提高了资本的数量和质量要求，由普通股构成的核心一级（Common Equity Tier 1，CET1）资本占银行风险资产比例的下限从 2%提高至 4.5%，在此基础上增加 2.5%的强制性资本留存缓冲（Capital Conservation Buffer）要求，要求银行在危机期间限制股利分配和奖金发放，以保持充足的资本缓冲。此外，还增加了一个逆周期资本缓冲，各国监管部门可以视其自身和银行的具体情况而定，比如在信贷高增长时期，增加 0~2.5%的超额资本要求。逆周期资本缓冲将会因不同银行个体和不同期间而变化，从而使资本要求具有周期属性。《巴塞尔协议Ⅲ》除了有最低资本要求、资本留存缓冲以及逆周期资本缓冲要求外，还要求系统性重要金融机构增加 1%~2.5%的附加资本，并且强调额外损失吸收能力应通过普通股来满足。

就流动性而言，《巴塞尔协议Ⅲ》提出了两个新的监管要求：一是流动性覆盖率（Liquid Coverage Ratio，LCR），要求银行的优质流动性资产能够满足未来 30 日的资金净流出量。提出这一监管指标，旨在发生危机或恐慌时帮助银行抵御流动性冲击。该提议已获得一致同意，并将在各国陆续实施。二是仍在开发中的净稳定融资比率（Net Stable Funding Ratio，NSFR），要求在较长一段时间内的压力情景下，可获得的稳定资金来源应该超过支撑表内外业务所需的稳定资金来源。提出这一指标，旨在降低流动性危机发生的概率。

《巴塞尔协议Ⅲ》提出监管要求。其引入逆周期银行资本缓冲的目的在于，期望同时实现两方面的宏观审慎目标。首先，提高经济高涨时期的股本要求，为经济低迷时期提供额外的资本缓冲，这将有助于缓解危机时的信贷紧缩，避免去杠杆化的资产贱卖。其次，更高的银行自有资金要求能够给信贷拉动的经济繁荣“降温”，因为信贷违约所带来的潜在社会成本将更多地被银行内化吸收（通过投入更多来降低道德风险），或者银行会因为更高的资本成本而提高贷款利率。

《巴塞尔协议Ⅲ》在资本流动性监管方面，要求惩罚银行之间的短期金融关联，比如隔夜无担保银行间贷款。这使得金融中介机构之间的资产和债务关联程度以及复杂性降低，理论上传染效应也将随之下降，从而可能会降低系统性风险。而且，因为银行在危机发生前拥有更高的流动性缓冲，所以危机过后从批发性融资市场的金融关联中退出所导致的负面效应也会降低。此外，由于银行是影子银行部门主要的资金攻击方，与之相对应的银行业务部分可能会受到监督，比如有的表外业务有流动性要求，所以新的流动性监管可能会降低来自受到较少监管的金融领域的系统性风险。

总体来看，《巴塞尔协议Ⅲ》对系统重要金融机构提出附加资本要求以及额外的逆周期资本缓冲要求，虽然仅仅适用于大型和活跃的国际银行机构，并且仍然存在确定适当的资本要求水平的问题，但对于应对系统性风险而言已是一大进步。

第三节　我国对国际资本流动的监管

改革开放以来，为了实现经济快速发展，实行了出口导向发展模式和积极引入外资发展战略。到目前为止，外资主要通过直接投资渠道进入中国。我国银行业和保险业一定程度上对外资开放了市场，资本市场允许外资通过 QFII（合格境外机构投资者）形式投资国内 B 股市场。我国对国际资本流动的监督和管理也经历了一个逐步转变的过程。

一、我国国际资本流动管理的演进

我国对国际资本流动的管理大致可以分为五个阶段，即封闭运行阶段、开始启动阶段、初步推广阶段、审慎管理阶段和积极推进阶段。

（一）封闭运行阶段（1949—1978 年）

从 1949 年中华人民共和国成立到 1978 年以前，我国实行计划经济体制，整个国民经济基本上处于封闭或半封闭状态，资本流动基本上是被禁止的。在这一阶段，由于国家外汇稀缺，为了筹集经济建设所需的外汇资金，对外汇管理采取了统收统支、高度集中的管理模式。无论经常项目还是资本项目，我国与外界只有零星的来往。在资本项目下，我国曾在20世纪50年代接受苏联政府的贷款，70年代使用过外国商业银行的出口信贷。这一时期我国基本上没有外债，也不接受外国投资，因此也谈不上对资本流动的管理。

（二）开始启动阶段（1978—1994年）

1978年开始的改革开放政策启动了我国与外界资本项目的相互往来。1978年第一家外商投资企业在北京成立，同年外国银行在北京设立第一家外资银行代表处；1982年，中国公司在境外发行日元债券；1991年我国开始发行人民币特征股票；1993年中国第一家企业到境外发行股票。在开放过程中，我国陆续出台了一些法律法规或部门规章，对跨境资本流动进行规范，如《中外合资经营企业法》《外资企业法》《中外合作企业经营法》《境内机构外汇担保管理办法》《中国境内机构在境外发行债券的管理规定》《境外投资外汇管理办法》等。这一时期，资本跨境流动开始启动，但没有取得根本性的突破。

（三）初步推广阶段（1994—1997年）

1992年中国政府确立了建立社会主义市场机制的目标，1993年决定进一步推动外汇体制改革，提出外汇管理体制改革的目标是实现人民币可兑换。1994年年初外汇体制改革迈出了重要步伐，先后采取了人民币官方汇率与市场汇率并轨，取消外汇留成和上缴，建立全国统一、规范的银行间外汇市场等举措，实现了人民币经常项目有条件可兑换。1996年12月，我国正式接受国际货币基金组织协定第八条款，实现了人民币经常项目兑换。在这一时期，我国颁布了一系列资本项目管理法规或规范性文件，人民币资本项目可兑换也相应有所推进。

（四）审慎管理阶段（1997—1999年）

亚洲金融危机之后，出于维护金融安全、防范外部危机传染和保持汇率稳定的需要，我国采取了审慎性监管措施，如严格控制提前偿还外债、外债转贷款和自营外汇贷款，禁止人民币购汇还款，并对大额购汇还款进行跟踪检查。1997—1998年，采取一系列审慎性监管措施，使中国经受了亚洲金融危机的严峻考验。在这一时期，我国根据自身经济发展阶段和金融监管能力，坚持对国际资本流动实施区别对待、分类管理的基本思路，循序渐进地推进了人民币资本项目的开放进程。

（五）积极推进阶段（1999年至今）

亚洲金融危机之后，随着经济、金融全球化进程加快和中国对外开放力度加大，资本项目开放得到逐步推进。1999年以来逐步放松了资本项目管理，加快了资本项目开放的步伐，如管理方式由直接管理逐步过渡到间接管理，管理对象由企业转向银行，管理重点由交易行为转向交易主体，清理并完善了一系列现行法规，取消了无效的管理规定和行政审批，简化了资本项目外汇管理程序和凭证，有选择地放开了部分资本项目交易限制，确立了适合中国国情的“人民币经常项目完全可兑换，资本项目部分可兑换”的外汇管理框架，形成了以市场供求为基础，单一的、有管理的浮动汇率制度。

二、我国现行国际资本监管

我国放松国际资本流动管制与资本项目开放呈现明显的渐进式特征。1994年年初，实现了人民币经常项目有条件可兑换。中资企业凭有效凭证，可直接到银行购汇，对外支付贸易及贸易从属费用。从1996年12月1日起，我国正式接受国际货币基金组织协定第八条款，对与经常性国际贸易有关的对外支付和转移不再实行汇兑限制，同时，根据经济发展阶段和风险控制能力，循序渐进地推行人民币资本项目可兑换，对国际资本流动区别对待、分类管理。

目前，我国资本项目的可兑换范围和可兑换程度已经较大。对照国际货币基金组织确定的资本项目下43个交易项目，我国完全可兑换和基本可兑换（经登记或核准）的有12项，占28%；有限制的有16项，占37%；暂时禁止的有15项，占35%（张晓朴，2003）。2001年以来，国家外汇管理当局不断调整管理政策和管理方式，出台了一系列政策调整措施，简化和取消了部分事前审批，取消了部分购汇限制，加大了对银行的授权。这些措施包括：进行外商投资项下资本金管理方式改革；改革国内外汇贷款管理方式；取消资本项下部分购汇限制；调整和完善境外投资外汇管理政策；引入境外合格机构投资者制度，促进资本市场的有序开放；取消多项行政审批项目；等等。

我国目前人民币资本项目管理与监管主体涉及发改委、商务部、证监会、人民银行、外汇管理局及行业主管部门等不同的单位。从交易和汇兑的管理分工来看，发改委、商务部等主管部门负责交易的管制和开放，外汇管理局主要负责汇兑环节的管理。人民银行、证监会、外汇管理局等金融监管机构负责资本流动的管理和监控。

我国目前对资本项目的管理以直接手段为主。在管理制度上，表现为通过法律、政策、条例对资本项目汇兑进行管理，包括对某些交易行为的禁止、限制、有条件许可以及强制执行等，对资本交易或资本流动事前、事后以及过程进行管制。

我国目前对资本流动尚未建立有效的监控体系，一方面是由于实行多部门管理，缺少一个统一的风险控制中心，另一方面是由于风险管理意识薄弱。因此，在国际金融形势或国际收支状况发生巨大变化时，不排除采取审慎性监管措施甚至重新实施更为严格的管制措施。

三、我国国际资本监管的新发展

在经济全球化的格局下，国际经济交流与资本流动是必然的发展趋势，由此带来的风险也是我国必须面对的问题。其中，关键是如何采取合理的政策措施，将国际资本流动的风险控制在可以承受的范围之内。

（一）加强我国国际资本监管的意义

20世纪70年代经济虚拟化过程以金融自由化和全球化为依托不断向各国和全球范围蔓延，新的虚拟资产不断出现，新的交易方式和市场不断出现。以美元为主导的世界货币体系，对各国汇率体制的形成、波动有着重要影响。短期国际资本流动是与各国虚拟资产市场发展紧密相连的，金融自由化和金融深化给短期资本流动提供了更便利的条件和环境。国际资本流动，特别是国际短期资本流动会对一国资产价格波动产生影响。国际资本流动的一个引人注目的变化就是期限和流向发生了变化，国内和国际资本向虚拟经济部门转移，其中，国际资本向发展中国家虚拟经济部门的流动是非常值得关注的问题。

在发达国家推行浮动汇率制、各国金融管制放松和金融深化的过程中，各国股票、房地产等虚拟经济部门迅速发展，特别是一些发展中国家金融市场的开放为各国私人和金融机构提供了更多的投资获利机会。一方面国际私人投资规模越来越大，另一方面一些金融机构也进入虚拟资本市场，如一些养老基金和保险机构。在国际市场中，投资开始呈现出短期化和流动性。2004 年以来，人民币面临升值压力、巨额外汇储备形成、外资投资倾向和投资形式发生变化等问题交织出现。那些投资在各种资产中的外资，以及那些试图进入中国市场的游资，在人民币和虚拟资产不断升值的带动下，通过各种方式进入市场。这些资金在合适的时机会选择退出，会引起中国虚拟资产价格大幅波动。如果这种虚拟资产价格大幅波动影响到银行信贷的话，就会对中国的信用体系产生重要影响。

2003 年以来，我国房地产和证券业迅速发展起来，经济持续高增长，经济地位相对升高，我国成为全球最大的投资和投机对象国。在美元持续贬值和美联储推行低利率政策背景下，国际投机资本对我国房地产市场和股票市场高利润收益的渴望，促使国际短期资本以各种方式进入我国。其收益主要来自以下几个方面：转换为人民币资产获得人民币升值带来的收益，投资到我国房地产和证券市场以及其他资产市场分享我国高增长收益。2006 年外汇管理局、中央银行等多个部门对沿海十省市进行联合调查，结果显示在房地产开发、二手房市场和购房中都存在外资背景。2006 年以来，国际收支顺差每月都以 200 亿美元左右的速度上升。2008 年年初这种增幅有所放缓，2009 年 4 月以来这种外资大量流入的趋势再次出现。值得注意的是，其中的国际收支遗漏项变大，不能通过正常贸易因素进行解释。在当前的外汇管理体制下，持续顺差形成大量的外汇储备；被动的基础货币投放，严重干扰了中央银行的货币政策，造成国内流动性过剩。

2007 年 5 月 18 日，外汇管理局第一次明确表示“热钱”（寻求短期回报的流动资金）正在流入我国。在对沿海十省市的外汇资金流入和结汇的专项检查中，外汇局发现贸易和投资项下确实存在资金异常流入现象。对于可能已涌入股市、楼市等市场的“热钱”，除了采取措施提高汇率弹性增大短期资金流出的风险、加强对短期资金流入和结汇环节的管理之外，建立跨部门的“热钱”监控中心十分必要。在我国资本市场没有开放的情况下，汇率升值的预期推动了国际短期资本的大量流入，国际收支异常增加，形成大量的外汇储备，被动发行的基础货币造成货币政策调控失效和虚拟经济过度膨胀，已经成为当前影响我国国民经济平稳运行的重要问题之一。

（二）宏观管理措施

1. 加强宏观经济政策的协调

完善宏观调控体系，保持宏观经济稳定，是防范短期资本流动风险的重要举措。应当注意加强宏观经济政策的协调配合，避免政策失误或不当造成的人为资本流动的波动。就财政货币政策而言，紧缩财政、宽松货币的政策搭配更适合较为开放的资本流动和潜在的资本流入；就金融政策而言，为了防止资本流入引起的货币升值对出口的不利影响，以汇率为名义来控制通货膨胀的方法必须有货币政策的紧密配合。但是，当前的货币政策缺乏效力，没有形成多层次的货币政策传导渠道，也缺少多元货币政策工具，还没有形成市场化的基础利率机制。目前，针对资产价格不断膨胀的压力，中央银行经常采用调整金融机构的法定存款准备金率和发行中央银行票据的办法来调节市场，如表 11-3 表示。

表 11-3　中国存款准备金率（大型存款类金融机构）的调控情况　　单位：%

次数	公告时间	调整前	调整后	调整幅度
51	2018年04月17日	17.00	16.00	-1.0
50	2016年02月29日	17.50	17.00	-0.5
49	2015年10月23日	18.00	17.50	-0.5
48	2015年08月25日	18.50	18.00	-0.5
47	2015年04月19日	19.50	18.50	-1.0
46	2015年02月04日	20.00	19.50	-0.5
45	2012年05月12日	20.50	20.00	-0.5
44	2012年02月18日	21.00	20.50	-0.5
43	2011年11月30日	21.50	21.00	-0.5
42	2011年06月14日	21.00	21.50	0.5
41	2011年05月12日	20.50	21.00	0.5
40	2011年04月17日	20.00	20.50	0.5
39	2011年03月18日	19.50	20.00	0.5
38	2011年02月18日	19.00	19.50	0.5
37	2011年01月14日	18.50	19.00	0.5
36	2010年12月10日	18.00	18.50	0.5
35	2010年11月19日	17.50	18.00	0.5
34	2010年11月10日	17.00	17.50	0.5
33	2010年05月02日	16.50	17.00	0.5
32	2010年02月12日	16.00	16.50	0.5
31	2010年01月12日	15.50	16.00	0.5
30	2008年12月22日	16.00	15.50	-0.5
29	2008年11月26日	17.00	16.00	-1.0
28	2008年10月08日	17.50	17.00	-0.5
27	2008年09月15日	17.50	17.50	0.0
26	2008年06月07日	16.50	17.50	1.0
25	2008年05月12日	16.00	16.50	0.5
24	2008年04月16日	15.50	16.00	0.5
23	2008年03月18日	15.00	15.50	0.5
22	2008年01月16日	14.50	15.00	0.5
21	2007年12月08日	13.50	14.50	1.0
20	2007年11月10日	13.00	13.50	0.5
19	2007年10月13日	12.50	13.00	0.5
18	2007年09月06日	12.00	12.50	0.5

续表

次数	公告时间	调整前	调整后	调整幅度
17	2007年07月30日	11.50	12.00	0.5
16	2007年05月18日	11.00	11.50	0.5
15	2007年04月29日	10.50	11.00	0.5
14	2007年04月05日	10.00	10.50	0.5
13	2007年02月16日	9.50	10.00	0.5
12	2007年01月05日	9.00	9.50	0.5
11	2006年11月03日	8.50	9.00	0.5
10	2006年07月21日	8.00	8.50	0.5
9	2006年06月16日	7.50	8.00	0.5
8	2004年04月25日	7.00	7.50	0.5
7	2003年09月21日	6.00	7.00	1
6	1999年11月21日	8.00	6.00	-2
5	1998年03月21日	13.00	8.00	-5
4	1988年09月	12.00	13.00	1
3	1987年	10.00	12.00	2
2	1985年	中央银行将法定存款准备金率统一调整为10%		
1	1984年	中央银行按存款种类规定法定存款准备金率，企业存款20%，农村存款25%，储蓄存款40%		

资料来源：中国人民银行网站。

2. 加强与其他国家在国际资本监管方面的合作

1973年始实行的牙买加货币制度的主要特点是采取浮动汇率制度、储备多元化及发行区域货币等。这种货币金融体系下最大的问题之一就是美元与黄金脱钩后确定信用本位货币制度，主要货币国家采取的扩张性货币政策使得全球范围内流动性供给过多，导致全球金融、经济过度膨胀，1980—1997年181个国际货币基金组织成员国中有133个发生了不同程度的货币危机。

应当建立跨境资本流动管理的国际合作机制，防范短期国际资本流动的冲击。区域性合作有助于防范投机性短期资本流动导致的经济体系的不稳定。由于同一地区的各个经济体具有相似性，因此，区域性合作比制定全球性机制更为现实。区域性金融合作机制包括汇率安排、宏观经济政策协调、政策监督、对资本流动制定统一规则和管制、建立货币互换协定等。在区域性合作的基础上，应当谋求建立公正、合理、稳定的国际金融体系。

3. 稳步提高人民币的国际地位，逐步推进人民币国际化

人民币国际化是防范短期资本流动风险的重要举措。只有从世界经济格局和世界货币格局的角度出发，从中国经济的长远利益出发来认识中国经济与世界经济，审视人民币与世界货币格局的关系，从国家战略高度来看待人民币的国际地位，才能够在未来保证中国

经济改革开放的成果，保证中国顺利走上经济强国的道路。

表 11-4 列示了中国外汇储备总额及其在世界上的位次。

表 11-4　中国外汇储备总额及其在世界上的位次

重要年份	中国外汇储备总额（亿美元）	中国外汇储备在世界的位次
1978	—	40
1990	—	7
1995	736.0	3
2000	1 655.7	2
2001	2 121.7	2
2002	2 864.1	2
2003	4 032.5	2
2004	6 099.3	2
2005	8 188.7	2
2006	10 663.4	1
2007	15 282.5	1
2008	19 460.3	1
2009	23 991.5	1
2010	28 473.4	1
2011	31 811.5	1
2012	33 115.9	1
2013	38 213.2	1
2014	38 430.2	1
2015	33 303.6	1
2016	30 105.2	1
2017	31 399.0	1

资料来源：中国人民银行网站。

在美元是本位货币的国际货币体系中，如果美国出现了国际收支赤字，可以在外汇市场上借到本国货币来弥补，而货币为非国际通货的国家如果出现国际收支赤字，就不能在外汇市场上借到本国货币，它们必须借美元支付其收支逆差，如果长期出现逆差，其本国货币就会贬值，导致其债务负担剧增，大大削弱其还债能力，引起本国的债务危机。这就是拉丁美洲国家在 20 世纪八九十年代作为新兴市场国家遇到的两难困境。中国的情况则完全相反，中国出现的是持续顺差，但人民币却没有通过资本项目流出的渠道，害怕受到国外“热钱”的冲击会导致我国缺乏资金外流的出口，特别是人民币的外流一直受到严格限制。于是一方面，外汇储备不断增大；另一方面，不断增大的人民币升值压力得不到释放。外汇储备不断增大，而储备越大两难处境就越深化，解决问题的难度就越大。如果不断积累的人民币升值压力没有释放的空间，就会对我国造成巨大的损害。

一些经济大国，如美国、德法乃至日本，其货币都是具有一定国际化程度的货币。一国货币，主要是大国货币的国际化往往与该国的经济安全乃至国家安全紧密联系在一起，各国都企图在货币多元化进程中占有一席之地。随着我国经济实力的不断增强，人民币的地位不断提高。

2015 年 11 月 30 日，国际货币基金组织决定将人民币纳入特别提款权（SDR）货币篮子。这是历史上第一次增加 SDR 篮子货币，为给 SDR 使用者预留充裕时间做好会计和交易的准备工作，新的 SDR 篮子生效时间被定为 2016 年 10 月 1 日。2016 年 10 月 1 日，国际货币基金组织发表声明，宣布人民币加入 SDR 货币篮子正式生效，SDR 货币篮子的币种和权重相应进行了调整，正式扩大至美元、欧元、人民币、日元、英镑五种货币，权重分别为 41. 73%、30. 93%、10. 92%、8. 33%和 8. 09%，对应的货币数量分别为 0. 582 52、0. 386 71、1. 017 4、11. 900、0. 085 946。同时，SDR 汇率和利率也进行了相应调整，人民币汇率和 3 个月国债利率分别进入 SDR 汇率和利率的计算。

人民币正式“入篮”以来，国际社会反响积极，人民币资产的全球市场吸引力明显上升，国际货币基金组织、国际清算银行、世界银行等国际组织在按 SDR 货币篮子进行资产配置时相应增加了人民币资产配置。各国中央银行持有的人民币资产被国际货币基金组织承认为外汇储备，国际货币基金组织相应地修改了外汇储备币种构成统计调查（COFER）的统计报表，将人民币纳入统计。此外，人民币已经开始作为国际货币基金组织的官方交易货币使用，可以用于成员国向国际货币基金组织缴纳份额、还款以及国际货币基金组织向成员国提供贷款、支付利息等。

人民币加入 SDR 货币篮子对国际货币体系的演进意义重大，有助于促进国际货币体系的多元化，使 SDR 货币篮子的构成更能代表国际交易的主要货币，增强 SDR 本身的代表性和吸引力。同时，人民币正式“入篮”进一步促进了企业和个人在跨境贸易和投资中使用人民币，增强了市场对人民币的信心，有助于改善外汇市场供求，促进人民币汇率保持稳定。总的来说，人民币加入 SDR 货币篮子，既是中国融入全球金融体系的重要里程碑，也是中国金融改革和开放的新起点。中国会以人民币“入篮”为契机，进一步深化金融改革，扩大金融开放，为促进全球经济增长、维护全球金融稳定和完善全球经济治理做出积极贡献。

4. 2008 年金融危机以来我国宏观审慎监管的政策措施

伴随着 2008 年美国次贷危机引起的全球金融危机影响的深化，各国采取了多方面的应对措施。我国也在传统流动性管理的基础上，实施了差别准备金、社会融资规模检测、全球系统重要性金融机构处置机制、宏观审慎评估体系等一系列宏观审慎管理工具。

中国人民银行于 2011 年 1 月建立了差别存款准备金动态调整机制，运用差别存款准备金做动态调整，配合利率、存款准备金率、公开市场业务等常规性货币政策工具发挥作用。为进一步完善宏观审慎政策，自 2016 年起，人民银行将差别存款准备金动态调整机制“升级”为宏观审慎评估体系（MPA），从资本和杠杆、资产负债、流动性、定价行为、资产质量、跨境业务风险、信贷政策执行情况等七个方面引导银行业金融机构加强自我约束和自律管理。从 MPA 的实施情况看，货币信贷基本保持平稳增长态势，银行业金融机构总体上经营稳健，符合宏观审慎要求。在实施 MPA 做好评估工作的同时，人民银行还对指标构成、权重、相关参数等加以改进和完善：将原有“外债风险”指标扩充为“跨境业务风险”，并相应增加了相关分项指标，适应资金跨境流动频繁的趋势；自2017年第一季度开始正式将表外理财纳入广义信贷范围，以合理引导金融机构加强对表外业务风险的管理。

2011年4月14日，中国人民银行官方网站首次公布了社会融资总量这一货币计量指标。社会融资总量是指一定时期内实体经济从金融体系获得的全部资金总额，这里的实体经济的主体包括企业和个人，金融体系是整体金融的概念。社会融资总量的计算公式如下：

社会融资总量=人民币各项贷款+外币各项贷款+委托贷款+信托贷款+银行承兑汇票+企业债券+非金融企业股票+保险公司赔偿+保险公司投资性房地产+其他（主要包括小额贷款公司贷款、贷款公司贷款、产业基金投资）

金融体系，从机构看，包括银行、证券、保险等金融机构；从市场看，包括信贷市场、债券市场、股票市场、保险市场以及中间业务市场等。之所以推出社会融资总量规模指标，是因为在2008年金融危机后，货币监管当局意识到，参与货币创造者不仅仅是传统的金融总体，包括影子银行在内的许多非银行和准金融活动也参与了信用创造过程，继续将这部分信用活动游离于监管之外，会加大潜在风险。同时，各种结构性金融工具同样会影响居民和企业的资产负债活动，影响消费和投资行为，进而影响到产出的稳定性。因而，金融监管当局从整体着眼，着手构建逆周期的宏观审慎管理制度。从宏观审慎管理的核心要求出发，管理社会融资总量与预防中国金融市场可能存在的系统性风险在逻辑上是一致的。

2015年，人民银行将外汇流动性和跨境资金流动纳入宏观审慎管理范畴，进一步完善了宏观审慎政策框架。一是通过引入远期售汇风险准备金、提高个别银行人民币购售平盘交易手续费率等方式对外汇流动性进行逆周期动态调节。相关措施实施后取得了较好的政策效果，有效打击了短期套利活动，优化了远期售汇期限结构，抑制了跨境远期套利行为，人民币购售规模也已回归正常。二是以上海自由贸易区模式为基础构建本外币一体化管理的全口径跨境融资宏观审慎管理框架，面向在上海、广东、天津、福建四个自由贸易区和相关地区注册的企业以及27家银行类金融机构实施本外币一体化的全口径跨境融资宏观审慎管理政策，将市场主体借债空间与其资本实力和偿债能力挂钩，通过调节宏观审慎参数使跨境融资水平与宏观经济热度、整体偿债能力和国际收支状况相适应，以控制杠杆率和货币错配风险。三是2016年1月25日起对境外金融机构在境内金融机构存放执行正常存款准备金率，建立对跨境人民币资金流动进行逆周期调节的长效机制，抑制跨境人民币资金流动的顺周期行为，引导境外金融机构加强人民币流动性管理，促进境外金融机构稳健经营。

在全球系统重要性金融机构监管方面，中国工商银行、中国农业银行、中国银行、中国建设银行和中国平安保险集团五家被识别为系统重要性金融机构的机构均按照全球金融稳定委员会的要求建立了危机管理小组，制定并按年度更新其恢复和处置计划。中国平安保险集团已完成首轮可处置性评估，中国银行和中国工商银行已完成第二轮可处置性评估，中国农业银行已完成第一轮可处置性评估，中国建设银行将于2017年开展首轮可处置性评估。

（三）微观管理措施

1. 加强微观层面虚拟资产交易的监管

国际短期资本与国际游资具有追逐高利润的特性。在微观层面，要加强对股票和房地产市场的监管，防范国际投机资本对这些领域短期集中冲击造成的风险。我国目前正处于经济转轨阶段，尽管并未完全开放本国资本市场，但是国际资本仍然会通过各种渠道进入我国资本市场与房地产市场进行投机活动，成为引发我国虚拟资产价格过度膨胀的重要推动力，加剧市场的不稳定性。从 2007 年 2 月 27 日的股市暴跌，2015 年 8 月 24 日的股灾，以及 2016 年以来各大城市房地产价格暴涨中，都能看到外资的影子。虽然我们不能将问题全部归因于国际资本，但是在人民币升值、股票市场和房地产大规模发展，管制措施不断放松的过程中，存在大量的投资机会。国际资本会对中国虚拟经济的稳定与金融市场的安全产生了重大影响，这是不容忽视的问题。

发展中国家的金融发展普遍滞后，抗击风险能力薄弱，金融制度不健全，难以应付来自发达国家庞大的投机资金的大规模炒作。有效的监管可以在一定程度上缓和或减弱这种冲击造成的影响。对于我国而言，经济转型期中的经济泡沫会导致银行资金大量流入证券市场、房地产市场以及低质项目，系统性风险的压力将主要集中于银行，因此，加强对银行的监管是防止经济转型期各种金融风险爆发及蔓延的关键。对国际资本的短期流动冲击要有足够的关注，应隔离国际金融风险，以史为鉴加强监管，避免重蹈东南亚国家和日本金融危机的覆辙。

在我国，能够让投机性资本在短期内获利的投机市场有外汇市场，股票、债券等金融工具市场，以及不动产市场。外汇市场的投机获利机会在于我国人民币汇率和利率缺乏变动弹性，在国内利率高于国际金融市场利率时，必然吸引投机性短期资本流入。在这种状况下，依靠利率的调节控制投机性资本流入可以起一定作用，但只有最终由资金供求决定的利率水平才能有效地控制投机性资本的持续流入。因此，应该逐步建立有效的货币市场，发挥中央银行公开业务的调控职能，在投机性短期资本流动引起外汇市场波动时，调节货币市场利率，达到影响利率水平、控制套利资本获利空间、避免短期内资金频繁进出的目的。加强外汇市场和股票市场的交易管理既可以堵塞漏洞又可以抑制投机，可采取的方式是：制定严格控制大量买卖金融衍生品种的报告制度，以掌握金融市场动向；对金融衍生品种交易增缴累进的特别保证金，以防止大规模的投机活动；制定证券商借出客户股票的严格规则。

2. 建立健全短期资本跨境流动的动态监测体系

（1）完善国际收支统计监测。这是整个监测体系的核心。一要尽快改进金融机构境外资产负债及损益，以及直接投资、证券投资、对外期货期权等交易的申报工作；二要逐步优化国际收支申报数据的来源，通过与银行的数据接口，直接从银行账务处理系统中采集数据，从根本上提高数据的时效性和准确性；三要建立国际收支的预警模式，进一步提高利用国际收支申报数据进行分析和预测的能力，实现决策方式从静态、孤立以及缺乏全面信息支持向系统、动态的指标体系支持和科学分析方法的转变。

（2）加强外汇账户统计监测。监测银行负债（存款科目中各账户存、流量变动情况），并通过账户卡、计算机网络等向外汇管理局汇总账户信息，及时掌握外汇账户的开立（特别是非居民和个人账户、账户性质等）及收支（包括交易性质、来源、流向等）情况。

（3）健全外债（资）统计监测。根据国际标准，修订有关项目分类和统计口径，并根据不同金融交易的属性特点和风险程度分别统计。在资本项目逐渐放开的情况下，监管重点主要放在汇兑管理上，通过银行—外汇管理局的外债（资）资金流量的实时监测网络，外汇管理局将及时、准确地掌握资本项目外汇资金的流动情况，对异常变动及时做出反应。

（4）加强外汇交易统计监测。在银行外汇买卖科目基础上，监测本外币间的汇兑程序以及各类相关货币间的多、空头寸情况，同时要求报送交易情况（包括交易的背景及交易对手等），以便监管当局及时了解和掌握外汇市场动态、各类外汇交易操作和汇率预期等，为国家制定和运用汇率政策、货币政策等宏观经济调控政策及进行市场干预等提供决策依据。

3. 加强资本项目管理

资本管制在发达国家曾经普遍存在，在布雷顿森林体系建立到崩溃的很长时间里，发达国家都根据自身经济发展需要实施了资本管制，只是到了 20 世纪 70 年代末才开始逐步放开资本市场。1964 年，美国采取不鼓励资本流出政策，使资本项目可兑换处于停滞状态。一些欧洲国家和日本也从自身利益出发采取了限制资本流入的措施。英国在 1979 年取消了对资本流入的管制，德国在 1981 年取消了对资本流入的管制，澳大利亚于 1983 年取消了对资本项目的管制，丹麦从 1988 年开始实现资本的自由流动。1990 年，比利时、爱尔兰、意大利、卢森堡实现了资本自由流动。同一时期，奥地利、芬兰和瑞典也实施了部分资本项目的自由化。葡萄牙和西班牙在 1993 年年初、希腊在 1994 年、爱尔兰在 1995 年，也相继采取了资本项目自由化措施。1995 年，冰岛成为最后一个实现资本项目可兑换的发达国家。

拉丁美洲国家在 1960 年以前，资本项目处于相对开放的状态。到了 20 世纪 70 年代，受布雷顿森林体系崩溃和第二次石油危机的影响，越来越多的拉丁美洲国家开始实施并维持对资本项目的管制。20 世纪 70 年代末，拉丁美洲国家出现较快的资本项目自由化进程。但到 20 世纪 80 年代中期，拉丁美洲国家的管制强度有所增加，这在很大程度上是为了应对拉丁美洲国家的债务危机及引起的银行危机。20 世纪 80 年代末和 90 年代初，拉丁美洲国家重新出现资本项目可兑换的趋势。

总体来看，维护国际收支平衡、维持汇率稳定、保持货币政策的独立性、强化审慎监管是我国实施资本管制的主要目标，同时，维护系统稳定、延缓危机的发生、保护幼稚的金融部门、保证税收、保证国内储蓄用于国内投资，也可以部分解释管理部门实施资本管制的动机。1994 年以来，我国实施资本管制的目标发生了几次重大变化，并由此带来了外汇管理部门管理思想和管理手段的变化。在管理模式上，我国资本管制是以计划审批、数量控制的直接管理模式为主，并对不同交易主体和交易形式在管理力度上有所区分。在没有明显的资本流动和汇率重估压力时，外汇管理部门是向逐步放松资本管制的方向努力的。但在 1997—1998 年亚洲金融危机期间，资本大量流出，人民币面临巨大贬值压力，管理部门不得不加强对资本流出的管制并放松对资本流入的管制。2003 年以来，资本大量流入，人民币面临巨大的升值压力，为了维护国际收支平衡，保持人民币汇率稳定，管理部门加强了对资本流入的管制，放松了对资本流出的管制，对外商投资企业的限制宽于中资企业，对金融机构的限制宽于非金融企业，对资本流入的限制宽于对流出的限制，对中长期资本流入的限制宽于对短期资本流入的限制。

对国际投机资本的监管原则是，堵住国际游资流动的渠道，提高国际游资进出我国金融市场的成本，以达到控制游资规模的目的。国际收支中的经常项目和资本项目是难以割裂、相互关联的。经常项目下的外汇管制取消后，资本项目下外汇管理的效应必然会削弱。因此，为了保证人民币经常项目自由兑换的顺利进行，防止国际游资伺机大量流入，在短期内必须强化对资本项目的管理，增加套利者的交易成本。要严格区分资本项目和经常项目的资本流入，加强结售汇管理，防止国际游资以各种形式混入经常项目流入流出。同时完善对资本项目管理的法规，严格审批资本项目下资金的来源，加大对非法入境的国际游资的惩罚力度，提高其套利、套汇的风险成本。从根本上讲，只有在人民币国际化进程得到实质性推进，金融监管体系和虚拟经济各部门的管理体系更加完善后，才能逐步放开资本管制。

4. 利用税收措施抑制国际游资的流动

征收“托宾税”被视作间接管制措施，即通过对国际资本在该国虚拟资产市场交易所得进行征税的办法，抑制过度国际短期资本投机活动，这一措施被称作“车轮下撒沙”。

目前，在我国，利息、股息等正常投资所得的汇出和汇入属于一国的经常项目，因此，人民币经常项目下可兑换的货币不能纳入国家的外汇管制。这使税收措施的作用性凸显，可以采取的税收措施有开征某些特定税收或惩罚性税收。例如，对非居民取得的来自本国正常投资所得，根据来源地原则征收所得税，可以借此取得财政收入，也可以减少投机收益，从而抑制游资冲击。相对于利息、债息、利润、股息等需要较长投资期限才能取得的正常投资收益，资本市场上投机获利更快，收益率也更高，因此，对资本利得征收所得税就更能抑制游资的侵入。

现阶段国际游资进入我国的渠道非常隐蔽，操作手法与运作方式都极为复杂，使得对其监控非常困难，尤其目前我国在监管机构设置和监管职能划分上还存在一定的漏洞，监管的制度设计水平与实施技术有待提高，因此，做到及时有效的监管仍然是未来一段时间我国监管部门的重要课题。

5. 建立高效的监管协调机制

一国经济虚拟化程度的加深，使得虚拟经济部门系统风险的累积成为影响宏观经济稳定的一个新问题，而防范虚拟经济部门累积起来的系统性风险，需要政府提供监控、预警和干预的支持，这是政府必须提供的公共产品。在复杂多变的市场环境中，没有相适应的预警、监控机制，就不可能实施准确、及时、有效的调控。多数发达国家已经建立了专门的监控机制和机构，或者已经在各独立监管部门和宏观政策调控部门之间建立了协调机制，以便在市场出现系统性风险的情况下，能够较早地做出预警，并通过监管控制可疑交易，降低过度投机。例如，英国就成立了统一的金融监管部门。1997 年以前，英国金融机构和业务统一由英格兰银行负责，根据英格兰银行法，英格兰银行的主要职责是维护金融体系的健全发展，提高金融服务效率和维持币值稳定。1987 年的英格兰银行法规定，金融监管业务由英格兰银行下属的银行监管局掌管。但是金融混业经营发展使传统的金融监督管理体制越来越不能适应，1997 年布莱尔政府决定将对银行及各类金融机构和业务的分散监管进行整合，建立一个统一的监管机构，即金融服务监管局。

目前，我国金融监管正在从分业监管向混业监管转换，监管机构也适应新形势下对监管职能提升的要求努力创新。2012 年第四次全国金融工作会议召开之际，恰逢市场流动性过剩，会议旨在抑制资本脱实向虚，对金融监管的要求是加强和改进，切实防范系统性金融风险。银监会、证监会、保监会各司其职，完善分类监管制度。然而，随着我国金融业的不断发展，分业监管暴露出了缺陷和不足。特别是受到混业经营、金融创新、互联网新技术出现等新趋势的冲击，分业监管的机制已经越来越不适应市场发展现状。2017 年 7 月，第五次全国金融工作会议明确成立国务院金融稳定委员会。2018 年 3 月，十三届全国人大一次会议审议通过国务院机构改革方案，银监会和保监会的职责整合，组建成为中国银行保险监督管理委员会。此举在防范系统性金融风险和促进金融更好地服务实体经济等方面发挥了积极作用。一是有利于确保发展与监管职能的切实分离。监管规则外生降低了监管执行部门的自由裁量权，增强了监管政策的透明度，从而保证监管者专注于监管，防止目标偏离。二是有利于防范化解系统性金融风险。中央银行从维护金融系统全局稳定的角度，负责重大金融监管规则制定，包括制定跨市场交叉性金融产品的监管规则，实现穿透式监管，统一同类产品监管标准和规则，落实功能监管，从而有效防控系统性金融风险，有力维护金融稳定。

第四节　国际资本协调监管与合作

自 20 世纪末以来，金融自由化程度不断加深，国际金融市场不断整合，国际资本流动趋向证券化、衍生化和全球化，对世界经济、金融发展的影响也大大增加。国际资本的流动可以为经济的发展提供必要的资金，有利于经济增长，但是同时也带来了一些问题和巨大的风险。最近 20 多年的金融危机，如 1992 年英镑危机、1997 年东南亚金融危机和 2008 年国际金融危机显示，国际短期、投机性资本流动会增加国际金融市场的不稳定性和风险性，引发一国或地区的局部金融危机，并且会由于信息的不对称和“多米诺骨牌效应”而蔓延成全球性的金融危机。

随着金融自由化、全球化的发展，金融创新工具不断出现，外债的规模和风险也不断加大，尤其是增加了各种短期债务、或有负债，它们对利率、汇率的反应更加敏感，增加了流动性风险。因此，随着金融国际化进程加快，风险跨国界蔓延成为各国金融监管的难点。对此，各国监管机构逐渐达成共识：不仅需要把控住国内的系统性风险，更需要国际通力合作，防范金融风险的国际化。

一、国际资本协调监管的提出

2007 年 6 月 15 日，国际货币基金组织执行董事会通过《对成员国政策的双边监督决定》（以下简称《决定》）。根据《决定》的法律框架，国际货币基金组织无须证明一国是否存在操纵汇率的主观故意，只要其政策造成"汇率根本性失衡"或"大规模、长期的经常账户逆差或顺差"的后果，国际货币基金组织就可以认定该国操纵汇率。这将使多数发展中国家，特别是新兴市场国家承受更多的压力，而对发达国家的影响并不大。2007年在德国召开的八国集团（G8）会议中，美国、英国拒绝了德国提出的加强政府对国际游资监管的建议。但在2008年爆发了全球金融危机后，美国、英国和瑞士等国在二十国集团（G20）高峰会议上最终同意对国际资本进行监管，并对避税天堂国家进行惩罚。这是国际资本监管国际合作的重大推进。但是，对国际资本流动的监管在国际合作方面尚缺乏统一的监管标准和信息交换的平台与机制，监管者对国际性金融机构的跨境活动，尤其是对国际资本流动，缺乏了解。相关国际组织主要针对发展中国家进行宏观经济监测，特别关注新兴市场国家的汇率问题，但在监管全球资本流动上的作用不尽如人意。例如，虽然《巴塞尔协议Ⅱ》对银行证券活动的资本充足率做出了一些规定，但对非银行证券机构尚无相应的基础性协议，造成对银行和非银行机构监管方面的不平衡。这就要求在银行业和证券业管理之间开展密切的合作，避免使金融交易从监管较严的部门转向缺乏监管的部门，从而增加金融体系的整体风险性。

二、国际资本协调监管的基础与体系

国际资本协调监管是一个非常复杂的过程，不仅涉及各国监管当局之间的合作、区域内部各国和地区之间的协调，也涉及国际经济与金融管理的组织机构在国际资本监管中的基本职能与运作。

国际资本协调监管包括两方面的内容：一是各国金融监管机构、区域性金融监管组织以及国际性金融组织，基于对资本国际流动的风险监管的共识，达成的合作监管的制度性安排；二是在国际组织协调合作的基础上形成的在国际金融机构、国际收支、汇率制度安排和国际资本流动等方面不同程度的监管合作框架协议。

从监管的重点看，金融机构监管的国际协调体现在三个方面：对商业银行监管的国际协调，对非银行金融机构监管的国际协调，对新兴金融机构与业务的监管与协调。近年来互联网快速发展，推动了金融创新，使其从组织创新发展到工具创新。互联网金融丰富并发展了影子银行的形式与范围，对互联网金融的监管成为当今金融风险国际协调监管的重要内容。

对国际收支和汇率制度安排方面的国际协调主要体现在四个方面：国际收支平衡方面的国际协调，国际储备制度安排方面的国际协调，汇率制度安排方面的国际协调，货币自由兑换与外汇管制政策的国际协调。

对金融市场和资本流动监管的国际协调体现在三个方面：衍生品金融市场监管的国际协调，外汇市场干预的国际协调，国际资本流动的国际监管与合作。

在上述对国际监管协调内容的阐述中，对金融机构监管的国际合作，以及在国际收支与汇率制度方面的国际合作，应该被看作广义的国际资本监管协调。狭义的国际资本监管协调，主要体现为国家监管与国际组织监管的合作。国家监管分为资本输出国监管与资本输入国监管，对国际长期资本流动（或者说不易于变现的资本流动）的监管相对比较容易，而对国际短期资本流动的监管，特别是对投机性国际资本（被称为“热钱”或“游资”）流动的监管难度较大。

国际投机资本（“热钱”）绝大多数源于发达国家，这些国家基本都实现了国内金融市场的开放，其对本国资金的流出很少进行监管。很多投机基金在海外“避税地”注册，不受其国内监管当局的监管。当资本输入国缺乏有效的监管，特别是当发展中国家为引进资金而采取了相对宽松的风险防控政策时，国际短期资本的高流动性形成的短期冲击效应，会对一国的金融稳定产生破坏性作用。最近的案例是 2007 年越南金融危机，在危机前后大量外资进入资本市场和房地产市场，推动越南证券市场和房地产市场迅速膨胀，资产价格远远偏离其实际经济的支撑能力，随后外资大量撤出，越南证券市场崩溃，债务状况恶化，同时国内通胀恶化。

国际资本的国际监管主要是依靠各国监管当局间的合作，通过区域经济、金融组织和国际金融组织来实施的。尽管目前国际资本监管合作机制很不完善，尚不足以应对迅速变化的国际资本流动，但在各国监管组织机构的共识与推动下，在国际资本监管的区域组织合作方面已经产生了效果，比较有代表性的区域组织是欧盟、经济合作与发展组织，以及其他一些区域性组织，如离岸银行监管者组织、北欧监管组织、阿拉伯银行监管委员会、东南亚中央银行监管联盟、拉丁美洲和加勒比海监管当局委员会、中欧和东欧国家银行组织等。这些区域性金融监管协调机构更多作为协调与合作的平台发挥作用，它们与巴塞尔银行有着密切的工作联系，在国际金融和资本流动的监管方面也起到了积极作用。

全球性金融组织与机构在协调监管方面是最重要的倡导者与推进者，这些组织机构包括国际货币基金组织、世界银行、世界贸易组织、国际清算银行、巴塞尔银行监管委员会、国际证券委员会组织、国际保险监管者协会、国际会计准则委员会、金融集团联合论坛等，它们持续性地在不同程度和不同层面上发挥着监管国际资本的作用。例如，国际货币基金组织是目前最重要的国际金融协调管理机构，在对国际资本（也包括对游资）流动的监管方面主要做了以下工作：协调和稳定汇率，为各国监管当局提出建议；指导和协助成员国进行经济和金融体制改革；协调各国汇率和利率政策，控制引发国际游资流动的重要影响因素；向危机中的成员国提供贷款，减轻其国际收支压力和流动性不足问题，帮助其恢复市场信心；加强国际银行业监管，通过完善银行经营标准，确保各国遵循巴塞尔银行监管委员会制定的银行监管核心原则。

三、国际反洗钱合作

在国际资本流动中有一部分属于“黑色”流动，即国际洗钱活动，在一些国家，洗钱活动被明确定义为金融犯罪甚至危及国家安全罪。因此，具有共识性的国家政府和金融机构在这个领域里的合作十分紧密。

（一）国际组织洗钱活动的认定

联合国《禁止洗钱法律范本》中对洗钱活动的界定是：“直接或间接参加来自犯罪收益的财产交易；接受、拥有、隐匿、掩盖、处理犯罪收益财产或将犯罪收益财产带入所在国；明知或者有理由表明财产来自非法活动或者间接由非法活动变现而来；没有合理的理由，不采取合理的步骤确认财产是否来自非法活动或者直接或间接从非法活动变现而来。”① 反洗钱金融行动特别工作组（FATA）定义的洗钱活动为：“凡隐匿或掩饰因犯罪行为所取得的财物的真实性质、来源、地点、流向及转移，或协助人和与非法活动有关系之人规避法律应负责任者，均属洗钱行为。”② 中国2006年最新颁布的《反洗钱法》第二条规定反洗钱是指为了预防通过各种形式掩饰和隐瞒毒品犯罪、黑社会性质的有组织犯罪、恐怖活动犯罪、走私犯罪、贪污贿赂犯罪、破坏金融秩序犯罪、金融诈骗犯罪等犯罪所得，及其收益的来源和性质的洗钱活动，而依照该法规定采取相关措施的行为。

由于各国历史、文化、法律制度不同，对一些在正规金融体系之外从事价值转移的经营机构的管理也是不同的。在一些国家，对洗钱行为是否是一种危及国家安全的行为的界定不是很清楚，监管也比较宽松。但在相当多的国家，该行为被严格定义为危及国家安全的行为，是非常严重的犯罪行为。因此，各国对洗钱活动的认识不同，使各国在反国际洗钱活动领域的合作存在很大困难。

国际洗钱活动是与国外汇兑型地下钱庄的存在密不可分的，地下钱庄问题在欧美发达国家、拉丁美洲国家、亚洲各国都有不同的存在形式，是一个具有普遍性的问题。一般将其称为非正规价值转移体系（Informal Value Transfer System，IVTS），是指游离于官方监管的、正规金融体系之外的金融业务经营实体。这种机构在很多国家是合法的。例如，澳大利亚私人汇款中心就属于这类机构，但是在澳大利亚没有针对这类私人汇款机构的监管法律。原则上，这类私人汇款中心接受澳大利亚《银行法》《公司法》等法律的约束，但是并不严格。澳大利亚私人汇款中心主要由澳大利亚证券投资管理委员会和金融交易报告分析中心监管。但是新加坡对此管理就极为严格，监管当局明确私人汇款中心是从事现钞兑换业务的货币兑换商，其业务经营受新加坡金融管理局监管。经过核准经营的汇款中心必须严格按照许可的业务范围进行经营，如果被发现超范围经营，就会受到严厉制裁和重罚。

（二）开展国际反洗钱合作

随着国际金融危机的发生，以及国际上对恐怖主义活动危害逐渐达成共识，各国开始注意加强对这种非正规价值转移体系的监督。美国“9·11”事件促使美欧等国将反洗钱和反恐融资联系起来，加强对非正规价值转移体系的监管。

目前更多的国家都在尝试将反洗钱纳入正规金融监管体系中。在发达国家，因为实行本币自由兑换和外汇管制放开，所以政府对非正规价值转移机构的监管主要体现为要求这些从事货币转移业务的机构进行注册登记，或者由监管部门发放执照，将其纳入反洗钱和监管体系中。在发展中国家，由于对资本流动存在不同程度的管制，因此不同国家监督的力度存在很大差异。有些国家虽然禁止或严格限制非正规价值转移机构的活动，但是其法律执行力度并不强。

我国2006年颁布《反洗钱法》后，确定了我国反洗钱工作的基本机制：“由金融机构

---

① 初本德．地下钱庄问题深度分析［M］．北京：中国方正出版社，2008：156.

② 初本德．地下钱庄问题深度分析［M］．北京：中国方正出版社，2008：157.

和特定非金融行业履行识别客户身份等反洗钱职责，报告大额交易和可疑交易，由中国反洗钱监测分析中心对接收的可疑交易信息进行分析，由中国人民银行负责反洗钱监管和调查可疑交易活动，向公安等执法机关移送洗钱案件，由执法机关进行查处。”

目前，对非正规价值转移体系监管的国际合作正在逐步推进。国际反洗钱组织金融行动特别工作组（FATA）从“9·11”事件后，基于反对“恐怖主义活动融资”的需要，提出对非正规价值转移活动监管的建议，并督促各国在这方面尽快制定法律制度和积极施行。亚太经合组织在2003年也探讨了在组织成员中加强对非正规汇款活动的监督。国际货币基金组织和世界银行也正在进行相关研究。

总之，国际资本监管与合作涉及众多复杂问题，需要各国、区域经济及金融组织和国际金融组织开展更深入的合作。2009年召开的G20峰会明确提出对国际资本流动进行监管，并对“避税地”进行惩罚，这是国际资本监管协调与合作的重大进步。2016年G20杭州峰会进一步促进国际税收合作，支持建立一个全球公平和现代化的国际税收体系，包括推进正在开展的税基侵蚀和利润转移合作、税收情报交换、发展中国家税收能力建设和税收政策等，以促进增长，提高税收确定性，尽量避免非法资金流动对各国经济产生的巨大负面影响。

【本章小结】

1. 国际资本监管是与国际资本流动直接相关的。国际资本流动是指资本在国际的转移，或者说，资本在不同国家或地区之间做单向、双向或多向流动。按资本的使用期限长短，可以将国际资本流动分为国际长期资本流动和国际短期资本流动两大类。

2. 国际资本流动的历史是从14世纪开始的。20世纪40—70年代，西方许多发达国家对外汇、贸易和资本都实行了严格管制。20世纪70年代初，限制国际资本自由流动的布雷顿森林体系崩溃，随之全球建立了相对自由、多样化的国际货币体系——牙买加体系。20世纪80年代以来，世界上的一些主要发达国家开始放松各种管制，对国际资本流动的监管也逐步放松。

3. 区别于微观审慎监管，宏观审慎监管在于维持金融稳定性，其存在的理论基础就是金融系统存在的不稳定性。金融体系的整体风险是内生的，这种系统性风险有两个来源：一是大型金融机构的相互关联性和同质性引发的风险，即行业维度的网络风险；二是随时间不断积累的失衡引发的风险，即时间维度的总体风险。

4. 宏观审慎政策工具包括化解时间维度风险的工具和化解行业维度风险的工具。化解时间维度风险的工具旨在化解随时间推移而演变的风险，即顺周期性带来的风险；化解行业维度风险的工具旨在化解给定时点上个体金融机构相互联系的行为带来的系统性风险积聚。

5. 我国对国际资本流动的管理大致可以分为五个阶段，即封闭运行阶段、开始启动阶段、初步推广阶段、审慎管理阶段和积极推进阶段。我国目前人民币资本项目管理以直接手段为主。

6. 我国国际资本监管的宏观管理措施包括加强宏观经济政策的协调、加强与其他国家在国际资本监管方面的国际合作，以及稳定提高人民币的国际地位，逐步推进人民币国际化。微观方面的管理措施包括加强微观层面虚拟资产交易的监管、建立健全对短期资本跨境流动的动态监测体系、加强资本项目管理、利用税收措施抑制国际游资的流动和建立高效的监管协调机制。

7. 国际资本协调监管与合作是一个非常复杂的过程，各国金融监管机构、区域性金融监管与合作组织以及国际金融机构在金融机构监管、国际收支和汇率制度安排，以及国际资本流动监管方面进行着不同程度的合作。

8. 国际洗钱活动对各国金融安全有着重要影响，促使各国政府和金融机构在这个领域里不断加强合作和协调。

【思考题】

1. 简述国际资本流动的概念与类型。
2. 国际短期资本流动对一国经济会有哪些影响？
3. 国际资本流动监管有哪些发展经验？
4. 什么是宏观审慎监管？其与传统金融监管有哪些区别？
5. 宏观审慎政策工具有哪些？
6. 化解时间维度风险的工具与化解行业维度风险的工具有什么不同？
7. 如何看待反洗钱的国际监管合作？应如何推动该方面的有效合作监管？

参考文献

［1］克鲁格曼．汇率的不稳定性［M］．北京：中国人民大学出版社，2003.

［2］曹华．另类投资［M］．厦门：厦门大学出版社，2014.

［3］张昌裕．国际直接投融资［M］．北京：中国人民大学出版社，2007

［4］陈云贤，张孟友．美国金融体系考察研究［M］．北京：中国金融出版社，2001.

［5］陈杨．国际金融组织知多少［J］．中国金融家，2014（8）．

［6］陈柳钦．有关全球价值链理论的研究综述［J］．重庆工商大学学报：社会科学版，2009（6）．

［7］陈湛匀．国际投资学［M］．上海：复旦大学出版社，2008.

［8］陈湛匀．国际融资学：理论、实务、案例［M］．上海：立信会计出版社，2006.

［9］陈菲琼．国际投资［M］．杭州：浙江大学出版社，2006.

［10］陈雨露．国际资本流动的经济分析［M］．北京：中国金融出版社，1997.

［11］陈飞燕．浅谈跨国并购：索尼爱立信案例分析［J］．现代经济信息：学术版，2008（7）．

［12］催荫．国际融资实务［M］．北京：中国金融出版社，2006.

［13］戴志敏，王义中．国际投资学［M］．杭州：浙江大学出版社，2012.

［14］丁栋虹．创业学［M］．上海：复旦大学出版社，2014.

［15］杜奇华．国际投资［M］．2 版．北京：对外经济贸易大学出版社，2013.

［16］杜奇华．国际投资［M］．北京：高等教育出版社，2006.

［17］杜敏．国际金融［M］．北京：北京理工大学出版社，2015.

［18］杜萌，徐明伟，方华山，等．国际资本流动理论回顾：一个文献综述［J］．金融教育研究，2011（5）．

［19］莫利纽科斯．金融创新［M］．北京：中国人民大学出版社，2003.

［20］傅晓岚．国际融资新方式：票据发行融资［J］．经济导刊，1998（4）．

［21］葛永波，陈磊，刘立安．管理者风格：企业主动选择还是管理者随性施予?：基于中国上市公司投融资决策的证据［J］．经济研究，2016（4）．

［22］黄达．金融学［M］．3 版．北京：中国人民大学出版社，2014.

［23］韩复龄．投资银行学［M］．3 版．北京：对外经济贸易大学出版社，2014.

［24］胡智．国际金融市场［M］．北京：科学出版社，2007.

［25］宏皓，李言平．融资决定成败［M］．青岛：青岛出版社，2012.

［26］何龙．融资理论综述［J］．时代金融，2014（2）．

［26］华民．国际经济学［M］．上海：复旦大学出版社，2010.

［27］华晓红．国际区域经济合作理论与实践［M］．北京：对外经济贸易大学出版社，2007.

［28］蒋大兴．公司组织形态与证券（融资）权利：摈弃有限公司“改制上市”的法律习规［J］．现代法学，2013（1）．

［29］孔淑红．国际投资学［M］．北京：对外经济贸易大学出版社，2010.

［30］林则夫，李泽方．混合金融在国际投资中的应用及启示［J］．海外投资与出口信贷，2016（4）．

［31］刘仁伍，吴竞择．国际金融监管前沿问题［M］．北京：中国金融出版社，2002.

［32］刘仲直．西方国家的票据融资［J］．国际金融探索，1993（2）．

［33］刘培刚，武化岩，高孝平，等．网络经济学［M］．上海：华东理工大学出版社，2014.

［34］刘春香，徐玲．全球价值链视角下传统产业集群升级的实证研究：以浙江为例［M］．武汉：武汉大学出版社，2012.

［35］刘杰．国际黄金市场分析与中国黄金市场发展研究［J］．黄金，2016（9）．

［36］刘浩，唐松，楼俊．独立董事：监督还是咨询?：银行背景独立董事对企业信贷融资影响研究［J］．管理世界，2012（1）．

［37］卓骏．国际金融实务［M］．北京：清华大学出版社，2003.

［38］卢汉林．试论投融资概念的理论创新与现实意义［J］．武汉大学学报，2003（4）．

［39］卢进勇，杜奇华，李锋．国际经济合作教程［M］．北京：首都经济贸易大学出版社，2016.

［40］李丽，邢俊兰．产业结构调整下中西方投融资环境比较分析［J］．商业时代，2011（2）．

［41］李方．资本流动下的汇率安排与资本管理：新兴国家货币危机与我国金融改革开放［M］．北京：中国对外经济贸易出版社，2003.

［42］李晓西．中国绿色发展指数的编制［J］．经济研究参考，2011（2）．

［43］李波，李连发．私募股权投资基金理论及案例［M］．北京：中国发展出版社，2008.

［44］李波．金融创新的趋势与特点［J］．现代物流报，2009（2）．

［45］李玮．全球价值链理论和发展中国家产业升级问题研究［J］．工业技术经济，2017，36（1）．

［46］李红梅．国际经济组织［M］．北京：机械工业出版社，2007.

［47］李翀．国家金融风险论：对国际资本投机冲击的分析和思考［M］．北京：商务印书馆，2000.

［48］李翀．短期资本流动的成因、效应与风险［M］．北京：人民出版社，2000.

［49］蔺楠．公共风险资本与私人风险资本合作机制研究［M］．上海：上海财经大学出版社，2014.

［50］陆燕．全球经济不确定性前所未有［J］．国际经济合作，2009（1）．

［51］逯宇铎．国际政治与经济［M］．北京：对外经济贸易大学出版社，2014.

［52］马海燕．中国服装产业国际竞争力研究：全球价值链的视角［M］．武汉：中国地质大学出版社，2010.

［53］慕刘伟．国际投融资理论与实务［M］．成都：西南财经大学出版社，2004.

［54］彭民，马海超，李义鹏．海外油气项目投融资环境评价指标及方法选择［J］．中国石油大学学报：自然科学版，2012（2）．

［55］屈航．谈融资理论的发展历程及应用现状［J］．商业时代，2011（23）．

［56］梯诺尔．金融危机、流动性与国际货币体系［M］．北京：中国人民大学出版社，2004.

［57］孙向忠，郑筱玮．我国企业票据融资现状及发展对策［J］．宏观经济研究，2001（4）．

［58］申宇，赵静梅．吃喝费用的“得”与“失”：基于上市公司投融资效率的研究［J］．金融研究，2016（3）．

［59］孙睦优，陈倩，陈燕和，等．国际投资［M］．北京：清华大学出版社，2016.

［60］谭利，廖先伟．财务管理［M］．重庆：重庆大学出版社，2013.

［61］田宝良．国际资本流动：分析、比较与监管［M］．北京：中国金融出版社，2004.

［62］王磊，师萍．私募股权投资国内发展现状初探［J］．西安电子科技大学学报：社会科学版，2008（3）．

［63］王伟，张胜辉．印度班加罗尔软件科技园投融资环境及模式研究［J］．亚太经济，2011（1）．

［64］王媛．私募股权投资基金的管理和运作研究［J］．财经论坛，2007（11）．

［65］王志明，乔桂明．国际经济学［M］．上海：复旦大学出版社，2009.

［66］王怀民．国际经济学［M］．北京：对外经济贸易大学出版社，2014.

［67］王聪．国际金融通论［M］．广州：暨南大学出版社，1997.

［68］王英辉．国际融资与资本运作［M］．北京：中国市场出版社，2004.

［69］王颂尧．新趋势下我国国际投资存在的问题及对策建议［J］．对外经贸，2014（11）．

［70］王颖．国际资本流动理论述评［J］．湖北函授大学学报，2011，24（3）．

［71］吴超鹏，吴世农，程静雅，等．风险投资对上市公司投融资行为影响的实证研究［J］．经济研究，2012（1）．

［72］徐琤．国际金融学［M］．上海：华东理工大学出版社，2017.

［73］熊英，马海燕，刘义胜．全球价值链、租金来源与解释局限：全球价值链理论新近发展的研究综述［J］．管理评论，2010，22（12）．

［74］伊特维尔，米尔盖特，纽曼．新帕尔格雷夫货币金融大辞典［M］．北京：经济科学出版社，2000.

［75］杨其广．黄金，正在“西金东移”［J］．中国金融家，2016（6）．

［76］杨晔，杨大楷．国际投资学［M］．上海：上海财经大学出版社，2015.

［77］阎敏．国际投资学［M］．北京：清华大学出版社，2015.

［78］周丹，王恩裕．私募股权投资基金存在性的经济学分析［J］．金融理论与实践，2007（6）．

［79］周小川．金融政策对金融危机的响应：宏观审慎政策框架的形成背景、内在逻辑和主要内容［J］．金融研究，2011.

［80］张劲松．网络金融［M］．杭州：浙江大学出版社，2010.

［81］张小蒂，王焕祥．国际投资与跨国公司［M］．杭州：浙江大学出版社，2004.

［82］张晖，许文新．国际黄金市场发展状况及其趋势分析［J］．上海金融学院学报，2007（6）：15-21.

［83］张红梅．金融投资理论及其运用［M］．北京：经济管理出版社，2013.

［84］张艳辉．价值链视角下创意产业融合创新的路径选择［M］．上海：华东理工大学出版社，2011.

［85］张钧，韦凤巧．有限合伙制 PE 治理：LP 与 GP 的博弈焦点［M］．武汉：武汉大学出版社，2012.

［86］朱彤．国际经济学［M］．武汉：武汉大学出版社，2010.

［87］弗雷克萨斯，莱文，佩德罗．系统性风险、危机与宏观审慎监管［M］．北京：中国金融出版社，2017.

［88］舟丹．为新能源投融资创造良好环境推动新能源发展［J］．中外能源，2018（1）．

［89］费清，卢爱珍．丝绸之路经济带视阈下中亚国家投融资环境及对策研究［J］．金融教育研究，2015（3）．

［90］赵大平．国际经济学［M］．上海：立信会计出版社，2011.

［91］赵紫剑．互联网金融［M］．重庆：重庆大学出版社，2016（8）．

［92］邓瑞林．跨国银行经营管理［M］．广州：广东经济出版社，1999.

［93］郭树华．企业融资结构理论研究［M］．昆明：云南大学出版社，2012.

［94］钟俊．中小企业国际贸易融资困境分析与对策研究［J］．金融纵横，2012（7）．

［95］钟红，王加强．我国国际债券市场新机遇［J］．金融市场，2016.

［96］ACKERLOF G. The market for lemons：quality uncertainty and the market mechanism［J］. Quarterly Journal of Economics，1970（84）．

［97］AHERN K R，DAMINELLI D，FRACASSI C. Lost in translation? The effect of cultural values on mergers around the world［J］．Journal of Financial Economics，2015，117（1）．

［98］ANYANWU J C. Foreign direct investment［J］．Chapters，2017（3）．

［99］BAER W ，MILES W. Foreign direct investment in Latin America［J］．Taylor and Francis，2013.

［100］BENA J，LI K. Corporate innovations and mergers and acquisitions［J］．The

Journal of Finance, 2014, 69 (5) .

[101] BERNANKE B, GERTLER M, GILCHRIST S. The Financial Accelarator and the Flight to Quality [J] . Review of Economics and Statistics, 1996, 78 (1) .

[102] BLUM J, HELLWIG M. The macroeconomic implications of capital adequacy requirements for banks [J] . European Economic Review, 1995 (39) .

[103] BOEH K K. Contracting costs and information asymmetry reduction in crossborder M&A [J] . Journal of Management Studies, 2011, 48 (3) .

[104] VITHESSONTHI C. Capital investment and internationalization [J] . Journal of Economics and Business, 2017 (90) .

[105] COLEN L, MAERTENS M, SWINNEN J. Determinants of foreign direct investment flows to developing countries: the role of international investment agreements [J] . Routledge, 2012.

[106] CRONQVIST H, MAKHIJA A K, YONKER S E. Behavioral consistency in corporate finance: CEO personal and corporate leverage [J] . Journal of Financial Economics, 2012.

[107] DENG P. Absorptive capacity and a failed cross-border M&A [J] . Management Research Review, 2010, 33 (7) .

[108] DIAMAND D, DYBVIG P. Bank runs, deposit insurance, and liquidity [J] . Journal of Political Economic, 1983 (91) .

[109] DU J, ZHANG Y. Does One Belt One Road initiative promote Chinese overseas direct investment? [J] . China Economic Review, 2017.

[110] EICHENGREEN B. Three generations of crises, three generations of crisis models [J] . Journal of International Money and Finance, 2003 (22) .

[111] EICHENGREEN B, TOBIN J, WYPLOSZ C. Two cases for sand in the wheels of international finance [J] . Economic Journal, 1995.

[112] RIOJA F, VALEV N. Financial structure and capital investment [J] . Applied Economics, 2012 (14) .

[113] GEREFFI G, HUMPHREY J, STURGEON T. The governance of global value chains [J]. Review of International Political Economy, 2005 (1) .

[114] GEREFFI G, LEE J. Economic and social upgrading in global value chains and industrial clusters: why governance matters [J] . Journal of Business Ethics, 2014, 133 (1) : 25-38.

[115] HUMPHREY J, SCHMITZ H. How does insertion in global value chains affect upgrading in industrial clusters? [J]. Regional Studies, 2002 (9).

[116] ISHII J, XUAN Y. Acquirer-target social ties and merger outcomes [J] . Journal of Financial Economics, 2014 (3) .

[117] JACKSON J. Capital structure with risky foreign investment [J] . Journal of Financial Economics, 2017.

[118] GALLAGHER K P, YUAN T. Regulating capital flows in emerging markets: the IMF

and the global financial crisis [J] . Review of Development Finance , 2017 (12) .

[119] KRUGMAN P. Bubble, boom, crash: theoretical notes on Asia's crisis [J] . Mimeo, 1998.

[120] LEVINE O. Acquiring growth [J] . Journal of Financial Economics, 2017 (2) .

[121] LIU J. Analysis of international gold market and research on Chinese gold market development [J] . Gold, 2016.

[122] LIU X, ZENG M, HAN X, et al. Small hydropower financing in China: external environment analyses, financing modes and problems with solutions [J] . Renewable and Sustainable Energy Reviews, 2015 (48) .

[123] YAGUCHI M. Changes of Tokyo financial market: from a perspective of a global financial center [J] . Institute for International Monetary Affairs, 2018 (3) .

[124] Modigliani F, Miller M H. The cost of capital, corporate finance and the theory of investment [J] . American Economic Review, 1958 (48) .

[125] KIYATAKI N, MOORE J. Credit cycles [J] . Journal of political Economy, 1997 (105) .

[126] OGROKHINA O. Market integration and price convergence in the European Union [J]. Journal of International Money and Finance, 2015.

[127] ROCHEDO P R, SZKLO A. Economic analysis under uncertainty of coal fired capture-ready power plants [J] . International Journal of Greenhouse Gas Control, 2013.

[128] MCQUADE P, SCHMITZ M. The great moderation in international capital flows: a global phenomenon? [J] . Journal of International Money and Finance, 2017 (73) .

[129] PORTER M. The competitive advantage of nations: with a new introduction [M]. New York: Free Press, 1990.

[130] SAUVANT K P. The international investment law and policy regime: challenges and options [J] . Social Science Electronic Publishing, 2016 (6) .

[131] SCHMITZ H, KNORRINGA P. Learning from global buyers [J]. Journal of Development Studies, 2010 (2) .

[132] CORBET S, LARKIN C. Has the uniformity of banking regulation within the European Union restricted rather than encouraged sectoral development? [J] . International Review of Financial Analysis, 2017.

[133] FARDOUST S, KANBUR R, LUO X, et al. An evaluation of the feedback loops in the poverty focus of world bank operations [J] . Evaluation and Program Planning, 2018.

[134] WARD H, BRACK D. Trade investment and the environment [J] . Taylor and Francis, 2014.

[135] YAO S, WANG P, ZHANG J, et al. Dynamic relationship between China's inward and outward foreign direct investments [J] . China Economic Review, 2016 (40) .

[136] XU Zhongjun, SHAN Wei, QI Tao, et al. Characteristics of individual particles in Beijing before, during and after the 2014 APEC meeting [J] . Atmospheric Research, 2018.

